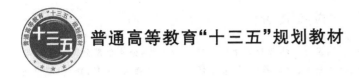
普通高等教育"十三五"规划教材

证券投资学

李保升　郭　彬　编著

北京邮电大学出版社
www.buptpress.com

内容简介

本书按照从证券基础知识到证券分析,再到投资心理与投资策略和方法的主线,分4个部分阐述了证券投资、证券市场、债券、股票;宏观经济分析、行业分析、公司分析、技术分析;证券投资基金、期货、期权;证券组合理论、证券投资风险、证券投资心理、证券投资策略与方法。

本书在内容设计上以基础概念与基础理论为主,较少涉及数学推导与运算,适合财经类专业本科学生使用。阅读本书所需要的先修课程相对较少,仅涉及少量的财务与经济学基础知识,因此本书可作为非经济类专业本科、研究生或金融从业人员的参考用书,也可作为广大证券投资爱好者的参考读物。通过学习本书,读者能够系统地掌握证券投资的基本知识和基本技能。

图书在版编目(CIP)数据

证券投资学 / 李保升,郭彬编著. -- 北京:北京邮电大学出版社,2019.11(2024.1重印)
ISBN 978-7-5635-5934-3

Ⅰ. ①证… Ⅱ. ①李… ②郭… Ⅲ. ①证券投资—教材 Ⅳ. ①F830.91

中国版本图书馆 CIP 数据核字(2019)第 250368 号

书　　　名:	证券投资学
作　　　者:	李保升　郭彬
责任编辑:	孙宏颖
出版发行:	北京邮电大学出版社
社　　　址:	北京市海淀区西土城路10号(邮编:100876)
发　行　部:	电话:010-62282185　传真:010-62283578
E-mail:	publish@bupt.edu.cn
经　　　销:	各地新华书店
印　　　刷:	北京虎彩文化传播有限公司
开　　　本:	787 mm×1 092 mm　1/16
印　　　张:	18
字　　　数:	470千字
版　　　次:	2019年11月第1版　2024年1月第3次印刷

ISBN 978-7-5635-5934-3　　　　　　　　　　　　　　　定　价:48.00元

· 如有印装质量问题,请与北京邮电大学出版社发行部联系 ·

前　言

我国证券市场经历了跨越式发展,取得了令世人瞩目的成就,已经具备了相当的规模,这充分显现出证券在国民经济发展中的地位和作用。证券市场充满希望,也是最公平的市场之一。通过学习证券市场知识,掌握证券投资规律,我们就可以尽展才华,最大限度地实现知识变现,我们除了收获金钱,或许还将收获一份淡定从容和掌控命运的快感。对于一个普通人,尤其是一个年轻的普通人来说,学习一点证券投资或许是我们这一生最重要的事之一。

但是,证券市场是世界上最难赚钱的市场,证券投资是世界上最难成功的行业。在证券市场,以年计,八成以上的人亏钱;以三年计,九成以上的人亏钱;以十年计,九成五以上的人亏钱。我们经常听到一些"从几万赚到上千万"这样的暴富神话,这些神话的缔造者们在创造传奇的同时,"消灭"了很多普通投资者,只有极少数人能够通过证券投资积累大量财富。所以,证券投资是一个表面上赚钱容易,实际上赚钱艰难的行业。

作者作为多年从事证券投资学课程教学的高校教师,希望自己的学子们能在未来证券市场发展的进程中取得骄人的成绩,更希望未来在他们中能产生世界级的投资大师。为了满足证券行业对人才的需求,作者总结了多年的教学实践经验,编写了本书。在本书的编写过程中,作者坚持理论与实践并重并注重本书的实用性。

本书共分 15 章,所涵盖的内容大体上分为 4 个部分。第一部分是对证券的基本介绍,包括证券投资概述、证券市场、债券、股票。第二部分是证券分析的相关知识,主要从宏观经济分析、行业分析、公司分析、技术分析这几个方面分析影响证券价格的因素。第三部分是衍生工具的相关知识,主要包括证券投资基金、期货、期权。第四部分是实盘操作的相关知识,主要包括证券组合理论、证券投资风险、证券投资心理、证券投资策略与方法。

本书有以下几方面的特色。

① 全面性。一般的教材只介绍债券和股票,但本书增加了证券投资基金、期货、期权的内容。这些是目前大多数此类教材很少涉及的内容,却又是非常重要的内容,我们希望能起到抛砖引玉的作用。本书知识含量大,教师在具体教学过程中可根据教学安排进行适当的选择。

② 实用性。证券投资学是一门应用性的学科,因为再多的理论最终都是为实践服务的,故本着实用性的原则,本书压缩了基础理论,增加了证券投资风险、证券投资心理、证券投资策略与方法等实用的内容。这是作者对该学科教学的一种尝试,这种教学方式在教学实践中已经初步得到了学生的认可。本书在做到全面系统介绍证券投资知识的同时,也突出了可操作性。学完本书之后,学生可以尝试独立地进行证券投资分析和证券交易。

③ 可读性强。本书力求语言简明扼要,概念清楚明了。本书条理性强,通俗易懂,不仅适

合老师授课使用,而且有利于初学者学习。本书可作为一块"敲门砖",为读者打开通往投资的大门。

本书由具有多年证券投资教学和实践经验的李保升和郭彬编著,可作为高等院校经济管理类专业相关课程的教材,也可作为广大投资者学习证券投资知识、提高自身证券投资水平的参考书。

在编写本书的过程中作者参考和引用了许多国内外文献资料,因篇幅所限,未能一一注明,在此向所有原著者深致谢意。由于编写时间仓促,书中疏漏、不妥之处在所难免,恳请各位专家、学者批评指正。作者联系方式:libaosheng@ccbupt.cn,1910177971@qq.com。

目 录

第一部分 证券基础知识

第一章 证券投资概述 …………………………………………………………… 3

第一节 证券与有价证券 ………………………………………………………… 3
  一、证券 ……………………………………………………………………… 3
  二、有价证券 ………………………………………………………………… 5
第二节 投资与证券投资 ………………………………………………………… 8
  一、投资 ……………………………………………………………………… 8
  二、证券投资 ………………………………………………………………… 9
  三、如何配置资产 …………………………………………………………… 10
第三节 证券投资分析 …………………………………………………………… 12
  一、证券投资分析的含义 …………………………………………………… 12
  二、证券投资分析的目标 …………………………………………………… 12
  三、有效市场假说 …………………………………………………………… 12
  四、证券投资主要分析方法 ………………………………………………… 13
  五、证券投资策略 …………………………………………………………… 14
  六、证券投资分析的信息来源 ……………………………………………… 15

第二章 证券市场 …………………………………………………………………… 16

第一节 证券市场概述 …………………………………………………………… 16
  一、证券市场的定义 ………………………………………………………… 16
  二、证券市场的特征 ………………………………………………………… 16
  三、证券市场的结构 ………………………………………………………… 16
  四、证券市场的基本功能 …………………………………………………… 18
第二节 证券市场参与者 ………………………………………………………… 18
  一、证券发行人 ……………………………………………………………… 18
  二、证券投资人 ……………………………………………………………… 18
  三、证券市场中介机构 ……………………………………………………… 19
  四、自律性组织 ……………………………………………………………… 20
  五、证券监管机构 …………………………………………………………… 20

第三章 债券 ··· 21

第一节 债券概述 ··· 21
一、债券的定义和特征 ··· 21
二、债券的分类 ·· 23
三、债券与股票的异同点 ·· 24
四、影响债券收益率的因素 ·· 25

第二节 债券的形式 ··· 26
一、政府债券 ·· 26
二、金融债券 ·· 27
三、公司债券 ·· 28
四、企业债券 ·· 30
五、国际债券 ·· 30
六、可转换公司债券与可交换公司债券 ······················· 32

第三节 债券的交易 ··· 33
一、债券现券交易、回购交易、远期交易和期货交易的基本概念 ··· 33
二、债券现券交易、回购交易、远期交易的区别 ············· 33
三、债券报价的主要方式 ·· 34
四、债券的开户、交易、清算、交割的概念及有关规定 ····· 34
五、债券登记、托管、兑付及付息的有关规定 ··············· 35
六、债券评级 ·· 35

第四节 债券的投资策略与方法 ···································· 36
一、债券的定价 ·· 36
二、企业债的收益 ··· 37
三、企业债的投资方法 ··· 37
四、债券投资策略 ··· 38

第四章 股票 ··· 45

第一节 股票的定义、性质和特征 ································· 45
一、股票的定义 ·· 45
二、股票的性质 ·· 45
三、股票的特征 ·· 46

第二节 股票的分类 ··· 46
一、普通股票和优先股票 ·· 46
二、记名股票和无记名股票 ······································· 47
三、有面额股票和无面额股票 ···································· 47

第三节 普通股票与优先股票 ······································ 47
一、普通股票 ·· 47
二、优先股票 ·· 49

第四节　我国现行股票种类 ········ 51
一、按投资主体的性质分类 ········ 51
二、按流通受限与否分类 ········ 53
三、ST 股 ········ 53

第五节　股票发行 ········ 53
一、股票发行制度的概念 ········ 53
二、审批制度、核准制度、注册制度的概念与特征 ········ 54
三、保荐制度、承销制度的概念 ········ 54
四、股票的无纸化发行和初始登记制度 ········ 55
五、增发和配股 ········ 55

第六节　股票价格 ········ 56
一、与股票价格相关的概念 ········ 56
二、股票的理论价格与市场价格 ········ 58
三、股票价格指数 ········ 58
四、引起股票价格变动的原因 ········ 61
五、股票定价 ········ 62

第七节　股票交易 ········ 64
一、证券账户的种类 ········ 64
二、委托指令 ········ 64
三、竞价 ········ 65
四、做市商交易 ········ 66
五、融资融券 ········ 67
六、证券托管和证券存管 ········ 67
七、证券买卖中交易费用的种类 ········ 67
八、股票交易的清算与交收程序 ········ 68
九、证券委托的形式 ········ 68
十、委托指令撤销的条件和程序 ········ 68

第二部分　证券分析

第五章　宏观经济分析 ········ 71

第一节　宏观经济走势的因素分析 ········ 71
一、经济周期 ········ 71
二、经济增长 ········ 71
三、就业状况的变动对证券市场的影响分析 ········ 73
四、通货膨胀与通货紧缩对证券市场的影响 ········ 73
五、国际收支状况对证券市场的影响 ········ 73

第二节　宏观经济政策的因素分析 ········ 74
一、财政政策对证券市场的影响 ········ 74

二、货币政策对证券市场的影响 ·· 76
　第三节　其他宏观影响因素分析 ·· 77
　　一、政治因素 ··· 77
　　二、战争因素 ··· 78
　　三、自然灾害因素 ··· 78
　　四、国际因素 ··· 78
　　五、市场技术因素 ··· 79
　　六、社会心理因素 ··· 80
　　七、市场效率因素 ··· 80
　　八、物价变动因素 ··· 80
　　九、重大疫情传播 ··· 80
　　十、突发性重大事件 ··· 81

第六章　行业分析 ··· 82
　第一节　行业的划分方法 ··· 82
　　一、道·琼斯分类法 ··· 82
　　二、我国国民经济行业分类 ··· 82
　第二节　行业的特征分析 ··· 83
　　一、行业的经济结构分析 ··· 83
　　二、行业的市场类型分析 ··· 84
　　三、经济周期与行业分析 ··· 85
　　四、行业生命周期分析 ··· 85
　　五、行业景气变动分析 ··· 86
　第三节　影响行业兴衰的主要因素 ·· 87
　　一、技术进步 ··· 87
　　二、政府政策 ··· 87
　　三、社会习惯的改变 ··· 88

第七章　公司分析 ··· 89
　第一节　公司素质分析 ··· 89
　　一、内部分析 ··· 89
　　二、外部分析 ··· 94
　　三、成长股分析 ··· 96
　第二节　公司财务状况分析 ··· 97
　　一、公司财务分析概述 ··· 97
　　二、财务状况分析法 ··· 102
　　三、公司财务状况分析的指标运用 ··· 103
　　四、上市公司特殊指标运用 ··· 106
　　五、选择公司小技巧 ··· 110

第八章 技术分析 …… 118

第一节 技术分析概述 …… 118
一、技术分析的含义 …… 118
二、技术分析的理论假设 …… 118
三、技术分析的内容 …… 119
四、技术分析的方法 …… 121

第二节 K线分析 …… 123

第三节 K线组合分析 …… 127
一、上升和见底类型的K线和K线组合 …… 128
二、下跌和滞涨类型的K线和K线组合 …… 131
三、整理类型的K线和K线组合 …… 136

第四节 切线分析 …… 140
一、趋势分析 …… 140
二、支撑线与压力线 …… 140
三、趋势线与轨道线 …… 142

第五节 形态分析 …… 145
一、反转形态 …… 145
二、整理形态 …… 156

第六节 指标分析 …… 158
一、移动平均线 …… 159
二、指数平滑异同移动平均线 …… 162
三、相对强弱指标 …… 163
四、威廉指标 …… 165
五、随机指标 …… 166
六、指标组合应用 …… 168

第七节 技术分析主要理论 …… 169
一、道氏理论 …… 169
二、波浪理论 …… 170

第三部分 衍生工具

第九章 证券投资基金 …… 177

第一节 证券投资基金概述 …… 177
一、证券投资基金的概念和特点 …… 177
二、证券投资基金的参与主体 …… 178
三、证券投资基金的法律形式和运作方式 …… 179
四、证券投资基金的类别 …… 180

第二节　证券投资基金的基金管理人和托管人 …………………………………… 183
　　一、基金管理人的职责 ………………………………………………………… 183
　　二、基金管理人的主要业务 …………………………………………………… 184
　　三、基金托管人概述 …………………………………………………………… 185
第三节　证券投资基金的投资方法 …………………………………………………… 186
　　一、基金的投资方法 …………………………………………………………… 186
　　二、指数基金的投资方法 ……………………………………………………… 189

第十章　期货 ……………………………………………………………………………… 193

第一节　金融衍生工具的概述 ………………………………………………………… 193
　　一、金融衍生工具的定义 ……………………………………………………… 193
　　二、金融衍生工具的特征 ……………………………………………………… 193
　　三、金融衍生工具的分类 ……………………………………………………… 194
第二节　期货概述 ……………………………………………………………………… 196
　　一、期货的定义 ………………………………………………………………… 196
　　二、期货交易的品种 …………………………………………………………… 196
　　三、期货交易的主要制度 ……………………………………………………… 197
　　四、期货合约的主要条款及设计依据 ………………………………………… 198
　　五、期货市场的经济功能 ……………………………………………………… 200
第三节　明星期货品种合约 …………………………………………………………… 202
　　一、沪深 300 指数 ……………………………………………………………… 202
　　二、豆粕 ………………………………………………………………………… 206
第四节　期货市场的组织结构 ………………………………………………………… 207
　　一、期货交易所 ………………………………………………………………… 207
　　二、期货结算机构 ……………………………………………………………… 207
　　三、期货公司 …………………………………………………………………… 207
第五节　期货市场投资者 ……………………………………………………………… 210
　　一、个人投资者 ………………………………………………………………… 210
　　二、机构投资者 ………………………………………………………………… 210
第六节　期货交易流程 ………………………………………………………………… 211
　　一、开户 ………………………………………………………………………… 211
　　二、下单 ………………………………………………………………………… 212
　　三、竞价 ………………………………………………………………………… 214
　　四、结算 ………………………………………………………………………… 214
　　五、交割 ………………………………………………………………………… 216
第七节　期货投机 ……………………………………………………………………… 216
　　一、交易计划 …………………………………………………………………… 217
　　二、应该具备的交易习惯 ……………………………………………………… 218
　　三、止损 ………………………………………………………………………… 219
　　四、实战技巧 …………………………………………………………………… 220

第十一章 期权 ... 222

第一节 期权概述 ... 222
一、期权和期权交易 ... 222
二、期权的主要特点 ... 223
三、期权的基本类型 ... 225
四、期权的内含价值和时间价值 ... 226
五、影响期权价格的基本因素 ... 228

第二节 期权投资方法 ... 229
一、认沽期权买方 ... 229
二、认沽期权卖方 ... 230
三、认购期权买方 ... 230
四、认购期权卖方备兑开仓 ... 230
五、期权投资注意规避误区 ... 231

第四部分 实盘操作

第十二章 证券组合理论 ... 235

第一节 证券组合管理概述 ... 235
一、证券组合的含义和类型 ... 235
二、证券组合管理的意义和特点 ... 235
三、证券组合管理的方法和步骤 ... 235

第二节 证券组合分析 ... 236
一、单个证券的收益和风险 ... 236
二、证券组合的收益和风险 ... 237
三、最优证券组合 ... 237

第三节 资本资产定价模型 ... 238
一、资本资产定价理论 ... 238
二、资本市场线——有效投资组合收益与风险的均衡关系 ... 239
三、证券市场线——单个风险资产收益与风险的均衡关系 ... 240

第十三章 证券投资风险 ... 241

第一节 风险 ... 241
一、证券投资风险的类型 ... 241
二、风险案例 ... 244

第二节 风险管理 ... 251
一、风险预防 ... 252
二、资金管理 ... 253
三、止损计划 ... 253
四、止损操作 ... 254

第十四章　证券投资心理 ... 255

第一节　心理学与股票投资 ... 255
第二节　常见投资者心理 ... 257
　　一、恐惧心理 ... 257
　　二、贪婪心理 ... 258
　　三、希望 ... 259
第三节　影响投资者心理的因素 ... 260
　　一、大众媒体 ... 260
　　二、市场传闻与小道消息 ... 261
　　三、专家的意见 ... 261
　　四、绿色草坪效应 ... 261
　　五、人性 ... 262
第四节　投资者修炼心态的方法 ... 263
　　一、投资者修炼心态的常见方法 ... 263
　　二、培养自控能力 ... 264

第十五章　证券投资策略与方法 ... 266

第一节　证券投资原则 ... 266
　　一、存有疑问，不要行动 ... 266
　　二、弱势中买进，强势中卖出 ... 266
　　三、不要过度交易 ... 266
　　四、损失要立刻中止，获利则让其继续 ... 267
第二节　证券投资基本策略 ... 267
　　一、关注长期趋势 ... 268
　　二、严守纪律，限制损失 ... 269
　　三、持有利润最多的仓位，平掉亏损最多的仓位 ... 269
　　四、资产组合策略 ... 269
第三节　证券投资技巧 ... 270
　　一、证券投资常见技巧 ... 270
　　二、生存第一，赚大赔小 ... 272

参考文献 ... 273

第一部分 证券基础知识

第一章　证券投资概述

第一节　证券与有价证券

一、证券

(一) 证券的含义

证券是指各类记载并代表特定权益的法律凭证。它主要包括资本证券、货币证券和商品证券等。狭义上的证券主要指证券市场中的证券产品,其中包括产权市场产品(如股票)、债权市场产品(如债券)、衍生市场产品(如股票期货及期权、利率期货及期权等)。

(二) 证券的特征

证券实质上是具有财产属性的民事权利,证券的特点在于把民事权利表现在证券上,使权利与证券相结合,权利体现为证券,即权利的证券化。它是权利人行使权利的方式和过程用证券形式表现出来的一种法律现象,是投资者投资财产符号化的一种社会现象,是社会信用发达的一种标志和结果。它具有以下几个基本特征。

1. 证券是财产性权利凭证

证券表彰的是具有财产价值的权利凭证。在现代社会中,人们已经不满足于对财富形态的直接占有、使用、收益和处分,而是更重视对财富的终极支配和控制,所以证券这一新型财产形态应运而生。持有证券意味着持有人对该证券所代表的财产拥有控制权,但该控制权不是直接控制权,而是间接控制权。

例如,股东持有某公司的股票,则该股东依其所持股票数额占该公司发行的股票总额的比例而相应地享有对公司财产的控制权,但该股东不能主张对某一特定的公司财产直接享有占有、使用、收益和处分的权利,只能依比例享有所有者的资产受益、重大决策和选择管理者等权利。从这个意义上讲,证券是借助于市场经济和社会信用的发达而进行资本聚集的产物,证券权利展现出财产权的性质。

2. 证券是流通性权利凭证

证券的活力就在于证券的流通性。传统的民事权利始终面临转让上的诸多障碍,就民事财产权利而言,由于并不涉及人格及身份,其转让在性质上并无不可,但其转让是个复杂的民事行为。

比如"债权相对性"的民事规则,债权作为财产的表现形式是可转让的,但债权人转让债权须通知债务人,这种涉及三方利益的转让行为受制于法律规范的调整,并不方便快捷。但一旦民事权利证券化,财产权利分成品质相同的若干相等份额,造就出一种"规格一律的商品",那么这种财产转让就不再局限于转让方和受让方之间按照协议转让,而是在更广的范围内,以更高的频率进行转让,甚至通过公开市场进行交易,从而形成了高度发达的财产转让制度。证券的可多次转让构成了流通,通过变现为货币还可实现其规避风险的功能。证券的流通性是证券制度顺利发展的基础。

3. 证券是收益性权利凭证

证券持有人的最终目的是获得收益,这是证券持有人投资证券的直接动因。一方面,证券本身是一种财产性权利,反映了特定的财产权,证券持有人可通过行使该项财产权而获得收益,如取得股息收入(股票)或者取得利息收入(债券);另一方面,证券持有人可以通过转让证券获得收益,如二级市场上的低价买入、高价卖出,其可通过差价而获得收益,尤其是投机收益。

4. 证券是风险性权利凭证

证券的风险性表现为由于证券市场的变化或发行人的原因,使投资者不能获得预期收入,甚至有发生损失的可能性。证券投资的风险和收益是相联系的。在实际的市场中,任何证券投资活动都存在着风险,完全回避风险的投资是不存在的。

(三)证券的分类

1. 按性质分类

按其性质的不同,证券可以分为证据证券、凭证证券和有价证券三大类。

① 证据证券。证据证券只是单纯地证明一种事实的书面证明文件,如信用证、证据、提单等。

② 凭证证券。凭证证券是指认定持证人是某种私权的合法权利者和证明持证人所履行的义务有效的书面证明文件,如存款单等。

③ 有价证券。有价证券是指标有票面余额,用于证明持有人或该证券指定的特定主体对特定财产拥有所有权或债权的凭证,区别于上面两种证券的主要特征是可以让渡。

2. 按收益分类

从广义上,按照是否能给使用者带来收入,证券可以分为有价证券和无价证券两大类。

无价证券是指不能给使用者带来收入的证券,包括凭证证券和所有权证券。凭证证券又称证据证券,专门证明某种事实的文件,例如借据、收据、票证等,一般不具有市场流通性。所有权证券是指证明持证人为某种权力的合法所有者的证券,如土地所有权证书等。

3. 按内容分类

按所载的内容,证券可以分为以下3类。

① 货币证券。货币证券为可以用来代替货币使用的有价证券,是商业信用工具,主要用于企业之间的商品交易、劳务报酬的支付和债权债务的清算等,常见的有期票、汇票、本票、支票等。

② 资本证券。资本证券是指把资本投入企业或把资本供给企业或国家的一种书面证明

文件,主要包括股权证券(所有权证券)和债权证券,如各种股票和各种债券等。

③ 货物证券(商品证券)。货物证券是指对货物有提取权的证明,它证明证券持有人可以凭证券提取该证券上所列明的货物,常见的有栈单、运货证书、提货单等。

二、有价证券

(一) 有价证券的含义

有价证券是指标有票面金额,用于证明持有人或该证券指定的特定主体对特定财产拥有所有权或债权的凭证。有价证券是虚拟资本的一种形式,它本身没价值,但有价格。有价证券有广义与狭义两种概念,广义的有价证券包括商品证券、货币证券和资本证券,狭义的有价证券是指资本证券。

商品证券是证明持券人有商品所有权或使用权的凭证,取得这种证券就等于取得这种商品的所有权,持券人对这种证券所代表的商品所有权受法律保护。属于商品证券的有提货单、运货单、仓库栈单等。

货币证券是指本身能使持券人或第三者取得货币索取权的有价证券。货币证券主要包括两大类:一类是商业证券,主要包括商业汇票和商业本票;另一类是银行证券,主要包括银行汇票、银行本票和支票。

资本证券是指由金融投资或与金融投资有直接联系的活动而产生的证券。持券人对发行人有一定的收入请求权,它包括股票、债券及其衍生品种(如基金证券、可转换证券)等。

资本证券是有价证券的主要形式,狭义的有价证券即指资本证券。在日常生活中,人们通常把狭义的有价证券——资本证券——直接称为有价证券乃至证券。

(二) 有价证券的特征

1. 产权性

证券的产权性是指有价证券记载着权利人的财产权内容,代表着一定的财产所有权,拥有证券就意味着享有财产的占有、使用、收益和处分的权利。在现代经济社会里,财产权利和证券已密不可分,财产权利与证券两者融合为一体,权利证券化。虽然证券持有人并不实际占有财产,但可以通过持有证券,在法律上拥有有关财产的所有权或债权。

2. 收益性

收益性是指持有证券本身可以获得一定数额的收益,这是投资者转让资本使用权的回报。证券代表的是对一定数额的某种特定资产的所有权或债权,而资产是一种特殊的价值,它要在社会经济的运行中不断运动、不断增值,最终形成高于原始投入价值的价值。由于这种资产的所有权或债权属于证券投资者,投资者持有证券也就同时拥有取得这部分资产增值收益的权利,因而证券本身具有收益性。有价证券的收益表现为利息收入、红利收入和买卖证券的差价。收益的多少通常取决于该资产增值数额的多少和证券市场的供求状况。

3. 流通性

证券的流通性又称变现性,是指证券持有人可按自己的需要灵活地转让证券以换取现金。流通性是证券的生命力所在。证券的期限性约束了投资者的灵活偏好,但其流通性以变通的方式满足了投资者对资金的随机需求。证券的流通是通过承兑、贴现、交易实现的。证券流通性的强弱受证券期限、利率水平及计息方式、信用度、知名度、市场便利程度等多种因素的影响。

4. 风险性

证券的风险性是指证券持有者面临着预期投资收益不能实现,甚至本金也会受到损失的可能。这是由证券的期限性和未来经济状况的不确定性所致的。在现有的社会生产条件下,未来经济的发展变化有些是投资者可以预测的,而有些则是无法预测的,因此,投资者难以确定他所持有的证券将来能否取得收益和能获得多少收益,从而就使持有的证券具有风险。

5. 期限性

债券一般有明确的还本付息期限,以满足不同投资者和筹资者对融资期限以及与此相关的收益率的需求。债券的期限具有法律的约束力,是对双方的融资权权益的保护。股票没有期限,可视为无期证券。

(三) 有价证券的分类

有价证券可以从不同角度、按不同标准进行分类。

1. 按证券发行主体分类

按证券发行主体的不同,有价证券可分为政府证券、政府机构证券和公司证券。

政府证券通常是由中央政府或地方政府发行的债券。中央政府债券也称国债,通常由一国财政部发行。地方政府债券由地方政府发行,以地方税或其他收入偿还,我国如今尚不允许除特别行政区以外的各级地方政府发行债券。

政府机构证券是由经批准的政府机构发行的证券,我国如今也不允许政府机构发行债券。

公司证券是公司为筹措资金而发行的有价证券,公司证券包括的范围比较广泛,有股票、公司债券及商业票据等。此外,在公司债券中,通常将银行及非银行金融机构发行的证券称为金融证券,其中金融债券尤为常见。

2. 按证券适销性分类

证券按是否具有适销性,可以分为适销证券和不适销证券。

适销证券是指证券持有人在需要现金或希望将持有的证券转化为现金时,能够迅速地在证券市场上出售的证券。这类证券是金融投资者的主要投资对象,包括公司股票、公司债券、金融债券、国库券、公债券、优先认股权证、认股证书等。

不适销证券是指证券持有人在需要现金时,不能或不能迅速地在证券市场上出售的证券。这种证券虽不能或不能迅速地在证券市场上出售,但都具有投资风险较小、投资收益确定、在特定条件下也可以换成现金等特点,如定期存单等。

3. 按证券上市与否分类

按是否在证券交易所挂牌交易,证券可分为上市证券和非上市证券。

上市证券又称挂牌证券,是指经证券主管机关批准,并向证券交易所注册登记,获得在交易所内公开买卖资格的证券。

非上市证券也称非挂牌证券、场外证券,指未申请上市或不符合在证券交易所挂牌交易条件的证券。

4. 按证券收益是否固定分类

根据收益的固定与否，证券可分为固定收益证券和变动收益证券。

固定收益证券是指持券人可以在特定的时间内取得固定的收益并预先知道取得收益的数量和时间，如固定利率债券、优先股股票等。

变动收益证券是指因客观条件的变化其收益也随之变化的证券。如普通股，其股利收益事先不确定，而是根据公司税后利润的多少来确定，浮动利率债券属此类证券。

一般来说，变动收益证券比固定收益证券的收益高、风险大，但是在通货膨胀条件下，固定收益证券的风险要比变动收益证券的大得多。

5. 按证券发行的地域和国家分类

根据发行的地域和国家的不同，证券可分为国内证券和国际证券。

国内证券是一国国内的金融机构、公司（企业）等经济组织或该国政府在国内资本市场上以本国货币为面值所发行的证券。

国际证券则是由一国政府、金融机构、公司（企业）或国际经济机构在国际证券市场上以其他国家的货币为面值而发行的证券，包括国际债券和国际股票两大类。

6. 按证券募集方式分类

根据募集方式的不同，证券可分为公募证券和私募证券。

公募证券是指发行人通过中介机构向不特定的社会公众投资者公开发行的证券，其审批较严格并采取公示制度。

私募证券是指向少数特定的投资者发行的证券，其审查条件相对较松，投资者也较少，不采取公示制度。私募证券的投资者多为与发行者有特定关系的机构投资者，也有发行公司、企业的内部职工。

7. 按证券经济性质分类

按经济性质的不同，证券可分为基础证券和金融衍生证券两大类。股票、债券和投资基金都属于基础证券，它们是最活跃的投资工具，是证券市场的主要交易对象，也是证券理论和实务研究的重点。金融衍生证券是指由基础证券派生出来的证券交易品种，主要有金融期货与期权、可转换证券、存托凭证、认股权证等。

8. 按有价证券所设定的财产权利的性质分类

① 设定等额权利的有价证券，如股票。

② 设定一定物权的有价证券，如提单、仓单。

③ 设定一定债权的有价证券，如债券、汇票、本票、支票等。

9. 按有价证券转移的方式分类

① 记名有价证券是在证券上记载证券权利人的姓名或名称的有价证券，如记名的票据和股票等。记名有价证券可按债权让与方式转让证券上的权利。

② 无记名有价证券是证券上不记载权利人的姓名或名称的有价证券，如国库券和无记名股票等。无记名有价证券上的权利由持有人享有，可以自由转让，证券义务人只对证券持有人负履行义务。

③ 指示有价证券是指在证券上指明第一个权利人的姓名或名称的有价证券，如指示支票等。指示有价证券的权利人是证券上指明的人，证券义务人只对证券上记载的持券人负履行

义务。指示有价证券的转让须由权利人背书及指定下一个权利人,由证券债务人向指定的权利人履行。

第二节 投资与证券投资

一、投资

(一) 投资的含义

投资指的是特定经济主体为了在未来可预见的时期内获得收益或是增值资金,在一定时期内向一定领域投放足够数额的资金或实物的货币等价物的经济行为。

(二) 投资的特征

① 投资是以让渡其他资产而换取的另一项资产。
② 投资是企业在生产经营过程之外持有的资产。
③ 投资是一种以权利为表现形式的资产。
④ 投资是一种具有财务风险的资产。

(三) 投资的分类

1. 按照性质分类,投资可以分为权益性投资、债权性投资和混合性投资

权益性投资是指为获取其他企业的权益或净资产所进行的投资,如对其他企业的普通股股票进行投资,为获取其他企业的股权进行联营投资,采取合同协议的方式投出资产并取得股权等,均属权益性投资。企业进行这种投资是为取得对另一个企业的控制权,或实现对另一个企业的重大影响,或为了其他目的。

权益性投资是企业筹集资金的一种基本的金融工具。投资者持有某企业的权益性证券,代表在该企业中享有所有者权益,普通股和优先股就是常见的权益性证券。权益性投资形成投资方与被投资方的所有权与经营权的分离,投资方拥有与股权相对应的表决权。投资企业有权直接或间接参与受资企业的经营管理;有权参与受资企业的财产分配,获取较高收益;有权转让股权并享有股权价值的升值。权益性投资一般没有固定的收回期限和固定的投资收益,投资方只能依法转让出资而不能直接从接受投资企业撤资,风险一般较高。企业进行权益性投资主要考虑接受投资企业的获利能力,是否能够获得较高的回报,以及影响、控制被投资企业是否有利于本企业的长远利益。

债权性投资指企业通过投资获得债权,投资企业与受资企业之间形成债权债务关系,如购买公司债券、国库券等。企业进行债权性投资,不是为了获得其他企业的剩余资产,而是为了获取高于银行存款利率的利息,并保证按期收回本息。债券是一种定约证券,它以契约的形式明确规定投资企业与被投资企业的权利与义务,无论被投资企业有无利润,投资企业均享有定期收回本金、获取利息的权利。

投资企业所取得的债权有固定的期限,到期可收回本金;有事先约定的利率,可定期收取利息;债券到期之前,可以转让或贴现,换取投资企业所需要的资金。债权性投资风险小,收益较低。债权人无权过问发行债券单位的经营管理情况。

混合性投资指同时具有债权性和权益性双重性质的投资。这种投资兼有债权性和权益性投资的特点,也便于投资企业转换投资性质。混合性投资企业主要是通过购买优先股股票,或者购买可转换公司债券进行。优先股股票具有约定的股利率、股利的支付及破产的清偿,均优先于普通股股票,类似于债权性投资;股票无到期日,投资人不能定期收回本金,类似于权益性投资。可转换的公司债券在转换之前是债权性投资,在转换之后是权益性投资,也是同时具有双重性质的投资。

2. 按照投资的目的分类,可划分为短期投资和长期投资两类

短期投资指各种能够随时变现、持有时间不超过1年的债券、股票等有价证券投资。

短期投资是企业利用暂闲置的资金,冒最低限度的风险,谋取一定收益的投资,同时,又要保持资产的流动性。短期投资可在较短的时间内随时变现,以保证企业营运资金的需要。

长期投资指不准备在一年内变现的投资,包括长期债券投资、长期股票投资和长期其他股权投资。

企业进行长期投资,不仅在于谋取投资收益,而是借助于投资的长期持有,对受资企业实行控制或兼并,或者对受资企业的经营决策、财务决策施加重大影响,从而达到投资企业的经营目的。

3. 按照投资形式分类,可划分为货币投资、实物投资和无形资产投资

货币投资指企业用现金等货币资金取得的投资。企业用货币资金直接投资,应按实际投出金额作为投资入账价值;如果用货币资金购买债券、股票等有价证券,则应以投资成本作为投资入账价值。

投资成本指获得一项投资所支付的全部价款,或提供劳务、放弃相关资产的评估价值。

实物投资指企业用材料、固定资产等实物资产进行的投资。这类投资应按投出资产的评估价值作为投资成本计价入账。

无形资产投资指用企业所拥有的无形资产所有权或使用权进行的投资。这类投资应按投出无形资产的评估价值作为投资成本计价入账。

除上述几种标准分类外,还有一些其他形式的投资分类。如按照投资对象的变现能力分类,投资可以分为易于变现和不易变现两类。

二、证券投资

(一) 证券投资的含义

证券投资(investment in securities)是指投资者(法人或自然人)买卖股票、债券、基金券等有价证券以及这些有价证券的衍生品,以获取差价、利息及资本利得的投资行为和投资过程,是间接投资的重要形式。

(二) 证券投资的特征

1. 证券投资具有风险性

证券投资风险是指投资者在证券投资过程中遭受损失或达不到预期收益率的可能性。证券投资风险分为两类,即经济风险与心理风险。证券投资所要考虑的风险主要是经济风险,经济风险来源于证券发行主体的变现风险、违约风险以及证券市场的利率风险和通货膨胀风险等。

2. 证券投资具有收益性

证券投资收益是指投资者在一定时期内进行投资,其所得与支出的差额即证券投资者在从事证券投资活动中所获得的报酬。

3. 证券投资具有时间性

一般而言,投资时间越长,收益相对越高,风险也就越大。

(三) 证券投资的作用

① 证券投资为社会提供了筹集资金的重要渠道,是各类企业进行直接融资的有效途径。

② 证券投资有利于调节资金投向,提高资金使用效率,从而引导资源合理流动,实现资源的优化配置。

③ 证券投资有利于改善企业的经营管理,提高企业的经济效益和社会知名度,促进企业的行为合理化。

④ 证券投资为中央银行进行金融宏观调控提供了重要手段,对国民经济的持续、高效发展具有重要意义。

三、如何配置资产

等我们有了一些资产后,资产的配置可以采取两种方法确定。

1. 年龄配置法

年龄配置法即用 100 减去投资者的年龄,再乘以 1%,得到的值就是适合投资较高风险产品的比例。

计算公式为

$$风险资产投资比例 = (100 - 年龄) \times 1\%$$

举个例子,如果你现在 25 岁,就可以将 $(100 - 25) \times 1\% = 75\%$ 的资产投资于风险较高的产品上。而到了 50 岁,你的风险资产投资比例则应该降到 50% 左右。

2. 标准普尔家庭资产配置法

如图 1-1 所示,标准普尔家庭资产象限图把家庭资产分成 4 个账户,这 4 个账户的作用不同,所以资金的投资渠道也各不相同。只有拥有这 4 个账户,并且按照固定合理的比例进行分配,才能保证家庭资产长期、持续、稳健地增长。

标准普尔、穆迪和惠誉并称世界三大评级机构,标准普尔曾调研全球十万个资产稳健增长的家庭,分析总结出他们的家庭理财方式,从而得到标准普尔家庭资产配置图。此图被公认为最合理稳健的家庭资产分配方式。

标准普尔家庭资产象限图把家庭资产分成 4 个账户,这 4 个账户的作用不同,所以资金的投资渠道也各不相同。

第一,要花的钱。

要花的钱指平时衣、食、住、行所需的花费,是保证日常生活进行的储备金。一般来说,这部分钱约占家庭资产的 10%,一般为 3~6 个月的生活费。以前中国人的生活中,此部分的账户占比往往过高,从而影响了整个家庭账户的资产配置。

要花的钱建议存为银行活期存款或者购买货币基金,这类钱的特点就是日常消费交易方便、取现到账快。

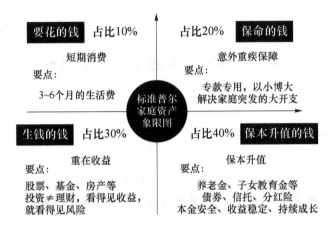

图1-1 标准普尔家庭资产象限图

第二,保命的钱。

保命的钱一般占家庭资产的20%,专门解决突发的大额开支,在家庭成员出现意外事故、发生重大疾病时,有足够的钱来保命。如果没有这个账户,家庭资产可能会随时面临风险。

保命的钱最好分为两部分。一部分可以做稳健的中长期理财,例如固定收益类资管产品,切记一定要专款专用;另一部分用于购买商业保险,例如意外伤害险、重大疾病险等。

第三,生钱的钱。

生钱的钱一般占家庭资产的30%,这部分钱主要是用有风险的投资创造高回报,其关键点在于"分散投资",适度降低风险。

生钱的钱一般用于配置股票、权益及另类资管产品等。这里需要特别说明的是,为了优化资产配置方案,越来越多的投资者开始将FOF基金作为资产配置的一部分。

FOF基金又称基金中的基金,不同于权益型基金,将资金投资于不同的股票,FOF基金将资金用于投资多只基金。FOF基金的优点有:首先,FOF的核心是资产配置,投资者只需确定自己的风险收益水平,通过只投资一只产品就可达到资产多元配置的目的;其次,FOF是专业化投资的代表,需要对各类资产进行大量深入研究,对收益、风险水平及不同资产类别间的相关性和轮动效应有准确把握;最后,投资于低相关性的多种资产类别,充分分散风险。

由于FOF基金所投资的资产较为分散,相对风险较低,所以它成了养老基金投资的理想工具。在美国,养老资产有相当一部分用于投资FOF基金。但FOF基金也存在无法忽视的问题:其一,在于运作相对复杂,比起权益类基金,FOF基金经理需具有基金研究经历,有一定的基金研究功底;其二,因所投基金本身也要收取管理费,所以FOF基金存在双重收费问题。

FOF基金本身就具有多资产的特性,使得FOF的转换空间大、可选标的多(涵盖权益、固收、另类及QDII等多类资产),同时,资产多样性的特点也使得产品净值的长期增长更为平滑,降低了波动,减少了单一策略波动风险。

第四,保本升值的钱。

这部分钱占家庭资产的40%,主要作为自己的养老金和子女的教育金,切记不能随意取出使用,并保证每年或每月都有固定的钱投入这个账户。这部分钱要求收益稳定,重在保本,所以收益不一定要求高,但要长期稳定。

保本的钱不能有损失,最好还能够抵御通货膨胀。所以建议该部分钱购买长期收益稳定、风险较低的固定收益类资管产品。国内金融理财市场的固定收益类资管产品包括债券、固定收益类基金、信托等。

第三节　证券投资分析

一、证券投资分析的含义

证券投资分析是指通过各种专业分析,对影响证券价值或价格的各种信息进行综合分析,以判断证券价值或价格及其变动的行为,是证券投资过程中不可或缺的一个重要环节。

二、证券投资分析的目标

1. 实现投资决策的科学性

进行证券投资分析是投资者正确认知证券风险性、收益性、流动性和时间性的有效途径,是投资者科学决策的基础。因此,进行证券投资分析有利于减少投资决策的盲目性,从而提高投资决策的科学性。

2. 实现证券投资净效用最大化

证券投资的理想结果是证券投资净效用(即收益带来的正效用与风险带来的负效用的权衡)最大化。因此,在风险既定的条件下投资收益率最大化和在收益率既定的条件下风险最小化是证券投资的两大具体目标。

三、有效市场假说

1. 弱有效证券市场

弱有效证券市场是指证券价格能够充分反映价格历史序列中包含的所有信息,如有关证券的价格、交易量等。如果这些历史信息对证券价格的变动都不会产生任何影响,则意味着证券市场达到了弱有效。这是因为,如果有关证券的历史信息与现在和未来的证券价格或收益无关,则说明这些历史信息已经被充分披露、均匀分布,其价值已在过去被投资者充分消化利用并反映在证券价格上。因此,在一个弱有效的证券市场上,任何为预测未来证券价格走势而对以往价格格局进行的技术分析都没有意义,因为目前的市场价格已经包含了由此分析所得到的任何信息。假定投资者确信某股票价格将在下周大幅上涨,则此价格就不再会渐趋于其新的均衡值。除非立即调整价格,否则就会形成有利可图的套利机会。可以预料,这一信息将会在有效率市场中被立即利用,从而任何未被利用的套利机会都将消失。

当然,我们说投资者不可能借助技术分析方法,通过分析历史信息挖掘出被错误定价的证券,从而获取超常利润,这并不意味着投资者不能获取一定的收益,而只是表明,就平均而言,任何利用历史信息的投资策略所获取的收益都不可能超过利用简单的"购买-持有"策略所获取的收益。

2. 半强有效证券市场

半强有效证券市场是指证券价格不仅能够体现历史的价格信息,而且反映了所有与公司证券有关的公开有效信息,如公司收益、股息红利、对公司的预期、股票分拆、公司间的购并活动等。因此,如果以上信息对证券价格的变动都没有任何影响,从而市场参加者不可能从任何公开信息的分析中获取超额利润,则证券市场就达到了半强有效市场。

一个半强有效的证券市场意味着,公开信息的传播速度快且均匀,每个投资者都能同时掌握和使用有关公开信息并进行投资决策,从而证券价格能在很短的时间内调整到位,消化掉所有的公开信息。如果公开发表的信息对证券价格的变动趋势仍产生影响,则说明证券价格对公开发表的资料尚未做出及时、充分的反映,一些人就有可能通过分析这些公开信息获取超常利润,证券市场就尚未达到中强有效市场。

3. 强有效证券市场

强有效证券市场是指有关证券的所有相关信息,包括公开发布的信息和内部信息对证券价格的变动都没有任何影响,即如果证券价格已经充分、及时地反映了所有有关的公开和内部信息,则证券市场就达到了强有效市场。强有效市场不仅包含了弱有效市场和中强有效市场的内含,而且包含了一些只有"内部人"才知情的信息。在证券市场上,总有部分人拥有一定的信息优势,如上市公司管理层握有尚未公开发表的公司信息,强有效市场意味着即便是那些拥有"内部信息"的市场参与者也不可能凭此获得超过市场的投资收益,市场价格完全体现了全部的私有信息。

可见,强有效证券市场描绘了这样一种理想的状况:价格永远是真实的市场价值的反映,永远是公正的。投资者除了偶尔靠碰运气"预测"到证券价格的变化外,是不可能重复地取得成功的,更不可能连续地取得成功。进入 20 世纪 80 年代,实证发现了与理性人假设不符的异常现象,形成了行为金融学。

四、证券投资主要分析方法

(一)基本分析法

基本分析法又称基本面分析法,是指证券分析师根据经济学、金融学、财务管理学及投资学等基本原理,对决定证券价值及价格的基本要素,如宏观经济指标、经济政策走势、行业发展状况等进行分析,评估证券的投资价值,判断证券的合理价位,提出相应的投资建议的一种分析方法。

基本分析法的理论基础在于:①任何投资对象都有一种可以称之为"内在价值"的固定基准,并且这种内在价值可以通过对该种投资对象的现状和未来前景的分析而获得;②市场价格与内在价值之间的差距最终会被市场所纠正,因此市场价格低于(或高于)内在价值之日,便是买(卖)机会到来之时。

两个假设为:股票的价值决定其价格;股票的价格围绕价值波动。

基本分析法主要包括宏观经济分析、行业分析和区域分析、公司分析三大类内容。

(二)技术分析法

技术分析法是仅从证券的市场行为来分析证券价格未来变化趋势的方法。证券的市场价格、成交量、价和量的变化以及完成这些变化所经历的时间都是市场行为最基本的表现形式。

3个重要假设：①市场行为包括一切信息；②价格沿趋势移动；③历史会重复。

可以将技术分析理论分为这几类：K线理论、切线理论、形态理论、技术指标理论、波浪理论和循环周期理论。

技术分析流派认为，股票价格的波动是对市场供求均衡状态偏离的调整。技术分析法直接选取公开的市场数据，采用图表等方法对市场走势作出直观的解释。但它缺乏牢固的经济金融理论基础，对证券价格行为模式的判断有很大的随意性，受到了学术界的批评。

（三）量化分析法

量化分析法是利用统计、数值模拟和其他定量模型进行证券市场相关研究的一种方法。量化分析法较多采用复杂的数理模型和计算机数值模拟，能够提供较为精细化的分析结论。但它对使用者的定量分析技术有较高的要求，不易为普通公众所接受。

五、证券投资策略

证券投资策略是指导投资者进行证券投资所采用的投资规则、行为模式、投资流程的总称。

① 根据投资决策的灵活性不同，证券投资策略分为主动型策略与被动型策略。

② 按照策略适用期限的不同，证券投资策略分为战略性投资策略和战术性投资策略。

a. 常见的战略性投资策略包括：买入持有策略、固定比例策略、投资组合保险策略。

b. 常见的战术性投资策略包括：交易型策略（包括均值-回归策略、动量策略和趋势策略）、多-空组合策略、事件驱动型策略。

③ 根据投资品种的不同，证券投资策略分为股票投资策略、债券投资策略、另类产品投资策略等。

a. 按照不同分类标准，可以把常见的股票投资策略分为以下类别。

- 按照投资风格划分，股票投资策略可以分为价值型投资策略、成长型投资策略和平衡型投资策略。
- 按收益与市场比较基准的关系划分，股票投资策略可以分为市场中性策略、指数化策略、指数增强型策略以及绝对收益策略。
- 按照投资决策的层次划分，股票投资策略可以分为配置策略、选股策略和择时策略。

b. 债券投资策略种类比较复杂，通常可以按照投资的主动性程度，把债券投资策略分为以下几类。

- 消极投资策略。例如指数化投资策略、久期免疫策略、现金流匹配策略、阶梯形组合策略、哑铃型组合策略等。
- 积极投资策略。例如子弹型策略、收益曲线骑乘策略、或有免疫策略、债券互换策略等。

c. 通常将除股票、债券之外的其他投资产品称为另类投资产品，例如大宗商品、贵金属、房地产、艺术品、古玩、金融衍生品等，不同类别的投资产品均有其较为专业化的投资策略。

六、证券投资分析的信息来源

信息是进行证券投资分析的基础。

（一）政府部门

政府部门是国家宏观经济政策的制定者，是信息发布的主体，是一国证券市场上有关信息的主要来源。这里讲的政府部门包括8个：国务院、中国证券监督管理委员会、财政部、中国人民银行、国家发展和改革委员会、商务部、国家统计局、国务院国有资产监督管理委员会。

我国四大宏观调控部门包括财政部、中国人民银行、国家发展和改革委员会、商务部。

（二）证券交易所

证券交易所向社会公布的证券行情，按日制作的证券行情表以及就市场内成交情况编制的日报表、周报表、月报表与年报表等成为技术分析中的首要信息来源。

（三）中国证券业协会

中国证券业协会是证券业的自律性组织，是社会团体法人。

（四）证券登记结算公司

证券登记结算公司是为证券交易提供集中登记、存管与结算服务，不以赢利为目的的法人。

（五）上市公司

上市公司主要提供的是财务报表和临时公告。上市公司作为经营主体，其经营状况的好坏直接影响到投资者对其价值的判断，从而影响其股价水平的高低。作为信息发布的主体，它所公布的有关信息是投资者对其证券进行价值判断最重要的依据。

（六）中介机构

证券中介机构是指为证券市场参与者如发行人、投资者等提供各种服务的专职机构，如证券经营机构、证券投资咨询机构、证券登记结算机构以及从事证券相关业务的会计师事务所、资产评估事务所、律师事务所、信用评级机构等。

（七）媒体

媒体是信息发布的主要渠道，具体内容包括书籍、报纸、杂志和其他公开出版物以及电视、广播、互联网等。

（八）其他来源

投资者还可以通过实地调研、专家访谈、市场调查等获得有关信息，也可以通过家庭成员、朋友、邻居等获得有关信息，或者其他包括内幕的信息。

第二章 证券市场

第一节 证券市场概述

一、证券市场的定义

证券市场是股票、债券、投资基金份额等有价证券发行和交易的场所。证券市场是市场经济发展到一定阶段的产物,是为解决资本供求矛盾和流动性而产生的市场。

二、证券市场的特征

与一般商品市场相比,证券市场具有以下基本特征。

① 证券市场的交易对象是股票、债券等有价证券,而一般商品市场的交易对象是各种具有不同使用价值的商品。

② 证券市场上的股票、债券等具有多重市场职能:既可以用来筹措资金,解决资金短缺的问题,又可以用来投资,为投资者带来收益;也可以用于保值,以避免或减少物价上涨带来的货币贬值损失;还可以通过投机等技术性操作争取价差收益。而一般商品市场上的商品则只能用于满足人们的特定需要。

③ 证券市场的证券价格,其实质是所有权让渡的市场评估,或者说是预期收益的市场货币价格。它与市场利率关系密切。而一般商品市场的商品价格,其实质是商品价值的货币表现。它取决于生产商品的社会必要劳动时间。

④ 证券市场的风险较大,影响因素复杂,具有波动性和不可预期性。而一般商品市场的风险很小,实行的是等价交换原则,波动较小,市场前景具有较大的可测性。

三、证券市场的结构

1. 层次结构

层次结构是一种按证券进入市场的顺序而形成的结构关系。按这种顺序关系划分,证券市场可分为发行市场和流通市场。证券发行市场又称"一级市场"或"初级市场",是发行人以筹集资金为目的,按照一定的法律规定和发行程序,向投资者出售新证券所形成的市场。证券流通市场又称"二级市场"或"次级市场",是已发行的证券通过买卖交易实现流通转让的市场。

证券发行市场和流通市场的关系:证券发行市场是流通市场的基础和前提,有了发行市场的证券供应,才有流通市场的证券交易,证券发行的种类、数量和发行方式决定着流通市场的规模和运行。流通市场是证券得以持续扩大发行的必要条件,为证券的转让提供市场条件,使发行市场充满活力。此外,流通市场的交易价格制约和影响着证券的发行价格,是证券发行时需要考虑的重要因素。

2. 多层次资本市场

证券市场的层次性还体现为区域分布、覆盖公司类型、上市交易制度以及监管要求的多样性。根据所服务和覆盖的上市公司类型,证券市场可分为全球性市场、全国性市场、区域性市场等类型;根据上市公司的规模、监管要求等差异,证券市场可分为主板市场、二板市场(创业板或高新企业板)、三板市场、四板市场;根据交易方式,证券市场可以分为集中交易市场、柜台市场等。

(1) 主板市场

主板市场也称为一板市场,指传统意义上的证券市场,是一个国家或地区证券发行、上市及交易的主要场所。一般而言,各国主要的证券交易所代表着国内主板市场。

主板市场对发行人的营业期限、股本大小、赢利水平、最低市值等方面的要求标准较高,上市企业多为大型成熟企业,具有较大的资本规模以及稳定的赢利能力。主板市场是资本市场中最重要的组成部分。2004年5月,经国务院批准,中国证监会批复同意深圳证券交易所在主板市场内设立中小企业板块。中小企业板块从资本市场架构上也从属于主板市场。

(2) 二板市场

二板市场是地位次于主板市场的二级证券市场。二板市场的目的主要是协助高成长性的新兴创新公司,特别是高科技公司筹资并进行资本运作。与主板市场不同,它是一个前瞻性市场,注重公司的发展前景与增长潜力。二板市场的上市标准低于主板市场,是一个高风险市场,更加注重公司的信息披露。

(3) 三板市场

三板市场的官方名称是"代办股份转让系统"。代办股份转让服务业务是指证券公司以其自有或租用的业务设施,为非上市公司提供的股份转让服务业务。从基本特征看,这种股份并没有在证券交易所挂牌,而是通过证券公司进行交易的。

(4) 四板市场

四板市场即区域性股权交易市场(也称"区域股权市场"),是为特定区域内的企业提供股权、债券的转让和融资服务的私募市场,一般以省级为单位,由省级人民政府监管。目前全国建成并初具规模的区域股权市场有青海股权交易中心、天津股权交易所、齐鲁股权托管交易中心、上海股权托管交易中心、武汉股权托管交易中心、重庆股份转让系统、前海股权交易中心、广州股权交易中心、浙江股权交易中心、江苏股权交易中心、大连股权托管交易中心、海峡股权托管交易中心等十几家。

3. 品种结构

品种结构是依有价证券的品种而形成的结构关系。这种结构关系主要由股票市场、债券市场、基金市场、衍生品市场等构成。

股票的发行人为股份有限公司。债券的发行人有中央政府、地方政府、中央政府机构、金融机构、公司(企业)。债券有固定的票面利率和期限,因此,相对于股票价格而言,其市场价格比较稳定。

基金市场是基金份额发行和流通的市场。封闭式基金在证券交易所挂牌交易,开放式基金则通过投资者向基金管理公司申购和赎回实现流通转让。

4. 交易场所结构

按交易活动是否在固定场所进行,证券市场可分为有形市场和无形市场。通常人们把有形市场称作"场内市场",是指有固定场所的证券交易所市场。人们把无形市场称作"场外市场",是指没有固定交易场所的市场。目前越来越多的证券交易不在有形的场内市场进行,而是通过经纪人或交易商的电传、电报、电话、网络等洽谈成交。

四、证券市场的基本功能

1. 筹资-投资功能

证券市场的筹资-投资功能是指证券市场一方面为资金需求者提供了通过发行证券筹集资金的机会,另一方面为资金供给者提供了投资对象。筹资和投资是证券市场基本功能不可分割的两个方面,忽视其中任何一个方面都会导致市场的严重缺陷。

2. 定价功能

证券的价格是证券市场上证券供求双方共同作用的结果。

3. 资本配置功能

证券市场的资本配置功能是指通过证券价格引导资本的流动,从而实现资本的合理配置的功能。

第二节 证券市场参与者

证券市场参与者有:证券发行人、证券投资人、证券市场中介机构、自律性组织、证券监管机构。

一、证券发行人

证券发行人是指为筹措资金而发行债券、股票等证券的发行主体。证券发行人主要分为3类:企业类、金融机构类和政府类。

二、证券投资人

证券投资人是指通过买入证券而进行投资的各类机构法人和自然人。证券投资人具有分散性和流动性的特点。证券投资人可分为机构投资者和个人投资者两大类。

(一)机构投资者

1. 政府机构

政府机构参与证券投资的目的主要是为了调剂资金余缺和进行宏观调控。各级政府及政府机构出现资金剩余时,可通过购买政府债券、金融债券投资于证券市场。

中央银行以公开市场操作为政策手段,通过买卖政府债券或金融债券,影响货币供应量,从而进行宏观调控。

我国国有资产管理部门或其授权部门持有国有股,履行国有资产的保值增值和通过国家控股、参股来支配更多社会资源的职责。

2. 金融机构

参与证券投资的金融机构包括证券经营机构、银行业金融机构、保险公司及保险资产管理公司、合格境外机构投资者、主权财富基金以及其他金融机构。

(1) 证券经营机构

证券经营机构是证券市场上最活跃的投资者,以其自有资本、营运资金和受托投资资金进行证券投资。

(2) 银行业金融机构

银行业金融机构的投资一般仅限于政府债券和地方政府债券,而且通常以短期国债作为其超额储备的持有形式。

(3) 保险公司及保险资产管理公司

目前保险公司已经超过共同基金成为全球最大的机构投资者,除大量投资各类政府债券、高等级公司债券外,还广泛涉足基金和股票投资。

(4) 合格境外机构投资者(QFII)

我国 QFII 可投资的范围为证券交易所挂牌交易的股票、债券、证券投资基金、权证等,QFII 还可参与新股和可转债的发行、股票增发和配股的申购。

(5) 主权财富基金

中国投资有限责任公司被视为中国主权财富基金的发端。

(6) 其他金融机构

其他金融机构包括信托投资公司、企业集团财务公司、金融租赁公司等。

3. 企业和事业法人

企业可以用自己的积累资金或暂时不用的闲置资金进行证券投资。各类企业可参与股票配售,也可投资股票二级市场;事业法人可用自有资金和有权自行支配的预算外资金进行证券投资。

4. 各类基金

基金性质的机构投资者包括证券投资基金、社保基金、企业年金和社会公益基金。

(二) 个人投资者

个人投资者是指从事证券投资的社会自然人,他们是证券市场最广泛的投资者。

三、证券市场中介机构

(一) 证券公司

证券公司是指依照《中华人民共和国司法》《中华人民共和国证券法》规定和经国务院证券监督管理机构批准经营证券业务的有限责任公司或股份有限公司。

(二) 证券登记结算机构

证券登记结算机构是为证券交易提供集中的登记、托管与结算服务的专门机构。根据《中华人民共和国证券法》的规定，证券登记结算机构是不以营利为目的的法人。

我国证券结算采用分级结算制度。《中华人民共和国证券法》明确规定，证券公司是与证券登记结算机构进行证券和资金清算交收的主体，并承担相应的清算交收责任；证券登记结算机构根据清算交收结果为投资者办理登记过户手续。在分级结算制度下，只有获得证券登记结算机构结算参与人资格的证券经营机构才能直接进入登记结算系统参与结算业务。通过对结算参与人实行准入制度，制订风险控制和财务指标要求，证券登记结算机构可以有效地控制结算风险，维护结算系统的安全。

(三) 证券服务机构

证券服务机构是指依法设立的从事证券服务业务的法人机构，主要包括证券投资咨询公司、会计师事务所、资产评估机构、律师事务所和证券信用评级机构等。

四、自律性组织

(一) 证券交易所

证券交易所为证券集中交易提供场所和设施，组织和监督证券交易，是实行自律管理的法人。理事长是证券交易所的法定代表人。

证券投资者保护基金是指按照《证券投资者保护基金管理办法》筹集形成的，在防范和处置证券公司风险中用于保护证券投资者利益的资金。保护基金的主要用途是在证券公司被撤销、关闭和破产或被中国证监会实施行政接管、托管经营等强制性监管措施时，按照国家有关政策的规定对债权人予以偿付。

(二) 中国证券业协会

中国证券业协会是证券业的自律性组织，是社会团体法人。中国证券业协会的权力机构为由全体会员组成的会员大会。根据《中华人民共和国证券法》的规定，证券公司应当加入中国证券业协会。中国证券业协会的最高权力机构是由全体会员组成的会员大会，理事会为其执行机构。中国证券业协会实行会长负责制。

五、证券监管机构

在我国，证券监管机构是指中国证券监督管理委员会（简称"中国证监会"）以及其派出机构。中国证监会是国务院直属的证券监督管理机构。

第三章 债券

第一节 债券概述

一、债券的定义和特征

（一）债券的定义

债券是一种有价证券，是社会各类经济主体为筹集资金而向债券投资者出具的、承诺按一定利率定期支付利息并到期偿还本金的债权债务凭证。

债券有以下基本性质。

(1) 债券属于有价证券

债券反映和代表一定的价值：债券本身有一定的面值，通常它是债券投资者投入资金的量化表现；另外，持有债券可按期取得利息，利息也是债券投资者收益的价值表现。债券与其代表的权利联系在一起：拥有债券就拥有了债券所代表的权利，转让债券也就将债券代表的权利一并转移。

(2) 债券属于虚拟资本

债券只是一种虚拟资本，而非真实资本，因为债券的本质是证明债权债务关系的证书。债券的流动并不意味着它所代表的实际资本也同样流动，债券独立于实际资本之外。

(3) 债券是债权的表现

债券代表债券投资者的权利，这种权利不是直接支配的财产权，也不是资产所有权的表现，而是一种债权。拥有债券的人是债权人，债权人不同于公司股东，是公司的外部利益相关者。

（二）债券的票面要素

1. 债券的票面价值

债券的票面价值是债券票面标明的货币价值，是债券发行人承诺在债券到期日偿还给债券持有人的金额。

债券的票面价值要标明的内容有：币种、票面的金额。大小不同的票面金额，可以适应不同的投资对象，同时也会产生不同的发行成本。票面金额定得较小，有利于小额投资者，购买持有者分布面广，但债券本身的印刷及发行工作量大，费用可能较高；票面金额定得较大，有利于少数大额投资者认购,并且印刷费用等也会相应减少,但小额投资者无法参与。因此,债券票面金额的确定也要根据债券的发行对象、市场资金供给情况及债券发行费用等因素综合考虑。

2. 债券的到期期限

债券的到期期限是指债券从发行之日起至偿清本息之日止的时间,也是债券发行人承诺履行合同义务的全部时间。

决定偿还期限的主要因素如下。

(1) 债务人对资金需求的时限

足够的偿还期限有助于保证债务人在规定的时间内有相应的资金作为偿还的来源,这既维护了发行者的信誉,也便于发行者从容地调配并使用资金。

(2) 未来市场利率的变化趋势

一般来说,如果市场利率趋于下降,则多发行短期债券;如果市场利率趋于上升,则多发行长期债券。这样可以减少因市场利率上升而引起的筹资成本增多的风险。

(3) 证券交易市场的发达程度

如果交易市场发达,债券变现力强,购买长期债券的投资者就多,发行长期债券就会有销路;反之,如果交易市场不发达,债券变现力差,投资者就会倾向于购买短期债券,长期债券就难有销路。

3. 债券的票面利率

债券的票面利率是债券利息与债券票面价值的比率。影响债券利率的因素主要有如下几种。

(1) 银行利率水平

银行利率水平提高时,债券利率水平也要相应提高,以保证人们会去购买债券,而不是把钱存入银行。

(2) 发行者的资信状况

发行者的资信状况好,债券的信用等级高,表明投资者承担的违约风险较低,作为债券投资风险补偿的债券利率也可以定得低些;反之,信用等级低的债券,则要通过提高债券利率来增加吸引力。

(3) 债券的偿还期限

偿还期限长的债券流动性差,变现能力弱,其利率水平则可高一些;偿还期限短的债券流动性好,变现力强,其利率水平便可低一些。

(4) 资本市场资金的供求状况

当资本市场上的资金充裕时,发行债券利率便可低些;当资本市场上的资金短缺时,发行债券利率则要高一些。

4. 债券发行者名称

债券发行者名称指明了该债券的债务主体。

需要说明的是,以上4个要素虽然是债券票面的基本要素,但它们并非一定要在债券票面上印制出来。在许多情况下,债券发行者以公布条例或公告的形式向社会公开宣布某债券的期限与利率。此外,债券票面上有时还包含一些其他要素,如分期偿还、选择权、附有赎回选择权、附有出售选择权、附有可转换条款、附有交换条款、附有新股认购条款等。

(三) 债券的特征

1. 偿还性

偿还性是指债券有规定的偿还期限,债务人必须按期向债权人支付利息和偿还本金。另外,曾有国家发行过无期公债或永久性公债,这两种公债无固定偿还期。持券者不能要求政府清偿,只能按期取息。

2. 流动性

流动性是指债券持有人可按需要和市场的实际状况,灵活地转让债券,以提前收回本金和实现投资收益。

3. 安全性

债券投资不能收回的两种情况:第一,债务人不履行债务,即债务人不能按时足额履行约定的利息支付或者偿还本金;第二,流通市场风险,即债券在市场上转让时因价格下跌而承受损失。

4. 收益性

在实际经济活动中,债券的收益可以表现为两种形式:一种是利息收入,即债权人在持有债券期间按约定的条件分期、分次取得利息或者到期一次取得利息;另一种是资本损益,即债权人到期收回的本金与买入债券或中途卖出债券与买入债券之间的价差收入。

债券的偿还性、流动性、安全性与收益性之间存在着一定的矛盾。一种债券很难同时具备以上4个特征。如果某种债券的流动性强,安全性高,人们就会争相购买,于是该种债券价格上涨,收益率降低;反之,如果某种债券的风险大,流动性差,购买者减少,债券价格低,其收益率相对提高。对于投资者来说,可以根据自己的投资目的和财务状况,对债券进行合理的选择和组合。

二、债券的分类

① 根据发行主体的不同,债券可以分为政府债券、金融债券和公司债券

a. 政府债券。政府债券的发行主体是政府,中央政府发行的债券称为"国债"。政府债券的主要用途是解决由政府投资的公共设施或重点建设项目的资金需要和弥补国家财政赤字。

b. 金融债券。金融债券的发行主体是银行或非银行的金融机构。金融机构一般有雄厚的资金实力,信用度较高,因此,金融债券往往有良好的信誉。

c. 公司债券。公司债券是公司依照法定程序发行、约定在一定期限还本付息的有价证券。公司债券的发行主体是股份公司,但有些国家也允许非股份制企业发行债券,归类时,可将公司债券和企业发行的债券合在一起,称为"公司(企业)债券"。

② 根据债券发行条款中是否规定在约定期限内向债券持有人支付利息,债券可分为贴现债券、附息债券、息票累积债券3类。

a. 贴现债券。贴现债券又被称为"贴水债券",是指在票面上不规定利率,发行时按某一折扣率,以低于票面金额的价格发行,发行价与票面金额之差额相当于预先支付的利息,到期时按面额偿还本金的债券。

b. 附息债券。附息债券的合约中明确规定,在债券存续期内,对持有人定期支付利息(通常每半年或每年支付一次)。按照计息方式的不同,这类债券还可细分为固定利率债券和浮动

利率债券两大类。

c. 息票累积债券。与附息债券相似,这类债券也规定了票面利率,但是,债券持有人必须在债券到期时一次性获得本息,存续期间没有利息支付。

③ 按募集方式的不同,债券可以分为公募债券和私募债券。

a. 公募债券。公募债券是指发行人向不特定的社会公众投资者公开发行的债券。公募债券的发行量大,持有人数众多,可以在公开的证券市场上市交易,流动性好。

b. 私募债券。私募债券是指向特定的投资者发行的债券。私募债券的发行对象一般是特定的机构投资者。

④ 按担保性质的不同,可将债券分为有担保债券和无担保债券。

a. 有担保债券。有担保债券指以抵押财产为担保发行的债券。按担保品的不同,有担保债券又分为抵押债券、质押债券和保证债券。

- 抵押债券以不动产作为担保,又称为"不动产抵押债券",是指以土地、房屋等不动产作抵押品而发行的一种债券。
- 质押债券以动产或权利作担保,通常以股票、债券或其他证券为担保。发行人主要是控股公司,用作质押的证券可以是他持有的子公司的股票或债券、其他公司的股票或债券,也可以是公司自身的股票或债券。
- 保证债券以第三人作为担保,担保人或担保全部本息,或仅担保利息。

b. 无担保债券。无担保债券也称为"信用债券",仅凭发行人的信用发行,是无须提供任何抵押品或担保人而发行的债券。

⑤ 根据债券券面形态的不同,可以将债券分为实物债券、凭证式债券和记账式债券。

a. 实物债券。实物债券是一种具有标准格式、实物券面的债券。在标准格式的债券券面上,一般印有债券面额、债券利率、债券期限、债券发行人全称、还本付息方式等各种债券票面要素。

b. 凭证式债券。凭证式债券是债权人认购债券的一种收款凭证,而不是债券发行人制定的标准格式的债券。

c. 记账式债券。记账式债券是没有实物形态的票券,它利用证券账户,通过计算机系统完成债券发行、交易及兑付的全过程。

三、债券与股票的异同点

(一) 债券与股票的相同点

(1) 债券与股票都属于有价证券

尽管债券和股票有各自的特点,但它们都属于有价证券。债券和股票都是有价证券体系中的一员,是虚拟资本,它们本身无价值,但又都是真实资本的代表。持有债券或股票都有可能获取一定的收益,并能行使各自的权利和流通转让。债券和股票都在证券市场上交易,是各国证券市场的两大支柱类交易工具。

(2) 债券与股票都是筹措资金的手段

债券和股票都是有关经济主体为筹资需要而发行的有价证券。经济主体在社会经济活动中必然会产生对资金的需求,从资金融通的角度看,债券和股票都是筹资手段。与向银行贷款间接融资相比,发行债券和股票筹资的数额大,时间长,成本低,并且不受贷款银行的条件限制。

(3) 债券与股票的收益率相互影响

从单个债券和股票看,它们的收益率经常会发生差异,而且有时差距还很大。但是,总体而言,如果市场是有效的,则债券的平均收益率和股票的平均收益率会大体保持相对稳定的关系,其差异反映了两者风险程度的差别。这是因为,在市场规律的作用下,证券市场上一种融资手段收益率的变动,会引起另一种融资手段的收益率发生同向变动。

(二) 债券与股票的区别

(1) 权利不同

债券是债权凭证,债券持有者与债券发行人之间的经济关系是债权债务关系,债券持有者只可按期获取利息及到期收回本金,无权参与公司的经营决策。股票是所有权凭证,股票所有者是发行股票公司的股东,股东一般拥有表决权,可以通过参加股东大会选举董事,参与公司重大事项的审议和表决,行使对公司的经营决策权和监督权。

(2) 目的不同

发行债券是公司追加资金的需要,它属于公司的负债,不是资本金。发行股票则是股份公司创立和增加资本的需要,筹措的资金列入公司资本。而且发行债券的经济主体很多,中央政府、地方政府、金融机构、公司企业等一般都可以发行债券,但能发行股票的经济主体只有股份有限公司。

(3) 期限不同

债券一般有规定的偿还期,期满时债务人必须按时归还本金,因此,债券是一种有期证券。股票通常是无须偿还的,一旦投资入股,股东便不能从股份公司抽回本金,因此股票是一种无期证券,或称"永久证券"。但是,股票持有者可以通过市场转让收回投资资金。

(4) 收益不同

债券通常有规定的票面利率,可获得固定的利息。股票的股息红利不固定,一般视公司经营情况而定。

(5) 风险不同

股票风险较大,债券风险相对较小。这是因为:第一,债券利息是公司的固定支出,属于费用范围,股票的股息红利是公司利润的一部分,公司有赢利才能支付,而且支付顺序列在债券利息支付和纳税之后;第二,倘若公司破产,清理资产有余额偿还时,债券偿付在前,股票偿付在后;第三,在二级市场上,债券利率固定,期限固定,市场价格也较稳定,股票无固定期限和利率,受各种宏观因素和微观因素的影响,市场价格波动频繁,涨跌幅度较大。

四、影响债券收益率的因素

(1) 债券的票面利率

债券票面利率越高,债券利息收入就越高,债券收益也就越高。债券的票面利率取决于债券发行时的市场利率、债券期限、发行者信用水平、债券的流动性水平等因素。

发行时市场利率越高,票面利率就越高;债券期限越长,票面利率就越高;发行者信用水平越高,票面利率就越低;债券的流动性越高,票面利率就越低。

(2) 市场利率与债券价格

由债券收益率的计算公式〔债券收益率=(到期本息和－发行价格)/(发行价格×偿还期)×100%〕可知,市场利率的变动与债券价格的变动呈反向关系,即当市场利率升高时,债券价格下降;市场利率降低时,债券价格上升。市场利率的变动引起债券价格的变动,从而给债券的买卖带来差价。

市场利率升高,债券买卖差价为正数,债券的投资收益增加;市场利率降低,债券买卖差价为负数,债券的投资收益减少。随着市场利率的升降,投资者如果能适时地买进卖出债券,就可获取更大的债券投资收益。当然,如果投资者债券买卖的时机不当,也会使得债券的投资收益减少。与债券面值和票面利率相联系,当债券价格高于其面值时,债券收益率低于票面利率;反之,则高于票面利率。

(3) 债券的投资成本

债券投资的成本大致有购买成本、交易成本和税收成本三部分。购买成本是投资人买入债券所支付的金额(购买债券的数量与债券价格的乘积,即本金);交易成本包括经纪人佣金、成交手续费和过户手续费等。

国债的利息收入是免税的,但企业债的利息收入还需要缴税,机构投资人还需要缴纳营业税,税收也是影响债券实际投资收益的重要因素。债券的投资成本越高,其投资收益就越低。因此债券投资成本是投资者在比较选择债券时所必须考虑的因素,也是在计算债券的实际收益率时必须要扣除的。

(4) 市场供求、货币政策和财政政策

市场供求、货币政策和财政政策会对债券价格产生影响,从而影响到投资者购买债券的成本,因此市场供求、货币政策和财政政策也是我们考虑投资收益时所不可忽略的因素。

债券的投资收益虽然受到诸多因素的影响,但是债券本质上是一种固定收益工具,其价格不会像股票一样出现太大的波动,因此其收益是相对固定的,投资风险也较小,适合于想获取固定收入的投资者,债券的利率越高,债券收益也越高;反之,收益下降。

形成利率差别的主要因素是利率、残存期限、发行者的信用度和市场性等。当债券价格高于其面值时,债券收益率低于票面利率;反之,则高于票面利率。债券的还本期限越长,票面利率越高。

第二节 债券的形式

一、政府债券

政府债券是指政府财政部门或其他代理机构为筹集资金,以政府名义发行的、承诺在一定时期支付利息和到期还本的债务凭证。中央政府发行的债券称为"中央政府债券"或者"国债",地方政府发行的债券称为"地方政府债券",有时也将两者统称为"公债"。

政府债券的性质主要从两个方面进行考查。

① 从形式上看,政府债券是一种有价证券,它具有债券的一般性质。政府债券本身有面额,投资者投资于政府债券可以取得利息,因此政府债券具备了债券的一般特征。

② 从功能上看，政府债券最初仅是政府弥补赤字的手段，但在现代商品经济条件下，政府债券已成为政府筹集资金、扩大公共开支的重要手段，并且随着金融市场的发展，政府债券逐渐具备了金融商品和信用工具的职能，成为国家实施宏观经济政策、进行宏观调控的工具。

政府债券的特征如下。

(1) 安全性高

在各类债券中，政府债券的信用等级通常被认为是最高的。由于债券的发行主体是政府，所以还本付息由政府做担保，因此，其信用度无疑是最高的，风险是最小的。当然，相对于低风险，其利率也相对比较低。

(2) 流通性强

在正常情况下，政府债券特别是国债发行量一般都比较大，发行也比较容易，信用基础好，因此很容易被市场的投资者所接受。在二级市场中，政府债券具有很强的流动性。

(3) 收益稳定

政府债券的付息由政府保证，对于投资者来说，投资公债的收益是比较稳定的。

(4) 免税待遇

大多数国家规定，购买政府债券可以享受优惠的税收待遇，甚至免税。

二、金融债券

(一) 金融债券的定义

金融债券是指银行及非银行金融机构依照法定程序发行并约定在一定期限内还本付息的有价证券。金融机构发行金融债券，有利于对资产和负债进行科学管理，实现资产和负债的最佳组合。

金融机构的主要业务包括负债业务和资产业务。负债业务包括吸收存款，同业拆借，向中央银行再贷款，发行金融债券等。存款业务是重要的资金来源，但资金稳定性差，在经济动荡时，易发生挤兑风险。同业拆借和向中央银行借款只能形成短期的资金来源；比较而言，发行金融债券，期限灵活，并且由于到期以前债券持有人不能要求提前兑付，只能在流通市场上转让，所以资金稳定性好。因此，发行各种不同期限的金融债券是金融机构筹措资金的重要途径，并且有助于扩大长期投资性质的资产业务。

(二) 金融债券的品种

1. 政策性金融债券

政策性金融债券是政策性银行在银行间债券市场发行的金融债券。按规定，政策性银行按年向中国人民银行报送金融债券发行申请，经核准后便可发行。

2. 商业银行债券

(1) 商业银行普通债券

商业银行普通债券即商业银行发行的信用债券。

(2) 商业银行次级债券

商业银行次级债券是指商业银行发行的，固定期限不低于 5 年(含 5 年)，除非银行倒闭或清算不用弥补银行日常经营损失，并且索偿排在存款和其他债券之后的商业银行长期债券。

(3) 混合资本债券

我国的混合资本债券是指商业银行为补充附属资本发行的,清偿顺序位于股权资本之前但列在一般债务和次级债务之后,期限在15年以上,发行之日起10年内不可赎回的债券。

(4) 小微企业专项金融债券

申请发行小微企业专项金融债券的商业银行应出具书面承诺,承诺发行债券所筹集的资金全部用于发放小微企业贷款。

3. 证券公司债券和债务

证券公司债券包括普通债券、短期融资债券和次级债券。证券公司次级债务是指证券公司经批准向股东或其他符合条件的机构投资者定向借入的,清偿顺序在普通债务之后、股权资本之前的债务。

4. 保险公司次级债务

保险公司次级债务是指保险公司为了弥补临时性或阶段性资本不足,经批准募集,期限在5年以上(含5年),并且本金和利息的清偿顺序列于保单责任和其他负债之后,先于保险公司股权资本的保险公司债券。保险公司次级债务的偿还只有在确保偿还次级债本息后偿还能力充足率不低于100%的情况下,募集人才能进行次级债务本息的偿还。中国银保监会依法对保险公司次级债的募集、管理、还本付息和信息披露行为进行监督管理。

5. 财务公司债券

根据规定,财务公司发行金融债券应当经中国银监会批准,由财务公司的母公司或其他有担保能力的成员单位提供相应担保。

6. 金融租赁公司和汽车金融公司的金融债券

中国人民银行对金融租赁公司和汽车金融公司在银行间债券市场发行和交易金融债券进行监督管理;中国银行业监督管理委员对金融租赁公司和汽车金融公司发行金融债券的资格进行审查。

7. 资产支持债券

资产支持债券是指由银行业金融机构作为发起机构,将信贷资产委托给受托机构,由受托机构发行的、由该财产所产生的现金支付其收益的受益证券。

三、公司债券

我国的公司债券是指公司依照法定程序发行、约定在1年以上期限内还本付息的有价证券。对于一个公司来说,可能会由于种种原因而需要筹措资金,包括筹建新项目、一般业务发展、购并其他公司或者弥补亏损。当公司的自有资本金不能完全满足公司的资金需求时,就需要向外部筹资。公司向外部筹资主要有3个途径。一是发行股票、对外借款和发行债券。从公司的角度来看,发行股票对公司的要求较高,发行成本也较高,对二级市场也有一定的要求。二是向金融机构等借款。通过这种方式获得的资金期限一般较短,资金的使用受到债权人的干预,有时还有一定的附加条件。三是发行债券。采用发行债券的方式成本较低,对市场的要求也低,同时筹集的资金期限长,数量大,资金使用自由,可以弥补股票和借款方式筹资的不足,因此发行债券是许多公司偏好的一种筹资方式。

绝大多数企业债的票面利息是固定的,在债券发行公告中可以看到。假设一个投资者投资1万元,以100元/张的价格买进100张6年期的票面利率为5%的企业债,那么每年的派息日企业会给该投资者派5%的利息,同时当天扣除20%的利息税后派给该投资者(国债的利息是免税的),每年派息日该投资者的账户应会收到400元的利息。如果不出现企业违约不还的情况,6年后到期时,企业会按每张100元的价格,将100张债券的本金也就是1万元还给该投资者。也就是说,该投资者投资1万元,每年会得到4%的净收益。

公司债券包括信用公司债券、不动产抵押公司债券、保证公司债券、收益公司债券、可转换公司债券、附认股权证的公司债券、可交换债券。

公司债券按不同的分类方法可以分为不同的类型。

(一) 按是否记名分类

按是否记名,可以将公司债券分为记名公司债券和不记名公司债券。

① 记名公司债券即在债券面上登记持有人姓名,支取本息要凭印鉴领取,转让时必须背书并到债券发行公司登记的公司债券。

② 不记名公司债券即债券面上不需要载明持有人姓名,还本付息及流通转让仅以债券为凭,不需登记的公司债券。

(二) 按持有人是否参加公司利润分配分类

按持有人是否参加公司利润分配,可以将公司债券分为参加公司债券和非参加公司债券。

① 参加公司债券指除了可按预先约定获得利息收入外,还可在一定程度上参加公司利润分配的公司债券。

② 非参加公司债券指持有人只能按照事先约定的利率获得利息的公司债券。

(三) 按是否可提前赎回分类

按是否可提前赎回,可以将公司债券分为可提前赎回公司债券和不可提前赎回公司债券。

① 可提前赎回公司债券即发行人公司在债券到期前购回其发行的全部或部分债券。

② 不可提前赎回公司债券即只能一次到期还本付息的公司债券。

(四) 按发行债券的目的分类

按发行债券的目的,可以将公司债券分为普通公司债券、改组公司债券、利息公司债券和延期公司债券。

① 普通公司债券即以固定利率、固定期限为特征的公司债券。这是公司债券的主要形式,目的在于为公司扩大生产规模提供资金来源。

② 改组公司债券是为清理公司债务而发行的债券,也称为以新换旧债券。

③ 利息公司债券也称为调整公司债券,是指面临债务信用危机的公司经债权人同意而发行的较低利率的新债券,用以换回原来发行的较高利率的债券。

④ 延期公司债券是指公司在已发行债券到期无力支付,又不能发新债还旧债的情况下,在征得债权人同意后可延长偿还期限的公司债券。

(五) 按发行人是否给予持有人选择权分类

按发行人是否给予持有人选择权,可以将公司债券分为附有选择权的公司债券和未附选择权的公司债券。

① 附有选择权的公司债券指在一些公司债券的发行中,发行人给予持有人一定的选择权,如可转换公司债券(附有可转换为普通股的选择权)、有认股权证的公司债券和可退还公司债券(附有持有人在债券到期前可将其回售给发行人的选择权)。

② 未附选择权的公司债券即债券发行人未给予持有人上述选择权的公司债券。

四、企业债券

1. 企业债券的定义

我国的企业债券是指在中华人民共和国境内具有法人资格的企业在境内依照法定程序发行、约定在一定期限内还本付息的有价证券。

2. 企业债券的品种

① 短期融资券和超短期融资券。短期融资券的最长期限不超过 365 天;超短期融资券是期限在 270 天(9 个月)以内的短期融资券。短期融资券采取注册制,其注册机构为中国银行间市场交易商协会。

② 中期票据。中期票据是指具有法人资格的非金融企业在银行间债券市场按计划分期发行的、约定在一定期限内还本付息的债务融资工具。中期票据待偿还余额不得超过企业净资产的 40%。

③ 中小非金融企业集合票据。中小非金融企业集合票据应在中国银行间市场交易商协会注册。中小非金融企业发行集合票据应制定偿债保障措施,并在发行文件中披露。

④ 非公开定向发行债券。在银行间债券市场以非公开定向发行方式发行的融资工具被称为非公开定向债务融资工具。企业发行定向工具应在中国银行间市场交易商协会注册,并应由符合条件的承销机构承销。

我国公司债券和企业债券的区别如下。

① 发行主体的范围不同。企业债券主要是以大型的企业为主发行的;公司债券的发行不限于大型企业,一些中小规模的公司只要符合一定的法规标准,都有发行机会。

② 发行方式以及发行的审核方式不同。企业债券的发行采取审批制或注册制;公司债券的发行采取核准制,引进发审委制度和保荐制度。

③ 担保要求不同。企业债券较多地采取了担保的方式,同时又以一定的项目(国家批准或者政府批准)为主;公司债券募集资金的使用不强制与项目挂钩,可以用于偿还银行贷款、改善财务结构等股东大会核准的用途,也不强制担保,而是引入了信用评级方式。

④ 发行定价方式不同。《企业债券管理条例》规定,企业债券的利率不得高于银行相同期限居民储蓄定期存款利率的 40%;公司债券的利率或价格由发行人通过市场询价确定。

五、国际债券

(一)国际债券的定义

国际债券是指一国借款人在国际证券市场上以外国货币为面值、向外国投资者发行的债券。国际债券的发行人主要是各国政府、政府所属机构、银行或其他金融机构、工商企业及一些国际组织等。国际债券的投资者主要是银行或其他金融机构、各种基金会、工商财团和自然人。

（二）国际债券的特征

国际债券是一种跨国发行的债券，涉及两个或两个以上的国家。同国内债券相比，国际债券具有一定的特殊性。

1. 资金来源广、发行规模大

发行国际债券是在国际证券市场上筹措资金，发行对象为各国的投资者，因此资金来源比国内债券广泛得多。发行国际债券的目的之一就是要利用国际证券市场资金来源的广泛性和充足性。同时，发行人进入国际债券市场的门槛比较高，必须由国际著名的资信评估机构进行债券信用级别评定，只有高信誉的发行人才能顺利地进行筹资，因此，在发行人债信状况得到充分肯定的情况下，国际债券的发行规模一般都较大。

2. 存在汇率风险

发行国内债券，筹集和还本付息的资金都是本国货币，所以不存在汇率风险。发行国际债券，筹集到的资金是外国货币，汇率一旦发生波动，发行人和投资者都有可能蒙受意外损失或获取意外收益，所以，汇率风险是国际债券的重要风险。

3. 有国家主权保障

在国际债券市场上筹集资金，有时可以得到一个主权国家政府最终偿债的承诺保证。若得到这样的承诺保证，各个国际债券市场都愿意向该主权国家开放，这也使得国际债券市场有较高的安全性。当然，代表国家主权的政府也要对本国发行人在国际债券市场上借债进行审查和控制。

4. 以自由兑换货币作为计量货币

国际债券在国际市场上发行，因此其计价货币往往是国际通用货币，一般以美元、英镑、欧元、日元和瑞士法郎为主。这样发行人筹集到的资金是一种可通用的自由外汇资金。

（三）国际债券的种类

1. 外国债券

外国债券是指某一国家借款人在本国以外的某一国家发行以该国货币为面值的债券。它的特点是债券发行人属于一个国家，债券的面值货币和发行市场则属于另一个国家。

外国债券是一种传统的国际债券。在美国发行的外国债券称为"扬基债券"，它是由非美国发行人在美国债券市场发行的吸收美元资金的债券。在日本发行的外国债券称为"武士债券"，它是由非日本发行人在日本债券市场发行的以日元为面值的债券。

2. 欧洲债券

欧洲债券是指借款人在本国境外市场发行的、不以发行市场所在国货币为面值的国际债券。目前，欧洲债券已成为各经济体在国际资本市场上筹措资金的重要手段。

欧洲债券的特点是债券发行者、债券发行地点和债券面值所使用的货币可以分别属于不同的国家。由于它不以发行市场所在国的货币为面值，故也称"无国籍债券"。欧洲债券票面使用的货币一般是可自由兑换的货币，主要为美元，其次还有欧元、英镑、日元等，也有使用复合货币单位的，如特别提款权。

欧洲债券和外国债券在很多方面有一定的差异。在发行方式方面，外国债券一般由发行地所在国的证券公司、金融机构承销，而欧洲债券则由一家或几家大银行牵头，组织十几家或几十家国际性银行在一个国家或几个国家同时承销。在发行法律方面，外国债券的发行受发行地所在国有关法规的管制和约束,并且必须经官方主管机构批准,而欧洲债券在法律上所受的限制比外国债券宽松得多,它不需要官方主管机构的批准,也不受货币发行国有关法令的管制和约束。在发行纳税方面,外国债券受发行地所在国的税法管制,而欧洲债券的预扣税一般可以豁免,投资者的利息收入也免缴所得税。

六、可转换公司债券与可交换公司债券

(一)可转换公司债券

可转换公司债券是指其持有者可以在一定时期内按一定比例或价格将之转换成一定数量的另一种证券的证券。可转换公司债券通常是转换成普通股票,当股票价格上涨时,可转换公司债券的持有人行使转换权比较有利。因此,可转换公司债券实质上嵌入了普通股票的看涨期权,正是从这个意义上说,我们将其列为期权类衍生产品。

在国际市场上,按照发行时证券的性质,其可分为可转换债券和可转换优先股票两种。目前,我国只有可转换债券。可转换债券是一种附有转股权的特殊债券。可转换债券具有双重选择权的特征。

(二)可交换公司债券

可交换公司债券是指上市公司的股东依法发行,在一定期限内依据约定的条件可以交换成该股东所持有的上市公司股份的公司债券。

(三)可交换公司债券与可转换公司债券的相同点

① 可交换公司债券与可转换公司债券都可以采用股票交割方式。
② 可交换公司债券与可转换公司债券的发行要素相同。

(四)可交换公司债券与可转换公司债券的不同点

① 发债主体和偿债主体不同。可交换公司债券的发债主体是上市公司的股东,通常是大股东;可转换公司债券的发债主体是上市公司本身。
② 适用的法规不同。在我国发行可交换公司债券的适用法规是《公司债券发行试点办法》,侧重于债券融资;可转换公司债券的适用法规是《上市公司证券发行管理办法》,更接近于股权融资。
③ 发行目的不同。前者的发行目的包括投资退出、市值管理、资产流动性管理等,不一定要用于投资项目;后者和其他债券的发行目的一般是将募集资金用于投资项目。
④ 所换股份的来源不同。前者是发行人持有的其他公司的股份;后者是发行人未来发行的新股。
⑤ 股权稀释效应不同。前者换股不会导致标的公司的总股本发生变化,也不会摊薄每股收益;后者会使发行人的总股本扩大,摊薄每股收益。
⑥ 交割方式不同。前者在国外有股票、现金和混合3种交割方式;后者一般采用股票交割方式。

⑦ 条款设置不同。前者一般不设置转股价向下修正条款;后者一般附有转股价向下修正条款。所谓转股价向下修正条款是指在股价持续比转股价格低的情况下,可以重新议定股价的条款。

第三节 债券的交易

一、债券现券交易、回购交易、远期交易和期货交易的基本概念

① 现券交易。所谓现券交易,是指证券买卖双方在成交后就办理交收手续,买入者付出资金并得到证券,卖出者交付证券并得到资金。

② 回购交易。债券回购交易就是指债券买卖双方在成交的同时,约定于未来某一时间以某一价格双方再进行反向交易的行为。

③ 远期交易。远期交易是双方约定在未来某一时刻(或时间段内)按照现在确定的价格进行交易。

④ 期货交易。期货交易是在交易所进行的标准化的远期交易,即交易双方在集中性的市场以公开竞价方式所进行的期货合约的交易。

二、债券现券交易、回购交易、远期交易的区别

理论上说,回购交易是质押贷款的一种方式,通常用在政府债券上。债券经纪人向投资者临时出售一定的债券,同时签约在一定的时间内以稍高价格买回来,债券经纪人用从中取得的资金来投资,而投资者从价格差中得利。

回购交易长的有几个月,但通常情况下只有24小时,是一种超短期的金融工具,具有短期融资的属性。从运作方式看,它结合了现货交易和远期交易的特点,通常在债券交易中运用。

现券交易是一个现券的买卖,是指交易双方以约定的价格在当日或次日转让债券所有权的交易行为。实际上它就是一个债券的买卖行为。

与现券交易相比,远期交易的特点主要表现在以下几个方面。

① 远期交易买卖双方必须签订远期合同,而现券交易则无此必要。

② 远期交易买卖双方进行商品交收或交割的时间与达成交易的时间,通常有较长的间隔,相差的时间达几个月是经常的事情,有时甚至达一年或一年以上。而现券交易通常是现买现卖,即时交收或交割,即便有一定的时间间隔,也比较短。

③ 远期交易往往要通过正式的磋商、谈判,双方达成一致意见并签订合同之后才算成立,而现券交易则随机性较大,方便灵活,没有严格的交易程序。

④ 远期交易通常要求在规定的场所进行,双方交易要受到第三方的监控,以便使交易处于公开、公平、公正的状况,因而能有效地防止不正当行为,以维护市场交易秩序;而现券交易不受过多的限制,因此也易产生一些非法行为。

三、债券报价的主要方式

在交易中,报价是每 100 元面值债券的价格,债券的报价方式主要有如下两种。

① 全价报价。此时,债券报价即买卖双方实际支付的价格,全价报价的优点是所见即所得,比较方便;缺点是含混了债券价格涨跌的真实原因。

② 净价报价。此时,债券报价是扣除累积应付利息后的报价。债券报价的优点是把利息累积因素从债券价格中剔除,其可以更好地反映债券价格的波动程度;缺点是双方需要计算实际的支付价格。

四、债券的开户、交易、清算、交割的概念及有关规定

(一) 开户

① 订立开户合同。开户合同应包括的事项:委托人的真实姓名、住址、年龄、职业、身份证号码等;委托人与证券公司之间的权利和义务,并同时认可证券交易所营业细则和相关规定以及经纪商公会的规章作为开户合同的有效组成部分;确立开户合同的有效期限,以及延长合同期限的条件和程序。

② 开立账户。在投资者与证券公司订立开户合同后,投资者就可以开立账户,为自己从事债券交易做准备。

(二) 交易

① 债券成交的原则。在证券交易所内,债券成交就是要使买卖双方在价格和数量上达成一致。这一程序必须遵循特殊的原则,又叫竞价原则。这种竞价原则的主要内容是"三先",即价格优先、时间优先、客户委托优先。价格优先就是证券公司按照交易最有利于投资委托人的利益的价格买进或卖出债券;时间优先就是要求在相同的价格申报时,应该与最早提出该价格的一方成交;客户委托优先主要是要求证券公司在自营买卖和代理买卖之间,首先进行代理买卖。

② 竞价的方式。证券交易所的交易价格按竞价的方式进行。竞价的方式为计算机终端申报竞价。

(三) 清算

债券的清算是指在同一交割日对同一种债券的买和卖相互抵销,确定出应当交割的债券数量和应当交割的价款数额,然后按照"净额交收"原则办理债券和价款的交割。

(四) 交割

债券的交割就是将债券由卖方交给买方,将价款由买方交给卖方。在证券交易所交易的债券,按照交割日期的不同,可分为当日交割、普通日交割和约定日交割 3 种。目前,深沪证券交易所规定为当日交割,即在买卖成交当天办理券款交割手续。

五、债券登记、托管、兑付及付息的有关规定

① 债券登记。债券登记是指本公司在证券账户中记录债券持有人持有的债券余额和余额变化情况的行为,如通过名义持有人持有证券的,债券登记是指本公司对名义持有人名下债券余额和余额变化情况进行记录的行为。

② 债券托管。中华人民共和国境内的商业银行及授权分行、信托投资公司、企业集团财务公司、金融租赁公司、农村信用社、城市信用社、证券公司、基金管理公司及其管理的各类基金、保险公司、外资金融机构以及经金融监管当局批准可投资于债券资产的其他金融机构(以下简称"投资人")均可在中央国债登记结算有限责任公司(以下简称"中央结算公司")按实名制原则以自己的名义开立债券托管账户。债券托管量等于已经发行但尚未到期的债券总量。

③ 债券兑付和付息。债券兑付是偿还本金,债券付息是支付利息。一般情况下,债券有5种兑付方式:到期兑付、提前兑付、债券替换、分期兑付和转换为普通股兑付。债券利息的支付方式主要有3种:息票方式(又称"减息票方式")、折扣利息、本息合一方式。

六、债券评级

债券信用评级是以企业或经济主体发行的有价债券为对象进行的信用评级。债券信用评级大多是企业债券信用评级,是对具有独立法人资格企业所发行某一特定债券,按期还本付息的可靠程度进行评估,并标识其信用程度的等级。这种信用评级为投资者购买债券和证券市场债券的流通转让活动提供信息服务。国家财政发行的国库券和国家银行发行的金融债券,由于有政府的保证,因此不参加债券信用评级。地方政府或非国家银行金融机构发行的某些有价证券,则有必要进行评级。公司与资信评级机构应当约定,在债券有效存续期间,资信评级机构每年至少公告1次跟踪评级报告。

(一) 等级标准

① A级债券。它是最高级别的债券,它的特点包括:本金和收益的安全性最大;受经济形势影响的程度较小;收益水平较低,筹资成本也低。

② B级债券。B级债券对那些熟练的证券投资者来说特别有吸引力。B级债券的特点是:债券的安全性、稳定性以及利息收益会受到经济中不稳定因素的影响;经济形势的变化对这类债券的价值影响很大;投资者要冒一定风险,但收益水平较高,筹资成本与费用也较高。

③ C级和D级债券。它们是投机性或赌博性的债券。从正常投资角度来看,它们没有多大的经济意义,但对于敢于承担风险、试图从差价变动中取得巨大收益的投资者,C级和D级债券也是一种可供选择的投资对象。

(二) 主要内容

由于债券的筹资数额巨大,所以对发行单位的资信评级是必不可少的一个环节。评级的主要内容包括:①分析债券发行单位的偿债能力;②考查发行单位能否按期付息;③评价发行单位的费用;④考查投资人承担的风险程度。

第四节　债券的投资策略与方法

一、债券的定价

债券价格分债券发行价格和债券流通转让价格。债券发行价格通常根据票面金额决定（平价发行），也可采取折价或溢价的方式。债券流通转让价格由债券的票面金额、票面利率和实际持有期限3个因素决定。

1. 到期一次还本付息债券定价

$$P_0 = \frac{F}{(1+r)^n}$$

式中，P_0 为交易价格，F 为到期日本利和，r 为利率或贴现率，n 为偿还期限。

假若面额为100元的债券，不支付利息，贴现出售，期限为1年，收益率为3%，到期一次归还，则该债券的价格为

$$P_0 = \frac{100}{(1+3\%)^1} = 97.09 \text{元}$$

2. 分期付息到期归还本金债券定价

$$P_0 = \sum_{t=1}^{n} \frac{C_t}{(1+r)^t} + \frac{F}{(1+r)^n}$$

式中，F 为债券面额，即到期归还的本金；C_t 为第 t 年到期债券收益或息票利率，通常为债券年收益率；r 为市场利率或债券预期收益率；n 为偿还期限。

假若面额为100元的债券，票面利率为4%，当前市场利率为5%，每年付息一次，满3年后还本付息，则其发行价的计算如下。

第1年后收入4元的现值：$4/(1+5\%) = 3.81$元。
第2年后收入4元的现值：$4/(1+5\%)^2 = 3.63$元。
第3年后收入4元的现值：$4/(1+5\%)^3 = 3.46$元。
第3年后收入100元的现值：$100/(1+5\%)^3 = 86.38$元。
总现值 $3.81+3.63+3.46+86.38 = 97.28$元。
因此该债券的发行价为97.28元。

市场利率>债券收益率（票面利率），折价发行；市场利率<债券票面利率，溢价发行；市场利率=债券票面利率，平价发行。

3. 全价与净价

净价或者干净价格：扣除应计利息的债券报价。全价或者肮脏价格：包含应计利息的价格。投资者实际收付的价格为全价。净价＝全价－应计利息。

债券交易的特点是：净价交易，全价结算。债券每年只在派息日那天派一次利息。非派息日买债券，利息就记在账上。当卖出债券时，接手的投资者也一样要按"全价"支付，收益就是：净价差＋持有期间的利息。

二、企业债的收益

因为企业债具有价值回归的特点,到期只要投资者不违约就一定还本付息,所以投资企业债是低风险的,比投资股票要安全得多。如果债券净价下跌,投资者暂时"被套",反正每天都有利息,可以等待净价反弹,实在不行就持有到期,至少本钱不会亏损。那么如何计算到底有多大的收益率? 以"18MA 债"为例:年票面利率是 5.95%,按面值 100 元投资 MA 债,1 年后的派息日能得到 $100 \times 5.95\% \times 80\% = 4.76$ 元的利息(扣税 20%),但这只是税后的票面利率。假设 MA 债是 2024 年 11 月 13 日到期,还有 4.63 年,真正的买入价是当时的全价 107.77 元,最后到期能得到 100 元的本金加 5 次利息,即 $100 + 100 \times 5.95\% \times 80\% \times 5 = 123.8$ 元,利润 $= 123.8 - 107.77 = 16.03$ 元,年化税后收益率 $= 16.03/107.77/4.63 = 3.21\%$,这才是现价投资 MA 债的真正收益率。为什么比票面利率低? 因为买入价大于 100 元的面值。这个实际的年化税后收益率有个专门的名称叫"到期税后收益"(Yield to Maturity,YTM),只要债券不出现违约的情况,这个 YTM 就是铁定的税后收益。YTM $=$ ($100 + 100 \times$ 票面利率$\times$待派息年数$\times 80\%$ $-$ 全价)/全价/剩余年数。重点注意事项:待派息年数和剩余年数是不一样的。比如,债券还有 4 年 6 个月到期,那么剩余年数为 4.5 年,但接下来还有 5 次派息,所以待派息年数为 5。

说明一下,收益率有单利和复利。计算复利非常烦琐,因为每年产生的利息本来就不多,能再产生的利息就更少了,况且利息是每年支付而不是到最后算总账。习惯上所有的计算债券的收益都是指单利,每年派发的利息不滚入本金。

YTM 是选择债券的最重要标准,买入 YTM 较高的债券,即便短期内价格下跌处于浮亏被套状态,不急着用钱的话,可以继续持有,债券每天的利息都在增长,可以弥补净价下跌的损失,完全可以等到其全价超过买入的全价后再抛债。即便倒霉该债券一直被套,至少还能每年收息,持有到期还本,债券的定时价值回归这一特点在保本的功能上发挥得淋漓尽致。何况 YTM 高的债券愿意投资的人多,其净价上涨的可能性大,这样不仅可以赚利息,还可以赚净价差,说不定短期内就能锁定利润,再转战下一只债券。

三、企业债的投资方法

(一) 利息的避税

A 债券的票面利率是 5%,投资者在派息日收市后每张债券会得到 4 元利息,利息税 1 元是在派息的同时自动扣除的,第二天除息日时,投资者发现 A 债券的利息从 5 元变成 0.014 元,假设在净价不变的情况下,A 债券派息后的全价就损失了 1 元。投资企业债获得的利息收益本来就很少,还要交 20% 的税,所以很多投资者都想避税,前面提到过一种简单的避税方式,派息日前提前卖出,除息日买回,资金量不大的投资者可以使用这种方法避税,至于提前卖债的时间,胆小的提前一两个月卖,胆大的提前一两天卖。

(二) 回售选择权

回售选择权是指债券还没到期,但是到了某个约定的时间点,投资者有权将债券以 100 元的价格卖还给企业。久期为 $X+Y$ 的债券，X 是回售时间，Y 是到期时间。如果利率上升，债券净价跌破 100 元，可以在 X 时间点就将债券卖还给企业，提前收回资金；如果利率下降，债券净价涨过 100 元，可以放弃回售选择权继续持有，享受净价上涨的收益，带回售选择权的 $X+Y$ 型债券是攻守兼备的投资好品种。债券是否带回售选择权，可以在交易系统中 F10 债券概况里查，有的企业债为了避免投资者到期回售，在回售时间点之前宣布上调剩余的 Y 时间段的票面利率，希望投资者放弃回售选择权。

选择带回售选择权债券的投资者，其实是多了一个在久期过半时就能还本付息收回现金的机会。如果到回收期债券的 YTM 等于或者低于当时的市场利率，就选择回售，债券的净价低于 100 元就回售给企业，反之高于 100 元直接市场价卖出。如果持有到期 YTM 明显高于当时的市场利率，可以选择继续持有。

（三）企业债的选择

笔者认为在没有违约的风险下 YTM 尽可能高的债券就是最好的企业债，先从下面几个方面来排除违约风险这颗地雷。

1. 评级和折算率

债券的评级越高，安全性也相对越高。笔者个人只选择评级在 AA 及以上的债券。评级结果是动态的，企业经营不佳评级会下调，债券的净价就会暴跌，评级被下调的债券，坚决回避。还有就是国内机构对债券的评级一般都往高评，不能太迷信评级，相对而言国际机构的评级更客观些。正回购就是将债券抵押出去，在证券市场上借钱，但不是所有的债券都有资格做抵押，可以正回购的债券"折算"后能借回来多少钱也不一样，显然债券折算率越高，该债券的资质就越好，没有正回购资格的债券当然资质更次了。国债的折算率有 1:0.9 以上，国债的安全性比企业债高，所以企业债的折算率低于国债。

2. 业绩保证

企业连续 2 年亏损的，交易所会对其债券停牌，并在 7 个交易日内（深圳证券交易所是 15 个交易日）决定是否暂停其上市交易。债券丧失流动性的风险实在是太大了，往大了说债券违约风险加大，往小了说债券无法交易就不能避税，其 YTM 就要打折了。一旦某只债券将暂停交易公告出来，其交易价会大幅度下跌，这是投资债券最大的风险。所以要么投资大型国企的债券，要么投资过去五年的平均净利润要大于每年债券利息支出 3 倍的企业的债券。

3. 抵押担保

首先考虑有抵押的债券，其安全边际更高，万一破产清算，好歹不至于血本无归。还要注意一下抵押物的质量，有的抵押物根本不值钱，甚至还有两只债券互相担保抵押的。其次是上市公司发行的有担保债券，由商业银行等金融机构提供的担保最佳。最后是地方政府债券。

四、债券投资策略

从总体上看，债券投资策略可以分为消极型投资策略和积极型投资策略两种，每位投资者都可以根据自己的资金来源和用途来选择适合自己的投资策略。具体地，在决定投资策略时，投资者应该考虑自身整体资产与负债的状况以及未来现金流的状况，以达到收益性、安全性与流动性的最佳结合。一般而言，投资者应在投资前认清自己，明白自己是积极型投资者还是消极型投资者。积极型投资者一般愿意花费时间和精力管理他们的投资，通常他们的投资收益率较高;而消极型投资者一般只愿花费很少的时间和精力管理他们的投资,通常他们的投资收益率也相应较低。有一点必须明确,决定投资者类型的关键并不是投资金额的大小,而是他们愿意花费多少时间和精力来管理自己的投资。对大多数投资者来说,一般都是消极型投资者,因为他们都缺少时间和缺乏必要的投资知识。在这里,笔者并不想介绍很深的理论,只是向读者介绍几种比较实用的操作方法。

(一)消极型投资策略

消极型投资策略是一种不依赖于市场变化而保持固定收益的投资方法,其目的在于获得稳定的债券利息收入和到期安全收回本金。因此,消极型投资策略也常常被称作保守型投资策略。在这里我们介绍最简单的消极型债券投资策略——购买持有法,并介绍几种建立在此基础上的债券投资技巧。

1. 购买持有法——最简单的债券投资方法

购买持有法是最简单的债券投资策略,其步骤是:在对债券市场上所有的债券进行分析之后,根据自己的爱好和需要,买进能够满足自己要求的债券,并一直持有到到期兑付之日。在持有期间,并不进行任何买卖活动。

这种投资策略虽然十分粗略,但却有其自身的好处。

① 这种投资策略所带来的收益是固定的,在投资决策的时候就知道收益,不受市场行情变化的影响。它可以完全规避价格风险,保证获得一定的收益率。

② 如果持有的债券收益率较高,同时市场利率没有很大的变动或者逐渐降低,则这种投资策略也可以取得相当满意的投资效果。

③ 这种投资策略的交易成本很低。由于中间没有任何买进卖出行为,因而手续费很低,从而也有利于提高收益率。因此,这种购买持有的投资策略比较适用于市场规模较小、流动性比较差的债券,并且更适用于不熟悉市场或者不善于使用各种投资技巧的投资者。

具体在实行这种投资策略时,投资者应注意两个方面。首先,根据投资者资金的使用状况来选择适当期限的债券。一般情况下,期限越长的债券,其收益率也往往越高。但是期限越长,对投资资金锁定的要求也就越高,因此最好是根据投资者的可投资资金的年限来选择债券,使债券的到期日与投资者需要资金的日期相近。其次,投资者投资债券的金额也必须由可投资资金的数量来决定。一般在购买持有策略下,投资者不应该利用借入资金来购买债券,也不应该保留剩余资金,而是最好将所有准备投资的资金投资于债券,这样就能保证获得最大数额的固定收益。

但是,购买持有这种投资策略也有其不足之处。首先,从本质上看,这是一种比较消极的投资策略。在投资者购进债券后,他可以毫不关心市场行情的变化,可以漠视市场上出现的投资机会,因而往往会丧失提高收益率的机会。其次,虽然投资者可以获得固定的收益率,但是,这种被锁定的收益率只是名义上的,如果发生通货膨胀,那么投资者的实际投资收益率就会发生变化,从而使这种投资策略的价值大大下降。特别是在通货膨胀比较严重的时候,这种投资策略可能会带来比较大的损失。最后,也是最常见的情况,市场利率的上升使得购买持有这种投资策略的收益率相对较低。由于不能及时卖出低收益率的债券,转而购买高收益率的债券,因此,在市场利率上升时,这种策略会带来损失。但是无论如何,投资者都能得到原先约定的收益率。

除了购买持有法以外,还有以下几种常用的消极型债券投资技巧。

2. 梯形投资法

所谓梯形投资法，又称等期投资法，就是每隔一段时间，在债券发行市场上认购一批相同期限的债券，每一段时间都如此，接连不断，这样，投资者在以后的每段时间都可以稳定地获得一笔本息收入。

比如，张三在2017年6月购买了2017年发行的3年期的债券，在2018年3月购买了2018年发行的3年期的债券，在2019年4月购买了2019年发行的3年期债券。

这样，在2020年7月，张三就可以收到2017年发行的3年期债券的本息和，此时，该本息和张三又可以购买2020年发行的3年期债券，这样，他所持有的3种债券的到期期限分别为1年、2年和3年。如此滚动下去，张三就可以每年得到投资本息和，从而既能够进行再投资，又可以满足流动性的需要。

只要张三不停地用每年到期的债券的本息和购买新发行的3年期债券，则其债券组合的结构就与原来的一致。

梯形投资法的优点在于，采用此种投资方法的投资者能够在每年中得到本金和利息，因而不至于产生很大的流动性问题，投资者也不至于急着卖出尚未到期的债券，从而不能保证收到约定的收益。同时，在市场利率发生变化时，梯形投资法下的投资组合的市场价值不会发生很大的变化，因此债券组合的投资收益率也不会发生很大的变化。此外，这种投资方法每年只进行一次交易，因而交易成本比较低。

3. 三角投资法

所谓三角投资法，就是利用债券投资期限不同所获本息和也就不同的原理，使得在连续时段内进行的投资具有相同的到期时间，从而保证在到期时收到预定的本息和。这个本息和可能已被投资者计划用于某种特定的消费。三角投资法和梯形投资法的区别在于，虽然投资者都是在连续时期（年份）内进行投资，但是，这些在不同时期投资的债券的到期期限是相同的，而不是债券的期限相同。

张三决定在2020年进行一次国际旅游，因此，他决定投资债券以便能够确保在2020年得到所需资金。这样，他可以在2014年投资2014年发行的5年期债券，在2016年购买2016年发行的3年期债券，在2017年购买2017年发行的2年期债券。这些债券在到期时都能收到预定的本息和，并且都在2019年到期，从而能保证张三有足够资金在2020年进行一次国际旅游。

这种投资方法的特点是，在不同时期进行的债券投资的期限是递减的，因此被称作三角投资法。它的优点是既能获得较固定收益，又能保证到期得到预期的资金以用于特定的目的。

（二）积极型投资策略

积极型投资策略是指投资者通过主动预测市场利率的变化，采用抛售一种债券并购买另一种债券的方式来获得差价收益的投资方法。这种投资策略着眼于债券市场价格变化所带来的资本损益，其关键在于能够准确预测市场利率的变化方向及幅度，从而能准确预测出债券价格的变化方向和幅度，并充分利用市场价格变化来取得差价收益。因此，积极型投资策略一般也被称作利率预测法。这种方法要求投资者具有丰富的债券投资知识及市场操作经验，并且要支付相对比较多的交易成本。投资者追求高收益率的强烈欲望导致了利率预测法受到众多投资者的欢迎，同时，市场利率的频繁变动也为利率预测法提供了实践机会。

利率预测法的具体操作步骤是这样的：投资者通过对利率的研究来获得有关未来一段时

期内利率变化的预期,然后利用这种预期来调整其持有的债券,以期在利率按其预期变动时能够获得高于市场平均的收益率。因此,正确预测利率变化的方向及幅度是利率预测法的前提,而有效地调整所持有的债券就成为利率预测法的主要手段。

1. 利率预测及其方法

由前面的分析可知,利率预测已成为积极型投资策略的核心。但是利率预测是一项非常复杂的工作。利率作为宏观经济运行中的一个重要变量,其变化受到多方面因素的影响,并且这些影响因素对利率作用的方向、大小都十分难以判断。

从宏观经济的角度看,利率反映了市场资金供求关系的变动状况。在经济发展的不同阶段,市场利率有着不同的表现。在经济持续繁荣增长时期,企业家开始为了购买机器设备、原材料、建造工厂和拓展服务等原因而借款,于是,会出现资金供不应求的状况,借款人会为了日益减少的资金而进行竞争,从而导致利率上升;相反,在经济萧条、市场疲软时期,利率会随着资金需求的减少而下降。利率除了受到整体经济状况的影响之外,还受到以下几个方面的影响。

(1) 通货膨胀率

通货膨胀率是衡量一般价格水平上升的指标。一般而言,在发生通货膨胀时,市场利率会上升,以抵消通货膨胀造成的资金贬值,保证投资的真实收益率水平。而借款人也会预期到通货膨胀会导致其实际支付的利息的下降,因此,他会愿意支付较高的名义利率,从而也会导致市场利率水平的上升。

(2) 货币政策

货币政策是影响市场利率的重要因素。货币政策的松紧程度将直接影响市场资金的供求状况,从而影响市场利率的变化。一般而言,宽松的货币政策,如增强货币供应量、放松信贷控制等都将使市场资金的供求关系变得宽松,从而导致市场利率下降。相反,紧的货币政策,如减少货币供应量、加强信贷控制等都将使市场资金的供求关系变得紧张,从而导致市场利率上升。

(3) 汇率变化

在开放的市场条件下,本国货币汇率上升会引起国外资金的流入和对本币的需求上升,短期内会引起本国利率的上升;相反,本国货币汇率下降会引起外资流出和对本币需求的减少,短期内会引起本国利率的下降。

投资者在对社会经济运行态势和中央银行货币政策抉择作了综合分析后,可尝试对未来市场利率的变动方向和变动幅度做出较为理性的预测,并据此做出自己的债券投资决策。

2. 债券调整策略

在预测了市场利率变化的方向和幅度之后,投资者可以据此对其持有的债券进行重新组合。这是因为市场利率将直接决定债券的投资收益率。很显然,债券投资的收益率应该同市场利率密切相关;在市场利率上升时,债券投资的要求收益率也会相应上升;在市场利率下降时,债券投资的要求收益率也会相应下降。一般地,在计算债券价格时,我们就直接用市场利率作为贴现率,对债券的未来现金流进行贴现。因此,我们可以对市场利率变化和债券价格变化之间的关系做出准确的判断,从而据此来调整持有的债券。调整组合的目的是,在对既定的利率变化方向及其幅度做出预期后,使持有债券的收益率最大化。

① 由于市场利率与债券的市场价格呈反向变动关系,因此,在市场利率上升时,债券的市场价格会下降;而在市场利率下降时,债券的市场价格会上升,因而前者的正确调整策略是卖

出所持有的债券,而后者的正确调整策略是买入债券。

② 债券的期限同债券价格变化之间的关系是有规律可循的。无论债券的票面利率的差别有多大,在市场利率变化相同的情况下,期限越长的债券,其价格变化幅度越大。因此,在预测市场利率下降时,应尽量持有能使价格上升幅度最大的债券,即期限比较长的债券。也就是说,在预测市场利率将下跌时,应尽量把手中的期限较短的债券转换成期限较长的债券,因为在利率下降相同幅度的情况下,这些债券的价格上升幅度较大。相反,在预测市场利率将上升时,若投资者仍想持有债券,则应该持有期限较短的债券,因为在利率上升相同幅度的情况下,这些债券的价格下降幅度较小,因而风险较小。

③ 债券的票面利率同债券的价格变化之间也是有规律可循的。在市场利率变化相同的情况下,息票利率较低的债券所发生的价格变化幅度(价格变化百分比)会比较大,因此,在预测利率将下跌时,在债券期限相同的情况下,应尽量持有票面利率低的债券,因为这些债券的价格上升幅度(百分比)会比较大。但是这一规律不适用于周年期的债券。

因此,我们可以得到有关债券调整策略的总原则:在判断市场利率将下跌时,应尽量持有能使价格上升幅度最大的债券,即期限比较长、票面利率比较低的债券。也就是说,在预测市场利率将下跌时,应尽量把手中的短期、高票面利率债券转换成期限较长的、低息票利率的债券,因为在利率下降相同幅度的情况下,这些债券的价格上升幅度较大。

反之,若预测市场利率将上升,则应尽量减少低息票利率、长期限的债券,转而投资高息票利率、短期限的债券,因为这些债券的利息收入高,期限短,因而能够很快地变现,再购买高利率的新发行债券,同时,这些债券的价格下降幅度也相对较小。

需指出的是,利率预测法作为一种积极的债券投资方法,虽然能够获得比较高的收益率,但是这种投资方法是具有很大风险的。一旦利率向相反的方向变动,投资者就可能遭受比较大的损失,因此,利率预测法只对那些熟悉市场行情、具有丰富操作经验的人才适用。初学的投资者不适宜采用此种投资方法。

(三) 等级投资计划法

等级投资计划法是公式投资计划法中最简单的一种,它由股票投资技巧而得来,方法是投资者事先按照一个固定的计算方法和公式计算出买入和卖出债券的价位,然后根据计算结果进行操作。其操作要领是"低进高出",即在低价时买进、高价时卖出。只要债券价格处于不断波动中,投资者就必须严格按照事先拟订好的计划来进行债券买卖,而是否买卖债券则取决于债券市场的价格水平。具体地,当投资者选定一种债券作为投资对象后,就要确定债券变动的一定幅度作为等级,这个幅度可以是一个确定的百分比,也可以是一个确定的常数。每当债券价格下降一个等级时,就买入一定数量的债券;每当债券价格上升一个等级时,就卖出一定数量的债券。

张三选择 2024 年债券作为投资对象(假设 2024 年债券的期限为 5 年,利率为 10.5%),确定每个等级债券价格变动幅度为 2 元,第一次购买 100 张面值为 100 元的债券,购进价为 120 元,那么每当债券价格变动到 118 元、120 元、122 元、124 元、126 元时,按照债券价格下降时买进、上升时抛出的原则进行操作。根据等级投资计划法,当债券价格下降到 118 元时,张三再买进 100 张债券,当价格继续下降为 116 元时,张三继续买进 100 张债券。但是,当债券价格回升为 118 元时,张三就卖出 100 张债券,在价格继续回升到 120 元时,张三就继续卖出

100 张债券。这样一个过程结束后,张三最初投入 12 000 元购买 100 张债券,价格为 120 元,经过一段操作调整后,虽然债券价格最后还是 120 元,张三仍持有 100 张,但他的投入成本已经不是 12 000 元,而是 11 600 元了,也就是说,张三在这一过程中取得了 400 元的收益。等级投资计划法适用于债券价格不断波动的时期。由于债券最终还本付息,因此,其价格呈缓慢上升趋势。在运用等级投资计划法时,一定要注意债券价格的总体走势,并且债券价格升降幅度即买卖等级的间隔要恰当。债券市场行情波动较大,买卖等级的间隔可以大一些;债券市场行情波动较小,买卖等级的间隔就要小一些。如果买卖等级间隔过大,会使投资者丧失买进和卖出的良好时机,而过小又会使买卖差价太小,在考虑手续费因素后,投资者获利不大。同时,投资者还要根据资金实力和对风险的承受能力来确定买卖的批量。

(四) 逐次等额买进摊平法

如果投资者对某种债券进行投资,该债券价格具有较大的波动性,并且无法准确地预期其波动的各个转折点,投资者可以运用逐次等额买进摊平法。

逐次等额买进摊平法就是在确定投资于某种债券后,选择一个合适的投资时期,在这一段时期中定量定期地购买债券,不论这一时期该债券价格如何波动都持续地进行购买,这样可以使投资者的每百元平均成本低于平均价格。运用这种操作法,每次投资时都要严格控制所投入资金的数量,以保证投资计划逐次等额进行。

张三选择 2024 年 5 年期债券为投资对象,在确定的投资时期中分 5 次购买,每次购入债券 100 张,第 1 次购入时,债券价格为 120 元,张三购入 100 张;第 2 次购入时,债券价格为 125 元,张三购入 100 张;第 3 次购入时,债券价格为 122 元,张三购入 100 张;第 4、第 5 次张三的购入价格分别是 126 元、130 元。

到整个投资计划完成时,张三购买债券的平均成本为 124.6 元,而此时债券价格已涨至 130 元,这时如果张三抛出此批债券,将获得的收益为:$(130-124.6) \times 500 = 2\,700$ 元。

因为债券具有长期投资价值,所以按照这一方法操作,可以稳妥地获取收益。

(五) 金字塔式操作法

与逐次等额买进摊平法不同,金字塔式操作法实际是一种倍数买进摊平法。当投资者第 1 次买进债券后,发现价格下跌时可加倍买进,以后在债券价格下跌过程中,每一次购买数量比前一次增加一定比例,这样就成倍地加大了低价购入的债券占购入债券总数的比重,降低了平均总成本。由于这种买入方法呈正三角形趋势,形如金字塔,所以称为金字塔式操作法。

张三最初以每张 120 元的价格买入 2024 年 5 年期债券,投入资金 12 000 元;之后在债券价格下降到 118 元时,他投入 23 600 元,购买 200 张债券;当债券价格下降到 115 元时,他投入 34 500 元,购入 300 张债券。这样,他 3 次投入资金 70 100 元,买入 600 张债券,每张平均购入成本为 116.83 元,如果债券价格上涨,只要超过平均成本价,张三即可抛出获利。

在债券价格上升时运用金字塔式操作法买进债券,则需每次逐渐减少买进的数量,以保证最初按较低价买入的债券在购入债券总数中占有较大比重。

张三最初以每张 115 元的价格购入债券 300 张;之后在债券价格上升过程中,他按金字塔操作法进行投资,当债券价格上升到每张 118 元时,他购入 200 张;当债券价格上升到每张 120 元时,他购入 100 张。这样他投入资金 70 100 元,购入 600 张债券,平均成本为每张 116.83 元,如果债券价格不低于平均成本价,他就可以获益。

债券的卖出也同样可采用金字塔式操作法,在债券价格上涨后,每次加倍抛出手中的债券,随着债券价格的上升,卖出的债券数额变大,以保证高价卖出的债券在卖出债券总额中占较大比重而获得较大盈利。

运用金字塔式操作法买入债券,必须对资金做好安排,以避免最初投入资金过多,以后的投资无法加倍摊平。

第四章 股 票

第一节 股票的定义、性质和特征

一、股票的定义

股票是一种有价证券,它是股份有限公司签发的证明股东所持股份的凭证。股份有限公司的资本划分为股份,每一股股份的金额相等。公司的股份采取股票的形式。股份的发行实行公平、公正的原则,同种类的每一股份都具有同等权利。股票一经发行,购买股票的投资者即成为公司的股东。股票实质上代表了股东对股份公司的所有权,股东凭借股票可以获得公司的股息和红利,参加股东大会并行使自己的权利,同时也承担相应的责任与风险。

二、股票的性质

1. 股票是有价证券

有价证券是财产价值和财产权利的统一表现形式。持有有价证券,一方面表示拥有一定价值量的财产,另一方面表明有价证券持有人可以行使该证券所代表的权利。股票具有有价证券的特征。第一,虽然股票本身没有价值,但股票是一种代表财产权的有价证券,它包含着股东可以依其持有的股票要求股份公司按规定分配股息和红利的请求权。第二,股票与它代表的财产权有不可分离的关系,两者合为一体。换言之,行使股票所代表的财产权,必须以持有股票为条件,股东权利的转让应与股票占有的转移同时进行,股票的转让就是股东权利的转让。

2. 股票是要式证券

股票应具备《中华人民共和国公司法》规定的有关内容,如果缺少规定的要件,股票就无法律效力。

3. 股票是证权证券

证券可以分为设权证券和证权证券。设权证券是指证券所代表的权利本来不存在,而是随着证券的制作而产生,即权利的发生是以证券的制作和存在为条件的。证权证券是指证券是权利的一种物化的外在形式,它是权利的载体,权利是已经存在的。股票代表的是股东权利,它的发行是以股份的存在为条件的,股票只是把已存在的股东权利表现为证券的形式,它的作用不是创造股东的权利,而是证明股东的权利。所以说,股票是证权证券。

4. 股票是资本证券

发行股票是股份公司筹措自有资本的手段。因此，股票是投入股份公司资本份额的证券化，属于资本证券。但是，股票又不是一种现实的资本，股份公司通过发行股票筹措的资金，是公司用于营运的真实资本。股票独立于真实资本之外，在股票市场上进行着独立的价值运动，是一种虚拟资本。

5. 股票是综合权利证券

股票不属于物权证券，也不属于债权证券，而是一种综合权利证券。

三、股票的特征

1. 收益性

收益性是股票最基本的特征，它是指股票可以为持有人带来收益的特性。持有股票的目的在于获取收益。股票的收益来源可分成两类：一是来自股份公司；二是来自股票流通。

2. 风险性

股票风险的内含是股票投资收益的不确定性，或者说实际收益与预期收益之间的偏离。投资者在买入股票时，对其未来收益会有一个预期，但真正实现的收益可能会高于或低于原先的预期，这就是股票的风险。

3. 流动性

流动性是指股票可以通过依法转让而变现的特性，即在本金保持相对稳定、变现的交易成本极小的条件下，股票很容易变现的特性。通常判断股票的流动性强弱主要分析3个方面：一是市场深度；二是报价紧密度；三是股票的价格弹性或者恢复能力。

4. 永久性

永久性是指股票所载有权利的有效性是始终不变的，因为它是一种无期限的法律凭证。

5. 参与性

参与性是指股票持有人有权参与公司重大决策的特性。股票持有人作为股份公司的股东，有权出席股东大会，行使对公司经营决策的参与权。

第二节　股票的分类

一、普通股票和优先股票

按股东享有权利的不同，股票可以分为普通股票和优先股票。

1. 普通股票

普通股票是最基本、最常见的一种股票，其持有者享有股东的基本权利和义务。普通股票的股利完全随公司赢利的高低而变化。在公司赢利较多时，普通股票股东可获得较高的股利收益，但在公司赢利和剩余财产的分配顺序上列在债权人和优先股票股东之后，故其承担的风险较高。与优先股票相比，普通股票是标准的股票，也是风险较大的股票。

2. 优先股票

优先股票是一种特殊股票,在其股东权利、义务中附加了某些特别条件。优先股票的股息率是固定的,其持有者的股东权利受到一定限制,但在公司赢利和剩余财产的分配顺序上优先股票股东比普通股票股东享有优先权。

二、记名股票和无记名股票

股票按是否记载股东姓名,可以分为记名股票和无记名股票。

记名股票是指在股票票面和股份公司的股东名册上记载股东姓名的股票。记名股票的特点有:①股东权利归属于记名股东;②可以一次或分次缴纳出资;③转让相对复杂或受限制;④便于挂失,相对安全。

无记名股票是指在股票票面和股份公司股东名册上均不记载股东姓名的股票。无记名股票也称"不记名股票",与记名股票的差别不是在股东权利等方面,而是在股票的记载方式上。无记名股票的特点有:①股东权利归属股票的持有人;②认购股票时要求一次缴纳出资;③转让相对简便;④安全性较差。

三、有面额股票和无面额股票

按是否在股票票面上标明金额,股票可以分为有面额股票和无面额股票。

有面额股票是指在股票票面上记载一定金额的股票。这一记载的金额也称为"票面金额""票面价值"或"股票面值"。有面额股票的特点有:①可以明确表示每一股所代表的股权比例;②为股票发行价格的确定提供依据。

无面额股票也被称为"比例股票"或"份额股票",是指在股票票面上不记载股票面额,只注明它在公司总股本中所占比例的股票。无面额股票的特点有:①发行或转让价格较灵活;②便于股票分割。

第三节 普通股票与优先股票

一、普通股票

(一)普通股票股东的权利

普通股票是标准的股票,发行普通股票所筹集的资金成为股份公司注册资本的基础。《中华人民共和国公司法》规定,股东可以用货币出资,也可以用实物、知识产权、土地使用权等可以用货币估价并可以依法转让的非货币财产作价出资,但是,法律、行政法规规定不得作为出资的财产除外。股份有限公司成立后,即向股东正式交付股票。普通股票的持有者是股份公司的基本股东,按照《中华人民共和国公司法》的规定,公司股东依法享有资产收益、参与重大决策和选择管理者等权利。

① 公司重大决策参与权。股东基于股票的持有而享有股东权,这是一种综合权利,其中首要的是可以以股东身份参与股份公司的重大事项决策。普通股票股东行使这一权利的途径是参加股东大会、行使表决权。

② 公司资产收益权和剩余资产分配权。普通股票股东拥有公司盈余和剩余资产分配权,这一权利直接体现了其在经济利益上的要求。这个要求又可以表现为两个方面:一是普通股票股东有权按照实缴的出资比例分取红利,但是全体股东约定不按照出资比例分取红利的除外;二是普通股票股东在股份公司解散清算时,有权要求取得公司的剩余资产。

③ 其他权利。除了上面两种基本权利外,普通股票股东还可以享有由法律和公司章程所规定的其他权利。《中华人民共和国公司法》规定,股东还有以下主要权利。第一,股东有权查阅公司章程、股东名册、公司债券存根、股东大会会议记录、董事会会议决议、监事会会议决议、财务会计报告,对公司的经营提出建议或者质询。第二,股东持有的股份可依法转让。股东转让股份应在依法设立的证券交易场所进行或按照国务院规定的其他方式进行。公司发起人、董事、监事、高级管理人员的股份转让受《中华人民共和国公司法》和公司章程的限制。第三,公司为增加注册资本发行新股时,股东有权按照实缴的出资比例认购新股。股东大会应对向原有股东发行新股的种类及数额作出决议。股东的这一权利又称为"优先认股权"或"配股权"。

(二)普通股票股东的义务

《中华人民共和国公司法》规定,公司股东应当遵守法律、行政法规和公司章程,依法行使股东权利,不得滥用股东权利损害公司或其他股东的利益;不得滥用公司法人独立地位和股东有限责任损害公司债权人的利益。公司股东滥用股东权利给公司或者其他股东造成损失的,应当依法承担赔偿责任。公司股东滥用公司法人独立地位和股东有限责任逃避责任,严重损害公司债权人利益的,应当对公司债务承担连带责任。公司的控股股东、实际控制人、董事、监事、高级管理人员不得利用其关联关系损害公司利益。如违反有关规定,给公司造成损失的,应当承担赔偿责任。

(三)普通股票的种类

普通股票按其在股票流通市场上的属性不同,可以分为以下几种。

1. 绩优股(蓝筹股)

绩优股指过去的业绩与盈余都有良好表现,而其未来的利润仍能稳定增长的股票。这类股票投资风险较小,比较适合中长期投资。在国外,绩优股也称为蓝筹股,是指信誉高、投资风险小、财务状况稳健、具有稳定盈余记录的大公司的股票。

2. 成长股

成长股是指其销售额与收益额在不断迅速地增长,并且其增长速度快于整个国家及其所在行业的公司所发行的股票。公司在未来发展上具有宏图伟略,注重科研投入,把留存的大量收益作为扩大再生产的投资,以图快速发展,所以对股东只支付较低的红利,使得股东目前收益较低,但随着公司业务的成长,收益不断增长,使得股票价格上涨,从而使投资者从中获得大量资本投资收益。

3. 概念股

概念股也称为表现股,是指能迎合某一时代潮流但未必能适应另一时代潮流的公司所发行的、股价呈巨幅起伏的股票。由于受多数投资者的垂青,概念股的股价大都偏高,而且波动幅度较大。这种股票是投机者进行炒作的良好对象。

4. 投机股

投机股是价格很不稳定或公司前景很不确定的公司股票,主要是那些雄心很大、从事开发性或冒险性事业的公司股票以及热门的新发行的股票。投机股的股价变动幅度很大,有时会在几天或几周内上涨2～3倍,也可能在几天中大幅下降。所以投机股的收益和风险均大于一般股票。

5. 周期股

周期股是指那些收益随着经济周期而波动的公司股票。这种股票的特点是,当经济周期处于繁荣阶段时,公司的利润就恢复和增长,从而股价上升;反之,股价下降。一般而言,股价循环股大都属于这些特定行业的股票:钢铁、水泥、造纸、机械、汽车、航空和铁路等。

6. 防守股

这种股票同股价循环股正好相反,在面临不确定性和商业衰退时,其收益和红利分配却要比社会平均的高,具有相对稳定性。公用事业如煤气、自来水、电力等公司的股票,是防守性股票的典型代表,因为即使在商业衰退和萧条时期,人们对公用事业也有稳定的需求。

7. 收入股

收入股是指那些能支付较高的当前收益的普通股票。收入股的购买者常是一些老年人、退休者以及法人投资者。

二、优先股票

(一)优先股票的定义

优先股票与普通股票相对应,是指股东享有某些优先权利(如优先分配公司赢利和剩余财产权)的股票。相对于普通股票而言,优先股票在其股东权利上附加了一些特殊条件,是特殊股票中最重要的一个品种。优先股票的内含可以从两个不同的角度来认识。一方面,优先股票作为一种股权证书,代表着对公司的所有权。这一点与普通股票一样,但优先股票股东不具备普通股票股东所具有的基本权利,它的有些权利是优先的,有些权利又受到限制。另一方面,优先股票也兼有债券的若干特点,它在发行时事先确定固定的股息率,像债券的利息率事先固定一样。

优先股票是一种特殊股票,虽然它不是股票的主要品种,但是它的存在对股份公司和投资者来说仍有一定的意义。首先,对股份公司而言,发行优先股票的作用在于可以筹集长期稳定的公司股本,又因其股息率固定,可以减轻利润的分派负担。另外,优先股票股东无表决权,这样可以避免公司经营决策权的改变和分散。其次,对投资者而言,由于优先股票的股息收益稳定可靠,而且在财产清偿时也先于普通股票股东,因而其风险相对较小,不失为一种较安全的投资对象。优先股票因收入稳定,二级市场价格波动小,风险较低,适宜中长线投资。在国外,大部分优先股票为保险公司、养老基金等稳健型机构投资者所持有。当然,持有优先股票并不总是有利的,比如,在公司经营有方、赢利丰厚的情况下,优先股票的股息收益可能会大大低于普通股票。

优先股票的具体优先条件由各公司的公司章程加以规定,一般包括:优先股票分配股息的顺序和定额,优先股票分配公司剩余资产的顺序和定额,优先股票股东行使表决权的条件、顺序和限制,优先股票股东的权利和义务,优先股票股东转让股份的条件等。

(二)优先股票的特征

① 股息率固定。普通股票的红利是不固定的,它取决于股份公司的经营状况和赢利水平。而优先股票在发行时就约定了固定的股息率,无论公司经营状况和赢利水平如何变化,该股息率不变。

② 股息分派优先。在股份公司赢利分配顺序上,优先股票排在普通股票之前。各国公司法对此一般都规定,公司赢利首先应支付债权人的本金和利息,缴纳税金;其次支付优先股股息;最后才分配普通股股利。因此,从风险角度看,优先股票的风险小于普通股票。

③ 剩余资产分配优先。当股份公司因解散或破产进行清算时,在对公司剩余资产的分配上,优先股票股东排在债权人之后、普通股票股东之前。也就是说,优先股票股东可优先于普通股票股东分配公司的剩余资产,但一般是按优先股票的面值清偿。

④ 一般无表决权。优先股票股东的权利是受限制的,最主要的是表决权限制。普通股票股东参与股份公司的经营决策主要通过参加股东大会行使表决权,而优先股票股东在一般情况下没有投票表决权,不享有公司的决策参与权。只有在特殊情况下,如讨论涉及优先股票股东权益的议案时,他们才能行使表决权。

(三)优先股票的种类

(1) 累积优先股票和非累积优先股票

这种分类的依据是优先股票股息在当年未能足额分派,能否在以后年度补发。

累积优先股票是指历年股息累积发放的优先股票。股份公司发行累积优先股票的目的主要是保障优先股票股东的收益不因公司赢利状况的波动而减少。规定未发放的股息可以累积起来,待以后年度一起支付,这就有利于保护优先股票投资者的利益。

非累积优先股票是指股息当年结清、不能累积发放的优先股票。非累积优先股票的特点是股息分派以每个营业年度为界,当年结清。如果本年度公司的赢利不足以支付全部优先股股息,对其所欠部分,公司将不予累积计算,优先股票股东也不得要求公司在以后的营业年度中予以补发。

(2) 参与优先股票和非参与优先股票

这种分类的依据是在公司赢利较多的年份里,优先股票除了获得固定的股息以外,能否参与或部分参与本期剩余赢利的分配。

参与优先股票是指优先股票股东除了按规定分得本期固定股息外,还有权与普通股票股东一起参与本期剩余赢利分配的优先股票。

非参与优先股票是指除了按规定分得本期固定股息外,无权再参与本期剩余赢利分配的优先股票。非参与优先股票是一般意义上的优先股票,其优先权不是体现在股息多少上,而是体现在分配顺序上。

(3) 可转换优先股票和不可转换优先股票

这种分类的依据是优先股票在一定的条件下能否转换成其他品种。

可转换优先股票是指发行后在一定条件下允许持有者将它转换成其他种类股票的优先股票。在大多数情况下,股份公司的转换股票是由优先股票转换成普通股票,或者由一种优先股票转换成另一种优先股票。

不可转换优先股票是指发行后不允许其持有者将它转换成其他种类股票的优先股票。不可转换优先股票与转换优先股票不同,它没有给投资者提供改变股票种类的机会。

(4) 可赎回优先股票和不可赎回优先股票

这种分类的依据是在一定条件下,该优先股票能否由原发行的股份公司出价赎回。

可赎回优先股票是指在发行后一定时期,可按特定的赎买价格由发行公司收回的优先股票。一般的股票从某种意义上说是永久的,因为它的有效期限是与股份公司的存续期并存的。而可赎回优先股票却不具有这种性质,它可以依照该股票发行时所附的赎回条款,由公司出价赎回。股份公司一旦赎回自己的股票,必须在短期内予以注销。

不可赎回优先股票是指发行后根据规定不能赎回的优先股票。这种股票一经投资者认购,在任何条件下都不能由股份公司赎回。由于股票投资者不能再从公司抽回股本,这就保证了公司资本的长期稳定。

(5) 股息率可调整优先股票和股息率固定优先股票

这种分类的依据是股息率是否允许变动。

股息率可调整优先股票是指股票发行后,股息率可以根据情况按规定进行调整的优先股票。这种股票与一般优先股票股息率事先固定的特点不同,它的特性在于股息率是可变动的。

但是,股息率的变化一般又与公司经营状况无关,而主要是随市场上其他证券价格或者银行存款利率的变化作调整。股息率可调整优先股票的产生,主要是为了适应国际金融市场不稳定、各种有价证券价格和银行存款利率经常波动以及通货膨胀的情况。发行这种股票可以保护股票持有者的利益,同时对股份公司来说,有利于扩大股票发行量。

股息率固定优先股票是指发行后股息率不再变动的优先股票。大多数优先股票的股息率是固定的,一般意义上的优先股票就是指股息率固定优先股票。

第四节 我国现行股票种类

一、按投资主体的性质分类

在我国,按投资主体的不同性质,可将股票划分为国家股、法人股、社会公众股和外资股等不同类型。

1. 国家股

国家股是指有权代表国家投资的部门或机构以国有资产向公司投资形成的股份,包括公司现有国有资产折算成的股份。国家股从资金来源上看,主要有3个方面。第一,现有国有企业改组为股份公司时所拥有的净资产。第二,现阶段有权代表国家投资的政府部门向新组建的股份公司的投资。第三,经授权代表国家投资的投资公司、资产经营公司、经济实体性总公司等机构向新组建股份公司的投资。

国家股是国有股权的一个组成部分(国有股权的另一组成部分是国有法人股)。国有资产管理部门是国有股权行政管理的专职机构。国有股权可由国家授权投资的机构持有,也可由国有资产管理部门持有或由国有资产管理部门代政府委托其他机构或部门持有。国有股股利收入由国有资产管理部门监督收缴,依法纳入国有资产经营预算,并根据国家有关规定安排使用。国家股股权可以转让,但转让应符合国家的有关规定。

2. 法人股

法人股是指企业法人或具有法人资格的事业单位和社会团体以其依法可支配的资产投入公司形成的股份。法人持股所形成的也是一种所有权关系,是法人经营自身财产的一种投资行为。法人股股票以法人记名。如果是具有法人资格的国有企业、事业单位及其他单位以其依法占用的法人资产向独立于自己的股份公司出资形成或依法定程序取得的股份,可称为"国有法人股"。国有法人股属于国有股权。

作为发起人的企业法人或具有法人资格的事业单位和社会团体在认购股份时,可以用货币出资,也可以用其他形式的资产,如实物、工业产权、非专利技术、土地使用权等作价出资。但对其他形式资产必须进行评估作价,核实财产,不得高估或者低估作价。

3. 社会公众股

社会公众股是指社会公众依法以其拥有的财产投入公司时形成的可上市流通的股份。在社会募集方式下,股份公司发行的股份,除了由发起人认购一部分外,其余部分应该向社会公众公开发行。《中华人民共和国证券法》规定,公司申请股票上市的条件之一是:向社会公开发行的股份达到公司股份总数的25%以上;公司股本总额超过人民币4亿元的,向社会公开发行股份的比例为10%以上。

4. 外资股

外资股是指股份公司向外国和我国香港、澳门、台湾地区投资者发行的股票。这是我国股份公司吸收外资的一种方式。外资股按上市地域,可以分为境内上市外资股和境外上市外资股。

(1) 境内上市外资股

境内上市外资股原来是指股份有限公司向境外投资者募集并在我国境内上市的股份,投资者限于外国的自然人、法人和其他组织,我国香港、澳门、台湾地区的自然人、法人和其他组织,定居在国外的中国公民等。这类股票称为"B股"。B股采取记名股票形式,以人民币标明股票面值,以外币认购、买卖,在境内证券交易所上市交易。但从2001年2月对境内居民个人开放B股市场后,境内投资者逐渐成为B股市场的重要投资主体,B股的外资股性质发生了变化。境内居民个人可以用现汇存款和外币现钞存款以及从境外汇入的外汇资金从事B股交易,但不允许使用外币现钞。境内居民个人与非居民之间不得进行B股协议转让。境内居民个人所购B股不得向境外转托管。经有关部门批准,境内上市外资股或者其派生形式,如认股权凭证和境外存股凭证,可以在境外流通转让。公司向境内上市外资股股东支付股利及其他款项,以人民币计价和宣布,以外币支付。

(2) 境外上市外资股

境外上市外资股是指股份有限公司向境外投资者募集并在境外上市的股份。它也采取记名股票形式,以人民币标明面值,以外币认购。在境外上市时,可以采取境外存股凭证形式或者股票的其他派生形式。在境外上市的外资股除了应符合我国的有关法规外,还须符合上市所在地国家或者地区证券交易所制定的上市条件。依法持有境外上市外资股,其姓名或者名称登记在公司股东名册上的境外投资人,为公司的境外上市外资股股东。

公司向境外上市外资股股东支付股利及其他款项,以人民币计价和宣布,以外币支付。

境外上市外资股主要由H股、N股、S股等构成。H股是指注册地在我国内地、上市地在我国香港的外资股。"香港"的英文是HONGKONG,取其首字母,在香港上市的外资股被称为"H股"。以此类推,"纽约"的第一个英文字母是N,"新加坡"的第一个英文字母是S,"伦敦"的第一个英文字母是L,因此在纽约、新加坡、伦敦上市的外资股分别称为"N股""S股""L股"。

需要说明的是,红筹股不属于外资股。红筹股是指在中国境外注册、在中国香港上市,但主要业务在中国内地或大部分股东权益来自中国内地的股票。

二、按流通受限与否分类

已完成股权分置改革的公司,按股份流通受限与否可分为有限售条件股份和无限售条件股份。有限售条件股份是指股份持有人依照法律、法规规定或按承诺有转让限制的股份,包括因股权分置改革暂时锁定的股份,内部职工股,董事、监事、高级管理人员持有的股份等。无限售条件股份是指流通转让不受限制的股份,具体包括:①人民币普通股,即A股,含向社会公开发行股票时向公司职工配售的公司职工股;②境内上市外资股,即B股;③境外上市外资股,即在境外证券市场上市的普通股,如H股;④其他。

三、ST股

1998年4月22日,沪深交易所宣布,对财务状况或其他状况出现异常的上市公司股票交易进行特别处理(special treatment),并在简称前冠以"ST",因此这类股票被称为ST股。

所谓"财务状况异常"是指以下几种情况。

① 最近两个会计年度的审计结果显示的净利润为负值。

② 最近一个会计年度的审计结果显示其股东权益低于注册资本。也就是说,如果一家上市公司连续两年亏损或每股净资产低于股票面值,就要予以特别处理。

③ 注册会计师对最近一个会计年度的财产报告出具无法表示意见或否定意见的审计报告。

④ 最近一个会计年度经审计的股东权益扣除注册会计师、有关部门不予确认的部分,低于注册资本。

⑤ 最近一份经审计的财务报告对上年度利润进行调整,导致连续两个会计年度亏损。

⑥ 经交易所或中国证监会认定为财务状况异常的。

在4月左右,公司向证监会交的财务报表,连续3年亏损,财务会计报告存在重大会计差错或者虚假记载的,股票前面加上＊ST,说明该股票有退市风险,希望投资者警惕。

第五节 股票发行

一、股票发行制度的概念

股票发行制度是指发行人在申请发行股票时必须遵循的一系列程序化的规范,具体而言,表现在发行监管制度、发行方式与发行定价等方面。健全的股票发行制度是股份制发展和完善的重要条件,也是证券市场建设的基础环节。

二、审批制度、核准制度、注册制度的概念与特征

股票发行制度主要有3种,即审批制度、核准制度和注册制度,每一种发行监管制度都对应一定的市场发展状况。在市场逐渐发育成熟的过程中,股票发行制度也应该逐渐地改变,以适应市场发展需求,其中审批制度是完全计划发行的模式,核准制度是从审批制度向注册制度过渡的中间形式,注册制度则是目前成熟股票市场普遍采用的发行制度。

审批制度是一国在股票市场的发展初期,为了维护上市公司的稳定和平衡复杂的社会经济关系,采用行政和计划的办法分配股票发行的指标和额度,由地方政府或行业主管部门根据指标推荐企业发行股票的一种发行制度。公司发行股票的首要条件是取得指标和额度,也就是说,如果取得了政府给予的指标和额度,就等于取得了政府的保荐,股票发行仅仅是走个过场。因此,审批制度下公司发行股票的竞争焦点主要是争夺股票发行指标和额度。证券监管部门凭借行政权力行使实质性审批职能,证券中介机构的主要职能是进行技术指导。

注册制度是市场化程度较高的成熟股票市场所普遍采用的一种发行制度。证券监管部门公布股票发行的必要条件,只要达到所公布条件要求的企业即可发行股票。发行人申请发行股票时,必须依法将公开的各种资料完全准确地向证券监管机构申报。证券监管机构的职责是对申报文件的真实性、准确性、完整性和及时性作合规性的形式审查,而将发行公司的质量留给证券中介机构来判断和决定。这种股票发行制度对发行人、证券中介机构和投资者的要求都比较高。

核准制度则是介于注册制度和审批制度的中间形式。它一方面取消了政府的指标和额度管理,并引进证券中介机构的责任,判断企业是否达到股票发行的条件;另一方面证券监管机构同时对股票发行的合规性和适销性条件进行实质性审查,并有权否决股票发行的申请。在核准制度下,发行人在申请发行股票时,不仅要充分公开企业的真实情况,而且必须符合有关法律和证券监管机构规定的必要条件,证券监管机构有权否决不符合规定条件的股票发行申请。证券监管机构对申报文件的真实性、准确性、完整性和及时性进行审查,还对发行人的营业性质、财力、素质、发展前景、发行数量和发行价格等条件进行实质性审查,并据此作出发行人是否符合发行条件的价值判断和是否核准申请的决定。

三、保荐制度、承销制度的概念

(一)保荐制度

保荐制度由保荐人(券商)对发行人发行证券进行推荐和辅导,并核实公司发行文件中所载资料是否真实、准确、完整,协助发行人建立严格的信息披露制度,承担风险防范责任,并在公司上市后的规定时间内继续协助发行人建立规范的法人治理结构,督促公司遵守上市规定,完成招股计划书中的承诺,同时对上市公司的信息披露负有连带责任。

(二)承销制度

股票承销是指证券公司依照协议包销或者代销发行人向社会公开发行的股票的行为。股

票承销分为代销和包销两种方式。股票承销期不能少于 10 日,不能超过 90 日。股票承销有以下两种方式:

① 股票代销。股票代销指发行公司和证券经营机构达成协议,由后者代理发行公司发行股票的方式。

② 股票包销。股票包销指发行公司和证券机构达成协议,如果证券机构不能完成股票发售,则由证券机构承购的股票发行方式。股票包销又分全额包销和余额包销两种。

四、股票的无纸化发行和初始登记制度

(一) 股票的无纸化发行

股票凭证是股票的具体表现形式。股票不但要取得国家有关部门的批准才能发行上市,而且其票面必须具备一些基本的内容。股票凭证在制作程序、记载内容和记载方式上都必须规范化,并且必须符合有关的法律法规和公司章程的规定。由于电子技术的发展与应用,我国深沪股市股票的发行和交易都借助于电子计算机及电子通信系统进行,上市股票的日常交易已实现了无纸化,所以现在的股票仅仅是由电子计算机系统管理的一组组二进制数字而已。我国发行的每股股票的面额均为 1 元人民币,股票的发行总额为上市的股份有限公司的总股本数。

(二) 股票的初始登记制度

股份登记指股份公司的股份明细数据在结算系统中的初始登记行为。股票发行登记包括首次公开发行登记和增发新股登记。

五、增发和配股

增发是股票增发的简称。股票增发配售是已上市的公司通过指定投资者(如大股东或机构投资者)或全部投资者额外发行股份募集资金的融资方式,发行价格一般为发行前某一阶段的平均价的某一比例。常见的种类包括供股发行、可转换证券、认股权证、配售、股票细拆、资产拆分上市、子公司分拆等。增发可分为两种:一级成熟发行,即成熟的公募发行上市筹措资金;二级成熟发行,即发起人股东将持有的股份由承销机构认购后向社会公众发售。

配股是上市公司根据公司发展需要,依照有关法律规定和相应的程序,向原股东进一步发行新股、筹集资金的行为。投资者在执行配股缴款前需清楚地了解上市公司发布的配股说明书。

按照惯例,公司配股时新股的认购权按照原有股权比例在原股东之间分配,即原股东拥有优先认购权。

① 有偿配股。公司办理现金增资,股东按持股比例拿钱认购股票。此种配股除权,除的是"新股认购权"。

② 无偿配股(红股)。公司经营得法赚了钱,依股东大会决议分配盈余。盈余分配有配息与配股两种方法:配息是股东依持股比例无偿领取现金,一般我们称为除息;配股是股东依持股比例无偿领取股票。既称无偿,则股东无须拿钱出来认购。此种配股除权,除的是"盈余分配权"。

第六节 股票价格

一、与股票价格相关的概念

(一) 股利政策

股利政策是指股份公司对公司经营获得的盈余公积和应付利润采取现金分红或派息、发放红股等方式回馈股东的制度与政策。股利政策体现了公司的发展战略和经营思路,稳定可预测的股利政策有利于股东利益最大化,是股份公司稳健经营的重要指标。

(1) 派现

派现也称现金股利,指股份公司以现金分红方式将盈余公积和当期应付利润的部分或全部发放给股东,股东为此应支付所得税。

(2) 送股

送股也称"股票股利",是指股份公司对原有股东采取无偿派发股票的行为。

(3) 资本公积金转增股本

资本公积金转增股本是在股东权益内部,把公积金转到"实收资本"或"股本"账户,并按照投资者所持有的股份份额比例的大小分到各个投资者的账户中,以此增加每个投资者的投入资本。

(4) 4个重要日期

① 股利宣布日,即公司董事会将分红派息的消息公布于众的时间。

② 股权登记日,即统计和确认参加本期股利分配的股东的日期,在此日期持有公司股票的股东方能享受股利发放。

③ 除息除权日,通常为股权登记日之后的1个工作日,本日之后(含本日)买入的股票不再享有本期股利。

④ 派发日,即股利正式发放给股东的日期。根据证券存管和资金划转的效率不同,通常会在几个工作日之内到达股东账户。

(二) 股票分割与合并

股票分割又称"拆股""拆细",是将1股股票均等地拆成若干股。股票合并又称"并股",是将若干股股票合并为1股。

从理论上说,不论是分割还是合并,将增加或减少股东持有股票的数量,但并不改变每位股东所持股东权益占公司全部股东权益的比重。理论上,股票分割或合并后股价会以相同的比例向下或向上调整,但股东所持股票的市值不发生变化。也就是说,如果把1股分拆为2股,则分拆后股价应为分拆前的一半;同样,若把2股合并为1股,并股后股价应为此前的两倍。但事实上,股票分割与合并通常会刺激股价上升或下降,其中原因颇为复杂,但至少存在这些理由:股票分割通常适用于高价股,拆细之后每股股票的市价下降,便于吸引更多的投资者购买;并股则常见于低价股,例如,若某股票价格不足1元,则不足1%的股价变动很难在价格上反映,弱化了投资者的交易动机,并股后,流动性有可能提高,进而会导致估值上调。

(三) 增发、配股、转增股市与股份回购

(1) 增发

增发指公司因业务发展需要增加资本额而发行新股。上市公司可以向公众公开增发，也可以向少数特定机构或个人增发。增发之后，公司注册资本相应增加。

(2) 配股

配股是面向原有股东，按持股数量的一定比例增发新股，原股东可以放弃配股权。

(3) 转增股本

转增股本是将原本属于股东权益的资本公积金转为实收资本，股东权益总量和每位股东占公司的股份比例均未发生变化，唯一的变动是发行在外的总股数增加了。

(4) 股份回购

上市公司利用自有资金，从公开市场上买回发行在外的股票，称为"股份回购"。

(四) 股票的票面价值、账面价值、清算价值、内在价值

1. 股票的票面价值

股票的票面价值又称"面值"，即在股票票面上标明的金额。该种股票被称为"有面额股票"。股票的票面价值在初次发行时有一定的参考意义。如果以面值作为发行价，称为"平价发行"；如果发行价格高于面值，称为"溢价发行"。随着时间的推移，公司的净资产会发生变化，股票面值与每股净资产逐渐背离，与股票的投资价值之间也没有必然的联系。

2. 股票的账面价值

股票的账面价值又称"股票净值"或"每股净资产"，在没有优先股的条件下，每股账面价值等于公司净资产除以发行在外的普通股票的股数。公司净资产是公司资产总额减去负债总额后的净值，从会计角度说，等于股东权益价值。股票账面价值的高低对股票交易价格有重要影响，但是，通常情况下，股票账面价值并不等于股票的市场价格。主要原因有两点：一是会计价值通常反映的是历史成本或者按某种规则计算的公允价值，并不等于公司资产的实际价格；二是账面价值并不反映公司的未来发展前景。

3. 股票的清算价值

股票的清算价值是公司清算时每一股份所代表的实际价值。从理论上说，股票的清算价值应与账面价值一致，实际上并非如此。只有当清算时公司资产实际出售价款与财务报表上的账面价值一致时，每一股份的清算价值才与账面价值一致。但在公司清算时，其资产往往只能压低价格出售，再加上必要的清算费用，所以大多数公司的实际清算价值低于其账面价值。

4. 股票的内在价值

股票的内在价值即理论价值，也即股票未来收益的现值。股票的内在价值决定股票的市场价格，股票的市场价格总是围绕其内在价值波动。研究和发现股票的内在价值，并将内在价值与市场价格相比较，进而决定投资策略是证券研究人员、投资管理人员的主要任务。由于未来收益及市场利率的不确定性，各种价值模型计算出来的内在价值只是股票真实的内在价值的估计值。经济形势的变化、宏观经济政策的调整、供求关系的变化等都会影响上市公司未来的收益，引起内在价值的变化。

二、股票的理论价格与市场价格

（一）股票的理论价格

股票价格是指股票在证券市场上买卖的价格。从理论上说，股票价格应由其价值决定，但股票本身并没有价值，不是在生产过程中发挥职能作用的现实资本，而只是一张资本凭证。股票之所以有价格，是因为它代表着收益的价值，即能给它的持有者带来股息红利。股票交易实际上是对未来收益权的转让买卖，股票价格就是对未来收益的评定。股票及其他有价证券的理论价格是根据现值理论而来的。现值理论认为，人们之所以愿意购买股票和其他证券，是因为它能够为它的持有人带来预期收益，因此，它的价值取决于未来收益的大小。可以认为，股票的未来股息收入、资本利得收入是股票的未来收益，亦可称之为"期值"。将股票的期值按必要收益率和有效期限折算成今天的价值，即为股票的现值。股票的现值就是股票未来收益的当前价值，也就是人们为了得到股票的未来收益愿意付出的代价。可见，股票及其他有价证券的理论价格就是以一定的必要收益率计算出来的未来收入的现值。

（二）股票的市场价格

股票的市场价格一般是指股票在二级市场上交易的价格。股票的市场价格由股票的价值决定，但同时受许多其他因素的影响。其中，供求关系是最直接的影响因素，其他因素都是通过作用于供求关系而影响股票价格的。由于影响股票价格的因素复杂多变，所以股票的市场价格呈现出高低起伏的波动性特征。

三、股票价格指数

（一）股票价格指数的概念和功能

股票价格指数是衡量股票市场总体价格水平及其变动趋势的尺度，也是反映一个国家或地区政治、经济发展状态的灵敏信号。

股票价格指数是将计算期的股价或市值与某一基期的股价或市值比较的相对变化值，用以反映市场股票价格的相对水平。

（二）股票价格指数的编制步骤

第一步，选择样本股。选择一定数量有代表性的上市公司股票作为编制股票价格指数的样本股。样本股可以是全部上市股票，也可以是其中有代表性的一部分。样本股的选择主要考虑两条标准：一是样本股的市价总值要占交易所上市的全部股票市价总值的大部分；二是样本股票价格变动趋势必须能反映股票市场价格变动的总趋势。

第二步，选定某基期，并以一定方法计算基期平均股价或市值。通常选择某一有代表性或股价相对稳定的日期为基期，并按选定的某一种方法计算这一天的样本股平均价格或总市值。

第三步，计算计算期平均股价或市值，并作必要的修正。收集样本股在计算期的价格，并按选定的方法计算平均价格或市值。有代表性的价格是样本股收盘平均价。

第四步,指数化。如果计算股票价格指数,就需要将计算期的平均股价或市值转化为指数值,即将基期平均股价或市值定为某一常数(通常为10、100或1 000),并据此计算计算期股价的指数值。

(三)我国主要的股票价格指数

1. 中证指数有限公司及其指数

中证指数有限公司成立于2005年8月25日,是由上海证券交易所和深圳证券交易所共同出资发起设立的一家专业从事证券指数及指数衍生产品开发服务的公司。

(1)沪深300指数

沪深300指数是沪、深证券交易所于2005年4月8日联合发布的、反映A股市场整体走势的指数。沪深300指数的编制目标是反映中国证券市场股票价格变动的概貌和运行状况,并能够作为投资业绩的评价标准,为指数化投资和指数衍生产品创新提供基础条件。中证指数有限公司成立后,沪、深证券交易所将沪深300指数的经营管理及相关权益转移至中证指数有限公司。

(2)中证规模指数

中证规模指数包括中证100指数、中证200指数、中证500指数、中证700指数、中证800指数和中证流通指数。

2. 上海证券交易所的股票价格指数

由上海证券交易所编制并发布的上证指数系列是一个包括上证180指数、上证50指数、上证综合指数、A股指数、B股指数、分类指数、债券指数、基金指数等的指数系列,其中最早编制的为上证综合指数。

(1)成分指数类

① 上证成分股指数。上证成分股指数简称"上证180指数",是上海证券交易所对原上证30指数进行调整和更名产生的指数。

② 上证50指数。2004年1月2日,上海证券交易所发布了上证50指数。上证50指数根据流通市值、成交金额对股票进行综合排名,从上证180指数样本中挑选上海证券市场规模大、流通性好的最具代表性的50只股票组成样本股,以综合反映上海证券市场最具市场影响力的一批龙头企业的整体情况。

③ 上证380指数。上海证券交易所和中证指数有限公司于2010年11月29日发布上证380指数。上证380指数样本股的选择主要考虑公司规模、赢利能力、成长性、流动性和新兴行业的代表性,侧重反映在上海证券交易所上市的中小盘股票的市场表现。

(2)综合指数类

① 上证综合指数。上海证券交易所从1991年7月15日起编制并公布了上海证券交易所股票价格指数,它以1990年12月19日为基期,以全部上市股票为样本,以股票发行量为权数,按加权平均法计算。

② 新上证综合指数。新上证综合指数简称"新综指",指数代码为000017,于2006年1月4日首次发布。新综指以2005年12月30日为基日,以该日所有样本股票的总市值为基期,基点为1000点。

3. 深圳证券交易所的股票价格指数

(1) 样本指数类

① 深证成分股指数。深证成分股指数由深圳证券交易所编制,通过对所有在深圳证券交易所上市的公司进行考查,按一定标准选出40家有代表性的上市公司作为成分股,以成分股的可流通股数为权数,采用加权平均法编制而成。

② 深证100指数。深圳证券交易所委托深圳证券信息有限公司于2003年年初发布了深证100指数。深证100指数成分股的选取主要考查A股上市公司流通市值和成交金额两项指标,从在深交所上市的股票中选取100只A股作为成分股,以成分股的可流通A股数为权数,采用派许综合法编制。深圳100指数每半年调整一次成分股。

(2) 综合指数类

深证系列综合指数包括深证综合指数、深证A股指数、深证B股指数、行业分类指数、中小综合指数、创业板综合指数、深证新指数、深市基金指数等全样本类指数。

4. 中国香港的主要股票价格指数

(1) 恒生指数

恒生指数是由香港恒生银行于1969年11月24日起编制公布、系统反映香港股票市场行情变动、最有代表性和影响最大的指数。它挑选了33种有代表性的上市股票为成分股,用加权平均法计算。

(2) 恒生综合指数系列

恒生银行于2001年10月3日推出了恒生综合指数系列。恒生综合指数包括200家市值最大的上市公司,并分为两个独立指数系列,即地域指数系列和行业指数系列。

(3) 恒生流通综合指数系列

恒生流通综合指数系列包括恒生流通综合指数、恒生香港流通指数和恒生中国内地流通指数,于2002年9月23日推出,以恒生综合指数系列为编制基础,与恒生综合指数相同,有200只成分股,并对成分股流通量作出调整。各成分股占指数的比重均调整至不超过15%。恒生流通综合指数系列以2000年1月3日为基期,并以2000点为基值。

(4) 恒生流通精选指数系列

恒生流通精选指数系列于2003年1月20日推出,恒生流通精选指数系列由恒生50、恒生香港25和恒生中国内地25组成,这3只指数分别为恒生流通综合指数、恒生香港流通指数和恒生中国内地流通指数属下的分组指数。恒生流通精选指数系列以每只成分股的流通市值计算,流通股份的定义及个别成分股的流通系数均与恒生流通指数系列相同,指数中各成分股占每一指数的比重不超过15%。恒生流通精选指数的基日为2000年1月3日,基值为2000点,成分股调整周期为半年。

(四) 海外国家主要股票市场的股票价格指数

(1) 道·琼斯工业股价平均指数

道·琼斯工业股价平均指数是世界上最早、最享盛誉和最有影响的股票价格平均数,由美国道·琼斯公司编制,并在《华尔街日报》上公布。现在人们所说的道·琼斯指数实际上是一组股价平均数,包括5组指标:工业股价平均数、运输业股价平均数、公用事业股价平均数、股价综合平均数、道·琼斯公正市价指数。

(2) 金融时报证券交易所指数(FTSE100 指数)

金融时报证券交易所指数(也译为"富时指数")是英国最具权威性的股票价格指数,原由《金融时报》编制和公布,现由《金融时报》和伦敦证券交易所共同拥有的富时集团编制。这一指数包括3种:一是金融时报工业股票指数,又称"30 种股票指数";二是100 种股票交易指数,又称"FT-100 指数";三是综合精算股票指数。

(3) 日经225 股票价格指数

日经225 股票价格指数是日本经济新闻社编制和公布的反映日本股票市场价格变动的股票价格指数。该指数从1950 年9 月开始编制,最初根据在东京证券交易所第一市场上市的225 家公司的股票算出修正平均股价,称为"东证修正平均股价"。1975 年5 月1 日日本经济新闻社向道·琼斯公司买进商标,采用道·琼斯修正指数法进行计算,指数也改称为"日经道式平均股价指标"。1985 年5 月合同期满,经协商,又将名称改为"日经股价指数"。现在的日经股票价格指数分为两组:一是日经225 种股票价格指数;二是日经500 种股票价格指数。

(4) NASDAQ 市场及其指数

NASDAQ(全美证券交易商自动报价系统)于1971 年正式启用。它利用现代电子计算机技术,将美国6 000 多个证券商网点连接在一起,形成了一个全美统一的场外二级市场。1975 年又通过立法,确定了这一系统在证券二级市场中的合法地位。NASDAQ 市场设立了13 种指数,分别为 NASDAQ 综合指数、NASDAQ-100 指数、NASDAQ 金融-100 指数、NASDAQ 银行指数、NASDAQ 生物指数、NASDAQ 计算机指数、NASDAQ 工业指数、NASDAQ 保险指数、NASDAQ 其他金融指数、NASDAQ 通信指数、NASDAQ 运输指数、NASDAQ 全国市场综合指数和 NASDAQ 全国市场工业指数。

四、引起股票价格变动的原因

在自由竞价的股票市场中,股票的市场价格不断变动。引起股票价格变动的直接原因是供求关系的变化或者说是买卖双方力量强弱的转换。根据供求规律,价格是供求对比的产物,同时也是恢复供求平衡的关键变量。在任何价位上,如果买方的意愿购买量超过此时卖方的意愿出售量,股价将会上涨;反之,股价就会下跌。从根本上说,股票供求以及股票价格主要取决于预期。买方之所以愿意按某个价位买进股票,主要是因为他们认为持有该股票带来的收益超过了目前所花资金的机会成本(比如说,预期股价将会上涨,预期公司将派发较高红利),换言之,他们认为该股票的价格被低估了。同理,卖方之所以愿意出售股票,主要原因是他们认为该股票的价格被高估了,将来可能下跌。当然,某些特殊原因也可能产生股票的供求关系发生变化,比如为了夺取或保持公司控制权而买入股票,履行某种承诺(如期权到期行权)而买进股票。同样,股票持有人也可能因为流动性挤压或者财产清算等而卖出股票。

股份公司的经营现状和未来发展是股票价格的基石。从理论上分析,公司经营状况与股票价格正相关,公司经营状况好,股价上升;反之,股价下跌。公司经营状况的好坏,可以从以下各项来分析。

① 公司治理水平与管理层质量。

② 公司竞争力。

③ 财务状况。会计报表是描述公司经营状况的一种相对客观的工具,分析公司财务状况,重点在于研究公司的赢利性、安全性和流动性。

- **赢利性**。公司赢利水平高低及未来发展趋势是股东权益的基本决定因素,通常把赢利水平高的公司股票称为"绩优股",把未来赢利增长趋势强劲的公司股票称为"高增长型股票",它们在股票市场上通常会有较好的表现。
- **安全性**。公司的财务安全性主要是指公司偿还债务从而避免破产的特性,通常用公司的负债与公司资产和资本金相联系来刻画公司的财务稳健性或安全性。这类指标同时也反映了公司自有资本与总资产之间的杠杆关系,因此也称为"杠杆比率"。除此之外,财务安全性分析往往还涉及债务担保比率、长期债务比率、短期财务比率等指标。
- **流动性**。公司资金链状况也是影响经营的重要因素,流动性强的公司抗风险能力较强,尤其在经济低迷时期,这一类公司股票往往会有较好的表现;反之,流动性脆弱的公司,一旦资金链断裂,很容易陷入技术性破产。衡量财务流动性状况需要从资产负债整体考量,最常用的指标包括流动比率、速动比率、应收账款平均回收期、销售周转率等。

④ 公司改组或合并。公司改组或合并有多种情况,有的是为了扩大规模、增强竞争能力,有的是为了消灭竞争对手,有的是为了控股,也有的是为了操纵市场。公司改组或合并总会引起股价剧烈波动,所以要分析此举对公司的长期发展是否有利,改组或合并后是否能够改善公司的经营状况,这是决定股价变动方向的重要因素。

五、股票定价

(一) 股票市场价格计算方法

1. 由预期股息收入和当时的市场利率计算股票价格

$$P_0 = \frac{Y}{r}$$

即股票价格=预期股息收入/市场利率。

当某种股票预期年股息收入每股为 1 元,市场利率为 10% 时,则其价格为 10 元(1/10%)。如果预期股息收入为 2 元,市场利率只有 5%,则其市值可达 40 元(2/5%)。

某股票年末每股税后利润为 0.4 元,市场利率为 5%,则该股票价格 $P_0=0.4/5\%=8$ 元。当该股市价小于 P_0 时,投资者应该买进或继续持有该股票;当该股市价大于 P_0 时,投资者应该卖出该股票;当该股市价等于 P_0 时,投资者应该继续持有或卖出该股票。

2. 由市盈率计算股票价格

由

市盈率=普通股每股市场价格/普通股每年每股盈利

可推导出

股票发行价格=预计每股税后盈利×市场所在地平均市盈率

或

市盈率=股票价格/每股税后盈利

若股票年末每股税后利润为 0.4 元,平均市盈率为 20 倍,则股票价格为 $P_0=0.4\times20=8$ 元。

(二) 贴现现金流模型

1. 贴现现金流模型(基本模型)

贴现现金流模型是运用收入的资本化定价方法来决定普通股票的内在价值的。按照收入的资本化定价方法,任何资产的内在价值都是由拥有这种资产的投资者在未来时期中所接收的现金流决定的。一种资产的内在价值等于预期现金流的贴现值。对于股票来说,贴现现金流模型的公式如下:

$$V = \sum_{t=1}^{\infty} \frac{D_t}{(1+k)^t}$$

这里:

D_t 表示在未来时期以现金形式表示的每股股票的股利;

k 表示在一定风险程度下现金流的合适的贴现率;

V 表示股票的内在价值。

净现值等于内在价值与成本之差,即

$$NPV = V - P$$

其中: P 表示在 $t=0$ 时购买股票的成本。

如果 NPV>0,意味着所有预期的现金流入的现值之和大于投资成本,即这种股票价格被低估,因此购买这种股票可行。

如果 NPV<0,意味着所有预期的现金流入的现值之和小于投资成本,即这种股票价格被高估,因此不可购买这种股票。

通常可用资本资产定价模型(CAPM)证券市场线来计算各证券的预期收益率,并将此预期收益率作为计算内在价值的贴现率。

内部收益率(Internal rate of return, IRR)就是使投资净现值等于零的贴现率,即运用内部收益率作为贴现率进行贴现时, $V=P$ 成立。

$$V = \sum_{t=1}^{\infty} \frac{D_t}{(1+k^*)^t}$$

2. 零增长模型

假定股利增长率等于 0,则 $V = D_0/k$。

内部收益率 $k^* = D_0/P$。

3. 不变增长模型

$$V = D_0 \frac{1+g}{k-g}$$

假定股利永远按不变的增长率 g 增长,则内部收益率

$$k^* = D_0 \frac{1+g}{P} + g$$

4. 多元增长模型

多元增长模型是最普遍被用来确定普通股票内在价值的贴现现金流模型。这一模型假设股利的变动在一段时间 T 内并没有特定的模式可以预测,在此段时间以后,股利按不变增长模型进行变动。

$$V = VT_- + VT_+ - \sum_{t=1}^{T} \frac{D_t}{(1+k)^t} + \frac{D_{T+1}}{(k-g)(1+k)^T}$$

第七节 股票交易

一、证券账户的种类

目前,我国证券账户的种类有两种划分依据:一是按照交易场所划分;二是按照账户用途划分。按交易场所划分,证券账户可以划分为上海证券账户和深圳证券账户,分别用于记载在上海证券交易所和深圳证券交易所上市交易的证券以及中国结算公司认可的其他证券。按用途划分,证券账户可以划分为人民币普通股票账户、人民币特种股票账户、证券投资基金账户、创业板交易账户和其他账户等。

1. 人民币普通股票账户

人民币普通股票账户简称"A股账户",其开立仅限于国家法律法规和行政规章允许买卖A股的境内投资者和合格境外机构投资者。A股账户按持有人分为自然人证券账户、一般机构证券账户、证券公司自营证券账户和基金管理公司的证券投资基金专用证券账户等。在实际运用中,A股账户是我国目前用途最广、数量最多的一种通用型证券账户,既可用于买卖人民币普通股票,也可用于买卖债券、上市基金、权证等各类证券。

2. 人民币特种股票账户

人民币特种股票账户简称"B股账户",是专门为投资者买卖人民币特种股票(B股,也称为境内上市外资股)而设置的。B股账户按持有人可以分为境内投资者证券账户和境外投资者证券账户。

3. 证券投资基金账户

证券投资基金账户简称"基金账户",是用于买卖上市基金的一种专用型账户。基金账户是随着我国证券投资基金的发展,为方便投资者买卖证券投资基金而专门设置的。一般情况下,投资者开立上海A股账户和深圳A股账户。如果投资者持有港币并要进行证券投资,则开立深圳B股账户;如果投资者持有美元并要进行证券投资,则开立上海B股账户。已经开立A股账户的投资者,允许其对基金进行投资,不必再开立基金账户。

二、委托指令

在证券交易所市场,投资者买卖证券是不能直接进入交易所办理的,必须通过证券交易所的会员来进行。换而言之,投资者需要通过经纪商的代理才能在证券交易所买卖证券。在这种情况下,投资者向经纪商下达买进或卖出证券的指令,称为"委托"。委托指令有多种形式,可以按照不同的依据来分类:根据委托订单的数量,有整数委托和零数委托;根据买卖证券的方向,有买进委托和卖出委托;根据委托价格限制,有市价委托和限价委托;根据委托时效限制,有当日委托、当周委托、无期限委托、开市委托和收市委托等。

在委托指令中,需要反映客户买卖证券的基本要求或具体内容,这些主要体现在委托指令的基本要素中。以委托单为例,委托指令的基本要素包括证券账号、日期、品种、买卖方向、数量、价格、时间、有效期、签名、其他内容。

1. 开盘价

开盘价又称开市价,是指某种证券在证券交易所每个交易日开市后的第一笔每股买卖成交价格。在无形化交易市场中,如果某种证券连续数日未成交,以前一日的收盘价作为它的开盘价。开盘价是一天的起点,每一根K线都是由开盘价、最高价、最低价和收盘价4个数据形成的,在一般的情况下,开盘价没有太多的内含,它只是昨天K线的价格延续的一种反映。如果开盘价出现了非正常的现象,它就透露了一些重要的信息。开盘价即集合竞价,它的产生原则是:某一个股票在9:00—9:25之间由买卖双方向深沪股市发出的委托单中买卖双方委托价一致股价,值得说明的是这个"一致股价"是指单笔撮合量最大的那个"一致股价",它不一定是买卖双方委托价一致的最高价。在9:00—9:25之间产生的"集合竞价"不执行在9:30以后"连续竞价"中当委托价一致时所执行的"时间优先"原则。

2. 收盘价

沪市收盘价为当日该证券最后一笔交易前一分钟所有交易的成交量加权平均价(含最后一笔交易)。当日无成交的,以前收盘价为当日收盘价。深市的收盘价通过集合竞价的方式产生。收盘集合竞价不能产生收盘价的,以当日该证券最后一笔交易前一分钟所有交易的成交量加权平均价(含最后一笔交易)为收盘价。当日无成交的,以前一日收盘价为当日收盘价。

3. 委比

委比是金融或证券实盘操作中衡量某一时段买卖盘相对强度的指标:

委比=(委买手数-委卖手数)/(委买手数+委卖手数)×100%

从公式中可以看出,委比的取值范围是从-100%至+100%。若委比为正值,说明场内买盘较强,并且数值越大,买盘就越强劲。反之,若委比为负值,则说明市道较弱。上述公式中的"委买手数"是指即时向下三档的委托买入的总手数,"委卖手数"是指即时向上三档的委托卖出总手数。

4. 量比

量比是衡量相对成交量的指标。它是指股市开市后平均每分钟的成交量与过去5个交易日平均每分钟成交量之比。其计算公式为

量比=[现成交总手数/现累计开市时间(分)]/过去5日平均每分钟成交量

5. 内盘

所谓内盘就是卖家以买家的买入价而卖出成交,成交价为申买价,说明抛盘比较踊跃。成交价为买入价叫内盘。当成交价为买入价时,将现手数量加入内盘累计数量中,当内盘累计数量比外盘累计数量大很多而股价下跌时,表示很多人在强抛卖出股票。

6. 外盘

外盘就是股票的买家以卖家的卖出价而买入成交,成交价为申卖价,说明买盘比较积极。当成交价为卖出价时,将成交数量加入外盘累计数量中,当外盘累计数量比内盘累计数量大很多时,表示很多人在抢盘买入股票,这时股票有股价上涨趋势。外盘是以卖方卖出价成交的交易,卖出量统计加入外盘。通常在国内股票软件中,红色数字表示外盘。

三、竞价

(一)竞价原则

证券交易所内的证券交易按"价格优先、时间优先"原则竞价成交。

(1) 价格优先

成交时价格优先的原则为：较高价格买入申报优先于较低价格买入申报，较低价格卖出申报优先于较高价格卖出申报。

(2) 时间优先

成交时间优先的原则为：买卖方向、价格相同的，先申报者优先于后申报者。先后顺序按证券交易所交易主机接受申报的时间确定。

(二) 竞价方式

目前，我国证券交易所采用两种竞价方式：集合竞价方式和连续竞价方式。

每个交易日的 9:15—9:25 为开盘集合竞价时间，9:30—11:30、13:00—14:57 为连续竞价时间，14:57—15:00 为收盘集合竞价时间。

1. 集合竞价

所谓集合竞价，是指对在规定的一段时间内接受的买卖申报进行一次性集中撮合的竞价方式。

根据我国证券交易所的相关规定，集合竞价确定成交价的原则为：①可实现最大成交量的价格；②高于该价格的买入申报与低于该价格的卖出申报全部成交的价格；③与该价格相同的买方或卖方至少有一方全部成交的价格；④集合竞价的所有交易以同一价格成交；⑤最后进行集中撮合处理。

2. 连续竞价

连续竞价是指对买卖申报逐笔连续撮合的竞价方式。连续竞价阶段的特点是每一笔买卖委托输入交易自动撮合系统后，系统当即判断并进行不同的处理：能成交者予以成交；不能成交者等待机会成交；部分成交者则让剩余部分继续等待。

按照我国证券交易所的有关规定，在无撤单的情况下，委托当日有效。另外，开盘集合竞价期间未成交的买卖申报，自动进入连续竞价。深圳证券交易所还规定，连续竞价期间未成交的买卖申报，自动进入收盘集合竞价。

连续竞价时，成交价格的确定原则如下。

① 最高买入申报与最低卖出申报价位相同，以该价格为成交价。

② 买入申报价格高于即时揭示的最低卖出申报价格时，以即时揭示的最低卖出申报价格为成交价。

③ 卖出申报价格低于即时揭示的最高买入申报价格时，以即时揭示的最高买入申报价格为成交价。

四、做市商交易

做市商是指在证券市场上，由具备一定实力和信誉的独立证券经营法人作为特许交易商，不断向公众投资者报出某些特定证券的买卖价格（即双向报价），并在该价位上接受公众投资者的买卖要求，以其自有资金和证券与投资者进行证券交易。买卖双方不需等待交易对手出现，只要有做市商出面承担交易对手方即可达成交易。

做市商制度就是以做市商报价形成交易价格、驱动交易发展的证券交易方式。它是不同于竞价交易方式的一种证券交易制度，一般为柜台交易市场所采用。

一般来说,做市商必须具备下述条件。

① 具有雄厚的资金实力,这样才能建立足够的标的商品库存以满足投资者的交易需要。

② 具有管理商品库存的能力,以便降低商品库存的风险。

③ 要有准确的报价能力,要熟悉自己经营的标的商品,并有较强的分析能力。

作为做市商,其首要的任务是维护市场的稳定和繁荣,所以做市商必须履行"做市"的义务,即在尽可能避免市场价格大起大落的条件下,随时承担所做证券的双向报价任务,只要有买卖盘,就要报价。

做市商交易的特征:①提高流动性,增强市场吸引力;②有效稳定市场,促进市场平衡运行;③具有价格发现的功能。

五、融资融券

融资融券业务是指向客户出借资金供其买入上市证券或者出借上市证券供其卖出,并收取担保物的经营活动。融资融券交易又称"信用交易"或保证金交易,分为融资交易和融券交易,是指投资者向具有融资融券业务资格的证券公司提供担保物,借入资金买入证券(融资交易)或借入证券并卖出(融券交易)的行为。融资就是投资者以资金或证券作为质押,向券商借入资金买股,并在约定的期限内连本带利偿还;融券是投资者以资金或证券作为质押,向券商借入证券卖出,在约定的期限内,买入相同数量和品种的证券归还券商并支付相应的利息。

(一) 融资交易

融资是借钱买股票,只有股票上涨才能赚钱,所以融资只能"做多"。融资显然是一把双刃剑,一方面可以扩大收益,另一方面要支付利息,甚至还有被强平的风险。

(二) 融券交易

融券交易就是股价高估了,先向券商借股票高价卖出,等股价跌下来后再低价买入还给券商,当然利息还是要付的,只有股价下跌才能赚其中的差价,所以融券是"做空"。

六、证券托管和证券存管

一般意义上,证券托管是指投资者将持有的证券委托给证券公司保管,并由后者代为处理有关证券权益事务的行为。证券存管是指证券公司将投资者交给其保管的证券以及自身持有的证券统一交给证券登记结算机构保管,并由后者代为处理有关证券权益事务的行为。在账户记录上,由于实现了无纸化,证券登记结算机构一般以证券公司为单位,采用计算机记账方式记载证券公司交给的证券;证券公司也采用计算机记账的方式记载投资者的证券。对股权、债权变更引起的证券转移,通过账面予以划转。

七、证券买卖中交易费用的种类

(一) 佣金

佣金是投资者在委托买卖证券成交后按成交金额一定比例支付的费用,是证券经纪商为客户提供证券代理买卖服务收取的费用。此项费用由证券公司经纪佣金、证券交易所手续费及证券交易监管费等组成。

(二) 过户费

过户费是委托买卖的股票、基金成交后,买卖双方为变更证券登记所支付的费用。这笔费用属于中央结算公司的收入,由证券经纪商在同投资者清算交收时代为扣收。

(三) 印花税

印花税是根据国家税法规定,在 A 股和 B 股成交后对买卖双方投资者按照规定的税率分别征收的税金。我国税收制度规定,股票成交后,国家税务机关应向成交双方分别收取印花税。为保证税源,简化缴款手续,现行的做法是由证券经纪商在同投资者办理交收过程中代为扣收;然后,在证券经纪商同中央结算公司的清算、交收中集中结算;最后,由中央结算公司统一向征税机关缴纳。

八、股票交易的清算与交收程序

股票交易的结算可以划分为清算和交收两个主要环节。在此基础上,还可以进一步划分为交易数据接收、清算、发送清算结果、结算参与人组织股票或资金以备交收、股票交收和资金交收、发送交收结果、结算参与人划回款项、交收违约处理 8 个环节。

九、证券委托的形式

投资者在证券交易所买卖证券,是通过委托证券经纪商来进行的,此时,投资者是证券经纪商的客户。客户在办理委托买卖证券时,需要向证券经纪商下达委托指令。网上委托是指证券公司通过基于互联网或移动通信网络的网上证券交易系统,向客户提供用于下达证券交易指令、获取成交结果的一种服务方式,包括需下载软件的客户端委托和无须下载软件、直接利用证券公司网站的页面客户端委托。网上委托的上网终端包括电子计算机、手机等设备。

十、委托指令撤销的条件和程序

(一) 撤销的条件

在委托未成交之前,客户有权变更和撤销委托。证券营业部申报竞价成交后,买卖即告成立,成交部分不得撤销。

(二) 撤销的程序

在委托未成交之前,客户或证券经纪营业部业务员可直接将撤单信息通过计算机终端输入证券交易所交易系统,办理撤单。对客户撤销的委托,证券经纪商须及时将冻结的资金或证券解冻。

第二部分　证券分析

북한의 의료복지

第五章　宏观经济分析

宏观经济情形的好坏关系到个别企业的生存与发展,因为任何企业都是在一定的宏观经济背景下进行生产经营的。宏观经济分析主要包括宏观经济走势的因素分析、宏观经济政策的因素分析以及其他宏观影响因素分析等。

第一节　宏观经济走势的因素分析

一、经济周期

科学研究和实践证明,宏观经济走势具有周期轮回的特征,即具有经济周期。作为宏观经济晴雨表的股票市场,必然受到经济周期的影响。经济周期表现为4个阶段。

1. 萧条阶段

在萧条阶段,信用萎缩,投资减少,生产下降,失业严重,人们的收入减少,必然会减少人们对股票的投资需求,因而股市呈现熊市景象。

2. 复苏阶段

在复苏阶段,经济开始回升,公司经营趋于好转,人们的收入开始增加,对股票的需求也会增加,股价开始进入上升通道,此时是购入股票的最佳时期。

3. 繁荣阶段

在繁荣阶段,信用扩张,就业水平较高,消费旺盛,收入增加,股价往往屡创新高。但此时应注意防范由于政府实施宏观经济政策给股票市场带来的系统性风险。

4. 衰退阶段

在衰退阶段,随着经济的萎缩,股票投资者开始退出股市,股价也会由高位回落。此时应卖出股票。

通常情况下经济周期与股价指数的变动不是同步的,而是股价指数先于经济周期一步,即在衰退以前,股价已开始下跌,而在复苏之前,股价已经回升;经济周期未步入高峰阶段时,股价已经见顶;经济仍处于衰退期间,股市已开始从谷底回升。这是因为股市股价的涨落包含着投资者对经济走势变动的预期和投资者的心理反应等。

二、经济增长

（一）相关深层原因

① 经济增长会引起资金规模相应变动,而其是股价指数变动的基础。从经济增长的过程

来看,社会需求规模扩张→企业借款经营规模扩张(规模扩大途径:a. 银行间接信用;b. 发行股票直接融资)→企业扩大经营,普遍利润总额上升→上市公司股票收益率普遍提高→股价指数上涨,所以,经济增长加速的过程即资金规模扩张、企业利润和上市公司收益率普遍提高的过程,是股价指数上涨的基础性动力。

② 股价指数波动与经济增长的关联性还表现在进入股价指数标本的上市公司,一般都是各行各业具有代表性的大公司,这些公司的经营业绩是国民经济形势的大致反映,故分析股价波动趋势的基础在于经济状况。

(二) 经济增长率(国内生产总值,GDP)对证券市场的影响分析

反映国民经济发展状况的最重要的指标是国内生产总值。国内生产总值反映了在一定时间内(通常为1年)国民经济所生产的全部商品与劳务的价值总和,它由个人消费开支、国内私人总投资、政府购买以及净出口4个部分组成,国内生产总值及其各个组成部分的变化,可以反映出整个经济活动水平和不同行业生产形势的变动情况。一定时期国内生产总值增长与否,反映了一国在一定时期内经济增长的总水平,预测未来国民生产总值的增长或下降,实际上就是对经济增长与否的一种判断。这无疑是影响证券行市总体水平升降的一个参考因素。判断经济增长与否,还可以参考其他的经济行情指标,这些指标很多,大体可分为同步指标、先行指标和后行指标3种。同步指标是最常见的衡量经济行为的时间系列指标,如工业产值、个人收入、制造业产值、商品销售额等。这些指标是衡量总体经济活动的标志,反映经济增长的具体实绩,它们彼此上升或下降的趋势基本一致。先行指标是指先于经济周期发生变动的时间系列指标,它们通常比那些衡量同类经济活动的同步指标早几个月发生变动。因此,先行指标常被用来预测经济行情的变动,如新订单、新承包契约、原料价格和库存变动等,都在一定程度上反映了经济增长的总体趋向。后行指标是在总的经济活动之后发生变动的时间系列指标,如单位产品的劳动成本、抵押贷款的利率、未清偿债务和全部投资支出等,在经济上它们可以作为过剩和失衡的标志。总之,对于经济增长这一客观经济因素,我们应从诸多方面来准确把握。任何公司或企业不可能脱离宏观经济环境而独立生存和发展,而任何经济环境下,经济增长与否对证券投资而言始终是至关重要的。

1. 经济持续增长对证券市场的影响

在持续发展的经济增长下,总需求与总供给的协调、经济结构的合理使上市公司利润增加,业绩理想,分红增加,生产规模进一步扩大,从而使公司的股票或债券升值,促使人们普遍看好上市公司,对价格上升产生预期。于是证券投资的供求也发生变化,需求大于供给,促使证券价格上升。此时,国民收入的提高进一步刺激证券投资,进而继续推动证券价格的上升。证券市场总体呈上升趋势。

2. 经济危机与衰退对证券市场的影响

繁荣高涨的经济往往总需求大于总供给,推动物价上升和股价上扬,其中包含着诸多泡沫因素,股价上扬的财富效应促使消费过度膨胀,通胀也逐渐加深,一旦经济危机爆发,首先表现为支付手段的危机、企业个人信用的过度透支,此时因经济效益的下降,企业利润减少,以及消费者收入减少,爆发信用危机,从而促使证券市场价格的下跌,人们卖出股票,解决支付手段的问题,导致了股票供大于求,证券市场发生暴跌的现象。

进入萧条期,证券市场处于交投清淡的低迷时期。多数证券的价格都已跌到内在价值之下,但大多数人却看坏这一市场而不愿从事证券投资。

三、就业状况的变动对证券市场的影响分析

证券市场的投资不论是机构投资还是个体投资,都是社会大众化的投资,就业状况的好坏不仅反映了经济状况,而且与证券市场资金供给的增减变化有密切关系。在经济增长初期,人们的就业收入用于支付个人消费,之后人们手中积累了一定的多余货币而投资于证券,随之证券市场发达兴旺,在经济繁荣期,就业率变高,收入普遍增长,证券市场资金源源流入,进而推高股价,而投资者因财富效应增加消费信贷,银行业甘愿承担授信品质低的信贷风险。当一些有远见的获利者抛售股票离场时,证券指数下跌,大多数人会补仓推动股价上扬,但后续资金乏力,股指终究跌落下来,随着投资者损失的加重,消费投资减少,就业机会下降,经济危机爆发,人们斩仓出逃。接着就是持续的经济衰退,失业率上升,证券市值大幅下降,证券指数运行在一个长期的下跌趋势中。

四、通货膨胀与通货紧缩对证券市场的影响

1. 通货膨胀对证券市场的影响

通货膨胀早期表现为温和的、慢速的、需求拉上的状态,人们有货币幻觉,企业家因涨价、赢利增加而追加投资,就业随之增长,收入随之增长,消费者投资于证券的资金增加;通货膨胀中期表现为以结构性为主混合需求拉上、成本推进的状态,一些部门的产品价格经过结构性投资变动而上涨快,影响到证券品种之间价格发生结构性调整;在严重的通货膨胀下,货币大幅贬值,人们相应地抽取证券市场资金,购置物业等保值商品。投资收益下降,经济衰退,资金离场,证券价格进一步下跌,因此长期通货膨胀,经济必衰退,证券价格下跌,从而抵消了早期通货膨胀对证券投资的积极效应。

2. 通货紧缩对证券市场的影响

通货紧缩是物价水平普遍持续下降的经济现象,物价水平下跌提高了货币购买力,但商品销售减少,企业收入减少,投资也减少。在通货紧缩初期,由于货币购买力提高,消费投资会有所增加,证券市场的兴旺是短暂的,随着就业机会的减少,公众预期的收入减少,消费投资低迷,从而使证券市场低迷。通货紧缩的主要原因为中央银行货币供给量减少,但有时也会因投资环境差,新增的货币供给并不能转向投资于消费,而被人们流动性偏好吸收。

五、国际收支状况对证券市场的影响

1. 贸易顺差对证券市场的影响

持续的贸易顺差可以增加国内生产总值,公众收入增长,从而带动债券市场价格上扬。20世纪90年代初期,东南亚出口顺差,而经济增长快,收入增长促使证券市场高涨,但1997年亚洲金融危机后,这种情况被欧美发达国家扩大出口而改变。总之,出口优良的企业其证券价格会有优异的表现。

2. 贸易逆差对证券市场的影响

一国出口贸易逆差,生产这些产品的企业收益下降,证券发行受冷遇,其价格在证券市场上表现差,一国若持续贸易逆差,外汇储备减少,进口支付能力恶化,经济受影响而不景气,证

券市场也不景气。

3. 国际收支顺差对证券市场的影响

国际收支长期大幅顺差,容易引发国内通胀,为收购外币政府将投放过量本币,其中,国际投机资本的大量流入流出,会引发国内金融市场的动荡与本币币值的稳定,证券价格的波动则直接受到影响。

第二节 宏观经济政策的因素分析

一、财政政策对证券市场的影响

财政政策相对于货币政策而言,显得相对单纯。财政政策中最主要的部分无外乎一个是财政收入,另一个则是财政支出。财政收入主要表现为税收;而财政支出,从最基本的角度分析,则主要是政府开支。把握住这一收一支,也就基本上把握住了财政政策对证券市场的影响。

政府开支主要用于政府购买与其他支出,它反映了政府在经济中的作用。政府开支的增减及其各种用途之间的变化,对国民经济相关部门的发展会产生重要的影响。例如,政府的大量军事订货与预购对军火及其连带工业,政府的社会福利和社会救济支出对日用消费品与劳务行业,政府对外贷款支出对外贸出口行业等,都会产生积极的推动作用。与这些行业或部门相关的企业,就会因政府财政支出的增加、需求的扩大,而得到长足的发展,从而会促进整个经济景气上升。整个证券市场会因这些公司、企业证券价格的上扬,而得到带动,如果政府开支锐减,情况就完全相反。因而,财政收支的增减对证券行市的影响也是很大的。

税制的变动、税率的增减直接关系到每个企业的生产经营成本的多寡,也就涉及企业利润的多寡,这和证券投资者的权益休戚相关。从宏观经济角度来看,税率的调整、税制的变动往往伴随着国家一定时期的经济政策、财政政策的修正。财政政策分为紧缩性和扩张性两种,当采取紧缩性财政政策时,经济降温,证券市场上的反应必是价格上的大幅度回落;如果实施扩张性财政政策,相伴随的必是经济回升,证券行市趋涨。

由此可见,证券投资者在考查宏观经济环境时,国家财政政策是一个不可忽视的重要因素。

1. 财政政策的运作对证券市场的影响

从整个国家财政对宏观经济的影响和作用来看,财政政策的作用分为"自动稳定器"和"相机抉择"两个方面。在我国,财政政策主要发挥"相机抉择"的作用。

(1) 财政政策的种类与经济效应及其对证券市场的影响

财政政策分为松的财政政策、紧的财政政策和中性财政政策。紧的财政政策使得过热的经济受到控制,证券市场也将走弱,而松的财政政策刺激经济发展,证券市场走强。

松的财政政策的表现及其对证券市场的影响如下。

① 其一表现为减少税收,降低税率,扩大减免税范围。政策经济效用,增加微观主体的收入,以刺激经济主体的投资需求,从而扩大社会供给。对证券市场的影响:增加人们的收入,并同时增加人们的投资需求和消费支出。前者引起证券市场价格的上涨;后者使得社会总需求

增加,总需求的增加反过来刺激投资需求,企业扩大生产规模,企业利润增加,从而促使股价上涨,由于企业经营环境得以改善,赢利能力增强,降低还本付息风险,证券价格也将上扬。

② 其二表现为扩大财政支出,加大财政赤字。政策效应是:扩大了社会总需求,从而刺激投资,扩大就业。政府通过购买和公共支出增加商品和劳务需求,激励企业增加投入,提高产出水平,预计企业利润增加,经营风险降低,使得股票和债券的价格上涨;同时居民在经济复苏中增加了收入,持有货币增加,景气的趋势更是增加了投资的信心,买气增强,股市债市上扬。特别是与政府购买支出相关的企业率先获益,其股价和债券价格也率先上升。

③ 其三表现为减少国债发行(或回购部分短期国债)。政策效应:扩大了货币流通量,以扩大社会总需求,从而刺激生产。由于债券的供给量减少,价格上扬,继而又有货币供给收益和证券收益联动效应,整个证券市场价格均会上扬。

④ 其四表现为增加财政补贴。财政补贴使财政支出扩大。其政策效应扩大了需求和刺激了供给的增加。

紧的财政政策的影响与松的财政政策的影响相反。

(2) 短期财政政策目标的运作及其对证券市场的影响

为实现短期的财政政策,主要采取"相机抉择"的财政政策。大致分以下几种情况。

① 当社会总需求不足时,使用松的财政政策,通过扩大支出,增加赤字,扩大社会总需求,也可采取减免税负、增加财政补贴等政策,刺激微观经济主体增加投资需求,证券价格上涨。

② 当社会总供给不足时,使用紧缩性财政政策,通过减少赤字,增加公开市场上出售国债度量,以及减少财政补贴等政策,压缩社会总需求,证券价格下跌。

③ 当社会总需求小于社会总供给时,搭配"松""紧"政策,一方面通过增加赤字、扩大支出等政策刺激总需求增长;另一方面采取扩大税收、调高税率等措施抑制微观经济主体的供给。如果总量效应大于税收效应,那么对证券的价格上扬会起到推动作用。

④ 当社会供给小于社会总需求时,可搭配"松""紧"政策,一方面通过减少赤字、压缩支出等政策缩小总需求;另一方面采取减免税收、降低税率等措施刺激微观经济主体增加供给。如果支出的压缩效应大于税收的紧缩效应,那么证券的价格就会下跌。

(3) 中长期财政目标的运作及其对证券市场的影响

中长期财政目标的运作主要是调整财政支出结构和改革,以及调整税制。其做法如下。

① 根据国家的产业政策和产业结构调整的要求,在国家预算支出中优先投资鼓励发展的产业。

② 运用财政贴息、财政信用支出以及国家政策性金融机构提供的担保或贷款,支持高新技术产业和农业的发展。

③ 通过合理确定国债规模,吸纳部分社会资金,列入中央预算,转作政府集中性投资,用于能源、交通等重点建设。

④ 调整和改革整个税制体系,或者调整部分主要税制,以实现对收入分配的调节。

中长期财政目标的运作对证券市场的影响如下。

当企业所处的产业受国家产业政策的扶持时,企业的经营如相关项目的审批、原材料和资金等的供给乃至税收等方面都可能会享受到国家的一些优惠,从而有助于经营水平的提高。反之,如企业处在产业政策的限制之列,企业的经营将要受到较大的影响。如1996年,我国政府为鼓励和扶持汽车行业的发展,制定了一系列的产业政策,在一定程度上刺激了汽车产业的生产与消费。

2. 运用财政政策进行证券投资分析需注意的问题

① 关注经济信息,认清经济形势。

② 关注政府人事变动,它常常反映政府的政策倾向。

③ 分析过去类似形势下的政府行为及其对经济的影响。

④ 关注年度财政预算,把握财政收支的总量变化趋势,对财政收支结构及其重点作出分析,以便了解政府的财政投资重点和倾斜政策。

⑤ 在非常时期对经济形势进行分析,预见财政政策的调整。

⑥ 在预见和分析财政政策的基础上,进一步分析相应政策对经济形势的综合影响(如通货膨胀、利率等),结合上市公司的内部分析,分析个股的变化趋势。

二、货币政策对证券市场的影响

1. 利率对证券市场的影响

货币政策的变动集中地反映在货币供给量和利率水平的变动上。

① 膨胀性的货币政策会促使社会货币供给量增加,提高银行的信贷能力,压低资金市场的利率水平,从而推动生产投资与消费的增长,刺激经济的发展。同时,货币供给量增加,可用于购买证券的资金相应增加,就会促使证券行市的上升,利率降低,企业或公司借款成本降低,利润相应增加。另外,由于低利率,看重利息收入的投资者就会把资金投向证券,以求得到较高的收益率。再者,低利率使得投资者在评估证券价值时所用的折现率下降,使得证券内在价值上升,市场价格也随之上涨。

② 对于紧缩性的货币政策,其结果正好与膨胀性的货币政策相反,当中央银行实行紧缩性货币政策时,货币供给减少,利率上升。货币供给量减少时,用于购买证券的资金相应减少,价格自然趋降。而高利率不利于证券投资,这是因为:利率高涨时,存款收息,安稳妥当,投资者何必在证券市场上冒风险;利率上升,吸引部分资金从证券市场转向储蓄,导致证券需求下降,证券价格下跌。高利率使得公司借款成本增加,负担增加,利润下降,将使负债经营企业经营困难,经营风险加大,其股价和债券的价格都将下跌。获利能力降低,当然不利于证券投资;利率高说明社会资金供给紧俏,影响到企业资金周转,也不利于生产、经营与销售;高利率时,投资者评估证券价值的本益比也会改变,股票、债券等证券的价格也跟着下跌。

可见,膨胀性的货币政策会促使证券行市上升,但是,长期推行膨胀性的货币政策不仅会导致经济陷入滞胀的困境之中,而且会导致名义利率的提高和波动,从而造成证券市场价格的下跌和不稳定,增加证券投资者的风险,影响证券收益。因此,分析和掌握货币政策对正确认识当前的经济形势和预测经济未来的发展方向是有重要意义的。

2. 公开市场业务对证券市场的影响

证券投资者在分析宏观货币政策时应注意:当国家为防止衰退和刺激经济发展而实行膨胀性货币政策时,中央银行就会相应采取减少法定存款准备金、降低中央银行再贴现率,或在公开市场上买入国家公债等举措;反之,在采取紧缩性政策时,往往提高法定存款准备率和再贴现率,或在公开市场上出售公债来减少货币供给量,紧缩信用。因此,证券投资者应善于利用货币供给量、法定存款准备率、贴现率以及公开市场业务交易量等货币指标来分析货币政策,分析目前和未来的经济形势。

政府通过公开市场购回债券来达到增大货币供应量的目的,一方面,减少了国债的供给,从而减少了证券市场的总供给,使得证券价格上涨,特别是被政府购买国债品种(通常是短期国债)的首先上扬;另一方面,政府购买国债等于向证券市场提供资金,其效应是提高了证券的需求,从而使整个证券市场价格上扬,然后增加的货币供应量将对经济产生影响。

3. 汇率对证券市场的影响

从汇率上看,汇率变动对一个国家经济的影响颇为深远,尤其是对一些外向型的小国经济或是一国中开放的经济部门、企业具有相当的影响力。本国汇率升值时,对于以外销为主的公司来说,虽然进口成本降低了,但出口竞争力也降低了,获利能力反而相应衰退。但是,如果本国货币相对于其他竞争国家的货币,仍然属于低估时候,本国厂商仍然可以维持其出口的竞争力,使得企业利润上升,外国投资增加,从而引起本国证券行市的上涨。一般而言,在本国汇率的升值初期,由于进口成本的降低而且因币值上升带来的大量"热钱",证券行市会上扬;而在升值末期,因为"热钱"流出,而且厂商的竞争力已衰退,股价应该下跌。外汇汇率上升、本币贬值增强了本国出口产品的竞争力,使出口产品的企业受益并且其证券价格上涨,反之依赖于进口产品的企业成本上升,效益下降,则其证券价格下跌。但是总体来看,外汇汇率上升、本币贬值导致资本从国内流出,证券市场需求减少,价格下降。本币贬值则进口产品价格上升,带动国内物价上涨,通胀引发。为了汇率的稳定,政府抛售外汇,吸回本币,减少市场本币的供应量,证券价格整体下降,直至汇率平衡。政府也可通过债市汇市配合来控制汇率上升,在抛售外汇的同时,回购国债,从而不减少市场货币供应量,使国债价格上扬,又促使外汇汇率下降,政府在实现宏观调控经济的过程中,可持续性地使用松紧相宜的货币政策,把它作为一个调控过程,以保持经济的稳定增长。

投资人在汇率变动的时候,应审慎进行投资决策,汇率升值时,应选择以内销为主的企业的股票,或者是大量进口的公司的股票;汇率贬值时,则应该投资以外销为主的公司的股票。其次,以净出口来看。净出口指的是商品与劳务对国外的净输出。这里的商品包括各种消费品、原料、中间产品和制成品等;劳务包括运输、通信、金融、保险、旅游等服务项目。一般来说,净出口额的增长会推动出口企业的生产和销售,并带动其他与外贸企业有业务联系的企业发展,从而对国民经济的发展起到乘数的推动作用。此外,外汇的存底增加,货币的供给额必定也会增加,人们也因而更加富裕,有更多的资金投入证券市场,势必带动股份的上涨;相反,净出口额的减少则会影响到外贸出口企业的生产和销售的活动,并进一步影响到与其有关行业的生产,这对经济发展不利,当然也不利于证券的投资。

第三节 其他宏观影响因素分析

一、政治因素

政治因素指能对经济因素发生直接或间接影响的政治方面的原因。政治因素对于股价的影响较为复杂,需具体分析其对经济因素的影响而定。政治上的稳定与否,直接影响了证券市场的价格波动和资金数量的变化。例如,政治风波对股票投资者的心理产生影响,从而间接地影响股价水准;再如,国内政权的转移、领袖的更替、政府的作为,以及社会的安定性等,均会对股价的波动产生影响。

二、战争因素

战争对股价的影响有长期的,亦有短期的;有好的方面,也有不良的方面;有范围广的,也有单一项目的。到底影响力度如何,要视战争的性质而定。战争会使武器及医疗等工业需求增加,与此相关的股票价格就可能上涨;如果战争中断了原材料或产品的运输,影响了购买力或原料的供应,相应的股票价格就会下跌。但总的来说,战争使各国政治与经济不稳定,人心动荡,对证券市场的投资是一种打击,会引发物价上涨,货币贬值,人们抛售股票来换取货币与实物,股市暴跌。即使没有发生战争的国家,其股价的上涨也是暂时的,因为经济的全球化效应是相互影响的。

但是战争对不同行业的股票价格影响又不同,比如战争促使军需工业兴起,凡与军需工业相关的公司股票当然要上涨。战争中断了某一地区之海运、空运或陆运,提高了原料或成品输送之运费,因而商品涨价,影响购买力,公司业绩萎缩,与此相关的公司股票必然会跌价。其他由于战争所引起的许多状况都足以使证券市场产生波动,投资人需要冷静地分析。投资者应适时购进军需工业及其相关工业的股票,售出容易在战争中受损的股票。

三、自然灾害因素

自然灾害并非政治或经济因素,但却影响到经济的健康发展和政治上的变化,对证券市场的价格有时起着决定性的影响。自然灾害会导致上市公司效益下降,股价自然下跌。这些因素对证券市场的影响是突发的,有的是暂时的,对股价的打击是巨大的,会令证券市场动荡。如地震、火山喷发、海啸、泥石流、龙卷风、干旱、洪涝、荒漠化等,这些自然灾害是人类目前无法完全回避和消除的,它们所造成的影响对社会经济的发展会形成重大打击,当然表现在证券市场上就是行市波动,投资价值中枢下降。比如2004年年末的印尼海啸给东南亚国家的经济复苏和人民生活带来了严重影响,当然最终也会通过证券行市表现出来。

四、国际因素

当今世界各国间企业的关联性越来越紧密,国际形势的风云变幻会直接影响到企业的正常的生产经营活动。国际形势的改变已愈来愈对股价产生敏感反应,随着交通运输的日益便利,通信手段、方法的日益完善,国与国之间、地区与地区之间的联系越来越密切,世界从独立单元转变成相互影响的整体,因此一个国家或地区的政治、经济、财政等结构将紧随着国际形势改变,股票市场也随之变动,如外交关系的改善会使有关跨国公司的股价上升。作为投资者,应在外交关系改善时,不失时机地购进相关跨国公司的股票,以获取因国际形势变化带来的投资收益,避免投资风险。

随着世界经济的全球化、金融全球化的发展,各国金融市场的联系日益密切,国际金融风暴与危机在各国金融市场间的传导日益明显,并且速度越来越快,一个国家的证券市场不可能独善其身。从南美国家的债务危机到墨西哥的金融风暴,从俄罗斯的金融动荡到东南亚的金融危机,凡危机波及国家的证券市场无一例外地出现了股市的剧烈振荡,投资人的信心丧失,证券市场的市值严重缩水。在此背景下进行证券投资活动,投资者需要格外小心谨慎,否则,将有可能遭遇灭顶之灾。另外,世界科技的进步、国际经济景气情况、国际局势等宏观因素,也是我们进行宏观经济分析的重要依据之一。当然,除此之外,类似能源、环境保护、人口等宏观因素也都会在证券行情波动上产生影响。

五、市场技术因素

所谓市场技术因素,指的是股票市场的各种投机操作、市场规律以及证券主管机构的某些干预行为等因素。其中,股票市场上的各种投机操作尤其应当引起投资者的注意。

影响股票市场价格变化的根本原因和直接原因都是供求关系的变化。但在一定的条件下,证券行情的发展可能会游离于政治、经济因素,完全由市场自身的一些原因来主导行市的变化。

1. 证券行市有其自身特有的运行规则

在证券市场中,由于投资者的市场预期的心理,证券行市有其自身特有的运行规则,特别是在股票市场上,久涨必跌,久跌必涨,已经成了一个普遍的规律。证券市场行市的起起落落,既是市场运行自身的规律,也反映了市场投资者的心理变化和对发行公司未来的价值判断。在研究证券投资的各种假说和理论中,循环周期理论实际上就是对证券市场这一规律性的变化进行总结,期望探索出其内在的规律性。

2. 人为操纵

人为操纵股价在股市上难以避免,尤其是在股票市场尚不健全的时期,证券市场监管制度又不够健全的情况下,其操纵情况更为常见。大户人为操纵股价的方式主要有如下几种。

(1) 垄断

大户以其庞大资金收购股票,使市场筹码减少,然后哄抬股价,造成需求增加的气氛,引诱一般散户跟进。然后,当股价达到相当高峰时,采取隐蔽手段将其持有的股票卖出,以便高出低进。

(2) 掼压

掼压也称卖压。大户大量卖出股票,增加市场筹码,同时放出不利谣言,造成散户恐慌,跟着卖出,形成股价跌势。然后,大户则暗中低价收购,以便低进高出。

(3) 转账

转账亦称对冲,即大户利用不同身份的个人,开立数个户头,采取互相冲销转账的方式,反复作价,以抬高或压低股价,达到其操纵的目的,而操纵者只需付出少许的手续费(佣金)和税金。这种手法比较隐蔽,甚至一些证券自营商或兼营商也从事这类活动。

(4) 轧空

轧空即多头将股价一直抬高,逼使空头求补,也就是做多头的大户把股价抬高,造成上涨气氛。空头害怕再涨,急于补回,不得不任多头操纵股价。

(5) 声东击西

大户选择一些市场筹码少且容易操纵的股票,抬高或压低股价,使散户发生错觉而盲目跟进。然后,大户却趁机卖出或买进其他种类的股票,以达到其买进或卖出股票的目的。

(6) 散布谣言

大户为了促使股价向有利于自己的方向转变,故意制造或散布某种谣言,促使股价变动。

六、社会心理因素

社会心理因素即投资者的心理变化对股票市价有着很大影响。股票市场是个十分敏感的市场,同时也是一个依靠信息博弈的市场,股市上的任何风吹草动都可能引发行情的变化。情绪的变化会严重影响股价的表现。极度贪婪之时,牛市见顶,极度恐惧之时,熊市见底。市场里有很多公开的数据,常用的有 PE 走势、换手率、融资融券额、卖空数量等,这些数据都是从不同角度观察市场认同感和活跃度的人气指标,周期性地综合分析这些数据,我们就能感受到市场整体情绪的变化。

要重视成交量和换手率,在高位的时候连续放巨量而不涨,往往是买气衰竭接近见顶的迹象,低位时放巨量上升,预示着多头重来,可能是见底的迹象。还有很多可以观察市场情绪的公开数据,可以给有心人细心挖掘。

七、市场效率因素

市场效率因素主要包括以下几个方面。
① 信息披露是否全面、准确。
② 通信条件是否先进,从而决定信息传播是否快速准确。
③ 投资专业化程度,投资大众分析、处理和理解信息的能力、速度及准确性。

八、物价变动因素

在一般物价水准持续上涨的时候,证券市场尤其是最敏感的股市,当然早已有了反应。物价上涨的前后,反应是不一致的。一般认为,在物价上涨的初期,有原材料和产品库存的厂商大获其利,由于公司产品售价上升,公司的获利能力、资产净值相对提高,而固有资产的折旧却相对降低,盈余因此增加,因而物价上升时,证券行市跟着上扬;但在物价激烈上涨的时候,并且持续一段时间以后,因为生产者的成本上升,利润降低,投资人往往趋于保值的心理,可能从证券中抽出资金,转而投资于房地产、黄金等保值实物上,证券行市也就会随之回落。当然,如果是因为经济不景气、生产滑坡、销售减少、库存增加,以至于物价下跌,表现在证券市场上则是价位低迷不振,空方的阴影笼罩。总的分析:物价的频繁变动对经济增长不利,当然也不利于证券投资,而在物价比较平稳的状态下,经济才会有长足的发展,证券市场的价格才能屡创高点。

九、重大疫情传播

人是产品的最终消费者,影响人类自身或其他动植物健康的各类疫情,也有可能对人类的生产、经营活动形成打击。比如近年来,欧洲的疯牛,亚洲的口蹄疫、禽流感,以及我国在 2003 年大规模爆发的"非典",无疑都给当地的畜牧业、养殖业、旅游业的发展带来了近乎毁灭性的打击。一般情况下,疫情的发生都会影响和降低疫情发生国的 GDP 的增幅,这种影响在证券市场上的表现是十分明显的。

十、突发性重大事件

在日常生活中,有一些我们不可预知的重大事件发生,比如重大矿难、人为的灾难、市场崩溃等。当该重大事件的影响范围达到一定的程度时,就有可能波及证券市场,影响证券价格的变化。例如,1986年4月26日发生的切尔诺贝利核电站核泄漏事故,给苏联及北欧诸国带来了核污染,甚至影响到了美国,人们争相抢购陈粮冻肉。这起核事故造成了巨大的经济损失。由于爆炸,苏联核电供应量为此减少了10%。芬兰、埃及等国取消了原与苏联签订的核设备订单,损失估计有近百亿美元。苏联的两大粮仓乌克兰和白俄罗斯地区也受到不同程度的核污染,粮食和甜菜产量受到很大影响,另外,事后的清理工作估计也花费了几十亿美元。这次事故给苏联带来了巨大的政治、经济的影响,也影响着国际证券市场的价格波动。因此,投资者应尽可能地分析所有可能对证券价格产生作用的宏观因素,作好宏观分析。

第六章 行业分析

所谓行业,就是这样的一个商行团体,这个商行团体的成员由于产品(包括有形与无形)在很大程度上的可相互替代性而处于一种彼此紧密联系的状态之中,并且由于产品替代性的差异而与其他的商行团体相区别。行业分析即从分析这些商行团体的行业结构、生命周期、行业景气以及市场类型和其他行业发展的若干因素着手,了解行业发展的共同特点,以便对个别的公司经营优劣情况作出准确判断,从而有利于证券投资者正确地选择适当的行业企业来进行投资。

第一节 行业的划分方法

一、道·琼斯分类法

道·琼斯分类法将股票分为3类,即工业、运输业、公用事业。在道·琼斯指数中,工业包括采掘业、制造业和商业;运输业包括航空、铁路、汽车运输和航运业;公用事业包括电话、煤气、电力。

二、我国国民经济行业分类

1. 按三次产业分

第一产业:农业(农、林、渔)。
第二产业:工业(采掘业、制造业、自来水、电力、蒸汽、热水、煤气)、建筑业。
第三产业:社会经济活动的其余部分,主要是流通部门与服务业。

2. 按行业所处生命周期分

国民经济行业按行业所处生命周期分为新兴行业、朝阳行业、成熟行业和夕阳行业。
行业生命周期:一个行业所经历的从产生、发展到衰退的演变过程称为行业的生命周期。
① 形成阶段:在初创阶段,投入成本较高,市场需求相对较小,销售收入不高,投资风险较大,投资的收益可能较低。
② 成长阶段:生产技术开始成熟,有可能出现企业的破产和合并(生产厂商良莠不齐,不断有劣势企业被淘汰),投资回报较高,利润增长幅度较大。
③ 成熟阶段:行业利润稳定但增长不高,整体风险稳定在一定水平。成熟行业竞争激烈,成长率不高。

④ 衰退阶段：市场开始出现饱和，整体利润率下降，行业公司减少。此时行业开始寻求资产重组以转移剩余的资产或获得新的成长机会，比如纺织行业。

在行业分析中，主要是了解各行业在整体经济框架中的地位和演变，分清"朝阳行业"和"夕阳行业"，这对股票投资者有重要意义。

第二节 行业的特征分析

一、行业的经济结构分析

行业分析的第一步应该将行业结构加以了解，并且选择具有完整产业结构的行业来加以投资。考虑的因素主要包括如下几个内容。

（一）行业的上中下游应是结构完整并且能互相支援配合

行业的内部结构是否合理，关系到企业生存和发展的长远利益；同时行业外部环境的相互衔接，也在一定程度上制约着行业的发展。比如汽车制造业，不仅要求行业内部汽车各部件的生产架构合理衔接，也要求石油、冶金、橡胶等行业要协调发展，这样才能保障该行业健康成长。

（二）行业的劳动生产率

采用先进生产技术的状况，特别是在一国的开放部门或开放型的小国经济中，关系着行业产品与外国同类产品的竞争力。如果行业的劳动生产率高于或等于世界平均劳动生产率，则行业就不易受到外货的冲击，反而有可能拓展海外市场。反之，则难免受到外货的侵蚀，造成行业萎缩，特别是在当今世界经济发展日益联系紧密的今天，行业的劳动生产率关系到该行业的生死存亡。比如，加入世界贸易组织以后，我国的汽车行业、电子行业都在一定程度上受到了冲击，这对我国民族工业是一种威胁，也是一种促进力量。

（三）对行业市场的研究

第一，市场的需求从一定意义上说，决定了生产的规模，也就决定了行业的发展。研究市场需求量的变化，即分析行业发展的中、长期规划，市场需求的增加就会促进行业的发展；反之，生产规模就会减小。

第二，行业的产品有没有其他替代品，也是影响行业市场的因素之一。所谓替代品即指为满足同一欲望有两种以上商品存在着。如塑胶与木制品等，这两种商品分别属于化工与木材行业，在这种场合下，就必须仔细观察替代品之间的成本、价格、新产品的出现等所发生的变化。

第三，行业新的竞争者是否容易加入市场，即对行业市场类型进行分析。如果行业联系比较松散，新的竞争者易进入市场，则行业易受新的竞争压力和冲击，这对行业价格、利润的稳定不利，当然也直接涉及证券投资者的根本利益。反之，对投资者有利。

第四，对于一国开放经济部门来说，行业产品对海外市场的依赖程度如何，也在一定程度上影响着行业发展。海外市场的变动状况也就成为行业发展变动的依据,是证券投资者应密切注意的因素之一。

二、行业的市场类型分析

从行业中的企业数量、产品的性质及价格确定等因素来看,行业的市场类型无外乎以下几种。

(一) 完全竞争型

完全竞争型是指整个市场上有许多生产者生产同质产品,其特点如下。
① 生产上可自由地进出该行业,消费者可自由地选择同类任何商品。
② 商品价格的制订由市场来决定,生产者拼命压低成本,保证质量,以此来保住市场份额,提高赢利水平。
③ 生产资料可以完全流动,不存在垄断或人为的阻隔,因而是同质的、无差别的。
完全竞争型的市场多现于初级产品市场,它的基本特征是产品价格完全由市场决定。

(二) 垄断竞争型

垄断竞争型是指市场上众厂商生产和提供同种但不同质的产品。它与完全竞争的市场类型相比较,尽管生产资料上可以流动,但由于产品的品质上存在差异,生产者力图保住自己的信誉,创立自己的品牌,在价格上就有了一定的控制能力,以区别于其他同类产品。此种行业市场类型多现于制成品市场上,在其市场价格上,品牌企业有一定的影响力。

(三) 寡头垄断型

寡头垄断型是指绝大部分市场份额由少数生产者占据,另外较小的一部分市场由其他企业来补充,产品的价格制订则由"寡头"企业来决定。他们的价格政策及经营方式的变动直接领导着其他企业的相应变化。当然,寡头企业不是固定不变的,他会随着企业实力的变化而变化。这种行业市场类型多现于资本密集型和技术密集型企业,寡头企业的价格决定能力强。

(四) 完全垄断型

完全垄断型是指独家经营某种特殊产品,比如政府控制的铁路、邮电、公用事业等行业,或是私人和企业经营的经国家政府授权特许的专营权或专利技术产品。由于这种行业市场类型没有竞争对手,又没有其他替代品,因此在价格决定上,垄断者就可以根据市场的供求制定理想的价格,在产品上也有一定的自由度。但这只是相对的,它同时要受到反垄断法和政府管制的约束,不过一般来说,这种行业类型的企业投资风险小,利润稳定,具有较好的投资前景。这种行业市场类型多现于公用事业(如发电厂、自来水公司、煤气公司等)和某些资本、技术高度密集型或稀有资源开发等行业。由此可见,做行业分析时,对所有投资的企业做市场类型的研究,有利于从总体上把握企业的经营状况,是科学合理决策的前提与基础。

一般来说,竞争程度越高,投资壁垒越少,进入成本越低,其产品利润受供求关系的影响越大;反之,垄断性行业投资获利好,风险小,但投资壁垒多,投资机会少,进入成本高。

三、经济周期与行业分析

增长型行业。这些行业收入的增加主要依靠技术进步、新产品推出及更优质的服务,因此其股票价格受经济周期影响较小,如计算机、生物工程等高新技术行业。

周期型行业。这些行业与经济周期关系密切,当经济处于上升时期时,这些行业紧随其扩张;当经济衰退时,这些行业也随之衰退,如服务业、耐用品制造业。

防守型行业。这些行业产品需求稳定,不受经济周期影响,如日常用品的生产行业、公用事业。

四、行业生命周期分析

每种行业都要经历一个由成长到衰退的发展演变过程。一般来说,行业生命周期包括了4个阶段:开创期、扩张期、稳定期和衰退期。行业生命周期的不同发展阶段各有其特色。

(一) 开创期

在开创期里,由于新行业刚刚诞生或初创不久,人们对这个新兴的行业还不太熟悉,因此,投资者的人数并不是很多,加之初创期的投资、产品研究、开发等费用较高,而市场需求却受人们对这类产品陌生程度的影响,需求量小。由于较高的成本和较低的需求量,使该行业可能非但不能赢利,反而会出现亏损,因而这类创业公司的投资风险是较高的。随着开创期的发展,到了中后期,行业技术不断提高,生产成本也日益降低,市场需求有所扩大,导致多家公司加入此类新行业,新行业也就逐步由高风险低收益的开创期转向高风险高收益的扩张期。

(二) 扩张期

行业进入扩张期,说明该行业的产品已为广大客户所试用,并且得到了认可,行业进入拓展阶段。由于产品的自身特点,其得到众多客户的首肯,市场需求随之扩大,行业也就逐步繁荣。许多投资者的加入使得行业竞争加剧,产品的性能、质量得到提高,品种增加,而价格会相对下降。在扩张期的初期,企业主要依靠扩大产量来增加和扩大市场份额,增加收入,而随着市场需求的日益饱和,企业则必须通过追加资本,提高生产技术,降低成本及研制开发新产品的方法,参与竞争,维持企业生存,竞争会日趋激烈。那些财力雄厚、技术力量强、经营管理水平较高的企业逐步壮大,而那些财力与技术较弱或经营管理较差的企业,就会被淘汰。经过激烈的竞争较量之后,多数公司(企业)被迫退出或是被合并,少数几家企业扩展后保留了下来。就整个行业而言,这个时期成长迅速,利润增长很快,但面临的竞争风险也非常大,破产率与合并率相当高。到了扩张期末尾,市场需求基本饱和,企业数目在大幅度减少后稳定下来,销售增长减缓,利润增长平衡而微弱,行业就进入了稳定期。

(三) 稳定期

从整个行业生命周期来考查,行业的稳定期是一个相对较长的时期。在这个时期里,少数几个大企业基本上垄断了行业的整个市场,企业间力量势均力敌,新创立的企业很难打入已经形成的行业格局里。新企业由于创办初期的大量投资,可能在短期内无法收回,而导致资金周转上的困难,最终倒闭;而老企业竞争则主要以非价格形式进行,比如提高产品质量、搞好配套服务、加强售后的维修等。因为生产成本已降低到一定水准,要再以价格方式竞争,则两败俱伤,所以企业间只能以这种方式来竞争已基本稳定的市场份额和利润水准。

(四) 衰退期

行业在经历了较长时间的稳定期后,由于一些新技术、新产品的出现,原来行业的市场需求开始转移到别的行业,原有行业的投资者开始将目光转移到其他的有利可图的行业中去了,致使该行业销售减少,利润降低,进入了成长停滞、萧条的衰退期。在衰退期内,市场萎缩,利润额停滞甚至下降。当正常的利润无法维持简单再生产时,整个行业便会逐渐解体。当然,在实际中,行业生命周期因为受政府干预、行业性质结构、国外竞争和能源结构的变化等众多因素的影响,所以要比想象中复杂得多,生命周期中的不同阶段的特点,可能会因上述因素的作用而改变。比如,有些行业可能在开创期投资量并不大,甚至一开始就能赢利;再如,由于政府的扶植,某些行业的扩张期会很长,如扩军备战时期的军火工业等;还有如果考虑国际竞争在内,进入了稳定期的行业,也有可能受到来自国外的竞争冲击,并且随着世界市场的进一步发展,各国经济与行业间的这种相互影响作用会更大。另外,进入衰退期的行业可能会由于某种特定的原因而重新复苏振兴,如传统的煤炭工业由于全球性的石油短缺和油价暴涨而得以重新复苏,人们又重新重视和发展煤炭行业。行业生命周期的意义不仅仅局限于客观地描述行业的发展过程,而且更重要的在于它能帮助人们选择合理的投资行业,起到投资指南的作用,具有重要的参考价值。当然,对于处在行业生命周期不同阶段企业的选择,是各个投资者个人意志的反映。

五、行业景气变动分析

行业景气的变动也具有一定的周期性,如同经济景气循环。行业景气的好坏直接影响到投资者的利益,必须仔细加以研究。

一般来说,行业景气的变动可以从原材料及与该行业相关的其他物品价格的变动、市场上的需求与供应之间的对比状况及该行业生产能力的扩充等资料,来加以分析研判。如果某行业的原、物、料价格上升,市场供应趋紧,行业的生产能力有较大的扩充,说明该行业正从谷底翻身,走向景气高峰;反之,原、物、料价格下挫,市场饱和,产品销售停滞,企业数量萎缩,则说明该行业由景气高峰向谷底滑坡,产业景气循环将进入萧条期。证券价格的波动往往与产业景气循环相关联,景气好转则价位升高,景气转坏则证券价格下降。因此,投资者应该选择才开始复苏的产业,在行业景气循环的低谷买入行业的证券,而在高峰期抛出,就能获得投资的最大收益。当然,其中最关键的就是应会判别何时为行业景气的高峰,何时为行业景气的低谷。行业景气循环变动从属于经济景气循环,因此应当在宏观经济景气循环的大前提下来具体分析行业景气变动,但两者又不完全吻合,行业景气变动对行业内的公司(企业)的影响更为直接、剧烈,所以认真地研究它的变动是证券投资者应做的基本功课。

第三节 影响行业兴衰的主要因素

一、技术进步

技术进步对行业的影响是巨大的。例如,电灯的出现极大地削减了对煤气灯的需求,电力行业则是逐渐取代蒸汽动力行业的,但产品稳定性差的行业(如仅以风行一时的产品为基础的行业)则可能很快被淘汰。追求技术进步是时代的要求。众所周知,我们所处的时代是科学技术日新月异的时代,新兴学科的不断涌现、技术进步速度的不断加快使得不断出现新行业的同时,也在不断淘汰旧行业。如在较短的时间里,大规模集成电路计算机代替了一般的电子计算机,通信卫星代替了海底电缆等。新产品在定型和批量生产后,市场价格会大幅度下降,从而很快被消费者所接受,新兴行业这时就会替代旧的行业。因此,投资者必须充分了解各行业技术发展的状况和趋势,不断考查一个行业产品生产线的前途,分析其被新的优良产品或消费需求替代的趋势,只有这样才能使投资效益最大化。

二、政府政策

1. 政府影响的行业范围

政府实施管理的主要行业是:公共事业,如电力、邮电通信、广播电视、供水、排污、煤气等;运输部门,如铁路、公路、航空、航运和管道运输等;金融部门,包括银行以及保险公司、商品与证券交易市场、经纪商、交易商等非银行金融机构。政府对这些行业的管理措施可以影响行业的经营范围、增长速度、价格政策、利润率等诸多方面。

政府实施管理的主要行业大多直接服务于公共利益,或与公共利益联系密切。公用事业作为社会的基础设施,具有投资大、建设周期长、收效慢的特点,允许众多厂家投巨资竞相建设是不经济的,因此政府往往通过授予某些厂商在指定地区独家经营某项公用事业特许权的方法来对他们进行管理。被授权的厂商也就成为这些行业的合法垄断者,但他们的定价受到政府的调节和管制,政府一般只允许这些厂商获得合理的利润率,而且政府的价格管理不保证这些企业一定能够赢利,成本的增加、管理的不善和需求的变化同样也会使其发生亏损。

交通运输业与大众生活和经济发展有着密切联系。这些行业服务范围广、涉及问题多(如不同的税收和安全规则等),所以有必要由政府统一管理,规范行业的行为准则,以免发生不必要的损失。

金融部门是国民经济的枢纽,也是政府干预经济的主要渠道之一,他们的稳定关系到整个经济的繁荣和发展,为保证经济的稳定增长及社会的团结安定,金融部门成为政府重点管理的对象。

2. 政府对行业的促进干预和限制干预

为降低某些行业的成本刺激和扩大其投资规模,一方面,政府可通过补贴、优惠税、限制外国竞争的关税及保护某行业的附加法规等措施来实现其对行业的促进作用;另一方面,考虑生态及环保、安全、企业规模和价格因素,政府也会对某些行业实施限制性规定,加重了这些行业的负担,某些法律法规也会对一些行业的短期业绩产生副作用。总之,政府的干预极大地保证了某些行业及社会的稳定性,否则情况会变得十分混乱。例如,铁路运输业有其自己的运行轨道,因而不会出现所有的火车只在可能获利的城市之间运行,而偏远地区不通铁路的情况;公用事业的规模保证了某地域只能有一家电力公司,从而避免了潜在的混乱,不至于四五家电力公司在同一地点竖起自己的电线杆。

三、社会习惯的改变

随着人们生活水平和受教育水平的提高及社会文明程度的变化,人们的消费心理、消费习惯和社会责任感会逐渐改变,从而引起人们对某些商品的需求变化,并继而影响到相关行业的兴衰。人们在解决了基本温饱之后,会更注意生活的质量,绿色食品和不受污染的纺织品(如纯棉衣物)备受人们的青睐;在健康方面,人们不再盲目追求保健品而转向更有效的体育锻炼;在物质生活丰富后,人们更注重智力投资和丰富的精神生活,旅游、音响成了新的消费热点;越来越快的生活节奏使人们更偏好便捷的交通和信息高速路,汽车开始进入中国人的家庭;高度工业化及生活现代化使人们认识到保护生存环境免受污染的重要,工业部门花在与环保有关的设备和技术上的经费近几年来大幅度提高,环保产业拓展空间增大,等等。所有这些社会观念、社会习惯及社会趋势的变化对企业乃至行业的经营活动、生产成本和利润收益等方面都会产生一定的影响,足以使一些不再适应社会需要的行业衰退的同时又激发新兴行业的发展。

第七章 公司分析

对证券投资经济环境的分析是对企业外部大环境的认识,反映了宏观上总的经济发展趋势;公司分析则是从企业内部环境上来具体分析哪些公司的证券是值得投资、值得持有的,它是证券投资者最具体、最直接的参考依据。对于企业的分析研究,可以从企业的基本素质方面、公司的基本会计数据和企业财务状况方面来具体地进行。

第一节 公司素质分析

公司的基本素质分析是从公司内部的经营管理、公司的赢利能力、公司的经营战略、公司的外部关系以及公司的购并重组等方面对公司的综合素质进行评价,为证券投资人提供信息,帮助他们了解企业的现状、发展趋势以及未来可能的发展潜力。

一、内部分析

(一)对公司赢利能力的分析

投资者投资企业的目的是为了赢利,因此公司的赢利能力强弱是投资者进行投资抉择首先要考虑的因素。赢利能力越高,资产成本越低,公司的投资价值应该就越高。一般而言,一个公司的赢利能力取决于两个战略选择:一是行业选择;二是公司的竞争地位。

1. 公司所处行业

公司(企业)的赢利能力与企业的行业选择有关。公司开展主业的行业,从某种程度上决定了企业赢利能力的大小。统计表明:不同行业的资本利润是有高低差别的。当然,不同的时期以及不同的国家和地区行业的利润水平也是不相同的。

2. 公司间的竞争分析

公司在既定行业所处的竞争地位,以及公司为保持竞争优势地位而采取的竞争战略,也决定了公司的赢利能力。

从行业角度分析,决定行业竞争激烈程度的主要因素:一是现有企业间的竞争程度,即在行业内生产同种同质产品的企业数量的多寡,企业产品的市场需求状况如何,市场开发的程度如何等因素,都会直接影响到企业的竞争激烈与否;二是企业间的竞争手段,企业间的竞争方式有价格竞争和非价格竞争两种。从一个行业的企业间竞争程度来分析,主要考虑现有企业间的竞争、新企业的竞争和企业的谈判地位。

第一,分析现有企业间的竞争程度。

① 分析行业成长率的高低。在一个高成长的行业中，企业只需通过高速扩张、开拓新市场就可以扩大市场份额，而无须采用价格战略与其他企业竞争。反之，在某个市场容量相对饱和、市场需求基本被满足的情况下，现在企业或新建企业要发展规模，或扩充产能，就必须抢占其他企业的市场份额，低价格战略就是其中重要的竞争手段，需要通过降低产品的市场价格，来挤出市场的竞争对手。随着资本流动性的加强、市场信息传播速度的加快，新兴市场上的产品价格下降的竞争手段被越来越多的企业所采用。

② 行业竞争者生产能力的集中程度。行业竞争者生产能力的集中程度也影响着生产者是否采用价格战略。一般来说，行业集中程度越高，竞争性就越弱。在能采用非价格方式来保住市场份额、维持高利润的情况下，垄断程度高的行业一般都不会采取价格竞争的手段。

③ 产品的差异性和顾客的转换成本的高低。产品的差异性和顾客的转换成本的高低也是决定采取价格或非价格竞争的重要依据。产品的差异程度越大，通过价格竞争的可能性就越小。

④ 产品的固定成本相对于可变成本的比率。若可变成本相对于固定成本较小，则更倾向于通过降价来竞争，以达到规模经济。

第二，分析新企业加入行业的竞争威胁。

① 分析该行业初始投入的高低。如果该行业的初始投入高，则可能保护现有企业的竞争优势。因为对于新加入的企业而言，要么冒险进行巨额的初始投资，而这在短期内不会产生大的收益，可能会出现规模不经济的局面，对于投资者来说，风险较大；要么选择缩减投资规模，增加单位生产成本，这又会陷入达不到规模经济要求的困境。这些都会削弱新入企业的竞争能力，降低对该行业现有企业的威胁。特别是有些行业还存在着一些市场准入的标准和高额研发费用，类似于航空航天工业等，这就会进一步加大新入企业的风险，保护现有企业的竞争优势。

② 分析行业先入者的优势。一般来说，先入企业可能会依靠技术领先优势，先行建立一种行业标准，因此存在行业标准优势；也可能获得某种稀有资源所有权，比如说矿产资源的开发权等，或者是某种特许经营权，比如说无线电通信等，这些优势都会促进、巩固该行业现有企业的竞争优势，增加新入企业的竞争能力。

③ 分析该行业企业的分销渠道。行业内原有企业早已建立起自己的产品销售渠道，而新入企业要重新打入已经形成的行业产品市场格局，建立自己的产品分销网络，就必须加大成本投入，付出额外的代价。比如，在一个商业布局基本完成的城市中，在闹市区新增一家大型超级市场或商店，其难度是很大的。

第三，从企业的谈判地位角度来分析行业中的企业与供应商和目标顾客的关系问题。

行业中企业的谈判地位的影响因素主要考虑如下几个。

① 行业产品的价格敏感性（即行业内产品价格弹性的大小）。在行业内产品的差异性很小，各企业间产品的转换成本又很低的情况下，客户对产品的价格就会十分敏感，任何价格的变动都可能导致客户的转移，在此背景下，降价就是用来促销的非常重要的手段，行业的竞争就会异常激烈，行业边际利润率就会降得很低。

② 行业内企业的相对谈判实力。若卖方实力相对强大且转换成本又高，买方只能是受害者。比如计算机制造商与微软公司间的谈判关系，由于视窗系统目前在计算机软件操作系统上的不可完全替代性，微软作为卖方实力相对强大，转换成本又比较高，并且选择性不大，因此计算机制造商在与微软的谈判中，处于绝对优势地位；反之，若是饮料包装物生产厂商与可口

可乐公司的谈判关系,饮料包装物生产厂商一定处在劣势地位。

③ 替代产品。替代产品是指与现有产品功能相同的产品。新的替代品的出现对传统上具有相对较强的谈判能力的企业影响较大。比如,互联网对电话、报纸产品的价格有很大压力,尽管网络不能完全取代电话、报纸,但在一定程度上替代性很强,自然对电话、报纸行业形成巨大冲击。

第四,从公司竞争手段上来分析。公司(企业)基本的竞争定位战略有两种,即成本主导型和差异营销型。

① 成本主导型战略(即低成本战略)。它是一个行业最易取得成功的竞争战略。它通过不断降低生产成本,在行业平均产品的销售价格的情况下,获得更多的利润空间,并且能够在生产成本下降的前提下,通过不断的降价策略,将竞争对手挤出市场,扩大自己的市场份额。行业企业通过降价的同时又有利润,这是低成本战略的一个重要特征。在进行这类企业的竞争战略分析中,要注意其相关的原料、经营规模以及市场状况的变化,判断该行业企业在未来的竞争中,能否保持这一竞争优势。

② 差异营销型战略(即强调本企业产品与其他产品的区别)。本企业产品不同于其他产品,在这一特点得到消费者的特别重视时,可运用此战略。运用此战略必须做到以下3条。

一是必须找到消费者所看重的产品差异点,强调产品虽然同种,但在品质上存在差异,并且这种差异是消费者认可和看重的,具有便利性和科学性。

二是必须将自己定位为满足目标客户需求的唯一供应商。如果不能做到这一点,产品市场存在竞争,差异型的营销策略就不能获得成功。

三是企业在致力于创造产品差异的同时,所增加的成本必须低于消费者愿意为产品差异所付出的增加值,即消费者愿意支付比一般产品更高的价格来得到具有与其他产品在品质上存在差异的产品,认为多支付的价格是值得的。不同的企业选择了不同的竞争战略,但并不等于自动获得相应的竞争优势,企业还必须具有一种实施和保持既定竞争战略的核心能力。

(二) 对公司管理的分析

企业经营管理水平的高低是衡量一个企业现状与未来发展潜力的重要标准。现代经济的发展越来越专业化、科学化,竞争环境与背景日益复杂,企业管理对于企业的生产、流通、利润的增长等方面起着非常重要的作用。公司管理的研究是一个比较大的课题,在进行行业分析时,投资者应着重就企业的决策者素质、企业的组织结构、公司的重大经营政策、企业文化、企业外围环境以及企业并购带来的企业价值的变化等方面来展开。

1. 对企业决策者素质的研究

一代伟人毛泽东同志说过,人民群众是创造历史的真正动力,但谁也不能否认,领袖人物在历史的关键时期的作用。中国革命如果没有毛泽东同志的领导,我们至少还会在革命的进程中多徘徊许多年。可见,大到一个国家,小到一个企业,处在决策者位置上的领袖人物在关键时期往往起到关键作用。随着市场经济的发展,对企业的经营决策者的要求越来越高,能否做到科学决策,关键在人。因此,在目前的形势下,提高决策者的自身素质,显得特别重要。决策水平与决策者的素质是紧密相连的。决策者一般应具备一定的逻辑思维能力、比较系统的分析能力、正反效应估计的抽象能力,以及独立思考的能力和较丰富的想象能力等。

2. 对公司管理组织的研究

在企业的经营过程中,决策者作出决策后,具体政策的落实执行,则依靠企业的管理组织来进行。企业的管理组织是企业生产、市场、财务、人力等几个系统的中心,企业的一切活动均靠管理组织来具体安排。因此,它的优劣左右着企业的成长。在企业的经营过程中,特别是在企业规模扩大或萎缩的过程中,管理组织容易发生不平衡的现象,证券投资者应密切注意企业管理人员的变化,不仅要关心董事会、监事会重要成员的更换,还应考虑企业生产经营活动中关键环节主要管理人员的变迁。另外,还要考虑管理人员的合理组合、总的人数及管理费用在成本中的比重,看一看企业的管理层是否是一个精干、合理、素质较高又富于进取的团结合作的整体,企业的管理组织设计是否精巧、科学,是否既富有效率,同时兼顾各部门组织的权力、利益,又能够相互配合支援、制衡。从根本上说,企业经营的好坏,关键在于企业管理者。

3. 对公司经营政策的分析

公司(企业)的经营政策是通过其管理内容来实现的。企业的管理内容不仅包括了公司(企业)日常的人、财、物和产、供、销的合理运行,而且包括了对企业营业效益、利润分配或称股利政策的管理和确定。其中,对营业效益、经营利润的追求不仅是企业经营管理者,而且也是证券投资者们所期望的。所以,一般证券投资者考查一个企业或公司,首先看企业的赢利能力和营业效益,然后来分析企业的其他要素。由于公司(企业)的股利政策会直接影响到投资者的收益,因而对企业利润进行分配的股利政策,往往也影响着投资者的投资决策。大多数情况下,分配的股利多、股利又稳定的企业是投资者的投资目标;反之,就会影响到投资者的投资信心。企业的赢利能力和营业效益与企业的日常经营紧密相连,股利政策也属于企业管理的一个重要内容,因而最终投资者还是应该对企业管理进行充分的认真分析。总之,从长期来看,投资于管理水平较好的公司要比投资于其他的公司更为有利,风险也更小。

4. 对企业文化的分析研究

企业文化就是企业的共同理想、共同目标,以及全体员工的使命感、归属感和员工的综合素质;同时,还包括企业的管理、企业的理念以及企业的精神等。优秀的企业文化应让所有的员工,甚至是临时的员工都认同,它具有导向、凝聚、激励、约束等功能。企业文化不仅形似水,不具有强制性,而且从长期而言,它也有水滴石穿的作用。它的作用也像水,无处不在,用的时候不觉得多么重要,但离开了它企业却无法生存。水能载舟,亦能覆舟,用好它能使企业长期繁荣,否则企业难以在复杂多变的经济环境中立于不败之地。企业文化贯穿于企业管理的各个层面,体现在企业经营与管理的具体政策、行为之中。比如,在企业的产品营销中,需要营造零缺陷理念,它给客户的印象比产品"三包"、完善的售后服务更令人放心,而且产品的零缺陷宣传,提升了企业产品在公众心目中的品质,这种理念的灌输也使得企业员工倍添自豪感与责任心。另外,人的因素是企业发展最终的关键因素。正确认识、聘用、选拔人才,进行人事开发、人事考评、人事激励等,既是企业文化的重要内容,也是企业赖以生存与发展的重要环节。

(三) 对公司"护城河"的分析

我们投资的公司一定要有强大的竞争力,如何评估呢?很重要的一个标准就是该公司是否拥有很宽的"护城河"。只有那些"护城河"很深的公司,才能持续在激烈的竞争中取胜,最终成为市值很大的公司。ToC公司更容易成长为巨无霸,ToB公司中的能源类公司一般需要各种政治资源,而ToB公司中的非能源类公司一般需要非常强的技术,但由于技术颠覆太频繁,哪怕是大公司,一步没跟上可能就出局了。总的来说,ToC的公司比ToB的公司更容易成为巨无霸大公司。ToC的公司更容易亲自体验，也更容易理解。来看下巴菲特的投资，2000年前基本全部都是ToC的公司，后来资产扩大了，也买了一些如电厂、铁路这些垄断的业务简单的公司。

能成为巨头的，一定是有强大"护城河"的。

① "护城河"的深度最强的是垄断公司，这些公司几乎都是互联网公司，有两个原因：a. 转移成本非常高，如微信和Facebook，朋友们都在那里，一个人转移没用；b. 强大的网络效应，例如阿里巴巴和亚马逊，买家和卖家都已大量存在于这个市场里，强者恒强，相同策略的后来竞争对手基本就丧失了逆袭的机会。线下的公司要做到垄断非常困难，分众传媒可能是勉强接近垄断的一家公司，主要分布在一、二线城市，但今后几年他有大规模扩张的计划，他之所以能够做到接近垄断，和他的下游楼宇太分散，而上游广告商要求大规模播出广告有关系。

② 金融公司有强大的"护城河"，一方面经营业务需要政府的牌照；另一方面老百姓把血汗钱交给金融公司，会非常谨慎，对金融机构的信用要求很高，根据富国银行的研究，如果一名客户在一家银行有4项以上的业务，他就很难离开了。国内平安集团尤其值得关注，他拥有金融全牌照，能提供几乎所有金融服务，一旦成为他的客户，他会向你推销很多产品，现在这种趋势已经开始了。另外，Master和Visa两大支付公司联手垄断信用卡市场，增长速度非常快。

③ 与吃有关的公司，茅台、五粮液、可口可乐、百事可乐、麦当劳、百威啤酒、星巴克、亨氏卡夫，还有烟草和售卖食品的连锁企业等，都能成为市值非常大的公司，这些行业其实进入门槛是很低的，竞争很激烈，但是，最顶尖的企业品牌一旦树立，就会形成强大的"护城河"，原因是大家都很关心自己和家人的健康，对食品品牌的信誉有很高的要求，认同一分钱一分货的道理。食品行业不需要太多的创新，只要持续维护自己良好的声誉，就可以财源滚滚。

④ 制药公司出了很多巨头，一方面，大家如果生了病，都愿意用最好的药，对药价不敏感；另一方面，新药的研发费用越来越高，成功概率却很低，风险巨大，但是一旦研发成功就有专利保护，这些都构成了强大的"护城河"。

⑤ 在制造业公司里，美的、格力等的产品是白色家电，其技术升级是比较慢的，这对公司是巨大的好事，他们几家基本已形成了垄断，顺应消费升级，未来前景仍然不错，但是做黑色家电的家电公司，由于技术升级太快，经营普遍不好。

⑥ 有深厚"护城河"的公司还有很多，如何发现呢？最好的一个测试办法是，如果产品提价了，顾客是否还会购买，不管情愿还是不情愿。这个办法简单粗暴，但非常有效。茅台提价大家仍然抢购就是很好的案例；高端护肤品涨点价，女士们还是要买，因为要美丽，这样的公司"护城河"就很深。

有两种对"护城河"的误解。第一，优秀的品牌或者良好的无形资产就是"护城河"，其实这要因品类而异，例如给小孩子吃的高端奶粉，大家只愿意选择非常优秀的品牌，对不熟悉的品牌不太愿意尝试，因此这些高端奶粉的品牌就成了强大的"护城河"，而有些品类，大家就没那么强的品牌忠诚度，哪个功能强大、哪个好用就用哪个，例如计算机和电视，当年品牌非常强大的方正、长城、长虹、康佳等现在已经一塌糊涂。当然无论哪个行业，优秀的品牌或者好的无形资产一定会加深企业的"护城河"，但是，很浅的"护城河"即使加深了，还是很浅。第二，优秀的管理层也是"护城河"，其实优秀或者杰出都是事后证明的，成王败寇，在一个"护城河"很深的企业里，平庸的管理层也能做得不错，而在"护城河"很浅的企业里，再优秀的管理层也无能为力。

"护城河"与商业模式是什么关系？好的商业模式就是"长的坡，厚的雪"。一个公司不可能每个决策都正确,或者每个决策都是最领先的,一旦出现失误,或者竞争对手有创新推出,"护城河"深的公司有时间改正这个错误,或者通过向竞争对手学习而后发制人,这是非常重要的,公司反脆弱的能力就会很强,这样他才能走得远,也就是他的坡比较长。而且"护城河"深,意味着公司有提价的能力,赢利能力就会不错,也就是雪比较厚。可见长的坡和厚的雪都和"护城河"有直接的关系。因此笔者认为理解商业模式,"护城河"是最重要的一个维度。

"护城河"的宽度要经常检讨,无论它看起来是何等坚不可摧。柯达被数码技术彻底打垮;IBM 几十年在一些对可靠性要求极高的行业(如金融业)中有如同上帝一般的地位,但最近十年在廉价云计算的冲击下狼狈不堪;如果腾讯 2011 年没有推出微信,他用 QQ 筑成的"护城河"可能早已百孔千疮。如果"护城河"变窄了,要引起我们的高度警惕。

二、外部分析

任何公司(企业)不可能在真空环境中进行生产经营活动,他总是与外界保持着各种各样的联系。公司与外界的各种联系会在相当程度上影响到企业的生存与发展,在有些情况下,其可能会成为企业发展的关键因素。公司的外部关系包括企业与供应商的关系、与销货商的关系、与消费者的关系、与金融界的关系、与政府的关系以及与社区的关系等。特别是企业,要在中国当前的经济环境中经营,不处理好和协调好各类外部关系,企业的生存与发展的基础就会被动摇。具体来看,企业与供应商的关系在于,要保证质量和数量地供货,企业的正常生产经营活动才能继续,一旦出现问题,企业应有章可循地解决争端,平息矛盾。企业的供应商是企业赖以连续性经营的基础,只有协调好与他们之间的关系,才有可能保障企业进行正常的经营活动。企业与销货商的关系是企业形成完整的再生产循环的最重要的环节。一般认为,在市场经济条件下,产品的销售是再生产过程中最重要的环节,企业只有不断地提高自身的吸引力,为销货商提供便利服务,协调好关系,才能便捷地完成和实现企业的再生产循环,否则,企业将为此付出惨重代价。企业与消费者的关系在众多关系中是最主要的,顾客就是上帝,是企业的衣食父母。企业与消费者之间应有充分的沟通渠道,了解消费者的需求和想法,这样才能不断改进产品和服务,拓展企业的市场空间。比如,海尔集团针对四川农民爱用洗衣机洗红薯的特点,开发出可以洗红薯的洗衣机,取得了巨大的成功。企业与金融界的关系主要体现在融资、汇兑、保险等金融业务中,巧妙利用与金融界的良好关系,企业可以获得充分的融资便利和金融服务便利。企业与政府的关系也是非常重要的,政府作为社会资源的配置者之一,既服务于企业,也营造着企业的生产经营环境,同时他还是企业生产经营活动的监管者之一。纵观国内外任何企业或集团,没有了政府的支持与鼓励,企业很难有长久的发展。另外,企业与社区之间的关系如果处理不当,也会给企业发展带来障碍。

1. 对公司联合与并购的分析

公司的联合与并购可能在根本上改变企业的内在因素,对公司的价值产生实质性影响。在证券市场上不乏企业经过联合与并购,发生了脱胎换骨的变化。证券投资者对企业的联合与并购等行为要十分关注。企业进行资产重组的动因与目的一般具有多重性。

首先,为了寻求超常规的发展和扩张,通过联合与并购,一则可以降低企业扩张的成本;二则可以绕开某些行业市场准入的标准;三则可以缩短新建项目的产品投产时间。

其次,公司的联合与并购可以实现企业的协同效应,包括经营协同效应与财务协同效应两方面。从经营协同效应上看,通过联合与并购,可以有效地扩大经营规模,从而实现规模经济效应;通过并购上下游间的企业,可以使企业生产过程中的原料、产品的经营销售成本下降,提高效率。而财务协同效应则主要表现为可以在关联企业间转移成本和利润,一方面,利用不同企业间的税收政策的差异,实现合理避税,实现企业集团利益的最大化;另一方面,可以利用不同地区企业在市场上的市价的差异,来套取市盈率。

再次,企业进行联合和并购,还可以用另一种方式来获得某项专利。

最后,多元化经营也是企业进行联合与并购的重要动机,借此,可以分散企业的经营风险,平稳公司的经营利润。此外,类似于管理层利益驱动、避免破坏性竞争等,也可能是企业进行联合与并购的原因。证券投资者在进行企业的联合与并购分析中,应注意的几个问题如下。

一是要考查此举是否与企业自身情况相适应。盲目的联合与并购可能导致规模不经济或触犯反垄断法,非但不能给企业带来任何利益和好处,反而会影响企业的发展和扩大,导致传统的市场份额丧失。

二是要考查联合与并购的条件。必须充分考虑企业自身的实力与优势,了解被并购方企业的具体情况,否则极易产生信息不对称风险。

三是要注意联合、并购的方式选择。在并购市场上,企业间的资产重组活动可以是企业间相互协商,进行的善意收购,也可以是通过公开市场上标购的形式,进行的敌意收购。敌意收购往往在收购过程中会遇到很大的阻力,收购不易取得成功,即使获得成功,代价也较为惨重,因此一般不宜轻易采用。

四是联合、并购的时机选择也很重要。时机选择得当,不仅能降低收购成本,而且能扩大企业的宣传力和影响力,提升企业的市场价值。

2. 上市公司与投资者

一名投资者与公司主要有两种关系,第一种关系只适合极少数投资人,就是投资者影响公司管理,典型的是3GCapital,他们成为控股股东后,会委派新的管理层,会注入自己的价值观,彻底改造公司,他们通过收购整合全球啤酒业,联合巴菲特收购亨氏和卡夫,都取得了巨大的成功。美的成为小天鹅的大股东后,在生产、销售等领域帮助公司提高管理水平,效果非常突出。腾讯入股上市公司,往往有点石成金的效果,原因是腾讯通过流量输出、科技赋能帮助企业更好地发展。如果一名股东的入股,可能导致内在的基本面发生重大改变,从而影响股价,当然值得我们重点关注。

第二种关系就是投资者只作为财务投资人。在巴菲特投资的大部分公司中,他都只充当这种角色,只有管理层非常优秀,非常值得他信任,他才会购买这家公司的股票。

3. 上市公司与宏观变化

我们要评估宏观变化,例如利率、汇率、M2、供给侧改革、环保政策等会不会影响公司的经营,这都很重要,都需要认真分析,这里列举两个案例。

第一个案例,2015年开始国内一、二线城市房价大涨,2016年年底蔓延到三、四线城市,恒大、碧桂园、融创等几个地产公司一年多涨幅数倍,原因很多,其中最重要的宏观因素是央行把中长期贷款利率,从2014年年底的6.15%,连降5次,降到了4.9%,催生了一波房价上涨狂潮。

第二个案例,2005年中国房产价格暴涨,地产股都涨疯了,万科两年间涨了十几倍,也是由于利率下调吗?其实不是,当时物价涨得比较多,房贷利率一直上升,曾经超过7%,那房价为什么这么涨呢?原因是中国2001年年底加入WTO后,外贸顺差暴增,拉动M2快速增长,2001年至2007年M2的增长在18%左右,日本、中国台湾、韩国也曾经经历过同样的阶段,由于货币泛滥,房地产是最好的投资选择,价格都会因此暴涨。其实当时别的地产股也涨得很厉害。这样的一种地产投资,其实和地产公司的基本面关系并不太大。

两次房地产股投资的极好机会,是由不同的宏观因素引发的,只有那些对宏观研究很深的人,才能发现这种机会。

地产和宏观经济的整体景气高度相关,金融、有色、基建等行业公司也是如此,这些行业公司的股票在景气好时涨得非常好,但当景气不好时跌得非常厉害,所以我们要在行业低谷买它才会有好的回报。还有一些行业和宏观经济的景气相关性相对较弱,如游戏行业、食品行业、一些消费品行业等,其股票表现与景气强弱的相关性弱很多。研究某一具体公司,从一开始就要想清楚这是一家强周期的公司,还是一家弱周期的公司。

三、成长股分析

(一)成长期的公司易涌现大量牛股

成长是永恒的话题,成长股由于其公司业绩不断快速增长、企业不断发展壮大而涌现了大批牛股。一个企业由初创期到成长期到成熟期再到衰退期,是一个完整的循环过程,几乎每一个企业都不能逃脱这个过程,只是有的企业中间某一个过程时间更长。

在企业初创期,有很多不确定性,风险相对较大。渐渐地企业走上正轨,掌握了一些核心竞争力优势,企业快速地发展,业绩高速增长。当企业发展壮大到一定程度后,会遇上行业发展天花板,因为他的产品几乎人人都拥有了,这时他已不能再像以前一样每年大幅增加更多产品的销售,业绩难以继续高速增长,但他的产品非常稳定,这样的公司就到了成熟期。

成熟期的企业由于业绩过了高速增长期,所以估值非常低,这一类公司被烟蒂价值投资爱好者所喜欢,因为这类公司发展稳定,风险较小,巴菲特把他比作"烟蒂",虽然不是非常看好他,但是把扔在地上不要钱的烟蒂捡起来,仍然可以吸两口。

而成长期的公司由于其快速发展,业绩高速增长,所以享受的估值相对较高,大量牛股也是从这样的公司中涌现出来的。不过,成长期的公司由于估值都较高,如果公司出现业绩增长不如预期的情况,那么就会遭受股价的大幅下跌风险。所以成长股选股对投资者能力的要求是较高的。

(二)戴维斯双击

戴维斯原理:

a. 双击(业绩增长的收益 + 估值提升的收益 = 股价上涨的幅度);

b. 双杀(净利润下降的亏损 + 估值下降的亏损 = 股价下跌的幅度)。

"戴维斯双击"是指在低市盈率(PE)时买入股票,待成长潜力显现后,以高市盈率卖出,这样可以获取每股收益和市盈率同时增长的倍乘效益。所以戴维斯双击就是净利润增长的收益加上估值提升的收益,从而等于最终的超额收益。

市场中交易者的短期不理性行为是导致股价异常波动的主要原因:良好的预期配合投机者的疯狂追捧使个股的 PE 逐步抬高;悲观的预期加上投机者不计成本的抛售最终令个股的 PE 不断降低。利用这种大幅波动,理性的投资者可以完成戴维斯双击:市场恐慌时以低 PE 投资防守型行业,等待直到出现泡沫后以高 PE 抛售,由于股价=PE×EPS(每股收益),可以享受 PE 和 EPS 同时增长带来的倍乘收益,这两因素中主要依靠 PE 的不理性提升带来股价的上涨。PE 高估时必须卖出,说明投资毕竟不是谈情说爱,不必海枯石烂,持股只是手段而不是目的,一旦高估就要曲终人散。

戴维斯双击法的实战运用很简单:10 倍 PE 以下逐步买入年利润增长率在 10%～15% 的防守型企业,数年后企业利润平稳增长,一旦市场给予该企业更高估值,比如 15 倍 PE 以上就坚决卖出,此时的收益率会相当可观。事实是更多投资者反而会以 30 倍以上 PE 买入所谓的成长股,期望企业年利润增长率达到 30% 以上,如此投资成长股的最终收益率可能还不到前者的一半,因为期望企业保持如此高的利润增长率,无疑是痴人说梦。

这个"游戏"玩得最好的是巴菲特和他的老搭档芒格,"游戏"很"简单",只要学两门课:
① 如何评估一家公司,也就是如何找到利润增长的好公司(跟利润有关);
② 如何给企业估值,也就是买入的价格(跟市盈率有关)。

(三) 成长股大师的选股方法

菲利普·A.费雪(Philip A. Fisher)是成长股价值投资策略之父,其最著名的著作《怎样选择成长股》受到广泛关注,其提出的"成长股选股 15 条策略"得到了投资者的广泛运用,下面是费雪提出的 15 个选股条件。

① 产品或服务有没有充分的市场潜力,至少几年内营业额能否大幅成长?
② 管理层是否决心继续开发新产品或工艺成为新的增长点,以进一步提高总体销售水平?
③ 公司有没有高人一筹的销售团队?
④ 公司的利润率高不高?
⑤ 和公司规模相比,其研发工作有多大成果?
⑥ 做了哪些维持或改善公司利润率的举措?
⑦ 公司的劳资和人事关系是不是很好?
⑧ 公司的高级主管关系很好吗?
⑨ 管理层是否有足够的领导才能和深度?
⑩ 公司的成本分析和会计记录做得如何?
⑪ 是否在大多数领域都有自己的独到之处?
⑫ 公司有没有短期或长期的盈余展望?
⑬ 在可预见的未来,是否会大量增发股票?
⑭ 管理层是不是只向投资人报喜不报忧?
⑮ 这家公司管理阶层的诚信正直态度是否毋庸置疑?

第二节 公司财务状况分析

一、公司财务分析概述

任何一个慎重的投资者在决定投资于某公司股票之前,都应该对该公司公开的一系列资料加以收集和分析。对投资者来说,上市公司必须公开披露的财务报告是一份重要的信息来源。面对财务报告,投资者为决定是否投资,应分析企业的资产和赢利能力;为决定是否转让股份,应分析赢利状况、股价变动和发展前景;为考查经营者业绩,要分析资产赢利水平、破产风险和竞争能力;为判断公司赢利分配政策,要分析筹资状况。所以,只有通过对上市公司的财务资料、业务资料、投资项目、市场状况资料等进行全面综合分析,才能找到该公司股票的合理价位,进而通过比较市场价位与合理定价的差异进行投资。

(一)财务会计资料的获取与资料可靠性分析

1. 财务数据资料的获取渠道

第一,应从上市公司的财务报告中获悉信息。一个企业如果其股票上市交易,就要承担公开披露信息的义务。按照目前我国证监会的规定,上市公司信息披露的主要内容有4项:招股说明书、上市公告、定期报告和临时报告。这些报告虽然包括许多非财务信息,但大部分信息具有财务性质或与财务有关,因而具有财务报告的性质,我们统称为上市公司财务报告。

第二,从公司的招股说明书中获取主要信息及财务分析重点。招股说明书是股票发行人向证监会申请公开发行材料的必备部分,是向公众发布的旨在公开募集股份的书面文件。招股说明书的有效期为自公告之日起6个月,主要内容、财务信息及其分析见常用股票分析软件中的内容。

第三,从上市公告书获取信息并加以分析。股票获准在证券交易所交易之后,上市公司应当公布上市公告书。上市公告书包括了招股说明书的主要内容,此外还有以下内容:股票获准在证券交易所交易的日期和批准文号;股票发行情况;公司创立大会或者股东大会同意公司股票在交易所交易的决议;董事、监事和高级管理人员简历及其持有本公司证券的情况;公司近3年或者成立以来的经营业绩和财务状况以及下一年的赢利预测文件;证券交易所要求载明的其他事项。在分析时应注意赢利预测的假设条件是否切合实际,是否以发行人正常的发展速度作出预计,预测采用的会计政策是否与财务报表所采用的会计政策一致。

第四,从年度报告、中期报告中获取信息并加以分析。从目前来看,在上市公司公开的信息中,最为全面系统的财务资料当属上市公司的年度和中期财务报表。

第五,从临时公告中捕捉信息。临时公告包括重大事件公告和公司收购公告。所谓"重大"事件,是说这些事件的发生对上市公司原有的财务状况和经营成果已经或将要产生较大影响,并影响到上市公司的股票市价。最常见的重大事件报告是"公司股份变动公告"和"配股说明书"。收购事件对收购公司和被收购公司的股票价格会产生重要影响,有时甚至涉及整个证券市场。这一公告较为全面,投资者应对此类公告细心研究,关注收购方的经营状况及财务变化。

此外,通过实地考察与研究,亲身深入公司的实地或深入市场进行调研,也是获取企业财务数据的另一个途径。可以通过与公司密切接触者、企业高管、企业员工的交流以及从政府或研究机构的一些统计资料中,筛选一些有关企业的数据来进行研究。

2. 会计报表数据的分析

财务分析的目的主要在于评价上市公司的财务状况、评价上市公司的资产管理水平、评价企业的赢利能力和评价上市公司的发展趋势。但这一切都是建立在会计资料客观、真实的基础之上的。懂得会计报表中每个项目的含义仅仅是理解会计报表的第一步,要真正掌握会计报表,还要学会分析会计报表,注意甄别会计数据的真实性。一般来说,影响会计数据质量的因素有以下几个方面。

(1) 会计准则

在不同的国家,会计制度有所差异。会计准则可以在一定程度上杜绝公司经理层在财务会计数据上做假,但也可能会减少会计数据所包含的信息量。比如目前在我国的会计制度对股份公司的研发费用计入当期成本问题上,不允许采用两种不同的会计处理,规定只能计入当期管理费用。而这可能是不合理的,因为公司的研发项目可能会给当期的经营带来收益,但许多却只能在以后才能体现出利益,计入当期成本的结果是使得企业当期利润下降,却不能说明未来可能的收益增长。

(2) 预测偏差

市场是多变复杂的,公司经营者不可能完全把握市场的变化。由于经理人员不能准确无误地对交易结果进行预测,就有可能造成会计数据与经营结果的偏差。比如,各种准备的计提可能与事先不符,坏账产生的实际情况高于坏账的计提准备数额等。

(3) 经理人员通过影响会计数据来达到自己的目的

在会计制度准则的范围内,经理人员可能按自己的意愿来对财务报表施加影响。经理人员影响会计数据的动机有许多。比如,为了维护经理阶层个人利益,在企业以利润为业绩考核指标的情况下,公司高管或经理通过操纵利润,来保住职位或获得更多的分红利益,这样的会计数据就十分值得怀疑了。再如,企业急需资金,为了满足借款筹款规定的需要,企业高管会故意调整公司的还本付息率、营运资金比率或企业净资产值等。

3. 会计与财务数据资料的整理

为了确保财务分析基本数据的准确性和真实性,证券投资者在进行财务分析之初,应做到以下几点。

第一,要弄清哪些会计政策对企业经营的影响最大。由于各个不同行业的特征和经营环境有所差异,企业在财务上所面临风险和可能获得收益的影响因素是不相同的。比如,对于一家租赁业上市公司而言,设备残值估计是其会计政策中最重要的影响因素,不同的残值计算方式将极大地影响公司的账面利润和账面价值。如果残值被高估,公司可能会面临巨大的资产冲销风险。制造业在产品质量、产品创新和售后产品返修率等方面可能更能影响企业的经营。在财务分析中要十分注意这些不同行业的财务核算的特点。

第二,在既定的会计制度下,企业采用的会计政策的选择可能也会影响到财务数据。比如,在企业固定资产折旧方法的选取上,有许多种方法,既有平均年限法、年数总和法,也有双倍余额递减法等;在库存商品成本的计价上既可采用先进先出法、加权平均法、移动平均法,也可采用个别计价法、后进先出法;另外在坏账准备的提取方法上也有多种选择。在这个方面,投资者应注意把握的是,在现行的会计制度下,哪种会计政策一经确定,公司就不得任意改动,如果需要变动,则一定要在报表中加以特别说明,否则就极易影响到投资者的分析判断,导致财务分析结论的错误。

第三,要重点检查容易出现会计数据不真实的科目,杜绝虚假会计报告的出现。一般来说,容易出现虚假会计数据的地方,主要为公司的各项收入与费用等数据,公司经理层可能会利用会计政策允许的条款,进行调整来操纵利润的多寡。常见的地方如下。

(1) 与销售额增加相关的应收账款的大幅度增加

这可能是由于公司放松了对赊销的控制,以扩大当期收益造成的,可能有些还属于虚假销售。不管是何种情况,其结果都可能是在以后的财务年度中,会因客户违约而造成应收账款的冲销或是下个财务年度的产品销售的大幅度下降。所以,当期有销售收入增加,反而不利于企业的长久发展。

(2) 公司报表利润与由经营产生的现金流量间的比例发生变化

在既定的会计制度下,如果其他因素不变,企业的报表利润应与现金流量间具有相对固定的比例关系,如果发生不正常的变动,则可能是公司经理层通过诸如费用分摊计提方式的变化来影响利润,投资者在分析中应注意甄别。

(3) 因处置长期资产而产生的巨大利润

上市公司往往通过处置长期资产来粉饰他在经营不佳时的财务报表。具体做法有:进行债务重组,将应收账款转为长期股权投资,使坏账准备下降,用上期坏账准备冲减单期管理费用,应收账款周转率上升;向关联方出售长期股权投资,以高价向其关联企业(不纳入合并报表的企业)出售,以增加投资准备;改变长期股权投资计价方法,对投资的亏损企业,为避免分担被投资企业投资收益负值,将权益法改为成本法核算等。

(4) 中期报表与年度报表的收益相差甚大

企业经营活动确有季节差别,但不可能天壤之别,如果出现中报与年报差异过大的情况,则有操纵的嫌疑。

(5) 关联交易带来的利润增加

有关联关系企业(母子公司)间、受同一母公司控制的子公司之间、合营及联营企业、主要投资者个人、关键管理人员或是关系密切的家庭成员及其直接控制的其他企业在交易中,作价上存在着非市场因素的干扰,他们间进行资产置换和资产买卖带来的巨额利润增加,是值得关注的。一般公司在主营业务收入上制造虚增是比较困难的,也易被查出。但关联企业可以通过"其他业务收入"来调整影响的利润总额。具体做法如下。

① 向关联企业出租资产与土地使用权来增加收益。如果出售资产或土地使用权,必须按公允价格来交易,但出租则无具体租金的规定,因此这一行为可以被充分利用;还可以向关联方借款融资,降低财务费用。

② 对负债较高的企业,通过关联方的借款融资,在利息、支付时间和金额等方面,都可以采用对关联企业有利的方式来进行。

(6) 利用会计政策、会计估计的选择与变更进行利润调整

一是要观察企业选择是否使用某一会计政策,不能中途有调整。二是要检查有无对折旧要素的估计变更。重点检查决定折旧额大小的 3 个要素:使用年限、预计净残值和折旧方法。因为公司可变更上述三要素来调整折旧费用额进而调整利润。三是要检查变更销售商品成本的计价方法。原则上,方法一经确立,不得随意变更。

(7) 利用其他应收账款科目回避费用的提取

应收账款应提取坏账准备。目前,国内上市公司一般规定以年末余款计提,计入本期管理费用。但公司可通过与欠款单位协商,先还再借出,减少坏账准备计提,降低管理费用。

(8) 利用推迟费用确认入账的时间,降低本期费用

将应计入本期费用挂在"待处理财产损益"科目,推迟确认该笔损失的时间,将费用挂在"待摊费用"科目,或在"长期待摊费用"中核算,或将已发生的费用挂在"预提费用"的借方等。

(9) 利用其他非常性收入增加利润总额

通过地方政府的补贴收入和营业外收入(包括固定资产盘盈、资产评估增值、接受捐赠等)来增加利润总额;这种调节利润的方法有时不必真的同时有现金的流入,但却能较快地提升利润。

第四,对不真实的会计数据进行恢复。通过上面罗列的事实,我们可以看出,上市公司在进行会计数据统计或计算时,有可能并没有完全按照真实的现实经济情况来进行,证券投资者在进行投资分析时就要注意甄别,要运用自己的专业知识和经验对已获得的会计数据进行恢复,使之更能反映出企业的真实经营状况。一般而言,"恢复"和修正会计资料的数据来源主要有两个:一是财务报表附注,二是现金流量表。任何一家上市公司的利润操作总是通过一定手段和方法进行的,投资者可据此查找这些迹象,并对公司的获利润能力进行调整。针对前面所述的容易产生不真实的地方重点调整应收账款与其他应收款的增减关系、应收账款与长期投资的增减关系、待摊费用与待处理财产损失的数额,以及借款、其他应付款与财务费用的比较,借此来保证投资分析者能得到可靠、真实的财务会计资料。

(二) 企业主要财务会计报表

现行的财务会计制度中规定,在企业完整的财务会计报表中,一般至少包括资产负债表、损益表和现金流量表。

(1) 资产负债表

资产负债表是总括反映企业在某一会计期末(月末、年末)财务状况的会计报表。它是根据"资产=负债+所有者权益"的会计等式,依照一定的分类标准和一定的次序,把企业在一定日期的资产、负债和所有者权益的项目予以适当排列,按照会计制度的编制要求编制而成的。

(2) 损益表

损益表又称收益表、利润表,是总括反映企业在某一会计期间的经营成果,提供该期间企业的收入、成本、费用、利润或亏损等信息的会计报表。损益表的结构可用如下 3 个关系式来表示。

$$营业利润 = 营业收入 - 营业成本 - 营业税金及附加 - 销售费用 - 管理费用 - 财务费用 - 资产减值损失 \pm 公允价值变动损益 + 投资收益$$

$$利润总额 = 营业利润 + 营业外收入 - 营业外支出$$

$$净利润 = 利润总额 - 所得税费用$$

根据损益表,可以考核企业利润计划的完成情况,分析利润增减变动的原因,预测企业利润的发展趋势。

通过损益表反映企业的收入、成本和费用,全面反映企业生产经营收入情况和成本耗费情况,说明企业的投入产出比例关系。

企业的损益是各项工作的收益与耗费的集中表现,是反映企业生产经营情况的综合性指标。通过考核利润的完成情况,就能为全面考核企业生产经营计划的完成提供依据。

通过分析前后期营业利润、投资净收益、营业外收支的增减变动情况,可以分析和测定企业损益的发展趋势,预测企业未来的收益能力。

(3) 现金流量表

现金流量表是反映企业在一定会计期间现金流入和流出的会计报表。它通过会计期间营业所得现金收入减除需用现金支付的费用以后的余额来说明企业财务状况的变动。比起营运资金(即流动资金净额)来,现金是企业更活跃、更具有生命力的流动资源,现金的增减变动更能反映企业的财务状况和偿债能力。一般来说,金融、保险等企业编制现金流量表,更能反映企业财务状况的变动情况。现金流量表中的"现金",不是现行会计科目所说的现金,它包括现金和现金等价物。前者指库存现金、银行存款和其他货币资金,后者指所有短期内具有高度流动性的投资和商业票据。通过现金流量表,可为管理当局、投资者、债权人及其他报表使用者正确评价企业财务状况。

可为报表使用者提供所关心的现金流量信息。作为企业的债权人和投资者,他们最关心的是企业经过一段时间的经营后,是否有足够的现金来支付他们的股利、利息,以偿还债务和分配利润。通过现金流量表,将现金流量净额同债务总额比较,可以考查企业以现金净流量偿还债务的能力;将现金净流量同企业实收资本比较,可以了解每元投资所能获得的现金净流量。

通过不同时期现金流量表的对比分析,可以考查企业资产流动性的变化及其变化趋势。

二、财务状况分析法

① 差额分析法——绝对分析法,通过数据的差额分析上市公司的财务状况和经营成果。

② 比率分析法——同期的相关数据用比率分析评价公司经营活动。其是把历史与现实状况加以比较的重要分析方法。

③ 比较分析法——趋势分析法,对财务报表中的数据按不同时期、不同的公司相比较,与标准化的距离相比较来确定公司发展的趋势。

在进行财务状况分析时经常使用杜邦分析法。

$$净资产收益率 = \frac{净利润}{平均净资产}$$

$$= \frac{净利润}{平均资产总额} \times \frac{平均资产总额}{平均净资产}$$

$$= 总资产净利率 \times 权益乘数$$

$$= \frac{净利润}{销售收入} \times \frac{销售收入}{平均资产总额} \times \frac{平均资产总额}{平均净资产}$$

$$= 销售净利率 \times 总资产周转率 \times 平均权益乘数$$

① 净资产收益率是一个综合性最强的财务分析指标,是杜邦分析体系的起点。

② 销售净利率反映企业净利润与销售收入的关系,其高低取决于销售收入与成本总额。

③ 影响总资产周转率的一个重要因素是资产总额,资产总额由流动资产与长期资产组成,其结构合理与否影响资产的周转速度。

a. 流动资产体现偿债能力和变现能力。

b. 长期资产体现经营规模和发展潜力。

④ 权益乘数主要受资产负债率的影响,反映资本结构。

a. 资产负债率越高,权益乘数越高,说明企业负债程度越高,给企业带来了较多的(财务)杠杆利益,也带来了较大的风险。

b. 负债经营的前提是有足够的赢利能力偿还债务本息,如果不改善资产赢利能力,单纯通过加大举债提高权益乘数对净资产收益率的改善只有短期效应,最终将因赢利能力无法涵盖增加的财务风险而使企业面临财务困境。

三、公司财务状况分析的指标运用

（一）资本结构分析

1. 资产负债率＝负债总计/资产总计

这一指标反映了公司负债经营的程度，表明债权人的资金所占比重的高低，以及借款人资产对债权人权益的保障程度。该指标低，负债轻，则偿债压力小，融资空间大，风险小；反之风险大，但应控制在一个合理的水平，即50％左右，以提高融资能力。在总负债率低的情况下，还存在一个负债结构合理的问题，若为扩大投资长期负债比重过大，则偿债压力大，会影响企业资产变现能力，不能应付意外，容易引起债务危机。

2. 固定资产净值率＝固定资产净值/固定资产原值

该指标反映了固定资产的新旧程度，指标高则设备新，经营条件好，固定资产利用率高。

（二）偿债能力分析

1. 短期偿债能力分析

① 流动比率＝流动资产/流动负债。

流动比率反映了流动资产与流动负债的比率关系，每元流动负债究竟有几元流动资产来抵偿，不同行业指标差异大。流动比率过低，资金周转会发生困难，短期偿债能力就差；反之过高则资金的使用效率不高。国际上一般以2表示流动资产至少有50％可以等于流动负债。

② 速动比率＝（现金＋短期有价证券＋应收账款净额）/流动负债。

该指标比流动比率更能说明企业短期资金运用的状况，指标高说明企业在短期内支付能力强，变现能力强。

③ 现金比率＝现金及等价物/流动资产。

④ 现金对流动负债的比率＝现金及等价物/流动负债。

这两个指标是补充以上的指标，表明资金的流动性强弱。

⑤ 应收账款周转率＝赊销净额/应收账款平均余额。

该指标表明会计年度内应收账款转化为现金的平均次数，比率高则表示应收账款及时收回，坏账少，偿债能力强。它弥补了流动比率与速动比率的不足。

⑥ 存货周转率＝营业成本/存货平均余额。

该指标衡量企业存货周转速度的快慢，快则存货下降，资产变现风险小，资本利用率高；慢则库存积压，资金积压。

2. 长期偿债能力分析

（1）股东权益比率＝股东权益总额/资产总额

股东权益比率高就不会受到偿债的重压，偿债风险小，也减少了债务利息负担。但有的企业属朝阳工业的扩张期，效益好，信誉高，容易筹资，则应多方权衡。

（2）长期负债比率＝长期负债/资产总额

长期负债比率表明企业债务的总体状况。在经济的繁荣期，偿债期限长，债务稳定。但在经济衰退期，偿债风险加强，到期会因没有足够的资金偿债而陷入债务危机中。

(三) 经营能力分析

这是衡量企业资产运作和管理效率的财务指标。

$$流动资产周转率=销售额/流动资产$$
$$营运资金周转率=销售额/(流动资产-流动负债)$$
$$应收账款周转=销售额/应收账款$$
$$存货周转率=销售成本/存货$$
$$应付账款周转率=销售成本/应付账款$$

周转率高,企业的效率就高,经营能力强,资金利用率高。

(四) 获利能力分析

获利能力的考查主要是利用损益表数据进行判断,收入与费用是决定获利能力的基本因素。主要指标包括如下几个。

1. 主营业务利润率=主营业务利润/主营业务成本

该指标表明企业利润增减的幅度,业绩好利润率增幅大。但这一指标受到产品售价、数量、成本的影响,考核应在同行业一般水平上进行比较。

2. 销售净利率=净利/销售收入

该指标表示销售收入的收益水平,它的高低与销售费用高低关系密切,有利于考核企业经营管理水平。

3. 资产收益率=净利润/平均资产总额

该指标反映了企业资产利用的程度,指标越高说明有限的资金投入获取的收益越多。指标越高,资产利用率越高,并可以了解企业经营状况中存在的问题。

4. 市盈率=每股市价/每股收益

该指标是市场对公司股票质地认识与评价的指标。市盈率高,市场上受人们追捧,原因有企业发展潜力受人瞩目,或存在购并重组的题材。在新兴的发展中国家的市场上投机促使市盈率升高,价格背离价值难以回归。但是市盈率的高低变化确实在一定程度上反映了公司的市场属性、经营前景。即使是在一个成熟的、理性的、规范化的市场上,市盈率普遍低,也可以通过横向比较来了解股票投资的价值。

(五) 现金流量分析

现金流量发生在筹资、投资、经营活动的领域,其净差反映了公司现金状况,能反映企业经营状况的好坏、偿债能力的强弱。

1. 经营性现金流量状况分析

经营性现金流量状况反映了企业日常现金的流转,企业应经常保持经营活动中现金的较大流入来保证资金的正常循环。它同时也是银行考查企业短期偿债率的重要指标。了解现金在销售回笼与利润实现中所占的比重,以及偿债保证中现金流量的大小。从各个方面了解企业经营性现金流量的状况是否正常。

2. 投资活动的现金流量状况分析

在不同的行业与不同的投资期现金流量的表现不同。在投资规模大的初创期现金流量表现为大量净流出,但在成熟期、回收期现金流量出现大量的净流入。由于投资过程具有连续性,因而在投资领域现金一般不大量流入,除非固定资产被大量变卖回收等。由于我国正处在股份制改造的过程,企业处在扩张投资阶段,现金净流入少而蕴涵了较大的风险。在经济不景气时,有些企业为了获得增配资金往往用扩大投资来虚增利润,从而获得配股权。但我们可以从现金流量表中现金流出入来自何处进行分析,揭示现金流量不正常背后经营的真实状况。

3. 筹资活动的现金流量分析

在企业的初创期筹资的规模大,出现现金的净流入多的情况,在企业到期偿还贷款发放现金股息时,现金流转以流出为主。但在企业经营投资状况都不好的情况下,大量的筹资活动促使现金大量的流出入,而整体现金流量的结果却表现为均衡,既余额少,有可能借新还旧债。因此现金流量的不正常状况说明了企业债务沉重,信用状况不佳。

通过以上三方面的考查可以了解企业现金流动的方向,究竟是为了扩大经营筹资引起的现金需要,还是发放股利的需要以及偿还流动负债支付债息的需要,我们可作综合性的评价。

企业的现金收入、支出以及结余发生了怎样的变动,其变动趋势如何,这种趋势对企业有利还是不利,这就是现金流量的趋势分析。现金流量的趋势分析可以帮助报表使用者了解企业财务状况的变动趋势,了解企业财务状况变动的原因,在此基础上预测企业未来财务状况,从而为决策提供依据。变动趋势分析法是通过观察连续数期的会计报表,比较各期的有关项目金额,分析某些指标的增减变动情况,并在此基础上判断其变化趋势,从而对未来可能出现的结果作出预测的一种分析方法。运用趋势分析法,报表使用者可以了解有关项目变动的基本趋势,判断这种变动是有利还是不利,并对企业未来发展作出预测。变动趋势分析法通常采用编制历年会计报表方法,将连续多年的报表,至少是最近两三年甚至5~10年的会计报表并列在一起加以分析,以观察变化趋势。观察连续数期的会计报表,这样分析比单看一个报告期的会计报表能了解更多的情况和信息,有利于分析变化的趋势。

4. 企业资本结构的分析

企业财务分析中的重要内容之一是对企业资本结构的分析,因为企业的资本结构对企业的价值有着直接的影响,而企业的价值高低,在证券市场上决定了企业所发行的证券价格的高低。在西方,资本结构理论的研究起步较早,开始于20世纪50年代。1952年,美国财务管理学家大卫·杜兰特的研究成果是早期资本结构理论的正式开端之一。他把传统的资本结构理论划分为3种类型:净利理论、营业净利理论和传统理论。但这3种理论都是建立在经验判断的基础之上的,都没有经过科学的数学推导和统计分析。直至莫迪利亚尼(Modiglina)和米勒(Myler)于1958年提出MM定理(即企业资本结构与企业价值无关理论)后才使资本结构理论的研究成为一种严格意义上的科学理论。1963年,他们又对MM理论进行了修正,在考虑公司税后,该理论认为因为负债会产生"税盾"效应,因此企业负债率越高对企业越有利,当企业负债率为100%时企业价值最大。但这种分析结果远离经济现实,企业不可能100%负债经营。现代西方资本结构理论中的权衡模型在此基础上引入了破产风险,进一步完善了资本结构理论,使其更具有现实意义,因而引起各国的重视。至今为止,在企业资本结构研究中影响最大的,还是莫迪利亚尼和米勒的MM定理,所以说MM定理是现代资本结构理论的开端。在不考虑税收的情况下,MM定理认为公司的市场价值与资本结构无关,从而根本不存在不同融资方式的选择问题,即股权融资与债权融资的比例多少对企业的价值是没有任何影响的。MM定理实质上隐含着这么一个命题:企业的融资偏好与企业的价值无关。因此,研究企业的偏好问题或注重于企业融资方式的偏好选择是没有意义的。MM定理是在没有公司所得税,没有公司破产风险,资本市场具有完全效率,零交易成本等假设的基础上形成的。显然,这一系列假设条件太苛刻了,缺乏实证意义。这一结论与当时流行的看法有很大的差异,因此,MM 定理提出后,立刻引起了理论界的广泛关注和激烈争论。争论的结果最终奠定了 MM 定理在现代资本结构理论中的开创性地位,并带来了资本结构理论研究的深入发展。

四、上市公司特殊指标运用

股价波动来自投资者买与卖的行为,每个人都可以对公司值多少钱有自己的看法,他们以自己的出价表达自己的这种看法。显示在屏上不停跳动的股票价格,是市场参与者的各种看法在某个时点所形成的一个阶段性的共识,这个共识包含了一系列非常脆弱的假设,包括基本面的、宏观面的等,这些假设随时都可能发生改变,共识也只好发生变动,股价因此上下波动,市场参与者的共识认为公司值多少,它就是多少,仅此而已。巴菲特是真正的智者,他说众人恐惧我贪婪,众人贪婪我恐惧,他早就洞察众人情绪的波动会引发股价的重大波动,换句话来说,股价波动乃众生心动。

那么我们为什么还要为公司估值呢？估值的本质,以作者的理解,不是算公司的真实价值是多少,而是估计未来市场的投资者们可能给公司一个什么样的价格。

市场给一个公司估值有几种主要的方式,大部分是用 PE,还有些用 PB、PEV(主要用于保险业)、PS(主要用于销售型企业)等,当然也会综合一起参考,但总有一个是主要的。而且市场对一个公司的分析框架也会逐步达成一致,也就是说会达成共识,这种共识是如何形成的呢？一般是由市场的意见领袖决定的,谁是意见领袖？主要是大行研究员。我们做研究一定要有自己的观点,不能依赖别人,但是我们一定要明白市场是怎么想的,尤其是意见领袖的想法,因为股价是由市场全体参与者的想法,而不是我们自己单独的想法决定的,我们千万不能一厢情愿。市场都是用 PEV 来估值的,投资者也只能跟随,不排除用 PB 来估值可能更好,但是市场已形成共识,投资者不能自以为是,否则会严重影响投资者的判断。

(一) 市盈率

市盈率(PE)也称"市价盈利比率",是用来评估股价是否合理的最常用指标之一,市盈率=股价/年度每股盈利。股价就是市场交易价,年度每股盈利(EPS)也叫"每股收益",是指每股净利润。

$$每股收益=(净利润-优先股股利)/发行在外的普通股平均股数$$

该指标反映了年度内平均每股普通股所获盈利。

假设某股票市场价为 24 元,去年 EPS 为 3 元,则 PE=24/3=8 倍,8 倍 PE 折合平均年回报率为 12.5%(1/8)。这是衡量企业股价与价值的比例指标,即按当时的市场价买入 8 年后才可以收回投资成本。PE 越高,股价与价值背离程度就越高,投资价值也越低;反之则投资价值就越高。

PE 分 3 种:①静态市盈率(LYR)=股价/上一年度每股收益;②滚动市盈率(TTM)=股价/最近四个季度每股收益合计;③动态市盈率=股价/预估的未来每股收益。上市企业的财务报表每个季度公告一次,比如 2015 年 4 月底,A 企业的股价为 24 元,EPS:2014 年第 1 季度为 0.5 元,第 2 季度为 0.8 元,第 3 季度为 1.0 元,第 4 季度为 1.2 元;2015 年第 1 季度为 0.6 元。根据上述公式,可以计算出:静态 PE=24/(0.5+0.8+1.0+1.2)=6.86 倍,滚动 PE=24/(0.8+1.0+1.2+0.6)=6.67 倍,动态 PE=24/(0.6×4)=10 倍。因此,动态 PE

最不靠谱,静态 PE 和滚动 PE 比较准确,尤其是滚动 PE。

决定 PE 高低的参数只有两个:股价和 EPS。股价就是市场价,没啥好说的,EPS 有讲究:

① 如果某企业去年运气好,在股市上大赚一笔,或将自己某项增值的资产变卖,EPS 必然大幅度增长,这种由一次性非经营性收益增长导致的低 PE 显然不真实,不具有可持续性,投资时要通过财务报表排除这种低 PE 企业;

② 不同行业的 EPS 波动不一样,像医药、乳业等有刚性需求的行业,EPS 波动小,PE 比较稳定,被称为"非周期型行业",反之像航运、钢铁等行业受宏观经济周期影响较大,EPS 波动也大,收成好时大赚特赚,不好时则亏损累累,被称为"周期型行业",显然周期型行业的上市企业不适合用 PE 来衡量是否值得投资。

那 PE 多少算高,多少算低?现阶段我国的 5 年期国债或银行保本型理财产品的年化收益率在 5% 左右,这就是市场无风险利率,PE=1/5%=20 倍。注意这是基本无风险收益,而企业即便是非周期型行业,经营业绩多少还是有些波动,不可能像国债和银行一样旱涝保收,笔者个人定义大于 20 倍 PE 为高估,低于 10 倍 PE 为低估。但不同行业市场给出 PE 的高低标准不一样,因此比较 PE 的高低更多是在同行企业中。

既然 10 倍 PE 才是买入标准,为什么有些远大于 20 倍 PE 的企业会被市场疯狂追捧?比如 A 企业去年 EPS 为 1 元,股价 50 元,PE=50 倍,那市价买入该企业股票的投资者是什么逻辑?因为去年 EPS 比前年增长 50%,而今年看来还能在去年的基础上再增长 50%,投资者对这类成长型企业的未来预期非常乐观,愿意付出更高的价格,那事实呢?通过数据来验证:假设 A 企业利润率保持 50% 的年复合增长率,EPS 从 1 元增长到 5 元,$1×(1+50\%)^X=5$,需要 $X=4$ 年,也就是说,50 元股价的 A 企业要 4 年后估值才能达到 10 倍 PE,与常规买入标准持平。能上市的企业体量都不小,连续每年 30% 的增长率就顶天了,更别说 50%,事实上绝大部分企业不可能持续高增长。不要说当年微软的 PE 也很高,长期持有者都赚得盆满钵满,谁有能力从几百甚至上千家企业中挑出第二个微软并长期持有?假如 A 企业 EPS 增长到 2 元后增长率只能维持在 10%,那么股价支撑不了 50/2=25 倍 PE,只能通过股价下跌至 20 元来维持 10 倍的 PE。

除非投资者是企业所在行业的大行家,否则很难给企业的成长性定量,因此投资高 PE 成长型企业只是空中楼阁,普通投资者就不要去趟这浑水了。

即便那些低增长的非周期型企业,也很难精确预测其未来的 EPS,只能说比成长型企业误差要小些。而整个市场所有上市公司基本上代表了全国业绩最好的 3000 家企业,总体 EPS 可以较准确预测,必然大于或等于全国 GDP 的增长率。因此整个大盘的加权平均 PE 最有参考价值,用来判断整体股价的高低一目了然。

$$股价 = PE × 业绩$$

$$股价上涨倍数 = PE 上涨倍数 × 业绩上涨倍数$$

例如 2018 年年底,市场给某个公司的 PE 较 2017 年年底提高了 30%,同时公司 2018 年的业绩比 2017 年上升了 30%,那么股价全年上涨倍数=1.3×1.3=1.69 倍。

从以上公式看,研究公司的股价分为两部分,一是研究公司的基本面,判断公司未来业绩如何增长,二是研究市场能给它多少倍的 PE,能否提升。可见,要做好投资,不仅要认真研究公司的基本面,还得认真研究市场的逻辑,缺一不可。

价值投资者给公司估值时,他认为是给公司估一个"价值",所谓公司价值,感觉是公司内在的客观的一个东西,他是怎么估算的呢?他也是用他研究的业绩乘以一个 PE 来估的,这个

PE怎么来的,是一个客观的数字吗?其实不是,选择哪个数字,是非常主观的,每个人都可以有自己的观点,哪有什么客观可言?一百个坚信公司有所谓真实价值的价值投资者,所算出来的价值可能有一百个非常不同的答案,哪一个是对的呢?

PE怎么选呢?作者认为,首先要充分理解市场给公司估值是一种什么逻辑,然后不仅要考虑公司的基本面,还要考虑诸多宏观及市场变数。在这样的基础上确定具体PE,这个PE值是作者认为未来市场比较高概率可以接受的,只是未来太多变数,因此我们确定这个数字时一定要留有足够的余地,所谓要有安全边际,就是这个意思。

市场现在给一个公司的PE,已经隐含了对他未来业绩增长的预期,而未来市场是否会调高估值,关键在于市场预期未来业绩增长是否会有一个比较大的提升,或者说利润增长的加速度是否比较大。比如说,一个公司去年成长30%,今年还是30%,市场给他的PE是不变的,但是如果今年成长上升到40%,那么市场给他的PE马上就会涨。有时候公司公布了一个重大的好消息,虽然尚未对目前的业绩造成影响,但是市场如果认为会显著提升未来的业绩增长,他的估值随之也会被提升。比如,2013年下半年腾讯推出手游,反应极好,大家对他的未来业绩增长非常乐观,因此迅速提升了他的估值。

市场给公司估值的这种逻辑,蕴含着股价暴涨和崩盘的秘密。

股价跌,净利润预期下跌,估值随之下跌,然后带动股价再跌,然后再循环。股价涨,净利润预期上涨,估值随之上涨,然后带动股价再涨,然后再循环。

每一轮大牛市走到最后,都涨得难以置信,而每一轮大熊市走到最后,都跌得尸横遍野。

PE曲线的使用有几点注意事项。

① 它比较适合经营相对稳定的公司,尤其是蓝筹公司,有些公司业绩大起大落,那就不太适用,或者说参考意见就没那么大。

② 它适合那些主要用PE来估值的公司,例如消费行业的公司,有些行业如有色、地产,它主要用PB或者NAV来估值,那么就不太适合,或者说投资者非要用的话,所呈现的规律有非常独特的特点,需要自己总结。以铁矿石龙头必和必拓为例,2011年,股价很高,但是当年PE低到只有五六倍,而2015年和2016年股价暴跌的时候,PE反而非常高。

③ 有时候公司业绩大幅下滑,甚至亏损,这时PE线就会出现一个高点,进行估值判断的时候,要排除这种噪点,伊利2008年由于受中国奶制品污染事件的影响,业绩跳水,结果当年PE就出现了一个峰值,经营过了大半年才重回正轨,PE走势也才恢复正常。

④ 市场给公司的估值除了受公司的基本面的影响,还受到别的一些因素的影响,比较显著的是市场的整体估值。如果市场整体大涨或大跌,大部分公司的估值也会同趋势发生变化,因此把公司的PE走势和市场整体的PE走势叠加在一起分析,会让我们更清楚地判断大盘走势对公司估值的影响。通过腾讯PE和大盘PE的对比得出2014年年初的时候,两者的PE走势是相反的,原因是之前微信支付和手游的推出,让市场非常乐观,因此腾讯估值逆大盘估值下跌而上涨,由此可见,腾讯估值的高点与低点,有些可以用基本面的变化来解释,有些要用大盘的整体估值的变化来解释。

研究PE曲线,要重点研究它的顶和底,发生了什么事,要做出合理解释。另外,要有区间的概念,它一般在一个区间内相对稳定地移动,如果突破了某个区间上升或下跌到一个新的区间,这是一件很严重的事情,我们要认真研究到底发生了什么事。腾讯在2013年年中之前,他的PE一般在25倍至35倍之间,但是之后就上升到35~45倍这个区间,为什么呢?原因是微信支付和手游推出后发展得特别好,带动了估值的上升。2017年年底突破了这个区间,为什么？比较好的解释是小程序经过一年的发展，显示出巨大的潜力，腾讯被市场进一步看好。

把一个公司的 PE 曲线和同类公司的放在一起进行研究，是一件很有意义的事情，例如，把腾讯和 Facebook 的 PE 曲线叠加在一起进行研究，2016 年年底之后，腾讯的 PE 区间持续提升，而 Facebook 则停滞不前，说明市场对腾讯未来的增长比 Facebook 有信心得多，为什么？腾讯的多项潜力业务，如广告、微信支付和小程序等发展势头很好，生态越做越强大了，而 Facebook 赢利还是以广告为主，缺乏突破，未来想象空间一般，当然，如果未来 Facebook 向微信学习，有支付，有小程序，也有各种生态，他未来也会前途无量。作这样的比较，同样是为了让投资者更深刻地理解市场的估值逻辑，并提升自己对社交产品公司的敏感性和洞察力。

（二）市净率

$$每股净资产＝净资产/普通股股数$$

每股净资产指标从理论上反映了股票的最低投资价值，两种情况：一种股价低于净资产，公司面临破产清算；另一种股价被严重低估，一些表面的因素掩盖了股价的内在价值。

市净率（PB）是股价与每股净资产的比率（即市净率＝股价/每股净资产），比如，PB＝2 意味着花 2 元钱买 1 元的账面净资产。该指标反映股票市场价格与净资产的偏离程度。与 PE 一样，PB 越低意味着风险越小，投资价值越高，万一企业倒闭清算能收回更多成本，反之 PB 越高，投资价值就越小。

PB 是比 PE 更保守的指标，尤其那些周期型企业"3 年不开张，开张吃 3 年"，EPS 会随着行业景气度大幅波动，在行业高峰期 PE 可能只有数倍，而低迷时却有上百倍，甚至企业出现亏损时 PE 更是无从谈起。这类企业用 PE 估值毫无意义，此时就轮到 PB 大显身手，无论行业景气与否，企业净资产不会大幅度波动，利润高净资产就多增加些，利润少净资产就少增加些，即便亏损净资产也不过略有下降。

比如，A 企业股价为 10 元，每股净资产为 5 元，EPS 为 1 元，PE＝10 倍，PB＝2 倍。即便是非周期型企业经营也总会有波动，第二年 EPS 降至 0.5 元，股价非常有可能跌至 5 元，这样 PE 还是 10 倍。B 企业除了每股净资产是 10 元，其余情况和 A 企业一模一样，则股价还能维持在 10 元左右，不可能由于 EPS 减半而跌至净资产的对折价。因此，只要不是整个行业被时代所淘汰，1 倍 PB 在估值上比 10 倍 PE 具有更高的安全边际和投资价值，原因在于净资产的稳定性强于 EPS。

在牛市中大家都信心膨胀，无限制推崇 PE，静态不行就用动态，现在不行就用将来，将想象力发挥到极致，千方百计寻找当时高 PE 的心理安慰。在熊市中投资者信心全无，股价跌得面目全非，PB 就成为底部标准，因为该指标体现出的安全边际更高，即便最极端情况出现——企业解散，投资者还能按净资产清收，因此同行业中 PB 低的企业下跌空间要小些，PB 越低安全系数就越高。

当然纯粹用 PB 作为估值标准也有隐患，并非所有股价跌破净资产的企业都有足够高的安全边际，关键在于净资产是否货真价实：①固定资产都有一定的使用期限，根据会计准则每年都要减去折旧费用或报损，有些企业不折旧或只减去少量折旧费用，这样的净资产明显水分太大；②有些企业倒是完全按照规定折旧或报损，但实际上这些资产根本没有残余价值，比如过时的生产线、淘汰的品牌价值，纯粹是破铜烂铁，总之投资前计算 PB 时应将这些滥竽充数的资产剔除。

买入标准简单概括就是：10 倍 PE 和 1 倍 PB。PE 作为估值讲究盈利的增长，偏向于进攻；而 PB 讲究安全边际，偏重于防守。如何在这两个指标之间兼顾，取决于企业所在的行业特征与投资者的个人风格。

（三）市销率

$$PS = 股价/每股营业收入 = PE \times 平均净利润率$$

市销率（PS）可以明显地反映出新兴市场公司的潜在价值，因为在竞争日益激烈的环境中，公司的市场份额在决定公司生存能力和赢利水平方面的作用越来越大。

有很多公司，赢利会出现大幅波动，但销售收入不会，对这样的公司进行估值，市销率是一个不错的选择。对于净利润，通过会计方法进行操纵很容易，如一次性费用等，相比来看，销售收入比赢利更加真实。

另外，对于困境反转的股票，特别是周期股的困境反转，用 PS 法估值会更加合适。对于困境中的企业来说，利润很少，甚至为负；PE 很高，甚至为负数。而运用 PS 法估值，预估企业反转后的所能实现的净利润率，从而导出每股收益，最后得到股价对应的隐含 PE。

五、选择公司小技巧

（一）选择风险低的企业

① 生意模式选择：选择简单易懂、有长期稳定前景的生意模式；没有技术革命风险的产业（如食品饮料）细分领域龙头企业。

② 行业利润率高、净资产收益率高；利润大于资本开支，有利于从银行贷款。

③ 成熟的企业：拥有伟大的品牌和成熟的分销系统，供应商和客户集中度低。

④ 尽量避免优秀的竞争对手，如丰田或微软。公司具有护城河与较强的压价和议价能力；高毛利，有持续的现金流。

⑤ 市场规模应超过 100 亿元。

⑥ 核心市场成长率应至少为 5%～7%，波动性不要太大。

⑦ 需是以实际的产品为中心的企业，如金融服务业就不符合这些原则。

尤其关注以下几种情况。

① 无控股股东，管理层不够优秀，主人翁意识不强，专注意识和成本改进意识弱，但是公司还能存活。如果从弱的管理层变成强管理层，弱股东控制转变为强股东控制，则公司未来业绩可期。

② 令人乏味的企业，吸引不到优秀人才。如果吸引到优秀人才，改造和开除不合适的老人，则公司未来业绩可期。

③ 人力成本是成本的重要部分。如果通过减员增效降低公司成本，提升现金流，则公司未来业绩可期。

（二）慎抢反弹

自 2018 年 1 月 24 日复牌以来，乐视网曾在最初的 11 个交易日中连续出现一字跌停，在第 12 个交易日中才打开跌停。不过直至农历新年前最后一个交易日（2 月 14 日），乐视网股价才跌到历史最低的 4.01 元/股。

变化也正是从这一天开始的。此后的 15 个交易日中,乐视网股价出现快速反弹,至 3 月 14 日,股价一度上涨至 6.77 元/股,这一价格与最低点相比,涨幅高达 68.83%。

2018 年 3 月 14 日午间,乐视网宣布因股价异动核查而停牌,并在当天晚间宣布了孙宏斌辞去公司董事长、董事等职务的消息。

由于孙宏斌被外界一度认为是目前乐视网"自救"的掌舵人,他的"裸退"也再度使上市公司的前景蒙上巨大阴影。因此,在 2018 年 3 月 16 日复牌后,乐视网开盘即告一字跌停。2019 年 5 月 10 日,深圳证券交易所发布公告称,乐视网因触及《深圳证券交易所创业板股票上市规则》的相关规定,深圳证券交易所决定自 2019 年 5 月 13 日起暂停乐视网股票上市。这家曾经的创业板龙头企业,鼎盛时期的市值曾达到 1 700 亿元。停牌前股价只有 1.69 元,市值收缩至 67.42 亿元,只有顶峰时期市值的 4%。

(三) 慎选营销费用高而研发投入低的公司

上市公司养元饮品(603156.SH)的产品六个核桃 2017 年每罐饮料总成本仅 1 块钱,一罐六个核桃的成本组成大致是这样的:易拉罐(0.57 元)、核桃仁(0.25 元)、白砂糖(0.05 元)、其他原材料(0.13 元)。

六个核桃的前身叫养元保健饮品,由于年年亏损,被衡水老白干以 399 万元贱卖。可哪知 11 年后的六个核桃,年收入高达 91 亿元,而衡水老白干的总市值也不过 90 亿元。

更牛的是,六个核桃 2015 年的净利润高达 26 亿元,净利润率为 30%。白酒中的茅台净利润率在 47%,五粮液为 28% 左右;乳业巨头蒙牛,还有凉茶中的老大王老吉,净利润率都在 5% 左右。

这些年,六个核桃的营销费用分别砸向了央视《最强大脑》《挑战不可能》,湖南卫视《好好学吧》,山东卫视《我是先生》等益智类节目。再配合"经常用脑,多喝六个核桃"的广告,六个核桃精准地找到了市场痛点,成功建立起"要补脑就喝六个桃核"的消费观念。

从数量上来看,一罐六个核桃到底含有几个核桃呢?核桃仁含有丰富的营养素,每百克含蛋白质 14.9 g、脂肪 58.8 g、碳水化合物 9.6 g。一个普通的 5 g 干核桃仁大概蛋白质含量在 0.75 g,而在六个核桃营养成分中标注,每 100 g 饮料中含有 0.6 g 蛋白质(远低于牛奶蛋白质含量 3 g,豆浆蛋白质含量 1.8 g),按照 240 mL 计算,一罐六个核桃的蛋白质含量大概是 1.44 g,显然还不到 2 个核桃。

养元饮品公布的数据显示,2014—2017 年公司营业收入分别为 82.62 亿元、91.17 亿元、89 亿元、77.41 亿元。连年近百万亿的收入,其市场的广阔度可想而知。

与此同时,一份巨额的营销投入展现在我们面前。

六个核桃在湖南、浙江、上海等顶级卫视每年投放 5 000 万元;在山东、湖北、广东地区的电视台每年投放 1 000 万元;其他除边远地区外的省级电视台,每年投放 200 万元到 800 万元。2010 年六个核桃聘请陈鲁豫为形象代言人,并在央视《新闻联播》后黄金时段投放广告;六个核桃曾投入 1.58 亿元冠名江苏卫视综艺节目《最强大脑》……

翻开六个核桃 2017 年年报,其销售费用高达 10.73 亿元,其中广告费就达到了 3.5 亿元之多。显然,不差钱的六个核桃在面子工程上,花钱毫不手软。

然而,与高额的营销支出相比,六个核桃的研发费用却少得可怜,2013—2017 年财报数据显示,养元饮品的研发费用约为 128.74 万元、246.89 万元、544.61 万元、784.53 万元和 1 110 万元;研发费用占当年营业收入的比重约为 0.017%、0.03%、0.06%、0.088% 和 0.14%。

对于研发费用占营业收入比例较低，养元饮品给出了两方面原因：一是2005年年末姚奎章实际控制公司以来，公司确立并始终践行六个核桃大单品战略，在此战略下，公司研发主要围绕六个核桃产品的品质提升；二是公司的销售收入基数大。

2018年2月12日，养元饮品以78.73元/股发行，上市首日涨停。然而次日，该股股价即掉头向下，此后震荡下行。

（四）慎选农业企业

广义农业包括种植业、林业、畜牧业、渔业、副业5种产业形式。狭义农业是指种植业，包括生产粮食作物、经济作物、饲料作物和绿肥等农作物的生产活动。本书所指的农业指广义农业。

1. 雏鹰农牧

1988年，连续3次高考落榜的侯建芳在家乡河南开始了自己的创业经历。彼时的侯建芳拿着到处借来的200元钱开始了养鸡生涯，几年后，侯建芳开始将产业拓展至生猪养殖领域。2010年9月雏鹰农牧成功上市，被业界誉为"中国养猪第一股"。2018年11月5日，雏鹰农牧发布公告称，2018年度第一期超短期融资券应于11月5日兑付本息5.28亿元，而公司未能按照约定筹措足额偿债资金。

重压之下，"还钱"对于雏鹰农牧来说刻不容缓。为此，当时的雏鹰农牧上演了一出"以肉偿债"的戏码，着实成为资本市场的一桩新鲜事。

据雏鹰农牧2018年11月中旬发布的债务事项进展公告，公司计划调整其所涉债务的支付方式：对部分本金主要以货币资金方式延期支付，而利息全部以公司火腿、生态肉礼盒等产品支付。雏鹰农牧旗下囊括多款高端肉制品，其中包括几款标价在万元左右的发酵火腿产品。

2019年1月30日，雏鹰农牧披露业绩预告修正称，公司于此前预计2018年度净利润变动区间为-15亿元至-17亿元，修正后预计亏损29亿元到33亿元。然后进一步解释，2018年6月开始，公司出现资金流动性紧张局面，由于资金紧张，饲料供应不及时，公司生猪养殖死亡率高于预期，致使生猪养殖成本及管理费用高于预期。也就是说，大名鼎鼎的"中国养猪第一股"资金紧张到了不能及时喂饲料，而活活饿死生猪的境地。由于雏鹰农牧并未明确公布生猪死亡率数据，具体死了多少头猪无从知晓。

不过，我们可以大致算算这么多的亏损值多少头猪的价钱。据猪价格网统计显示，2019年1月31日全国各省外三元均价为11.25元/公斤（1公斤=1000 g）。按照假定的11元/公斤的价格作为衡量标准，假设每头猪50公斤，以预亏的中位数31亿元计算，大概要"饿死"560万头猪；假设每头猪100公斤，以预亏的中位数31亿元计算，大概要"饿死"280万头猪。即便以11.25元/公斤的价格和每头猪100公斤来计算，31亿元相当于270万头猪。

当然，生猪死亡并不是业绩预测变动的最大原因，公司披露，由于养殖成本高于销售价格、赢利能力及融资能力受影响等原因，导致资产减值超过7亿元；此外，公司产生近1亿元的计提商誉减值。

2. 獐子岛

2014年10月30日晚间，獐子岛发布的2014年三季报在市场上引发"地震"。公司称由于北黄海遭遇异常冷水团，几年前在105.64万亩（1亩≈666.67 m²）海洋牧场播下的价值7亿元虾夷扇贝遭灭顶之灾。根据公司抽测结果，公司决定对105.64万亩海域成本为73 461.93万元的底播虾夷扇贝存货放弃采捕并进行核销处理，对43.02万亩海域成本为30 060.15万元的底播虾夷扇贝存货计提跌价准备28 305万元,扣除递延所得税影响25 441.73万元,合计影响净利润76 325.2万元,全部计入2014年第三季度。而对于放弃采捕的原因,公司称亩产过低,所以放弃本轮采捕。受此影响,公司前三季度业绩大幅变脸——前三季实现营业收入19.93亿元,同比增长6.75%;归属于上市公司股东的净利润为亏损8.12亿元,同比下降1 388.60%;基本每股收益亏损1.14元,同时,公司预计全年实现归属于上市公司股东的净利润为亏损7.7亿~8.6亿元,而公司2013年度归属于上市公司股东的净利润为9 694.28万元。

2018年2月5日獐子岛又一则公告令人瞠目结舌:獐子岛业绩预告修正公告称,公司预计2017年亏损5.3亿元至7.2亿元。之前的2017年三季报中,公司还预计2017年归属于上市公司股东的净利润为0.9亿元至1.1亿元。獐子岛还称,2017年四季度,底播虾夷扇贝肥满度下降,境外扇贝产品冲击国内市场,对公司扇贝类产品的收入、毛利影响较大,底播虾夷扇贝收入及毛利下滑,部分库存扇贝类产品出现减值;以及汇率波动对海外公司和出口业务造成冲击,导致公司四季度业绩与原业绩预测偏差较大。从2014年虾夷扇贝跑了,到2017年虾夷扇贝瘦了,獐子岛时不时给投资者送上一只"黑天鹅"。

獐子岛在公告中表示,经海洋牧场研究中心分析,初步判断:降水减少导致扇贝的饵料生物数量下降,养殖规模的大幅扩张更加剧了饵料短缺,再加上海水温度的异常,造成高温期后的扇贝越来越瘦,品质越来越差,长时间处于饥饿状态的扇贝没有得到恢复,最后诱发死亡。公告称,根据盘点结果,公司拟对107.16万亩海域成本为5.78亿元的底播虾夷扇贝存货进行核销处理,对24.3万亩海域成本为1.26亿元的底播虾夷扇贝存货计提跌价准备5 110.04万元,上述两项合计影响净利润6.29亿元,占公司2016年度净利润的790%,全部计入2017年度损益。獐子岛还称,底播虾夷扇贝业务可销售资源量大幅减少,毛利率大幅下降,将给2018年度经营业绩带来较大压力。本次存货核销及计提跌价准备将导致资产负债率大幅升高(初步静态测算约为88%),截止到2017年年末公司贷款余额为30.43亿元,其中2018年到期流动资金贷款为16.45亿元。

对于再度出现上述情况,獐子岛称,公司拟订了调整产业及产品结构(如将虾夷扇贝底播区面积由234万亩压缩至约60万亩)、保障现金流安全、引进战略投资者等11个方面的措施,试图解决日后该问题的三度出现。

獐子岛自2006年9月底上市,在2006—2016年间,有两年(即扇贝跑路的2014年和2015年)出现巨亏,分别亏损11.89亿元和2.43亿元,其他9个年份多多少少赚了些钱,经过11个年头的盈亏,其实是赚了4.39亿元的。

为什么农业上市公司业绩造假事件屡禁不止?

(1)农业受到土地等生产要素的天然制约,无法高速扩张

农业类公司的扩张必然面对土地等生产要素的约束,无法像工业企业一样实现公司规模的高速扩张。但股市投资者希望公司能够高速扩张,这是资本的天性,如果一个公司无法实现扩张,这个公司就不受市场欢迎,股价的估值必将受到很大的影响。

(2)单位面积上的农产品产量和价值都有限

对于农业类公司而言,一公顷土地或水面只能生产有限的农产品,而单位农产品的价格有限,一块芯片或一台机器的价值可以是几千元、几万元,甚至更多,但一公斤农产品可能只有几块钱。这决定了农业类上市公司的销售收入的绝对量、增长速度等都非常有限。

(3)税收优惠

国家为了鼓励农业生产和农产品加工行业的发展,实施了很多的税收优惠政策,农业的税

率很低,甚至个别领域完全免税,这会极大地降低造假的成本。打个比方,造假企业如果虚构一笔 100 元买入、200 元卖出的业务,这里面就有 100 元的销售增值额,正常情况下需要征收 $100 \times 16\% = 16$ 元的增值税。除此之外,剩下的净利润(例如 10 元钱)还需要交 25% 的所得税,即 2.5 元,这个企业总共会有接近 20% 的销售额用来交税。如果一家企业每年虚构 1 亿元的销售收入,就需要拿出接近 1 000 万元来交税,这些税款是无论如何都逃不掉的。为了造假,企业必须连续好几年掏出几千万现金交税,这不是个小数字,造假者不得不掂量一下自己的实力。但是在农业行业,由于流转税和所得税都有很多优惠,在最理想的情况下可能虚构一亿元的销售收入,企业连一分钱的税也不用交,造假者就会使劲往大了造,反正也不怎么花钱。

(4) 某些农业企业终端分散

这里特指农产品加工企业。通常的工商业企业,其上游是其他公司,下游也是其他公司,相互之间的业务支付都是通过银行转账实现的,只要在银行一查,基本交易线索就出来了。但是农产品加工企业上游多数是小农户,企业可能拎着一兜子现金去采购,带着一兜子土豆回来。

(5) 某些农业企业存货盘点困难

某养殖业企业是养海虾的。养殖方式是在大海中圈了一个区域散养,由第三方机构负责保管,存货体现为生物性资产。人们不可能把那片海域圈养的那些虾都捞起来,然后放在秤上去称重量。最后想了一个办法,先让养殖机构通过某种引导方式把海域中的海虾尽可能地平均分散在整个区域,然后让国内专业的水下测量机构下海去测量一个立方米水域中的虾的数量,然后再进行合理估算。就算这个方法有不足之处,但比之前两眼一抹黑的情况还是好多了的。幸好这企业按照虾的品种分开圈养,要是都混在一起,这个办法也没法用。据企业估算,按这种方式盘点一次就要花上百万。如果不是被逼着做,打死他们也不干。

某林业企业,主要存货就是划定区域内的树木,种的时候倒是按照标准的距离每隔几米种上一棵,只是范围遍及整个山头。虽然也有第三方的林木管理人员,但是基本上没数过,虽然能分出来有几块集中种植的区域,但每个区域都是非常巨大的。盘点林木当然不可能一棵一棵地数,用绳索把最外围的树木圈起来,形成一个庞大的圆形(近似而已),用周长算面积,再用平均每棵树的面积来倒算圆形中有多少棵树。企业发动了上千人上山围林子,单绳索一项就花了四十多万元。

(五) 慎取高度不确定与风险性的公司

商誉是什么?所谓商誉,多指合并商誉,即并购重组中带来的商誉,具体是指公司在并购时付出的高于被购买方资产价值(以可辨认净资产公允价值衡量)的部分。这一部分是并购方对未来被购买方能够创造的业绩的预期。商誉高的公司有高度不确定与风险性。

1. 北京文化

这几年北京文化像是开了天眼,年度爆款都被他押中。爆款效应使北京文化股票暴涨,《战狼 2》上映后北京文化在 7 个交易日内股价暴涨超过 50%,《我不是药神》又让其在 4 个交易日内股价涨幅超过 40%,《流浪地球》上映后,北京文化 2019 年 2 月 11 日随即涨停,翌日冲高至 15.17 元的阶段高位。但这几次暴涨都有一个特点——暴涨之后必暴跌。

除了爆款引擎,北京文化缺少其他业绩动力,存在高度不确定与风险性。根据北京文化 2018 年业绩快报,北京文化全年营收 11.83 亿元,同比下滑 10.46%,全年归属于上市公司股东的净利润为 3.27 亿元,同比增长 5.51%。其中,电影业务营收为 5.16 亿元,同比增长

0.47%；电视剧网剧业务营收为 5.18 亿元，同比增长 6.84%；艺人经纪业务营收为 7 611 万元，同比减少 44.65%。

2017 年，北京文化还参与投资了电影《英雄本色 2018》《猫与桃花源》《脱单告急》等，成绩都一般，甚至面临亏损，但是这些被《我不是药神》和《无名之辈》的光芒所掩盖，尤其是《二代妖精之今生有幸》，保底指标未完成，导致亏损约 1.6 亿元。

保底发行是北京文化董事长宋歌的拿手好戏。当年还在摩天轮文化时，宋歌就联合中国电影集团公司 5 亿保底发行了宁浩的《心花路放》。《战狼 2》还没开拍时，北京文化便宣布对《战狼 2》保底 8 亿元票房，保底费用为 1.4 亿元。

2. 天神娱乐

天神娱乐 2010 年成立，2014 年借壳上市，以游戏起家的天神娱乐发展之路用两个字可以总结：快、顺。创始人、董事长兼总经理朱晔也曾风生水起。他早期在游戏圈颇有名气，推出过《傲剑》《天神传奇》《苍穹变》等游戏，被称为"游戏少帅"。转入影视轨道后，他囤积大量 IP，曾火爆一时的网剧《余罪》，就出自他手。

朱晔有一个称号——"投资猎手"。仅 2015 年一年，天神娱乐就以 35.49 亿元收购了妙趣横生 95%的股权、尚雷科技 100%的股权、Avazu 和上海麦橙 100%的股权，收购估值超过 10 倍市销率。

朱晔的大道以 4 年内豪掷 68.28 亿元并购 9 家公司铺就。大规模地并购扩张，就像强心针，受此影响，天神娱乐的业绩十分好看，2014 年至 2017 年归母净利润分别为 2.32 亿元、3.62 亿元、5.47 亿元、10.20 亿元。

2018 年 9 月，这位创始人在宣布辞职时说："天神娱乐上市以来的每一次外延式发展，都经过了我与公司管理层的深思熟虑，绝非贸然激进。"

但这背后是不断积累的大量商誉。当那把悬在头上的"达摩克利斯之剑"落下之时，天神娱乐变成了天雷滚滚。

2018 年第三季度末，天神娱乐的归母净利润还是 2.51 亿元，一个季度之后，业绩变脸，上演了一出"翻脸比翻书还快"的戏码，银子就地蒸发。

2019 年 2 月 28 日，天神娱乐（002354.SZ）发布 2018 年业绩快报：全年实现营业收入 25.17 亿元，总亏损高达 72.93 亿元，亏损主要原因是对前期并购形成的商誉计提减值准备金额 48.14 亿元。天神娱乐 2014—2017 年共完成 9 起并购，涉及标的公司 13 家，交易总额为 155 亿元，净资产总额不到 40 亿元。尽管中途将部分标的公司卖出，但其商誉仍由 2014 年年末的 0 元，暴增至 65 亿元。2018 年，大部分标的公司处于业绩承诺不达标甚至亏损状态，商誉泡沫难以为继。2019 年 2 月 28 日天神娱乐的市值只有 44 亿元，却亏损了 72 亿元，整个公司都是别人的，还要倒亏一个公司！

3. 华谊兄弟

2015 年 10 月，华谊兄弟宣布以 7.56 亿元收购浙江东阳浩瀚影视娱乐有限公司（以下简称"浩瀚影视"）70%的股权，令这家成立仅一天的公司估值一举超过 10 亿元。浩瀚影视主要经营的业务包括影视剧项目的投资、制作和发行，艺人衍生品业务的开发和经营，而此次收购所涉及的艺人共 6 人。收购前，浩瀚影视的股权结构为：睿德星际（天津）文化信息咨询合伙企业（有限合伙）（以下简称"睿德星际"）持有目标公司 15%的股权，明星股东共持有目标公司 85%的股权。浩瀚影视的净资产仅为 1 000 万元。

收购浩瀚影视一个月后，华谊兄弟于 2015 年 11 月发布公告称，以 10.5 亿元收购东阳美拉股东冯小刚、陆国强合计持有的70%股权。东阳美拉在被收购时也仅成立2个月。公告显示，当时东阳美拉的资产总额仅为1.36万元，负债总额为1.91万元，所有者权益为－0.55万元。

根据协议，冯小刚承诺东阳美拉2016年的业绩目标为税后净利润不低于1亿元，2017年至2020年12月31日每年度业绩目标在上一年承诺的净利润目标基础上增长15%，如有差额将以现金方式补足。

这两次收购让华谊兄弟的商誉大增。虽然这两个被收购公司都做了业绩承诺，但这几年其为华谊兄弟贡献的利润也不多。

华谊兄弟2016年年报显示，东阳美拉2016年全年实现的净利润为5 511.39万元，如果以这一年净利润来看，东阳美拉并未完成业绩承诺。但不得不提的是，华谊兄弟在2016年年报中强调，东阳美拉2016年度承诺的业绩时限，实际是从股权转让完成之日起至2016年12月31日止，以此视为2016年度。而2015年东阳美拉的净利润为4 602.67万元，与2016年净利润合并约1.02亿元，比当年承诺金额高出200万元。也就是说把两年业绩加起来去抵一年的承诺指标，也仅仅是勉强达标。

2016年，东阳美拉上半年的净利润只有3 500万元，完成业绩承诺的全部希望寄托在了下半年的《我不是潘金莲》，该片虽然最终的4.8亿元票房不及预期，但以5亿元保底方式的发行，让东阳美拉和华谊兄弟锁定了至少7 000万元左右的利润。同时冯小刚也可以通过参与《笑傲江湖》等综艺节目获得的利润补充业绩，保证了当年业绩顺利完成。

2017年，《芳华》14亿票房虽然让东阳美拉1.15亿元的业绩承诺完成得波澜不惊，但在利润分配上同样也是恰到好处，当年东阳美拉的净利润为1.17亿元，仍然高出200万元。

在2016年和2017年两个年度，冯小刚均恰到好处地完成了业绩承诺要求。但2018年，冯小刚却没有这么幸运。2018年，《手机2》这块计划中的主要利润来源因电影档期搁置而无法兑现，终于在业绩承诺的第3年让冯小刚自掏腰包。

2019年4月27日，华谊兄弟发布2019年一季报，营收和净利润双双下降，这是华谊兄弟上市以来最差的一份年度成绩单——亏损10.93亿元。华谊兄弟将亏损原因归结为"重点电影项目的票房失利和商誉减值"。按照股权转让时所签协议的承诺条款，被收购方如果业绩未达承诺目标，差额将由承诺方以现金补齐。

根据华谊年报，2018年度东阳美拉承诺的业绩目标为税后净利润不低于1.32亿元，而公司实际实现净利润仅有6 501.5万元，未完成业绩承诺，因此东阳美拉老股东冯小刚需要交付6 821.15万元的业绩补偿款。

2018年浩瀚影视则完成了业绩对赌，承诺的业绩目标合计不低于1.37亿元，公司实际实现净利润1.95亿元。但明星股东之一的郑恺由于参与制作的项目未达到收入确认的时间，因此不能计入2018年报告期净利，郑恺故需要根据协议交付1 962.58万元的业绩补偿款。

年报显示，华谊兄弟已在2019年4月收到冯小刚6 821.11万元的业绩补偿款，需收郑恺1 962.58万元的业绩补偿款。二人位列华谊兄弟2018年前五大欠款方，合计需补偿华谊兄弟8 783.69万元的欠款。

由于业绩未能完成，东阳美拉商誉减值3亿元，由10亿元下降到7亿元。企查查显示，2019年3月22日，持有东阳美拉70%股权的华谊兄弟将全部股权质押给了阿里旗下公司北京中联华盟文化传媒投资有限公司用于借款增信，2019年1月，阿里影业正好向华谊兄弟借款7亿元。

尽管冯小刚需要自掏腰包7 000万元，但实际上，即使东阳美拉颗粒无收，其也能够通过之前的股权出售获得利润。

根据业绩补偿协议，2016年至2020年总的业绩承诺金额为6.74亿元，相较收获的10亿元股权转让款，稳赚不赔。假设东阳美拉5年没有任何收入，那么5年需要补偿的现金业绩总和约为6.74亿元，扣除这部分现金补偿，冯小刚等出让方仍旧稳赚3.76亿元。

财务报表分析技巧如下。

上市公司公开披露的财务信息很多，投资者要通过众多的信息，正确、迅速地把握企业的财务状况和未来，所以正确使用年报或中报的财务信息非常重要。财务报表应着重抓住几个重要项目加以分析，这样有利于投资者在较短的时间内，全面了解即将投资企业的赢利能力、资产管理能力、资金营运能力以及创造现金流量的能力等。衡量和分析赢利能力的技巧如下。

① 分析公司利润表时，除了看公司净利润的增长外，还要看他的营业收入是否也有增长。

② 分析公司利润表时，除了看公司净利润的增长外，还要看主营业务利润是否也有增长。

③ 在分析利润指标的大小、增长幅度的同时，还应衡量上市公司的赢利能力，最好结合销售收入、资产、净资产等财务指标，来综合反映企业赢利能力的变化。销售净利率、资产净利率、净值报酬率等指标作为最基本的指标应加以掌握。

④ 在衡量公司赢利能力和赢利水平时，还要关注这样一类公司的业绩成长状况，即公司的利润呈现为增长状态，但其取得的利润来自非主营业务收入，这样的公司应该着重分析。衡量和分析资产管理能力的方法通常通过一系列周转率来体现，主要有应收账款周转率、存货周转率、流动资产周转率、总资产周转率等。偿债能力分析也是财务报表分析的一项重要内容。一般来说，可以对短期偿债能力和长期偿债能力分别进行分析。

⑤ 保持对关键数据的敏感度。

企业的关键数据是指市场非常关心的关键数据，不会太多，大部分的经营数据都是比较稳定的，但有很少的一些重要数据可能会有比较大的变动，这些数据不一定现在就直接和企业的效益有关，它可能不赚钱甚至亏损，但是这些数据可能事关公司未来的发展，当然也影响公司的估值，因此大家非常看重，市场反应也非常敏感。

如何知道哪些数据是关键数据呢？我们可以分析，同时市场也会指点我们，如果一项数据公布后，它做出剧烈反应，说明这项数据就很关键，有时候，我们认为某些数据可能很关键，但公布变化后市场毫无反应，说明市场根本就不关心它，我们只是一厢情愿，但也有可能我们的判断是对的，只是市场当时还没明白，但终有一天，市场一定会明白过来。由于这些关键数据是能影响公司长远的估值逻辑的，我们要努力把它们找出来，如果我们并不清楚，那说明我们对公司研究的深度一定还不够。

第八章 技术分析

第一节 技术分析概述

证券投资基本分析主要是分析证券投资的质的因素,分析证券投资的内在价值,以及应怎样来选择证券,在什么样的大的政治经济环境中来进行证券投资。而在大多数情况下,证券投资注重的是证券价格的市场变化规律性,看重的是证券价格的实时变化。上百年来,众多的证券投资者在投资的实践活动中,总结归纳出了许多技术分析的方法,至今仍为众多投资分析者所采纳,具有很强的现实指导意义。

一、技术分析的含义

所谓技术分析,是指通过分析证券市场的市场行为,对证券未来的价格变化趋势进行预测的研究行为。其特点是:通过证券市场过去和现在行为的特征,应用数学和逻辑的方法,归纳和总结出证券价格运行的一些典型规律,并据此预测证券市场未来的价格变化趋势。技术分析一般不探究证券价格变化的质因,只分析价格变化的表象。技术分析者也认为证券价格是由供求关系所决定的,其基本观点是:所有证券的实际供需量及其背后起引导作用的种种因素,包括证券市场上每个人对未来的希望、担心、恐惧等,都集中反映在证券的价格和交易量上。通过研究和判断证券价格与交易量,就可以对证券价格的未来走势进行预测,从而实现理性投资。

二、技术分析的理论假设

技术分析是进行证券价格预测的行为,它的分析依据是过去和现在的市场行为,通过过去和现在的市场行为结果来进行未来证券价格趋势预测。它采用的方法主要融合统计学、逻辑学等相关的知识,用总结、归纳、推理等手段,对已有的数据进行处理后,作出预测。它的分析结论要有效可靠,必须满足3个最基本的前提条件,因为技术分析是建立在这3个命题的基础上进行的。

1. 市场行为包含了一切信息

这个假设是技术分析的前提和基础。没有这个前提,技术分析的结果就完全不可信。这里的市场行为是指证券市场上的各种证券交易的信息,包括交易价格、交易量和交易的时间与空间以及它们的变化。这个假设认为,影响证券价格的因素无论是内在的还是外来的,都会体现在证券的市场行为的变化上,也就是说,证券价格的变化总是市场各种各类信息的总汇。作为证券投资者,没有必要去过度关注具体影响证券价格的因素,只要分析这些市场行为,即证券价格或交易量的变化,就可能掌握所有的信息;并且认为,所有的市场上的各类信息都会体现在市场上的证券价格和交易量的变化上。

2. 价格沿趋势移动,并保持趋势

这一假设是我们进行技术分析最根本、最核心的因素。该假设认为,证券价格的变动是按一定规律进行的,证券价格有保持原来方向的惯性。正是由于这一条,技术分析者们才花费大量心血"按图索骥",试图找出证券价格的变动规律。实际上技术分析的第二个理论假设,是建立在投资者都是趋势论者的基础上的,即技术分析者都相信证券的价格运动是按照一定的规则趋势来运行的。只有认可了证券价格有规律可循,进行技术分析才是有意义的。

3. 历史会重演

历史会重演这一假设是我们进行技术分析的重要前提。市场运动在图表上留下的运动轨迹,常常有惊人的相似之处,可以说,技术分析的理论就是人们对过去股票价格的变动规律进行归纳总结的结果。这个假设更多是从心理因素方面来考虑的,毕竟最终在市场上进行买卖操作的是人,会受到心理学中某些理论的制约。投资者在过去的交易结果会在他心中留下深刻记忆,留在头脑中的阴影与快乐会永远影响着这个投资者。一旦遇到与过去某一时期相同或相似的情况,就应该与过去的结果进行比较。过去的结果是已知的,这个已知的结果应该是现在对未来进行预测的参考。

三、技术分析的内容

技术分析是证券市场投资分析中最常见的分析方法,在分析内容上一般主要选取成交量、成交价格、时间背景、价格运行的空间,即从通常意义上所说的价、量、时、空4个方面来展开。

(一)技术分析的内容

1. 成交量

用个股或大盘的成交量来研判市场的状态。成交量大说明市场的获利机会较多,成交量小说明市场的获利机会较少。一般而言,股票市场上的许多技术指标,包括成交价格都有可能是主力或庄家通过一定的手法来操纵形成的,但成交量往往反映了市场真实的情况。因为成交量的产生是需要一定的交易成本的,因此,成交量的增减是市场交投变化的实际反映。没有分析成交量的技术就好像是闭着眼睛射箭,当然很难命中目标。

2. 成交价格

关注成交价格主要应当关注价格及其运行的趋势。价格是最直接能够反映市场供求状况的指标。在技术分析中,分析得最多的、最普遍的内容就是成交价格。成交价格的变动是投资人获得资本利得收益的唯一来源,在投资中的收入收益(股息红利收益)既定的条件下,成交价格的变化及变化趋势就成了投资人最关注的焦点,当然也就是技术分析中的焦点内容。

3. 时间背景

时间在技术分析中指的是完成某个过程所经过的时间长短,通常指一个波段或一个升降周期所经过的时间。在任何一个证券市场中,证券价格的波动都有一定的时间周期特征,而且因市场的性质不同,不同的国家和地区会有不同的表现。

4. 价格运行的空间

这里的"空间"通常指价格升降所能够达到的程度,即价格变化有可能上升或下降到什么地方,它反映了一个市场上价格运行变化的能量大小。如果受到某因素的影响或是突发性的事件,股票内在价值发生了根本性的变化,或是股票市场的供求关系在短期内发生了实质性的转变,股价就会出现大幅度的飙升或暴跌。由于短时间内聚集的能量巨大,股价上升或下降的空间就会很大,价格的运行空间就会被打开。否则,证券价格的运行会被限制在一定的波动区间。价格的波动范围在一定的时间段内,反映出价格运行的空间。

(二) 价、量、时、空的关系

技术分析的 4 个要素间是相互联系、相互依存的,它们之间存在着密切的联系,投资者在进行技术分析的过程中,必须要将它们联系起来进行分析。

1. 价与量的关系

成交价格与成交量间的关系是众多对关系中最重要的,也是技术分析者应当十分关注的。一般来说,价、量间的关系无外乎有价涨量增、价涨量减、价跌量增和价跌量减这 4 种状态。价涨量增应顺势推动。一般来说,股票价格随着成交量放大而出现上升势头,如果成交量配合性放大,可以看作多头信号,意味着股价在以后相当长的一段时间内可能还会继续上扬。特别是在证券价格上涨趋势的初期,若成交量也随之放大,显示涨势已成,投资者要追买。但若股价经过一段大涨之后,突然出现极大的成交量,价格却未能进一步上涨,此时就要留心了。通常这种情况表示多头转弱,空头压力日增,行情随时将反转。所以这里的价涨量增是指价格上涨的同时,成交量配合性放大,强调"配合性"增长,如果成交量放得过大,就有庄家出货的嫌疑了。价涨量减呈背离现象,多少意味着股价偏高,跟进意愿不强,即所谓的"曲高和寡乏人跟进"。这种现象多出现在反弹行情中,多为套牢或中短线的有心人维持,或为短空回补所致。此时要对日后的成交量变化加以观察,若继续上涨,成交量也增加,则量缩属于惜售现象;反之,则应酌量减少手中持股,以免高档套牢。价跌量增有待观察。在股票市场上如果出现这种情况,在不同的时期,证券价格在不同的水平所反映的含义有所不同。成交量萎缩,说明投资者仍在观望,如果指数或价格刚从高位滑落,均可视为主力出货,是空头的典型信号;如果是在跌势中,并且价格已经下跌了许多,表示在逐渐筑底;如果发生在涨势初期,显示已经有主力大户介入,随时可能有大变化。价跌量减情况互异。总体看来,证券价格下跌,并且成交量也相应缩减,说明投资者的投资意愿不强,绝大多数情况下,后市难以乐观。但如果指数或价格刚从高位滑落,成交量与价格配合性地减少,也有可能是升势过程中的回档,要看后市股票价格的走势变化,如果短期内股价走势为升势,则不可完全看空。还有就是指数或价格已涨升或下跌很久,出现了价跌量减的走势,当日的下影线比上影线要超出许多,并且次日股价能够超过前日的最高点,其价格走势可望于近期内转跌为升。

2. 时间与空间的关系

时间与空间这对技术分析要素的联系,多与循环周期理论有关,反映的是市场的价格起伏的内在规律和事物发展的周而复始的特征,体现了市场能量由小变大再由大变小的过程。久升必跌,跌久必升,这是证券市场不变的规律。许多技术分析理论和假说都认为,股票市场的价格变化呈现出周期性变化的规律,涌现出了诸如"太阳黑子说"、康克狄夫大波浪周期理论、十八年周期论、九年周期论等一大批关于股市周期循环的理论。无论哪一种假说,都说明了一个问题,就是随着时间的推移,股票市场价格总是在一个既定的价格空间范围内起伏变化,这反映了时间与空间在股价运行中的关系。

3. 时间、空间与价格趋势的关系

时间、空间与价格趋势的关系可从投资的短线和长线角度分析。一般来说,时间持续越长,证券价格变化的空间可能就会越大,正如股票价格在一天内的波动幅度,一般而言,总是比它在1年乃至10年内的波动幅度小。对于短线投资者而言,可能对周期性变化规律关注得少,关注得较多的是短期内,证券价格上升或下降的空间有多大;相对于中长线投资者而言,空间与时间在证券价格表现上的关系就显得格外重要。一般来说,时间长、证券价格波动空间大的过程,对今后价格趋势的影响和预测作用也大;时间短、波动空间小的过程,对今后价格走势的影响和预测作用也小。

四、技术分析的方法

技术分析的种类与方法有许多,从不同角度对证券市场的行为进行分析,寻找和发现其中不直接显露的实质性内容,是进行证券投资技术分析最基本的出发点。不同的分析人士运用不同的方法和技巧,从不同角度对证券市场的行为进行了分析,所以形成的技术分析方法也就千变万化,各有不同。但技术分析一般都是在价、量历史资料的基础上进行统计、数学计算、绘制图表。不管技术分析方法是如何产生的,人们最关心的是它的实用性,因为我们的目的是用它来预测未来价格走势,从而为投资决策服务。目前,投资市场上最常见的技术分析方法,一般来说,大体有五大类,即技术指标法、切线法、形态法、K线分析法、波浪理论。

(一) 技术分析方法的主要种类

1. 技术指标法

技术指标法主要通过考查市场行为的各个方面,建立一个数学模型,给出数学上的计算公式,得到一个体现证券市场的某个方面内在实质的数字,这个数字叫指标值。指标值的具体数值和相互间关系,直接反映证券市场所处的状态,为我们的操作行为提供指导方向。指标反映的东西大多是无法从行情报表中直接看到的。目前,证券市场上的各种技术指标数不胜数,如相对强弱指标(RSI)、随机指标(KD)、趋向指标(DMI)、平滑异同移动平均线(MACD)、能量潮(OBV)、心理线(PSY)、乖离率(BIAS)等。这些都是很著名的技术指标,在证券市场应用中长盛不衰。而且随着时间的推移,新的技术指标还在不断涌现。

2. 切线法

切线法是按一定方法和原则在由股票价格的数据所绘制的图表中画出一些直线,然后根据这些直线的情况推测股票价格的未来趋势,这些直线就叫切线。切线主要起支撑和压力的作用。支撑线和压力线的往后延伸位置对价格趋势起一定的制约作用。一般来说,股票价格在从下向上抬升的过程中,一触及压力线,甚至远未触及压力线,就会调头向下。同样,股价在从上向下跌的过程中,在支撑线附近就会转头向上。另外,如果触及切线后没有转向,而是继续向上或向下,这就叫突破。突破之后,这条切线仍然有实际作用,只是名称和作用变了。原来的支撑线变成压力线,原来的压力线变成支撑线。切线类分析主要是依据切线的这个特性。

切线的画法是最为重要的,画得好坏直接影响预测的结果。目前,画切线的方法有很多种,主要有趋势线、通道线等,此外还有黄金分割线、甘氏线、角度线等。

3. 形态法

形态法是根据价格图表中过去一段时间走过的轨迹形态来预测股票价格未来趋势的方法。技术分析第一条假设告诉我们,市场行为包括一切信息。价格走过的形态是市场行为的重要部分,是证券市场对各种信息感受之后的具体表现,用价格图的轨迹或者说形态来推测股票价格的将来是有道理的。从价格轨迹的形态中,我们可以推测出证券市场处在一个什么样的大环境之中,由此对我们今后的投资给予一定的指导。主要的形态有 M 头、W 底、头肩顶、头肩底等十几种。

4. K 线分析法

K 线分析法是通过制图手段,将证券市场行为具体体现在一系列的图表上,其研究手法是侧重若干的 K 线组合情况,推测证券市场多空双方力量的对比,进而判断证券市场多空双方谁占优势,是暂时的,还是决定性的。K 线图是进行各种技术分析最重要的图表。单独一天的 K 线形态有十几种,若干天的 K 线组合种类就无法计数了。人们经过不断地总结经验,发现了一些对股票买卖有指导意义的组合,而且新的研究结果正不断地被发现、被运用。K 线最初由日本人在德川幕府时期,用以记录米市交易行情,K 线是因此而发明的,并在东亚地区广为流行,许多股票投资者进行技术分析时往往首先接触的是 K 线图。

5. 波浪理论

波浪理论兴起于 1978 年美国人查尔斯·J. 柯林斯(Charles J Collins)发表的专著《波浪理论》。波浪理论的实际发明者和奠基人是艾略特(RaiphNel son Elliot),他在 20 世纪 30 年代就有了波浪理论最初的想法。波浪理论是较为典型的股价循环周期理论的具体化,它把股价的上下变动和不同时期的持续上涨、下跌看成波浪的上下起伏。波浪的起伏遵循自然界的规律,股票的价格运动也就遵循波浪起伏的规律。简单地说,上升是 5 浪,下跌是 3 浪。数清楚了各个浪就能准确地预见到:熊市已接近尾声,牛市即将来临,或是牛市已到了强弩之末,熊市即将来到。波浪理论较之于别的技术分析流派,最大的区别就是能提前很长的时间预计到行情的底和顶,而别的流派往往要等到新的趋势已经确立之后才能看到。但是,波浪理论又是公认的较难掌握的技术分析方法。

以上 5 类技术分析流派从不同的方面理解和考虑股票市场,有的注重长线,有的注重短线;有的注重价格的相对位置,有的注重绝对位置;有的注重时间,有的注重价格。

(二) 技术分析的应用要注意的问题

技术分析方法的确能够帮助投资者正确地选择和研判证券投资的时机,作出正确的投资抉择。但正如我们前面所阐述的,技术分析是有其理论前提和局限性的,在投资人运用技术分析手段进行投资分析时,应特别注意以下几个方面内容的把握。

1. 不能单独运用一种技术分析

不能单纯运用技术分析一种方法来进行行情趋势的研判,技术分析必须与基本分析结合起来使用,才能提高其准确程度,否则单纯的技术分析是不全面的。技术分析说到底仅是对证券市场行为单方面的研判,侧重于市场的交易信息的研究,对于在成熟和均衡的市场状况下,对投资决策有一定的帮助。但对于类似于我们国家刚刚兴起的不成熟市场,由于市场突发消息较频繁,人为操纵的因素较大,所以仅靠过去和现在的数据、图表去预测未来是不可靠的,这方面的例子举不胜举。事实上,在中国的证券市场上,技术分析依然有非常高的预测成功率。这里,成功的关键在于不能机械地使用技术分析。除了在实践中不断修正技术分析外,还必须结合基本分析来使用技术分析。

2. 注意用多种技术分析方法

注意用多种技术分析方法的综合研判,切忌片面地使用某一种技术分析手段分析的结果。任何技术分析的方法和手段至今来看,都不是完美无缺的,这也是证券投资市场中众多投资者所共同认可的。使用技术分析方法的投资者需要全面考虑技术分析的各种方法对未来的预测,综合汇总并归纳这些方法得到的结果,最终得出一个合理的多空双方力量对比的描述。实践证明,单独使用一种技术分析方法有相当的局限性和盲目性。

3. 技术分析的结论要不断修正,并在实际中检验

每个技术分析的结论都要通过自己的不断修正,并经实践验证后才能放心地使用。由于证券市场的财富效应,能够给投资者带来巨大的收益,多年来研究证券投资技术的分析者层出不穷,分析的方法各异,使用同一分析方法的风格也不同。前人和别人得到的结论是在一定的特殊条件和特定环境中得到的,随着环境的改变,前人和别人成功的方法落到自己头上有可能会失败。因此,不能机械地照搬照套别人技术分析的分析结论和做法,要在实践中不断修正技术分析参数,对技术分析结论反复斟酌,才能使自己的分析结论更加可靠。

4. 技术分析是一种工具,决定技术分析结论的是人

对技术分析不要抱有过高的期待。证券投资技术分析中的许多技术参数是人为设定的,不同的分析者选用的参数与标准不同,可能最终的分析结论也迥异。过于倚重技术分析的结论可能会使分析者误入歧途。况且在技术分析中还有许多其分析能力所不可企及的地方,技术分析不是在任何环境和条件下都可以运用的。

第二节 K 线分析

技术图表在技术分析中是最常见的分析手段,投资者在进行证券分析时,会面临各种各样的技术分析图表,它是投资者进行技术分析的依据和重要工具。学会绘制和读懂各类图表,是进行图表分析的前提。常见的技术分析图表有 K 线图、棒形图、点数(OX)图和宝塔图等。其中目前在我国证券市场上投资者使用最多、最频繁,也是流传最广的仍然是 K 线图。

K 线又称为日本线或蜡烛线。K 线被日本人最初用在米市上,用以表示米价的涨跌情况,后来被引入股市,用来分析股市走势。K 线较细腻地表现了交易过程中买卖双方的强弱程度和价格波动状况,是目前股票技术分析的最基本工具。

K 线由实体、上影线和下影线组成,包含开盘价、最高价、最低价及收盘价等 4 种价格。K 线的画法:①用两条横线分别标出开盘价和收盘价,然后用竖线将横线连接成一个矩形实体;②将最高价与实体的上端相连,称为上影线,将最低价与实体的下端相连,称为下影线;③如收盘价高于开盘价,其实体部分用白色或红色表示,称为阳线,收盘价低于开盘价,其实体部分用黑色或绿色表示,称为阴线。K 线的基本图形如图 8-1 所示。

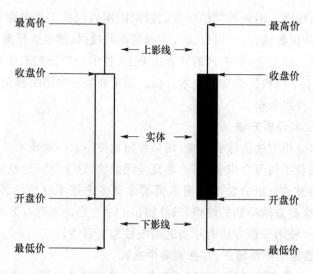

图 8-1　K 线的基本图形

根据实体和影线的长短,K 线主要有以下几种形状。

1. 大阳线与大阴线

大阳线是上、下影线均较短的长白实体。实体的长度表明收盘价和开盘价的差距,实体越长,表明买方力量越发强劲。大阳线一般出现在上升趋势中,如果出现在下跌趋势中,也表明买方力量增强,存在反转趋势或反弹的可能。

大阴线是上、下影线均较短的长黑实体。大阴线与大阳线正好相反,实体越长,表明卖方势力越强。大阴线一般出现在下降趋势里或上升行情转为下降行情时,表明卖方力量强劲。

大阳线与大阴线如图 8-2 所示。

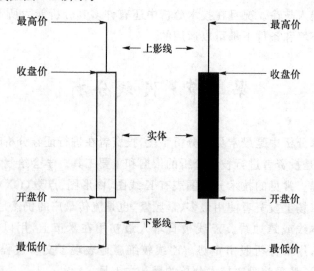

图 8-2　大阳线与大阴线

2. 小阳线与小阴线

小阳线与小阴线实体均较短,表明价格波动区间狭小。两者通常出现在盘整状态中,而且一般是交替出现。小阳线表示买方力量略强于卖方,小阴线则表示卖方力量稍强。小阳线与小阴线如图 8-3 所示。

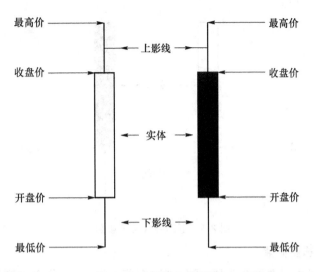

图 8-3　小阳线与小阴线

3. 上影阳线与上影阴线

上影阳线表明股价在买方的力量作用下推升至最高位,但受到卖方打压,使股价上升气势受到抑制。实体与上影线的长短表现出买卖双方力量的强弱,实体越长,说明买方势力越强;上影线越长,说明卖方打压力量越大。

上影阴线也表明股价在买方的力量作用下推升至最高位,但卖方力量非常强大,将股价压至最低价收盘。该线实体越长,卖方力量越大。上影线越长越能显示买方的潜在实力。

上影阳线与上影阴线如图 8-4 所示。

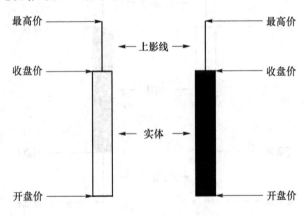

图 8-4　上影阳线与上影阴线

4. 下影阳线与下影阴线

下影阳线表明开盘后股价曾一度遭到卖方打压至最低价后受到有力支持,股价回升,以当天的最高价收盘,买方获得决定性胜利。该阳线实体越长,买方越强,下影线越长,显示买方有潜在实力。上影线很长的阳线预示股市可能转向下跌。

下影阴线表明开盘后股价被打压至很低,但在低价位遇买盘介入,股价有所回升,但仍未超过开盘价。该线实体越长,卖方力量越强,下影越长,买方力量越强。在下跌趋势中,如出现实体较短、下影很长的下影阴线,同时有成交量配合,那么其很可能是股价反转的信号。

下影阳线与下影阴线如图 8-5 所示。

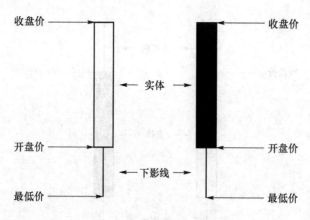

图 8-5　下影阳线与下影阴线

5. 等影阳线与等影阴线

等影阳线表明买卖双方争斗激烈，股价来回振荡不已，最终收盘价高于开盘价，买方获得小胜。通过实体与影线长度的对比，来分析买卖双方力量的对比，如果实体长于影线，表明买方力量仍较强；如果影线长于实体，则表明卖方潜力较大，买方已受挫。

等影阴线类似于等影阳线，差异在于卖方最终略占上风，收盘价低于开盘价。如果实体长于影线，表明卖方力量较强；如果影线长于实体，则表明买方潜力较大，卖方受挫。

等影阳线与等影阴线如图 8-6 所示。

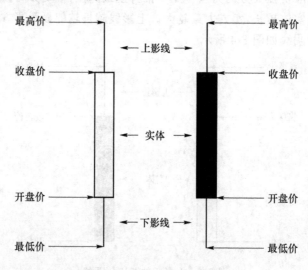

图 8-6　等影阳线与等影阴线

6. 光头光脚阳线和光头光脚阴线

没有上影线和下影线的长阳线实体即光头光脚阳线；没有上、下影线的长阴线实体即光头光脚阴线。两者类似于大阳线和大阴线，只不过买方或卖方力量更为强劲一些，光头光脚阳线通常被视为牛市继续或熊市反转形态的一部分，光头光脚阴线则相反。

光头光脚阳线和光头光脚阴线如图 8-7 所示。

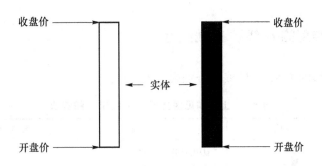

图 8-7　光头光脚阳线和光头光脚阴线

7. 十字转机线

十字转机线指收盘价与开盘价相同的 K 线形态,其常常隐含着大势将转变的意义。根据上、下影线的长短或有无,它可分为十字星线、墓碑线、T 形线、一字线 4 种图形。十字星线表明买卖双方几乎势均力敌,但如果十字星线的上影线长于下影线,表示卖方力量较强,下影线长于上影线则表示买方力量较强。墓碑线表示当日的开盘价、收盘价、最低价相同。T 形线则表示当日开盘价、收盘价、最高价相同。而一字线表示当日的开盘价、收盘价、最高价、最低价等 4 种价格均相同。十字转机线如图 8-8 所示。

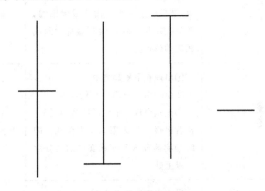

图 8-8　十字转机线

第三节　K 线组合分析

K 线分析是将一段时间的 K 线按时间顺序进行排列,形成一张记录了股票的历史走势的 K 线图表。投资者对这张 K 线图表通过单根 K 线的分析,或是典型的 K 线组合的判断,或是 K 线的趋势形态预测,可以判断股市的未来价格变动趋势。下面将具体介绍 K 线图的运用。

表 8-1、表 8-2、表 8-3 所列的 K 线、K 线组合共 75 种,分成 3 类:①上升和见底——表示股价要上涨,或者表示股价已经见底;②下跌和滞涨——表示股价要下跌,或者股价上涨已经遇到强大阻力,短期内走势会转弱;③整理——在某种场合出现,表示股价要上涨,在另一种场合出现,表示股价要下跌。

一、上升和见底类型的 K 线和 K 线组合

上升和见底类型的 K 线和 K 线组合如表 8-1 所示。

表 8-1　上升和见底类型的 K 线和 K 线组合

序号	名称	图形	特征	技术含义	备注
1	早晨十字星		①出现在下跌途中 ②由 3 根 K 线组成,第一根 K 线是阴线,第二根 K 线是十字线,第三根 K 线是阳线。第三根 K 线实体深入到第一根 K 线实体之内	见底信号,后市看涨	又称希望十字星
2	早晨之星		和早晨十字星相似,区别之处在于早晨十字星的第二根 K 线是十字线,而早晨之星的第二根 K 线是小阴线或小阳线	见底信号,后市看涨	又称希望之星,信号不如早晨十字星强
3	好友反攻		①出现在下跌行情中 ②由一阴一阳两根 K 线组成 ③先是一根大阴线,接着跳低开盘,结果收了一根中阳线或大阳线,并且收在前一根 K 线收盘价相同或相近的位置上	见底信号,后市看涨	转势信号不如曙光初现强
4	曙光初现		①出现在下跌趋势中 ②由一阴一阳两根 K 线组成 ③先是出现一根大阴线或中阴线,接着出现一根大阳线或中阳线。阳线的实体深入到阴线实体的二分之一以上处	见底信号,后市看涨	阳线实体深入到阴线实体的部分越多,转势信号越强
5	旭日东升		①出现在下跌趋势中 ②由一阴一阳两根 K 线组成 ③先是一根大阴线或中阴线,接着出现一根高开的大阳线或中阳线。阳线的收盘价已高于前一根阴线的开盘价	见底信号,后市看涨	信号强于曙光初现;阳线实体高出阴线实体部分越多,转势信号越强
6	倒锤头线		①出现在下跌途中 ②阳线(或阴线)实体很小,上影线大于或等于实体的两倍 ③一般无下影线,少数会有一点	见底信号,后市看涨	实体与上影线的比例越悬殊,信号越强。与早晨之星同时出现,见底信号更加可靠

续表

序号	名称	图形	特征	技术含义	备注
7	锤头线		①出现在下跌途中 ②阳线（或阴线）实体很小，下影线大于或等于实体的两倍 ③一般无上影线，少数会略有一点上影线	见底信号，后市看涨	实体与下影线的比例越悬殊，越有参考价值。如与早晨之星同时出现，见底信号更加可靠
8	平底钳子底		①在下跌趋势中出现 ②由两根或两根以上的K线组成 ③最低价处在同一水平位置上	见底信号，后市看涨	
9	塔形底		①出现在下跌途中 ②先是一根大阴线或中阴线，后为一连串的小阴线、小阳线，最后出现一根大阳线或中阳线	见底信号，后市看涨	
10	圆底		①在跌势中出现 ②股价形成一个圆弧底 ③圆弧内的K线多为小阴线、小阳线，最后是向上跳空缺口	见底信号，后市看涨	与形态理论圆形底有区别
11	低位并排阳线		①出现在下跌趋势中 ②由两根阳线组成 ③第一根阳线跳空低开，其收盘时在前一根K线下方留下一个缺口，后面一根阳线与第一根阳线并排而立	见底信号，后市看涨	
12	低档五阳线		①出现在下跌行情 ②连续拉出五根阳线，多为小阳线	见底信号，后市看涨	也有可能是六七根阳线
13	连续跳空三阴线		①出现在下跌趋势中 ②连续出现3根向下跳空低开的阴线	见底信号，后市看涨	如在股价已有大幅下挫的情况下出现，见底可能性更大
14	红三兵		①出现在上涨行情初期 ②由3根连续创新高的小阳线组成	买进信号，后市看涨	若阳线收于最高点或接近最高点，为三白武士，信号更强

续表

序号	名称	图形	特征	技术含义	备注
15	冉冉上升形		①在盘整后期出现 ②由若干根小K线组成（一般不少于8根），其中以小阳线居多，中间也可以夹着小阴线、十字线 ③整个K线排列呈略微向上倾斜状	买进信号，后市看涨	它往往是股价大涨的前兆，如成交量同时放大，可能性更大
16	徐缓上升形		①多数出现在涨势初期 ②先接连出现几根小阳线，然后才拉出中、大阳线	买进信号，后市看涨	
17	稳步上涨形		①出现在上涨行情中 ②众多阳线中夹着较少的小阴线。整个K线排列呈向上倾斜状	买进信号，后市看涨	后面的阳线对插入的阴线覆盖速度越快越有力，上升潜力越大
18	上升抵抗形		①在上涨途中出现 ②由若干根K线组成 ③连续跳高开盘，即使中间收出阴线，但收盘价比前一根K线的收盘价高	买进信号，后市看涨	
19	弧形线		①在涨势初期出现 ②由若干根K线组成 ③股价走势是一个向上的抛物线	买进信号，后市看涨	一旦弧形线为市场认可，上涨周期就很长
20	下探上涨形		在上涨途中突然跳低开盘（甚至以跌停板开盘），当日以涨势收盘收出一根大阳线（甚至以涨停板收盘）	买进信号，后市看涨	多数为控盘庄家利用消息洗盘，一般后市将有一段较大升势
21	上涨二颗星		①在涨势初期、中期内出现 ②由一大两小3根K线组成 ③在上涨时先出现一根大阳线或中阳线，随后就在这根阳线的上方出现两根小K线（可以是小十字线或实体很小的阳线或阴线）	继续看涨	有时会在一根大阳线的上方出现3根小K线，称为上涨3颗星
22	跳空上扬形		①出现在涨势中 ②由一阴一阳两根K线组成 ③先拉出一根跳空上扬的阳线留下一个缺口，接着出现一根低收的阴线收于缺口上方	继续看涨	又称升势鹤鸦缺口

续 表

序号	名称	图形	特征	技术含义	备注
23	高位并排阳线		①出现在涨势中 ②由两根阳线组成 ③第一根阳线跳空向上,其收盘时在前一根K线上方留下一个缺口。第二根阳线与之并排,开盘价与第一根阳线的开盘价基本相同	继续看涨	又称升势恋人肩并肩缺口,这个缺口对日后股价走势有较强的支撑作用,但若日后股价跌破缺口,则走势转弱
24	跳空下跌三颗星		①出现在连续下跌途中 ②由3根小阴线组成 ③3根小阴线与上面一根K线有明显的缺口	见底信号	如果在3根小阴线后出现一根大阳线,上涨的可能性更大
25	上升三部曲		①出现在上涨途中 ②由大小不等的5根K线组成 ③先拉出一根大阳线或中阳线,接着连续出现3根小阴线,但都没有跌破前面阳线的开盘价,随后出现一根大阳线或中阳线,走势类似于"N"	继续看涨	又称升势三鸦
26	多方尖兵		①出现在上涨行情中 ②由若干根K线组成 ③在拉出一根中阳线或大阳线时,留下了一根较长的上影线,然后股价回落,但不久股价又上涨到上影线的上方	继续看涨	实际上是多方主力发动全面进攻前的一次试盘
27	两阳夹一阴		①既可以出现在涨势中,也可以出现在跌势中 ②由两根较长的阳线和一根较短的阴线组成,阴线夹在阳线之中	在涨势中出现,继续看涨;在跌势中出现,见底信号	

二、下跌和滞涨类型的 K 线和 K 线组合

下跌和滞涨类型的 K 线和 K 线组合如表 8-2 所示。

表 8-2　下跌和滞涨类型的 K 线和 K 线组合

序号	名称	图形	特征	技术含义	备注
28	黄昏十字星		①出现在涨势中 ②由 3 根 K 线组成，第一根为阳线，第二根为十字线，第三根为阴线。第三根 K 线实体深入到第一根 K 线实体之内	见顶信号，后市看跌	
29	黄昏之星		和黄昏十字星相似，区别在于第二根 K 线是小阴线或小阳线	见顶信号，后市看跌	信号不如黄昏十字星强
30	淡友反攻		①出现在涨势中 ②先出现一根大阳线，接着跳高开盘，拉出一根中阴线或大阴线，其收盘价与前者相同(近)	见顶信号，后市看跌	转势信号不如乌云盖顶强
31	乌云盖顶		①出现在涨势中 ②由一根中阳线或大阳线和一根中阴线或大阴线组成 ③阴线已深入到阳线实体二分之一以下处	见顶信号，后市看跌	阴线深入阳线实体部分越多，转势信号越强
32	倾盆大雨		①出现在涨势中 ②由一阳一阴两根 K 线组成 ③先是一根大阳线或中阳线，接着出现一根低开的大阴线或中阴线，收盘价低于阳线开盘价	见顶信号，后市看跌	强于乌云盖顶；实体低于阳线越多，信号越强
33	射击之星流星		①出现在上涨趋势中 ②阳线(或阴线)实体很小，上影线大于或等于实体的两倍 ③一般无下影线，少数会有一点下影线	见顶信号，后市看跌	又称扫帚星，实体与上影线的比例越悬殊，越有参考价值。如与黄昏之星同时出现，信号更可靠
34	上吊线绞刑线		①出现在涨势中 ②阳线(或阴线)实体很小，下影线大于或等于实体的两倍 ③一般无上影线，少数略有一点上影线	见顶信号，后市看跌	实体与下影线的比例越悬殊，越有参考价值。如与黄昏之星同时出现，见顶信号更加可靠

续表

序号	名称	图形	特征	技术含义	备注
35	平顶钳子顶		①在上涨趋势中出现 ②由两根或两根以上的K线组成 ③最高价处于同一水平位置	见顶信号,后市看跌	
36	塔形顶		①出现在上涨趋势中 ②先是一根大阳线或中阳线,后为一连串的小阳线或小阴线,最后出现一根大阴线或中阴线	见顶信号,后市看跌	
37	圆顶		①在上涨趋势中出现 ②股价形成一个圆弧顶 ③圆弧内的K线多为小阳线或小阴线,最后以向下跳空缺口确认圆顶形态成立	见顶信号,后市看跌	与形态理论圆形顶有一定的区别
38	双飞乌鸦		①出现在涨势中 ②由一大一小两根阴线组成 ③第一根阴线的收盘价高于前一根阳线的收盘价,并且第二根阴线完全包容了第一根阴线	见顶信号,后市看跌	
39	三乌鸦		①出现在涨势中 ②由三根阴线组成,阴线多为大阴线或中阴线 ③每次均以跳高开盘,最后以下跌收盘	见顶信号,后市看跌	又称暴跌三杰
40	高档五阴线		①出现在涨势中 ②由五根阴线组成,但多为小阴线 ③先拉出一根较为有力的阳线,接着出现5根并排阴线	见顶信号,后市看跌	有时也可能是六七根阴线
41	下降覆盖线		①在上涨行情中出现 ②由4根K线组成。前两根K线构成一个穿头破脚形态,第三根K线是一根中阳线或小阳线,但阳线实体通常要比前一根阴线短,之后又出现一根中阴线或小阴线,阴线实体已深入到前一根阳线实体之中	见顶信号,后市看跌	见顶信号强于穿头破脚

续表

序号	名称	图形	特征	技术含义	备注
42	低档盘旋形		①出现在下跌途中 ②由若干根小阴线、小阳线组成 ③先是小阴线、小阳线的横盘,后来出现一根跳空向下的阴线	卖出信号,后市看跌	
43	黑三兵		①既可以在涨势中出现,也可以在跌势中出现 ②由3根小阴线组成,最低价一根比一根低	卖出信号,后市看跌	
44	绵绵阴跌形		①在盘整后期出现 ②由若干根小K线组成(一般不少于8根),其中以小阴线居多,也可以夹着一些小阳线、十字线 ③整个K线排列呈微向下倾斜状	卖出信号,后市看跌	股价很可能就此长期走弱,应及早停损离场
45	徐缓下跌形		①多数出现在跌势初期 ②先接连出现几根小阴线,然后拉出中、大阴线	卖出信号,后市看跌	
46	下跌不止形		①出现在下跌途中 ②众多的阴线中夹着较少的小阳线。整个K线排列呈向下倾斜状	卖出信号,后市看跌	
47	下降抵抗形		①出现在下跌途中 ②由若干根阴线和阳线组成,但阴线大大多于阳线 ③连续跳低开盘,即使中间收出阳线,但收盘价也要比前一根K线的收盘价低	卖出信号,后市看跌	
48	高开出逃形		突然跳高开盘(甚至以涨停板开盘),然后一路下跌,最后收出一根大阴线(甚至以跌停板收盘)	卖出信号,后市看跌	一般后市将有一段大跌势
49	下跌三颗星		①在下跌行情初期出现 ②由一大三小4根K线组成 ③在下跌时,先出现一根大阴线或中阴线,随后就在这根阴线的下方出现3根小K线(既可以是小十字线,也可以是实体很小的阴线、阳线)	卖出信号,后市看跌	表明市场买方意愿不强,市场将以盘跌为主

续表

序号	名称	图形	特征	技术含义	备注
50	下降三部曲		①出现在下跌趋势中 ②由5根大小不等的K线组成 ③先出现一根大阴线或中阴线,接着出现3根向上爬升的小阳线,但这3根小阳线都没有冲破第一根阴线开盘价,最后又被一根大阴线或中阴线全部或大部分吞吃	卖出信号,后市看跌	又称降势三鹤
51	空方尖兵		①出现在下跌行情中 ②由若干根K线组成 ③在拉出一根中阴线或大阴线时,留下了一根较为长的下影线,然后股价反弹,但不久股价又跌至下影线下方	卖出信号,后市看跌	实际上是空方主力向多方进行全面扫荡前的一次试盘
52	倒三阳		①出现在下跌初期 ②由3根阳线组成 ③每日都是低开高走,第一根K线以跌势收盘,后两根K线的收盘价低于或接近前一天的阳线开盘价。因此虽然连收了3根阳线,但图形上却出现了类似连续3根阴线的跌势	卖出信号,后市看跌	下跌概率极大,投资者应趁早离场
53	连续跳空三阳线		①出现在上涨行情中 ②连续出现3根向上跳空高开的阳线	滞涨信号,后市看跌	
54	升势受阻		①出现在涨势中 ②由3根阳线组成 ③3根阳线实体越来越小,最后一根阳线的上影线很长	滞涨信号,后市看跌	
55	升势停顿		①出现在涨势中 ②由3根阳线组成 ③上升时先拉出两根大阳线或中阳线,第三根阳线实体很小	滞涨信号,后市看跌	
56	阳线跛脚		①出现在涨势中 ②由3根或以上阳线组成 ③最后两根阳线都是低开,并且最后一根阳线收盘价比前面阳线收盘价要低	滞涨信号,后市看跌	

续表

序号	名称	图形	特征	技术含义	备注
57	两阴夹一阳		①既可以在涨势中出现,也可以在跌势中出现 ②由两根较长的阴线和一根较短的阳线组成。阳线夹在阴线之中	在涨势中出现,是见顶信号;在跌势中出现,则继续看跌	

三、整理类型的 K 线和 K 线组合

整理类型的 K 线和 K 线组合如表 8-3 所示。

表 8-3 整理类型的 K 线和 K 线组合

序号	名称	图形	特征	技术含义	备注
58	大阳线		①可以在任何情况下出现 ②实体较长,可略带上、下影线	上涨初期出现,后市看涨;上涨途中出现,继续看涨;连续加速行情中出现,见顶信号。连续下跌中出现,有见底回升之意	阳线实体越长,信号越可靠
59	大阴线		①可以在任何情况下出现 ②实体较长,可略带上、下影线	涨势中出现,见顶信号下跌初期出现,后市看跌;下跌途中出现,继续看跌;连续加速下跌行情中出现,有空头陷阱之嫌疑	

续表

序号	名称	图形	特征	技术含义	备注
60	小阳线		①在盘整行情中出现较多,也可在上涨和下跌行情中出现 ②K线实体很小,可略带上、下影线	说明行情不明朗,多空双方小心接触,但多方略占上风	单根小阳线意义不大,应结合其他K线分析
61	小阴线		①在盘整行情中出现较多,也可在下跌和上涨行情中出现 ②K线实体很小,可略带上、下影线	说明行情不明朗,多空双方小心接触,但空方略占上风	单根小阴线意义不大,应结合其他K线分析
62	十字线		①既可出现在涨势中,也可出现在跌势中 ②开盘价和收盘价相同,上、下影线较短	涨势末端出现,见顶信号;下跌末端出现,见底信号;上涨途中出现,继续看涨;下跌途中出现,继续看跌	信号可靠性不强。应结合其他K线一起分析
63	长十字线		①既可出现在涨势中,也可出现在跌势中 ②开盘价和收盘价相同,上、下影线较长	含义与十字线相同	可靠程度高于十字线
64	螺旋桨		①既可出现在涨势中,也可出现在跌势中 ②开盘价和收盘价相近,实体(可阴可阳)可以很小,但上、下影线很长	涨势中出现,后市看跌;下跌途中出现,继续看跌;连续加速下跌行情中出现,有见底回升之意	转势信号比长十字线更强
65	一字线		①既可出现在涨势中,也可出现在跌势中 ②开盘价、收盘价、最高价、最低价几乎相同	涨势中出现,买进信号;跌势中出现,卖出信号	

续 表

序号	名称	图形	特征	技术含义	备注
66	T字线		开盘价、收盘价、最高价相同,最低价与之有较大差距	涨势末端出现,卖出信号;跌势末端出现,买进信号;上涨途中出现,继续看涨;下跌途中出现,继续看跌	下影线越长,力度越大,信号越可靠
67	倒T字线		开盘价、收盘价、最低价相同,最高价与之有较大差距	涨势末端出现,卖出信号;跌势末端出现,买进信号;上涨途中出现,继续看涨;下跌途中出现,继续看跌	上影线越长,信号越可靠
68	搓揉线		①多数出现在涨势中 ②由一正一反两根T字线组成	上涨途中出现,继续看涨;上涨末端出现,见顶信号	途中以小T字居多;末端以大T字居多
69	尽头线		①既可以出现在涨势中,也可以出现在跌势中 ②由一大一小两根K线组成 ③出现在涨势中,第一根K线为大阳线和中阳线,并留有一根上影线,第二根K线为小十字线或小阳线、小阴线,依附在第一根K线的上影线之内 ④跌势中相反	涨势中,见顶信号;跌势中,见底信号	上影线或下影线右方的K线实体越小(如小十字星),信号越强
70	穿头破脚		①既可以在涨势中出现,也可以在跌势中出现 ②由大小不等、阴阳相反的两根K线组成 ③涨势中出现,前一根为阳线,后一根为阴线,后者将前者实体全部包容在内;跌势中相反	涨势中出现,卖出信号;跌势中出现,买进信号	两根K线的长短悬殊或一根长K线包容前面的K线越多,信号越有参考价值

续表

序号	名称	图形	特征	技术含义	备注
71	身怀六甲		①既可以在涨势中出现,也可以在跌势中出现 ②由大小不等的两根K线组成,可一阴一阳,也可两阳或两阴 ③第一根K线实体要完全包容第二根K线实体 ④第二根K线可以是小阴线、小阳线或十字线	涨势中出现,卖出信号;跌势中出现,买进信号	若第二根K线为十字线,称十字胎,是力度最大的K线形态之一
72	镊子线		①既可以在涨势中出现,也可以在跌势中出现 ②由3根两大一小的K线组成 ③3根K线的最高价几乎处于同一水平位置	上涨时出现为头部信号;下跌时出现为底部信号	
73	上档盘旋形		①出现在上涨途中 ②由若干根或十几根K线组成 ③首先拉出一根较有力度的阳线,接着出现阴阳交错、上下波动范围很小的横盘走势	上档盘旋时间在14天之内,多数看涨;超过14天,多数看跌	盘旋时间太久,说明多方上攻愿望不强,因而下跌的概率大
74	加速度线		①既可以在涨势中出现,也可以在跌势中出现 ②上涨时出现,表现为开始缓慢爬升,后来攀升速度越来越快,接着连续拉出中阳线或大阳线 ③下跌时出现,表现为开始缓慢下跌,后来下跌速度越来越快,接着连续拉出中阴线或大阴线	上涨时出现为头部信号;下跌时出现为底部信号	
75	下跌三连阴		①出现在跌势中 ②由3根阴线组成,阴线多为大阴线或中阴线 ③每根阴线都以最低价或次低价报收,最后一根阴线往往是大阴线	跌势初期出现,继续看跌;跌势后期出现,见底信号	连续阴跌不止,并且股价已有较大跌幅时,表明空方力量已用尽

第四节 切线分析

一、趋势分析

趋势就是股票价格的波动方向。一般说来,市场价格变动不是朝一个方向直来直去,中间肯定有曲折,从图形上看就是一条蜿蜒的曲线,每个折点处形成一个峰或谷。由这些峰和谷的相对高度,我们可以看出趋势的方向。

趋势的方向有上升方向、下降方向和水平方向。如果图形中每个后面的峰和谷都高于前面的峰和谷,则趋势就是上升方向,如图 8-9(a)所示。如果图形中每个后面的峰和谷都低于前面的峰和谷,则趋势就是下降方向,如图 8-9(b)所示。如果图形中后面的峰和谷与前面的峰和谷相比,没有明显的高低之分,几乎呈水平延伸,这时的趋势就是水平方向,如图 8-9(c)所示。水平方向趋势是被大多数人忽视的一种方向,这种方向在市场上出现的机会是相当多的。

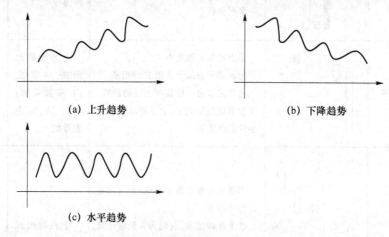

(a) 上升趋势　　(b) 下降趋势

(c) 水平趋势

图 8-9　趋势图

按道氏理论,趋势分为 3 种类型。①主要趋势。主要趋势是股价波动的大方向,一般持续的时间比较长。②次要趋势。次要趋势是在主要趋势中进行的调整。③短暂趋势。短暂趋势是在次要趋势中进行的调整。这 3 种类型趋势的区别是时间的长短和波动幅度的大小。

二、支撑线与压力线

(一) 支撑线与压力线的定义

如果趋势已经确认了,比如,我们认识到大牛市来临,那么自然打算入市,这时就有选择入市时机的问题。我们总是希望在涨势回落的最低点买入,这个回落的最低点在哪里呢?支撑线和压力线会给我们一定的帮助。压力线与支撑线如图 8-10 所示。

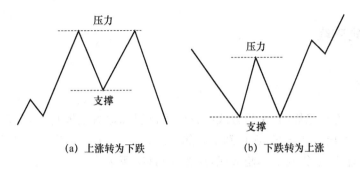

图 8-10 压力线与支撑线

支撑线又称为抵抗线。当股价跌到某个价位附近时,股价停止下跌,甚至有可能回升,这是因为多方在此买入造成的。支撑线起阻止股价继续下跌的作用,该价位就是支撑线所在的位置。压力线又称为阻力线。当股价上涨到某价位附近时,股价会停止上涨,甚至回落,这是因为空方在此抛售造成的。压力线起阻止股价继续上升的作用。这个起着阻止或暂时阻止股价继续上升的价位就是压力线所在的位置。

(二) 支撑线与压力线的确认

每一条支撑线和压力线的确认都是人为的,主要是根据股价变动所画出的图表。一般来说,支撑线与压力线的重要性由 3 个方面的因素决定:一是股价在这个区域停留时间的长短;二是股价在这个区域伴随的成交量大小;三是这个支撑区域或压力区域发生的时间距离当前这个时期的远近。

有时,由于股价的变动,会发现原来确认的支撑或压力可能不真正具有支撑或压力的作用,比如说,不完全符合上面所述的 3 条。这时,就有一个对支撑线和压力线进行调整的问题,这就是支撑线和压力线的修正。

(三) 支撑线与压力线的突破及相互转变

股价的变动是有趋势的,要维持这种趋势,保持原来的变动方向,就必须冲破阻止其继续向前的障碍。支撑线和压力线迟早会被突破。同时,支撑线和压力线又有彻底阻止股价按原方向变动的可能。支撑线和压力线之所以能起支撑和压力作用,很大程度是由于心理方面的原因,历史会重复也是一个重要因素。

在上升趋势中,如果未创出新高,即未突破压力线,这个上升趋势就已处在很关键的位置了,如果其后股价又向下突破了这个上升趋势的支撑线,就发出了趋势有变的强烈信号,通常这意味着,这一轮上升趋势已经结束,下一步的走向是下跌。同样,在下降趋势中未创新低,即未突破支撑线,这个下降趋势就已经处于很关键的位置了,如果其后股价向上突破了这个下降趋势的压力线,这就发出了下降趋势将要结束的强烈信号。

支撑线和压力线也可能相互转变。一个支撑如果被跌破,那么这个支撑将成为压力;同理,一个压力被突破,这个压力将成为支撑。支撑和压力相互转化的重要依据是被突破,可以从 3 个方面判断是否被突破:①幅度原则;②时间原则;③收盘价原则。

三、趋势线与轨道线

（一）趋势线

趋势线是衡量价格趋势的,由趋势线的方向可以明确地看出股价的运行趋势。在上升趋势中,将两个低点连成一条直线,就得到上升趋势线,如图 8-11(a)所示。在下降趋势中,将两个高点连成一条直线,就得到下降趋势线,如图 8-11(b)所示。

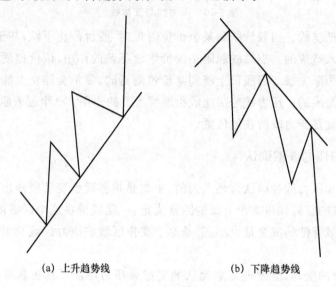

(a) 上升趋势线　　　　(b) 下降趋势线

图 8-11　趋势线

上升趋势线是支撑线的一种,下降趋势线是压力线的一种。

在实际中怎样对用各种方法画出的趋势线进行挑选评判,得到一条真正起作用的趋势线：首先,必须确实有趋势存在；其次,画出直线后,还应得到第三个点的验证,才能确认这条趋势线是有效的。另外,这条直线延续的时间越长,就越具有有效性。

怎样用趋势线对股价进行预测？一般来说,趋势线有两种作用：①对股价今后的变动起约束作用,就是起支撑和压力作用；②趋势线被突破后,说明股价下一步的走势将要反转。越重要、越有效的趋势线被突破,其转势的信号越强烈。即原来是支撑线的,现在将起压力作用；原来是压力线的,现在将起支撑作用,如图 8-12 所示。

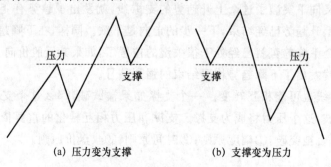

(a) 压力变为支撑　　　　(b) 支撑变为压力

图 8-12　支撑线、压力线

(二) 轨道线

轨道线又称通道线或管道线。在已经得到了趋势线后,通过第一个峰和谷可作出这条趋势线的平行线,这条平行线就是轨道线,也就是常说的上升和下降轨道。轨道的作用是限制股价的变动范围。轨道一旦得到确认,那么价格将在这个通道里变动。轨道线的另一个作用是提供趋势转向的警报。如果在一次波动中未触及轨道线,离得很远就开始掉头,这往往是趋势将要改变的信号。轨道线如图 8-13 所示。

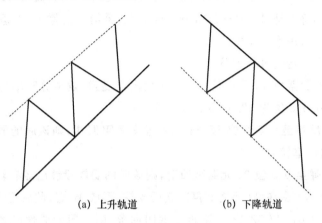

(a) 上升轨道　　　　(b) 下降轨道

图 8-13　轨道线

与突破趋势线不同,对轨道线的突破并不是趋势反转的开始,而是趋势加速的开始,即原来的趋势线的斜率将会增加,趋势线将会更加陡峭。

(三) 黄金分割线

黄金分割线是股市中最常见、最受欢迎的切线分析工具之一,主要运用黄金分割来揭示上涨行情中的调整支撑位或下跌行情中的反弹压力位。不过,黄金分割线没有考虑时间变化对股价的影响,所揭示出来的支撑位和压力位较为固定,投资者不知道什么时候会达到支撑位与压力位。因此,如果股价指数或股价在顶部或底部横盘运行的时间过长,其参考作用则要打一定的折扣,但这丝毫不影响黄金分割线为实用切线工具的作用。

在行情发生转势后,无论是止跌转升或止升转跌,以近期走势中重要的高点和底点之间的涨跌额作为计量的基数,将原涨跌幅按 0.191、0.382、0.5、0.618、0.809 分割为 5 个黄金点,股价在反转后的走势将有可能在这些黄金分割点上遇到暂时的阻力或支撑。

黄金分割率的原理源自弗波纳奇神奇数字(即大自然数字)。黄金分割率中运用最经典的数字是 0.382、0.618,极易产生支撑和压力。

对上涨途中的调整行情分析如下。

① 假设一只上涨的股票由 10 元涨到 15 元,呈现一种强势,然后出现回调,那么在回调的过程中,黄金分割率 0.382 位的价格为 13.09 元,0.5 位的价格为 12.50 元,0.618 位的价格为 11.91 元,它们就是该股的 3 个支撑位。

② 如果股价在 13.09 元附近获得支撑,该股强势不改,后市突破 15 元创新高的概率较大。若创了新高,该股就运行在第三主升浪中。能冲到什么价位呢?一个 0.382 价位,即 (113.09)+15=16.91 元,这是第一压力位;用两个 0.382 价位,即 (113.09)×2+15=18.82 元,

这为第二个压力位;第三个压力位为 10 元的整数倍,即 20 元。

③ 如果该股从 15 元开始下调至 12.50 元附近获得支撑,则该股的强势特征已经趋淡,后市突破 15 元的概率一般,若突破,高点一般能达到一个 0.382 价位(即 16.91 元左右);若不能突破,往往形成 M 头,后市行情将趋于走弱。

④ 如果该股从 15 元下调至 0.618 位(即 11.91 元),甚至更低才获得支撑,则该股已经由强转弱,破 15 元再创新高的可能性较小,大多仅在上摸下调空间的 0.5 位附近〔假设回调至 11.91 元,反弹目标位大约在 (11 1.91)×0.5+11.91=13.46 元,然后再行下跌,运行该股的下跌 C 浪。大约下跌的价位是,11.91−(11 3.09)=10 元,是第一支撑位,也是前期低点;11.91−(11 3.09)×2=8.09 元,是第二支撑位〕。

对下跌途中的调整行情分析如下。

假设一只下跌的股票由 40 元跌至 20 元,然后出现反弹,黄金分割率的 0.382 位为 27.64 元;0.5 位为 30 元;0.618 位为 32.36 元。

① 如果该股仅反弹至 0.382 位 27.64 元附近即遇阻回落,则该股的弱势特性不改,后市下破 20 元创新低的概率较大。

② 如果该股反弹至 0.5 位 30 元遇阻回落,则该股的弱势股性已经有转强的迹象,后市下破 20 元的概率一般。大多在 20 元之上再次获得支撑,形成 W 底,此后逐步恢复强势行情。

③ 如果反弹至 0.618 位 32.36 元附近才遇阻回落,则该股的股性已经由弱转强,后市下破 (32.36−20)×0.5+20=26.18 元,然后再逐步走强。

黄金分割法对具有明显上升或下跌趋势的个股有效,对平台运行的个股无效,使用时需要加以区分。

(四) 百分比线

百分比线考虑问题的出发点是人们的心理因素和一些整数的分界点。

当价格持续上涨时,肯定会遇到压力,遇到压力后,就要回调,回调的位置是很重要的。百分比线同样可以提供一些参考价位。

以一轮上涨行情开始的最低点和最高点两者之间的差,分别乘上几个特别的百分比数,就可以得到未来支撑位出现的位置。这些百分比数一共有 9 个,它们分别是 1/8、1/4、3/8、1/2、5/8、3/4、7/8、1/3、2/3。

在这些百分比线中,1/2、1/3、2/3 这 3 条线最为重要。在很大程度上,回落到 1/2、1/3、2/3 是投资大众的一种倾向心理。如果没有回落到 1/2、1/3、2/3 以下,投资者就感觉没有回落到位似的;如果已经回落到 1/2、1/3、2/3,多数投资者就会认为回落的深度已经到位了。

之所以用分数表示,是为了突破整数的习惯。这 9 个数字中有些很接近,如 3/8 和 1/3、2/3 和 5/8。在应用时以 1/3、2/3 为主。

对于下降行情中的向上反弹,百分比线同样也适用。其方法与上升情况完全相同。

值得注意的是:百分比线中有几条线非常接近或等于黄金分割线,如百分比线 3/8=37.5% 与黄金分割线 0.382 非常接近;1/2 等于黄金分割线的 50%。在实际应用中,这几条线可以互相替代,并且有很高的使用价值,每当行情运行到这一带时常常会遇到阻力或遇到支撑。这是百分比线应用中的一种特殊情况。

第五节 形态分析

股价形态是记录股票价格表现为某种形状的图形。这种形状的出现和突破,对未来股价运动的方向和变动幅度有着很大的影响作用,投资者可以从某些经常出现的形态中分析多空双方力量对比的变化,找出一些股价运行的规律,借以指导投资活动。

形态分析一般有 5 个要素。

1. 形态构成

形态构成是指对形态出现的位置、形状姿态等方面的具体要求。有哪些标志,不能想当然地看着像,就认为是某个形态。

2. 成交量在形态中的表现

通过形态的形成过程就可以看出投资者的情绪,股价运行到关键位置,市场参与者对它的认可程度都可以通过成交量反映出来。所以,成交量是形态分析中必不可少的确认条件。如果不符合相应成交量的要求,就有可能是主力庄家画的图形,是诱导技术分析人士的陷阱。

3. 颈线及其突破

颈线就是通过股价平衡点位置(也就是形态中最重要的位置)画出的一条线。股价在颈线之上说明正在构筑形态的过程中,突破颈线当日或刚刚突破不久,说明平衡已经被打破,至此确认整个形态完成。

4. 买卖原则

不同的形态有不同的买卖原则,但只有当有利于自己的交易机会出现时才能进行买卖,所以形态的买卖位置在哪里必须清楚,不能有一点含糊。

5. 预测作用

形态完成之后,其本身对趋势会起到确认作用,或持续,或反转。但同时由于形态历经时间较长,振荡幅度较大,筹码相对较为集中,这样在形态完成前后介入的投资者对股价未来上涨或下跌会有一个预期,所以形态对股价的后期走势还能起到一定的预测作用。

股价形态主要分成两大类。一类是反转形态。这种形态表示股价的原有走势将要逆转,也就是将要改变原先的股价走势方向,例如,原来的上升趋势将变成下降趋势,或原来的下降趋势将变成上升趋势。反转形态的典型图形有头肩形、双重形、三重形、圆形和 V 形等。另一类是整理形态。这类形态显示股价走势将要停顿下来做一些休整,并不改变原先的股价走势,经过一段时间的盘整,股价可能继续向原先的走势发展。整理形态的典型图形有三角形、旗形、矩形和楔形等。

一、反转形态

(一)头肩顶

反转形态指股价趋势逆转所形成的图形,亦即股价由涨势转为跌势,或由跌势转为涨势的信号。

1. 形态分析

头肩顶走势如图 8-14 所示，头肩顶可以划分为以下不同的部分。

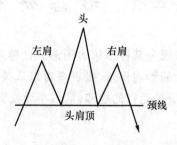

图 8-14 头肩顶

① 左肩部分——持续一段上升的时间，成交量很大，过去在任何时间买进的人都有利可图，于是开始获利沽出，令股价出现短期的回落，成交量上升到其顶点时有显著的减少。

② 头部——股价经过短暂的回落后，又有一次强力的上升，成交量亦随之增加。不过，成交量的最高点较之于左肩部分，明显减退。股价升破上次的高点后再一次回落。成交量在这个回落期间亦同样减少。

③ 右肩部分——股价下跌到接近上次的回落低点后又再获得支持回升，可是，市场投资的情绪显著减弱，成交量较左肩和头部明显减少，股价没法抵达头部的高点便回落，于是形成右肩部分。

④ 突破——从右肩顶下跌穿破由左肩底和头部底所连接的底部颈线，其突破颈线的幅度要超过市价的 3% 以上。

简单来说，头肩顶的形状呈现 3 个明显的高峰，其中位于中间的一个高峰较其他两个高峰的高点略高。至于成交量方面，则出现梯级形的下降。

2. 市场含义

头肩顶是一个不容忽视的技术性走势，我们从这个形态可以观察到好淡双方的激烈争夺情况。

初时，看好的力量不断推动股价上升，市场投资情绪高涨，出现大量成交的情况，经过一次短期的回落调整后，那些错过上次升势的人在调整期间买进，股价继续上升，而且攀越过上次的高点，表面看来市场仍然健康和乐观，但成交量已大不如前，反映出买方的力量在减弱中。那些对前景没有信心和错过了上次高点获利回吐的人，或是在回落低点买进作短线投机的人纷纷沽出，于是股价再次回落。第三次的上升为那些后知后觉错过了上次上升机会的投资者提供了机会，但股价无力升越上次的高点，而当成交量进一步下降时，差不多可以肯定过去看好的乐观情绪已完全扭转过来。未来的市场将疲弱无力，一次大幅的下跌即将来临。

对此形态的分析如下。

① 这是一个长期性趋势的转向形态，通常会在牛市的尽头出现。

② 当最近的一个高点的成交量较前一个高点为低时，就暗示了头肩顶出现的可能性；当第三次回升股价没法升抵上次的高点，成交量继续下降时，有经验的投资者就会把握机会沽出。

③ 当头肩顶颈线被击破时，就是一个真正的沽出信号，虽然股价和最高点比较，已回落了相当的幅度，但跌势只是刚刚开始，未出货的投资者继续沽出。

④ 当颈线被跌破后，我们可根据这个形态的最少跌幅量度方法预测股价会跌至哪一水

平。这个量度的方法是——从头部的最高点画一条垂直线到颈线,然后在完成右肩突破颈线的一点开始,向下量出同样的长度,由此量出的价格就是该股将下跌的最小幅度。

3. 要点提示

① 一般来说左肩和右肩的高点大致相等,部分头肩顶的右肩较左肩低。但如果右肩的高点较头部还要高,形态便不能成立。

② 如果其颈线向下倾斜,则显示市场非常疲乏无力。

③ 在成交量方面,左肩最大,头部次之,而右肩最少。不过,根据有些统计所得,大约有1/3的头肩顶左肩成交量较头部多,1/3的成交量大致相等,其余的1/3是头部的成交量大于左肩的。

④ 当颈线被跌破时,成交量不增加也该信赖,倘若成交量在跌破时激增,则显示市场的抛售力量十分庞大,股价会在成交量增加的情形下加速下跌。

⑤ 在跌破颈线后可能会出现暂时性的回升(后抽),这种情形通常会在低成交量跌破时出现。不过,暂时回升应该不超越颈线水平。

⑥ 头肩顶是一个杀伤力十分强大的形态,通常其跌幅大于量度出来的最少跌幅。

⑦ 假如股价最后在颈线水平回升,而且高于头部,又或是股价于跌破颈线后回升并高于颈线,这可能是一个失败的头肩顶,不宜信赖。

(二) 头肩底

头肩底如图 8-15 所示。

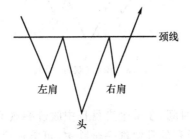

图 8-15 头肩底

1. 形态分析

头肩底和头肩顶的形状一样,只是整个形态倒转过来而已,又称"倒转头肩式"。形成左肩时,股价下跌,成交量相对增加,接着为一次成交量较小的次级上升。接着股价又再下跌且跌破上次的最低点,成交量再次随着下跌而增加,较左肩反弹阶段的交投为多——形成头部;从头部最低点回升时,成交量有可能增加。从整个头部的成交量来说,较左肩为多。当股价回升到上次的反弹高点时,出现第三次回落,这时的成交量很明显少于左肩和头部,股价再跌至左肩的水平,跌势便稳定下来,形成右肩。最后,股价正式策动一次升势,并且伴随着成交量的大量增加,当其冲破颈线阻力时,成交量显著上升,整个形态便成立。

2. 市场含义

头肩底的分析意义和头肩顶没有两样,它告诉我们过去的长期性趋势已扭转过来,股价一次接一次地下跌,第二次的低点(头部)显然较先前的一个低点为低,但很快地掉头弹升,接下来的一次下跌股价未跌到上次的低点水平就已获得支持而回升,反映出看好的力量正逐步改变市场过去向淡的形势。当两次反弹的高点阻力线(颈线)被打破后,显示看好的一方已完全把淡方击倒,买方代替卖方完全控制整个市场。

3. 要点提示

① 头肩顶和头肩底的形状差不多,主要的区别在于成交量方面。

② 当头肩底颈线被突破时,就是一个真正的买入信号,虽然股价和最低点比较,已上升一段幅度,但升势只是刚刚开始,表示买入的投资者应该继续追入。其最少升幅的量度方法是从头部的最低点画一条垂直线相交于颈线,然后在右肩突破颈线的一点开始,向上量度出同样的高度,所量出的价格就是该股将会上升的最小幅度。另外,当颈线阻力被突破时,必须要有成交量激增的配合,否则这可能是一个错误的突破。不过,如果在突破后成交量逐渐增加,形态也可确认。

③ 一般来说,头肩底形态较为平坦,因此需要较长的时间来完成。

④ 在升破颈线后可能会出现暂时性的回跌,但回跌不应低于颈线。如果回跌低于颈线,又或是股价在颈线水平回落,没法突破颈线阻力,而且还跌低于头部,这可能是一个失败的头肩底形态。

⑤ 头肩底是极具预测威力的形态之一,一旦获得确认,升幅大多会多于其最少升幅。

(三) 单日(双日)反转

单日(双日)反转如图 8-16 所示。

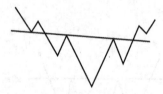

图 8-16 单日(双日)反转

1. 形态分析

当一只股票持续上升一段时间,在某个交易日中股价突然不寻常地被推高,但马上又受到了强大的抛售压力时,把当日所有的升幅都完全跌去,可能还会多跌一部分,并以全日最低价(或接近全日最低价)收市,这个交易日就叫做顶部单日反转。同样在下跌时,某个交易日中股价突然大幅滑落,但马上又受到了强大的抢购支撑,把当日所有的跌幅收幅,可能还会多升一部分,并以全日最高价(或接近全日最高价)收市,这就是底部单日反转。

双日反转就是单日反转形态的变形。在上升的过程中,某交易日该股股价大幅扳升,并以全日的最高价收市,可是翌日股价以昨天的收市价开盘后,全日价格不断下跌,把昨日的升幅完全跌去,而且可能以上日的最低价收市,这走势的表现就称之为顶部双日反转。同样在下跌时,某个交易日里股价突告大幅滑落,但接着的一个交易日便完全收复失地,并以当日最高价收市,这就是底部双日反转。

2. 市场含义

我们以底部单日反转为例,解释这现象出现的原因。

在下跌的阶段中,由于股价不断下跌,愈来愈多的投资者没法承担更大损失,于是止蚀沽出。他们的沽售令股价进一步推低,更低的价格使他们更急于沽出,因此令当日价位急速下跌。当他们沽售完毕之后,抛售压力突然消失,其他投资者因为新低价的引诱而尝试买入,马上就获得利润,于是有更多投资者加进买入的行列,由于较早时沽盘已全被消化,因此买盘很快便推动股价上升,把当天跌去的价位全部升回。

单日反转形态的市场含义至少有两点。

① 大市暂时见顶(当顶部单日反转出现时)或是见底(当底部单日反转出现时)。顶部单日反转通常在消耗性上升的后期出现;底部单日反转则在恐慌性抛售的末段出现。

② 这并非是长期性趋势逆转的信号,通常在整理形态的顶部出现,虽然亦可能在长期性趋势的顶点(或底点)出现。

3. 要点揭示

① 单日反转当天,成交量突然大增,而价位的波动幅度很大,两者较平时都明显增大。如果成交量不高或全日价格波幅不大,形态就不能确认。

② 当日股价一两个小时内的波动可能较平时三四个交易日的波幅更大。顶部单日反转时,股价开市较上个交易日高出多个价位,但很快形势就逆转过来,价格迅速向反方向移动,最后这一天的收市价和上个交易日比较几乎无变化。底部单日反转情形则完全相反。

③ 一般在临收市前 15 分钟,交投突然大增,价格迅速朝反方向移动。

④ 对于双日反转的成交量和价位,两天的波幅同样巨大。顶部双日反转第二个交易日把前一交易日的升幅完全跌去;而底部双日反转则完全升回前一交易日的跌幅。

(四) 复合头肩

复合头肩如图 8-17 所示。

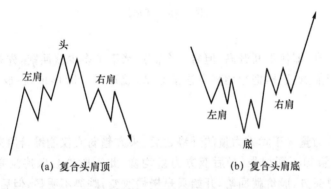

(a) 复合头肩顶   (b) 复合头肩底

图 8-17 复合头肩

1. 形态分析

复合头肩是头肩式(头肩顶或头肩底)的变形走势,其形状和头肩式十分相似,只是肩部、头部或两者同时出现的次数多于一次,大致来说可划分为以下几大类。

① 一头双肩式形态。一个头有两个大小相同的左肩和右肩,左、右双肩大致平衡。比较多的是一头双右肩,在形成第一个右肩时,股价并不是马上跌破颈线,反而掉头回升,不过回升却止于右肩高点之下,最后股价继续沿着原来的趋势向下。

② 一头多肩式形态。一般的头肩式都有对称的倾向,因此当两个左肩形成后,很有可能也会形成一个右肩。除了成交量之外,图形的左半部和右半部几乎完全相等。

③ 多头多肩式形态。在形成头部期间,股价一再回升,而且回升至上次同样的高点水平才向下回落,形成明显的两个头部,也可称作两头两肩式走势。有一点必须留意:成交量在第二个头往往会较第一个减少。

2. 市场含义

复合头肩形态的分析意义和普通的头肩式形态一样,当在底部出现时,即表示一次较长期的升市即将来临;假如在顶部出现,显示市场将转趋下跌。

在形成复合头肩形态的初期,因成交量可能不规则,使形态难以辨认,但时间稍久一点,就很容易看出它和头肩形态的趋势完全一致。

3. 要点提示

① 复合头肩形态的最少升幅/跌幅量度方法和普通的头肩形态的量度方法一样。

② 复合头肩形态的颈线很难画出来,因为每一个肩和头的回落部分(复合头肩底则是回升部分),并不会全都落在同一条线上。因此,应该将最明显的两个短期低点(复合头肩底则是短期反弹高点)连接而形成颈线。

(五)圆形顶

圆形顶如图 8-18 所示。

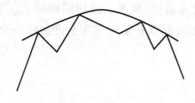

图 8-18 圆形顶

1. 形态分析

股价呈弧形上升,即使不断升高,但每一个高点涨不了多少就回落,先是新高点较前点高,后是回升点略低于前点,这样把短期高点连接起来,就形成一圆形顶,在成交量方面也会有一个圆形状。

2. 市场含义

经过一段买方力量强于卖方力量的升势之后,买方趋弱或仅能维持原来的购买力量,使涨势缓和,而卖方力量却不断加强,最后双方力量均衡,此时股价会保持没有上落的静止状态。如果卖方力量超过买方,股价就回落,开始只是慢慢改变,跌势不明显,但后期则由卖方完全控制市场,跌势便告转急,说明一个大跌市即将来临,未来下跌之势将转急转大,那些先知先觉者在形成圆形顶前离市,但在圆形顶完全形成后,仍有机会撤离。

3. 要点提示

① 有时当圆形头部形成后,股价并不马上下跌,只是反复向横发展并形成徘徊区域,这个徘徊区域称作碗柄。一般来说,这个碗柄很快便会被突破,股价继续朝着预期中的下跌趋势发展。

② 圆形反转在股价的顶部和底部均会出现,其形态相似,意义相反。在底部时表现为股价呈弧形下跌,初时卖方的压力不断减轻,于是成交量持续下降,但买入的力量仍畏缩不前,这时候股价虽然下跌,然而幅度缓慢和细小,其趋势曲线渐渐接近水平。在底部时买卖力量达至均衡状态,因此仅有极小的成交量。然后需求开始增加,价格随着上升,最后买方完全控制市场,价格大幅上扬,出现突破性的上升局面。在成交量方面,初时缓慢地减少到一个水平,然后又增加,形成一个圆底形。这个形态显示一次巨大的升市即将来临。投资者可以在圆形底升势转急之初追入。

(六) 双重顶(底)

双重顶(底)如图 8-19 所示。

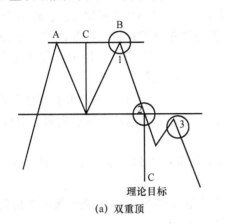
(a) 双重顶

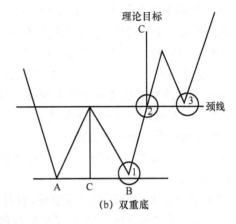
(b) 双重底

图 8-19　双重顶(底)

1. 形态分析

一只股票上升到某一价格水平时,出现大成交量,股价随之下跌,成交量减少,接着股价又升至与前一个价格几乎相等之顶点,成交量再随之增加,却不能达到上一个高峰的成交量,再第二次下跌,股价的移动轨迹就像字母"M",这就是双重顶,又称 M 走势。

一只股票持续下跌到某一水平后出现技术性反弹,但回升幅度不大,时间亦不长,股价又再次下跌,当跌至上次低点时却获得支持,再一次回升,这次回升时的成交量要大于前次反弹时的成交量,股价在这段时间的移动轨迹就像字母"W",这就是双重底,又称 W 走势。

无论是"双重顶"还是"双重底",都必须突破颈线(双头之颈线是第一次从高峰回落的最低点;双底之颈线就是第一次从低点反弹的最高点),形态才算完成。

2. 市场含义

股价持续上升为投资者带来了相当的利润,于是他们沽售,这一股沽售力量令上升的行情转为下跌。当股价回落到某水平时,吸引短期投资者的兴趣,另外较早前沽出获利的亦可能在这个水平再次买入补回,于是行情开始恢复上升。但与此同时,对该股信心不足的投资者会因觉得错过了在第一次的高点出货的机会而马上在市场出货,加上在低水平获利回补的投资者亦同样在这个水平再度卖出,强大的沽售压力令股价再次下跌。由于高点两次都受阻而回,令投资者感到该股没法再继续上升(至少短期内该是如此),假如愈来愈多的投资者沽出,则会令股价跌破上次回落的低点(即颈线),于是整个双头形态便形成。

双底走势的情形则完全相反。股价持续的下跌令持货的投资者觉得价太低而惜售,而另一些投资者则因为新低价的吸引尝试买入,于是股价呈现回升趋势,当上升至某水平时,较早前短线投机买入者获利回吐,那些在跌市中持货的亦趁回升时沽出,因此股价又再一次下挫。但对后市充满信心的投资者觉得他们错过了上次低点买入的良机,所以这次股价回落到上次低点时便立即跟进,当愈来愈多的投资者买入时,求多供少的力量便推动股价扬升,而且还突破上次回升的高点(即颈线),扭转了过去下跌的趋势。

双头或双底形态是一个转向形态。当出现双头时,即表示股价的升势已经终结;当出现双底时,即表示跌势告一段落。通常这些形态出现在长期性趋势的顶部或底部,所以当双头形成时,我们可以肯定双头的最高点就是该股的顶点;而双底的最低点就是该股的底部了。双头的颈线被跌破是一个可靠的出货信号;而双底的颈线被冲破则是一个入货的信号。

3. 要点提示

① 双头的两个最高点并不一定在同一水平,两者相差少于3%是可接受的。通常来说,第二个头可能较第一个头高出一些,原因是看好的力量企图推动股价继续再升,可是却没法使股价上升超逾3%的差距。一般双底的第二个底点都较第一个底点稍高,原因是先知先觉的投资者在第二次回落时已开始买入,令股价没法再次跌回上次的低点。

② 双头最少跌幅的量度方法是由颈线开始计起的,至少会再下跌从双头最高点至颈线之间的差价距离。双底最少涨幅的量度方法也是一样的,双底之最低点和颈线之间的距离,股价在突破颈线后至少会升抵相当长度。

③ 形成第一个头部(或底部)时,其回落的低点约是最高点的10%~20%(底部回升的幅度也是相若的)。

④ 双重顶(底)不一定都是反转信号,有时也会是整理形态,这要视两个波谷的时间差决定,通常两个高点(或两个低点)形成的时间相隔超过一个月。

⑤ 双头的两个高峰都有明显的高成交量,这两个高峰的成交量同样尖锐和突出,但第二个头部的成交量较第一个头部显著减少,反映出市场的购买力量已在转弱。双底第二个底部的成交量十分低沉,但在突破颈线时,必须得到成交量激增的配合方可确认。当双头跌破颈线时,不需成交量的上升也应该信赖。

⑥ 通常突破颈线后,会出现短暂的反方向移动,称之为反抽,双底只要反抽不低于颈线(双头之反抽则不能高于颈线),形态依然有效。

⑦ 一般来说,双头或双底的升跌幅度都较量度出来的最少升/跌幅大。

(七)三重顶(底)

三重顶(底)如图 8-20 所示。

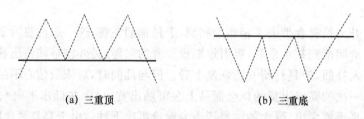

(a) 三重顶　　　　　　　(b) 三重底

图 8-20　三重顶(底)

1. 形态分析

任何头肩形,特别是头部超过肩部不够多时,可称为三重顶(底)。三重顶形态和双重顶形态十分相似,只是多了一个顶,并且各顶分得很开、很深。成交量在上升期间一次比一次少。三重底则是倒转的三重顶,它们的分析含义一样。

2. 市场含义

股价上升一段时间后投资者开始获利回吐,市场在他们的沽售下从第一个峰顶回落,当股价落至某一区域时就会吸引一些看好后市的投资者的兴趣,另外以前在高位沽出的投资者亦可能逢低回补,于是行情再度回升,但市场买气不是十分旺盛。在股价恢复至前一高位附近时,即在一些减仓盘的抛售下令股价再度走软,但在前一次回档的低点被错过前一低点买进机会的投资者及短线客的买盘拉起,但由于高点两次都受阻而回,令投资者在股价接近前两次高点时都纷纷减仓,股价逐步下滑至前两次低点时一些短线买盘开始止蚀,此时若愈来愈多的投资者意识到大势已去并均沽出,则会令股行跌破上两次回落的低点(即颈线),于是整个三重次形态便形成。

三重底走势则完全相反,股价下跌一段时间后,由于股价的调整,使得部分胆大的投资者开始逢低吸纳,而另一些高抛低吸的投资者亦部分回补,于是股价出现第一次回升,当升至某一水平时,前期的短线投机者及解套盘开始沽出,股价出现再一次回挫。当股价落至前一低点附近时,一些短线投资者高抛后开始回补,由于市场抛压不重,股价再次回弹,当回弹至前次回升的交点附近时,前次未能获利而出的持仓者纷纷回吐,令股价重新回落,但这次在前两次反弹的起点处买盘活跃,愈来愈多的投资者跟进买入,股价放量突破两次转折回调的高点(即颈线),三重底走势正式成立。

3. 要点提示

① 三重顶(底)之顶峰与顶峰,或底谷与底谷的间隔距离与时间不必相等,同时三重顶之底部与三重底之顶部不一定要在相同的价格形成。

② 3个顶点价格不必相等,大至相差3%以内就可以了。

③ 三重顶的第三个顶在成交量非常小时,即显示出下跌的征兆,而三重底在第三个底部上升时,成交量大增,即显示出股价具有突破颈线的趋势。

④ 从理论上讲,三重底或三重顶最小涨幅或跌幅,底部或顶部愈宽,力量愈强。

(八) 潜伏底

潜伏底如图8-21所示。

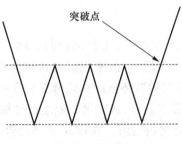

图8-21 潜伏底

1. 形态分析

股价在一个极狭窄的范围内横向移动,每日股价的高低波幅极少,并且成交量亦十分稀疏,图表上形成一条横线般的形状,这形态称之为潜伏底。经过一段长时间的潜伏静止后,价位和成交量同时摆脱了沉寂不动的闷局,股价大幅向上抢升,成交量亦转趋畅旺。

2. 市场含义

潜伏底大多出现在市场淡静之时,以及一些股本少的冷门股上。这是由于这些股票流通量少,而且公司不注重宣传,前景模糊,结果受到投资者的忽视,稀少的买卖使股票的供求十分平衡。持有股票的人找不到急于沽售的理由,有意买进的也找不到急于追入的原因,于是股价就在一个狭窄的区域里一天天地移动,既没有上升的趋势,也没有下跌的迹象,表现令人感到沉闷,就像是处于冬眠时期的蛇虫,潜伏不动。最后,该股突然出现不寻常的大量成交,原因可能是受到某些突如其来的消息,例如公司赢利大增、分红前景好等的刺激,股价亦脱离潜伏底,大幅向上扬。先知先觉的投资者在潜伏底形成期间不断在做收集性买入,当形态被突破后,未来的上升趋势将会强而有力,而且股价的升幅甚大。所以,当潜伏底明显向上突破时,值得投资者马上跟进,跟进这些股票的利润十分可观,但风险却很低。

3. 要点提示

① 通常潜伏底时间应较长。

② 投资者必须在长期性底部出现明显突破时方可跟进。突破的特征是成交量激增。

③ 在突破后的上升途中,必须继续维持高成交量。

(九) 反转形态——V形和伸延V形

V形反转形态如图8-22所示。

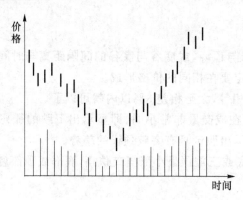

图 8-22　V形反转形态

1. 形态分析

V形走势可分为3个部分。

① 下跌阶段。通常V形的左方跌势十分陡峭,而且持续一短段时间。

② 转势点。V形的底部十分尖锐,一般来说形成这转势点的时间仅两三个交易日,而且成交量在这个低点明显增多。有时候转势点就在恐慌交易日中出现。

③ 回升阶段。接着股价从低点回升,成交量亦随之而增加。

"伸延V形"走势是"V形"走势的变形。在形成V形走势期间,其中上升(或是下跌)阶段呈现变异,股价有一部分出现向横发展的成交区域,其后打破这徘徊区,继续完成整个形态。

倒转V形和倒转伸延V形的形态特征与V形走势相反。

2. 市场含义

由于市场中卖方的力量很大,令股价稳定而又持续地挫落,当这股沽售力量消失之后,买方的力量完全控制整个市场,使得股价出现戏剧性的回升,几乎以下跌时同样的速度收复所有失地。因此在图表上股价的运行,形成一个像字母"V"般的移动轨迹。倒转V形情形则刚好相反,市场看好的情绪使得股价节节扳升,可是突如其来的一个因素扭转了整个趋势,卖方以上升时同样的速度下跌,形成一个倒转V形的移动轨迹。通常这形态是由一些突如其来的因素和一些消息灵通的投资者所不能预见的因素造成的。V形走势是个转向形态,显示过去的趋势已逆转过来。

伸延V形走势在上升或下跌阶段,其中一部分出现横行的区域,这是因为形成这走势期间,部分人士对形态没有信心,当这股力量被消化之后,股价再继续完成整个形态。在出现伸延V形走势的徘徊区时,我们可以在这个徘徊区的低点买进,等待整个形态的完成。

伸延V形与V形走势具有同样的预测威力。

3. 要点提示

①V形走势在转势点必须有明显成交量配合,在图形上形成倒V形。

② 股价在突破伸延V形的徘徊区顶部时,必须有成交量增加的配合;在跌破倒转伸延V形的徘徊底部时,则不必有成交量的增加。

(十) 反转形态——喇叭形

反转形态之喇叭形如图8-23所示。

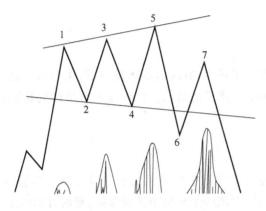

图8-23 反转形态——喇叭形

1. 形态分析

股价经过一段时间的上升后下跌,然后再上升、再下跌,上升的高点较上次的高点为高,下跌的低点较上次的低点为低。整个形态以狭窄的波动开始,然后上下两方扩大,如果我们把上下的高点和低点分别连接起来,就可以画出一个镜中反照的三角形状,这便是喇叭形。

在成交量方面,喇叭形在整个形态形成的过程中,保持着高而且不规则的成交量。喇叭形分为上升型和下降型,其含义一样。

2. 市场含义

整个形态是因为投资者冲动的投资情绪所造成的,通常在长期性上升的最后阶段出现,这是一个缺乏理性和失去控制的市场,投资者被市场炽烈的投机风气或传言所感染,当股价上升时便疯狂追上,但他们对市场的前景(或公司前景)却一无所知,又或是没有信心,所以当股价下跌时又盲目地加入抛售行列。他们冲动和杂乱无章的行为,使得股价不正常地大上大落,形成上升趋势时,高点较上次为高,低点则较上次为低。至于不规则而巨额的成交量,正反映出投资者激动的买卖情绪。这形态说明大跌市来临前的先兆,因此喇叭形可以说是一个下跌形态,暗示升势将到尽头,可是形态却没有明确指出跌市出现的时间。只有当下限跌破时,形态才可确定,这时未离市的投资者就该马上沽出撤离了。

3. 要点提示

① 一个标准的喇叭形应该有3个高点、两个底点。这3个高点一个比一个高,中间的两个低点则一个比一个低;当股价从第三个高点回跌,其回落的低点较前一个低点为低时,可以假设形态的成立。和头肩顶一样,喇叭形属于"五点转向"形态,故一个较平缓的喇叭形也可视之为一个有较高右肩和下倾颈线的头肩式走势。

② 这个形态并没有最少跌幅的量度公式来估计未来跌势,但一般来说,振幅都是很大的。

③ 这个形态也有可能会向上突破,尤其是喇叭形的顶部是由两个同一水平的高点连成的,如果股价以高成交量向上突破(收市价超越阻力水平3%),那么这个形态最初预期的分析意义就要修正,它显示前面上升的趋势仍会持续,未来的升幅将十分可观。这是因为当喇叭形向上冲破时,理论上是一次消耗性上升的开始,显示市场激动的投资情绪进一步扩大,投资者已完全失去理性的控制,疯狂地不计价追入。当购买力消耗完后,股价最终便大幅跌下来。

喇叭形是由投资者冲动和不理性的情绪造成的,因此它很少在跌市的底部出现,原因是股价经过一段时间的下跌之后,投资意愿薄弱,因此它在低沉的市场气氛中,不可能形成这个形态。

二、整理形态

股价走势在上升或下降过程中,有时需要休整一下,在图形上就形成了整理形态,然而这种调整形态并不改变原来股价走势的方向。由于技术力量的变化和不同,整理形态会形成各种不同的形态。

(一)三角形

三角形整理形态是股市整理形态中最常见的一种形态。当股价上涨或下跌到一定区域时,它开始进入技术性盘整,形成一个价格震荡密集区,有时开始时上下振荡幅度很大,随之越来越窄,从形态看,犹如三角形。依据振荡的特点和方向的不同,三角形形态又可以分为对称三角形和直角三角形两大类,如图8-24所示。

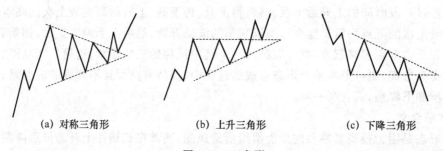

(a) 对称三角形　　　　(b) 上升三角形　　　　(c) 下降三角形

图8-24　三角形

(二)矩形

矩形一般是出现在股价上升或下降中途的一种整理形态,如图8-25所示。在矩形走势中,当股票价格上升到某一水平时遇到较大的阻力而掉头向下,但很快股价又在某一价位获得支撑而回升,回升到上次高点时再一次受阻,而当股价再次下跌到前期低点时又会再次获得支撑。将这些高点和低点分别连接起来,就可以得到一个近乎水平的价格轨道。这一轨道呈水平方向发展,即矩形形态。矩形上边高点的连线为矩形整理的压力线,下边低点的连线为矩形整理的支撑线。

(三)旗形

旗形是在股价急速上升或下跌的中途出现的一种整理形态,如图8-26所示。股价急速上升或下跌过程像旗杆；当股价进入盘旋整理阶段时，买卖双方中仍有一方占据上风，使股价逐步上升或下跌，形成近似平行四边形的旗面。

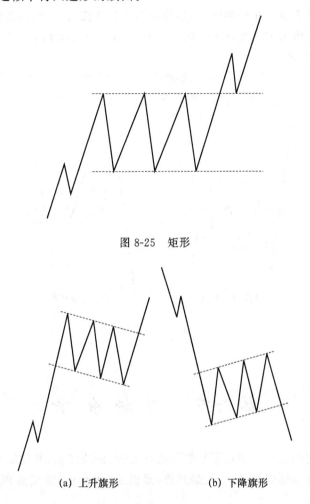

图 8-25　矩形

(a) 上升旗形　　(b) 下降旗形

图 8-26　旗形

上升旗形的形成主要是股价经过一段短暂而急速的升势后，开始小幅盘跌，一波比一波低，形成向下倾斜的小平行四边形的旗形形态，成交量很小，股价看似要反转向下，但在旗形末端，突然放量上升，又恢复原来的上升趋势。上升旗形是后市极为看好的整理形态，是绝佳的买入机会。

下降旗形一般出现在下跌行情的中途，它的形成过程与上升旗形相反。下降旗形主要是出现在股价进入下降通道中，经过短期急速的下跌，股价暂时企稳，开始小幅攀升，形成向上倾斜的近乎平行四边形的旗形形态，成交量也减少，股价似乎有反转向上的态势，但在旗形末端突然放量下跌，又重回跌势。旗形整理形态的出现可能是投资者卖出股票的一次机会。一般而言，空仓的投资者应以观望为主，不宜做短线，更不宜做中长线投资。已经买入或套牢的投资者应抓住这次整理机会，趁早逢高卖出股票。

旗形的上下两条平行线起着支撑和压力作用，这两条平行线的某一条被突破是旗形完成的标志，理论上，旗形突破的幅度等于旗杆的高度。

（四）楔形

楔形和旗形是两个极为相似的形态，都是由旗杆和旗面组成的，两者都发生在急速上升或下跌的中途。如果将旗形中上倾或下倾的平行四边形变成上倾和下倾的三角形，就形成了楔形，有时也被称为小旗形。

上升楔形是指旗面向上倾斜，其结果是股价会继续下跌。下降楔形是指旗面向下倾斜，其结果是股价继续上升，如图8-27所示。前者是卖出的机会，后者是买入的机会。

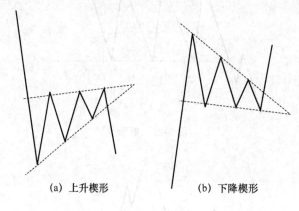

(a) 上升楔形　　　　(b) 下降楔形

图 8-27　楔形

第六节　指标分析

指标分析是指按确定的方法对原始数据进行处理，制成图表，并用制成的图表对股市进行分析的方法。原始数据指的是开盘价、最高价、最低价、收盘价、成交量和成交金额，有时还包括成交笔数。

技术分析的应用主要通过以下几方面进行。

（1）指标的背离

指标的背离是指技术指标曲线的波动方向与价格曲线的趋势方向不一致。实际中的背离有两种表现形式：第一种是"顶背离"，第二种是"底背离"。技术指标与价格走势背离表明，价格的波动没有得到技术指标的支持。技术指标的波动有超前于价格波动的"功能"。在价格还没有转折之前，技术指标提前指明未来的趋势。技术指标的背离是使用技术指标的最为重要的一点。

（2）指标的交叉

指标的交叉是指技术指标图形中的两条曲线发生了相交现象。实际中有两种类型的指标交叉：第一种交叉是属于同一个技术指标的不同参数的两条曲线之间的交叉，常说的黄金交叉和死交叉就属于这一类；第二种交叉是技术指标曲线与固定的水平直线之间的交叉。水平直线通常是指横坐标轴。横坐标轴是技术指标取值正负的分界线。

技术指标与横坐标轴的交叉表示，技术指标由正值变成负值或由负值变成正值。技术指标的交叉表明多方和空方力量对比发生了改变，至少说明原来的力量对比受到了"挑战"。

(3) 指标的极端值

指标的极端值是指标的极其大或极其小。技术术语上将这样的情况称为技术指标进入"超买区和超卖区"。大多数技术指标的"初衷"是用一个数字描述市场某个方面的特征。如果技术指标值的数字太大或太小,就说明市场的某个方面已经达到了极端的地步,应该引起注意。

(4) 指标的形态

指标的形态是指在技术指标曲线的波动过程中出现了形态理论中所介绍的反转形态。在实际中,出现的形态主要是双重顶底和头肩形。

(5) 指标的趋势

技术指标在图中也会出现一些像价格一样上下起伏的图形。有时可以像画趋势线一样,连接技术指标的高点和低点,画出技术指标的"趋势"。技术指标的趋势线指明了技术指标的趋势,进而为价格的趋势提供了基础。从这个意义上讲,趋势与背离有一些相似的地方。在实际中,应用技术指标的背离基本取代了技术指标的趋势。

(6) 指标的转折

技术指标的转折是指技术指标曲线在高位或低位"调头"。有时这种调头表明前面过于"极端"的行动已经走到了尽头,或者暂时遇到了"麻烦"。有时这种调头表明一个趋势将要结束,而另一个趋势将要开始。

技术指标的本质是进行定量的分析,这样使投资者在进行具体操作时的精确度得以大大提高。

例如,价格不断下跌,当下跌"足够"的时候,总会出现一个反弹。那么跌到什么程度,才能被认为是"足够"呢？仅凭定性方面的知识是不能回答这个问题的,乖离率等技术指标所拥有的超买、超卖功能在很大程度上能帮助我们解决这一问题。尽管不是百分之百地解决问题,但至少能在采取行动前给予我们数量方面的帮助。

每一个技术指标都是从某一特定方面对股市进行观察。技术指标可以进行定量的分析。在进行技术指标的分析和判断时,也经常用到别的技术分析方法的基本结论。技术指标是一种分析工具,每种工具都有自己的适用范围。各个指标在预测大势方面有准确程度的区别,一般不可能考虑每一个技术指标。通常以四五个技术指标为主,以别的指标为辅。

一、移动平均线

移动平均线(Moving Average,MA)是利用一定时期内股价移动平均值而将股价的变动曲线化,并借以判断未来股价变动趋势的技术分析方法。它是道·琼斯理论的具体体现,也是K线图的重要补充,它不仅可以观察股价运动的动态过程,还可以指明买卖时机,是常用的技术分析方法之一。

移动平均线是应用非常广泛的一种技术指标。它构造简单,客观公正,不易人为操作骗线,受到很多股票投资者的青睐。

(一) 移动平均线的计算

移动平均线的计算方法就是求连续若干天收盘价的算术平均。天数就是 MA 的参数。10 日的移动平均线常简称为 10 日线或 MA(10),同理我们有 5 日线、20 日线等概念。

$$MA(N) = (第1日收盘价 + 第2日收盘价 + \cdots + 第N日收盘价)/N$$

例如:把某日的收盘价与前9个交易日的收盘价相加求和,然后再除以10,就可以得到该日的10日移动平均线值 MA(10)。

(二) 移动平均线的分类

移动平均线依时间长短可分为3种:短期移动平均线、中期移动平均线和长期移动平均线。从我国目前的股市分析状况看,短期移动平均线有5日线、10日线和20日线等,中期移动平均线有30日线、45日线、60日线等,长期移动平均线有120日线、180日线和255日线等,各期的移动平均线记为 MA(5)、MA(10)、MA(20)等。

(三) 移动平均线的运用

通过观察移动平均线可以研判市场的多空倾向。通常将长、中、短期的移动平均线画在一起。如果3种移动平均线并列上涨,则表明市场呈现多头占上风的格局;反之,如果3种移动平均线并列下跌,则市场呈现空头占上风的格局。移动平均线能够识别旧的行情趋势的终结或反转和新行情的产生契机,它不能领先于行情,却能够忠实地反映市场行情和走势。由于移动平均线是一种平滑曲线,所以能够有效地过滤掉不明不白的小跳动,因此能够客观地反映市场行情的大趋势。

葛兰碧(Joseph E. Granville)移动平均线运用八大法则。

① 移动平均线从下降逐渐走平或盘升,股价从移动平均线的下方向上突破平均线,是买入信号(见图8-28中第1点处)。

② 股价持续上升走在平均线之上,然后突然下跌且向平均线靠近,但没有跌破平均线又再度上升,是买入信号(见图8-28中第2点处)。

③ 股价虽然跌破平均线,但平均线仍为继续上升趋势,不久股价又回升到平均线以上,是买入信号(见图8-28中第3点处)。

④ 股价突然暴跌,跌破并远离平均线,如果股价这时开始回升,再趋向平均线,也是买入信号(见图8-28中第4点处)。

⑤ 股价在上升中且走在平均线之上,然后突然暴涨并远离平均线,上涨幅度相当可观,股价随时可能反转向下,是卖出信号(见图8-28中第5点处)。

⑥ 当平均线从上升转向走平或逐渐下跌,股价从平均线上方向下跌破平均线时,是重要的卖出信号(见图8-28中第6点处)。

⑦ 股价走在平均线之下,回升时未突破平均线又立即反转向下,是卖出信号(见图8-28中第7点处)。

⑧ 股价向上突破平均线后又放量跌回到平均线以下,而且平均线继续下移,是卖出信号(见图8-28中第8点处)。

a. 当短期移动平均线从下方迅速超越中、长期移动平均线并向右上方移动,是买入信号。

b. 中期移动平均线移至长期移动平均线上方,标志着行情进入上涨时期,而中期移动平均线穿越长期移动平均线的交点称为"黄金交叉点",是买入信号(见图8-29)。

c. 短、中、长期移动平均线由上至下依次排列,并且都呈上升状态,这就是所谓的"多头排列",是典型的上涨行情。

d. 当短期移动平均线经过一段升势后逐渐趋缓并开始下跌时,是卖出股票的好时机,而中、长期移动平均线也先后显示下降趋势，短、中、长期移动平均线开始呈现缠绕交叉的状态时，应及时卖出股票。

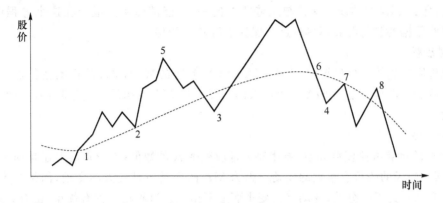

图 8-28　葛兰碧移动平均线

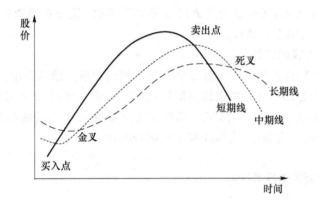

图 8-29　黄金交叉点

随着短期移动平均线逐渐下跌到最下方，中期移动平均线也同样跌到长期移动平均线下方，均线组合呈"空头排列"。中期移动平均线下移与长期移动平均线相交的点称为"死亡交叉点"，它意味着上涨行情的终止（见图 8-30）。

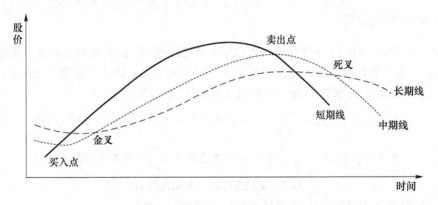

图 8-30　死亡交叉点

MA 最基本的思想是消除偶然因素的影响，另外还稍微有一点平均成本价格的含义。它具有以下几个特点。

1. 追踪趋势

注意价格的趋势,并追随这个趋势,不轻易放弃。如果从股价的图表中能够找出上升或下降趋势线,那么 MA 的曲线将保持与趋势线方向一致,能消除中间股价在这个过程中出现的起伏。原始数据的股价图表不具备这个保持追踪趋势的特性。

2. 滞后性

在股价原有趋势发生反转时,由于 MA 的追踪趋势的特性,MA 的行动往往过于迟缓,调头速度落后于大趋势。这是 MA 一个极大的弱点。等 MA 发出反转信号时,股价调头的深度已经很大了。

3. 稳定性

由 MA 的计算方法就可知道,要比较大地改变 MA 的数值,无论是向上还是向下,都比较困难,必须是当天的股价有很大的变动。因为 MA 的变动不是一天的变动,而是几天的变动,一天的大变动被几天一分摊,变动就会变小而显不出来。这种稳定性有优点,也有缺点。

4. 助涨助跌性

当股价突破了 MA 时,无论是向上突破还是向下突破,股价有继续向突破方面再走一程的愿望,这就是 MA 的助涨助跌性。

5. 支撑线和压力线的特性

MA 的上述 4 个特性使得它在股价走势中起支撑线和压力线的作用。

在盘整阶段或趋势形成后的中途休整阶段或局部反弹和回档,MA 极易发出错误的信号,这是使用 MA 最应该注意的。另外,MA 只是作为支撑线和压力线站在某线之上,当然有利于上涨,但并不是说就一定会涨,支撑线有被突破的时候。

二、指数平滑异同移动平均线

指数平滑异同移动平均线(Moving Average Convergence and Divergence,MACD)是利用快速移动平均线和慢速移动平均线的分离与聚合功能,在一段上涨或下跌行情中两线之间的差距拉大,而在涨势或跌势趋缓时两线又相互接近或交叉的特征,通过双重平滑运算后进行买卖时机判断的方法。

(一) MACD 的计算

MACD 由正负差(DIF)和异同平均数(DEA)两部分组成,DIF 是核心,DEA 是辅助。DIF 是快速平滑移动平均数与慢速平滑移动平均数之差,快速是短期的 EMA,慢速是长期的 EMA。以最常用的参数 12 和 26 为例,DIF 的计算过程如下:

$$当日\ EMA(12) = \frac{2}{12+1} \times 当日收盘价 + \frac{11}{12+1} \times 昨日\ EMA(12)$$

$$当日\ EMA(26) = \frac{2}{26+1} \times 当日收盘价 + \frac{25}{26+1} \times 昨日\ EMA(26)$$

$$DIF = EMA(12) - EMA(26)$$

得到 DIF 后,对连续数日的 DIF 进行算术平均就得到了 DEA。

(二) MACD 的应用法则

以正负差和异同平均数的取值和这两者之间的相对取值对行情进行预测。其应用法则如下。

① 正负差和异同平均数均为正值时，属多头市场。正负差向上突破异同平均数是买入信号；正负差向下跌破异同平均数只能认为是回落，作获利了结。

② 当正负差和异同平均数均为负值时，属空头市场。正负差向下突破异同平均数是卖出信号；正负差向上突破异同平均数只能认为是反弹，作暂时补空。

指标背离原则如下。

如果正负差的走向与股价走向相背离，则此时是采取行动的信号。至于是卖出还是买入要依正负差的上升或下降而定。

（三）指数平滑异同移动平均线指标的柱状图分析

在股市分析软件中通常采用正负差值减异同平均数值而绘制柱状图，用红绿柱状来分析行情，既直观明了又实用可靠。

① 当红柱状持续放大时，表明股市处于牛市行情中，股价将继续上涨，这时应持股待涨或短线买入股票，直到红柱无法再放大时才考虑卖出。

② 当绿柱状持续放大时，表明股市处于熊市行情之中，股价将继续下跌，这时应持币观望或卖出股票，直到绿柱开始缩小时才可以考虑少量买入股票。

③ 当红柱状开始缩小时，表明股市的上涨行情即将结束，股价将下跌，这时应卖出部分股票。

④ 当绿柱状开始收缩时，表明股市的下跌行情即将结束，股价将止跌向上（或进入盘整），这时可以少量进行长期战略性建仓，而不要轻易卖出股票。

⑤ 当红柱开始消失、绿柱开始放出时，这是股市转势信号之一，表明股市的上涨行情（或高位盘整）即将结束，股价将开始加速下跌，这时应开始卖出大部分股票，而不能买入股票。

⑥ 当绿柱开始消失、红柱开始放出时，这也是股市转势信号之一，表明股市的下跌行情（或低位盘整）即将结束，股价将开始加速上升，这时应开始加码买入股票或持股待涨。

指数平滑异同移动平均线的优点是除掉了移动平均线频繁出现的买入、卖出信号，避免了假信号的出现，用起来比移动平均线更有把握。

指数平滑异同移动平均线的缺点同移动平均线一样，在股市没有明显趋势而进入盘整时，失误的时候较多。另外，它对未来股价上升和下降的深度不能提供有帮助的建议。

三、相对强弱指标

相对强弱指标（Relative Strength Index，RSI）是以一特定时期内股价的变动情况推测价格未来的变动方向，并根据股价涨跌幅度显示市场强弱的指标。

（一）计算公式

$$RSI = 100 \times RS/(1+RS)$$

或者

$$RSI = 100 - 100/(1+RS)$$

其中

RS＝14天内收市价上涨数之和的平均值/14天内收市价下跌数之和的平均值

举例说明如下。

如果最近14天的涨跌情形是:第一天升2元,第二天跌2元,第三至第五天各升3元,第六天跌4元,第七天升2元,第八天跌5元,第九天跌6元,第十至第十二天各升1元,第十三至第十四天各跌3元。

那么,计算RSI的步骤如下。

① 将14天上升的数目相加,除以14,上例中总共上升16元,除以14得1.143(精确到小数点后3位)。

② 将14天下跌的数目相加,除以14,上例中总共下跌23元,除以14得1.643(精确到小数点后3位)。

③ 求出相对强度RS,即RS=1.143/1.643=0.696(精确到小数点后3位)。

④ 1+RS=1+0.696=1.696。

⑤ 以100除以1+RS,即100/1.696=58.962。

⑥ 100−58.962=41.038。

结果:14天的强弱指标RSI为41.038。

不同日期的14天RSI值当然是不同的,连接不同的点即形成RSI的轨迹。

(二) 相对强弱指标的应用法则

① 当RSI连续在50附近上下波动时,表示市场买卖力量均衡,局势不明朗,市场处于盘整期。

② 当RSI的值超过50阴阳分界线时,表示市场买方力量强于卖方力量,后市看涨。当价格突破盘整区上攻,创下新高点时,如果RSI的值同步创新高,则表示后市仍可看高一线;如果RSI的值未创新高,则表示行情即将反转。

③ 当RSI的值大于80时,表明市场已经出现超买现象,价格随时会因买势的减弱而回跌,因此操作上应以逢高逐步减仓为主。通常RSI曲线在价格超买区形成M头形态时,为卖出信号,形成死亡交叉时为最后的卖出信号。

④ 当RSI的值小于20时,表明市场已经出现了超卖现象,价格距离底部已经不远,随时会因为买盘的介入而使价格回升,特别是当RSI曲线形成W底形态时,可考虑逢低吸纳。如果价格创新低,RSI的值也同步创新低,则表示后市仍然走弱;如果RSI的值未创新低,则表示行情即将反转。

运用RSI判断超买及超卖范围还取决于两个因素。

第一是市场的特性。起伏不大、稳定的市场一般可以规定70以上为超买,30以下为超卖。变化比较剧烈的市场可以规定80以上为超买,20以下为超卖。

第二是计算RSI时所取的时间参数。例如,对于9日RSI,可以规定80以上为超买,20以下为超卖。对于24日RSI,可以规定70以上为超买,30以下为超卖。应当注意的是,超买或超卖本身并不构成入市的信号。有时行情变化得过于迅速,RSI会很快地超出正常范围,这时RSI的超买或超卖往往就失去了其作为出入市警告信号的作用。

例如,在牛市初期,RSI往往会很快地进入80以上的区域,并在此区域内停留相当长一段时间,但这并不表示上升行情将要结束。恰恰相反,它是一种强势的表现。只有在牛市末期或熊市当中,超买才是比较可靠的入市信号。基于这个原因,一般不宜在RSI进入非正常区域时就采取买卖行动,最好是等RSI进入超买、超卖区,然后又回到正常区域时,在价格方面的确认下,才能采取实际的行动。

这种确认可以是:①趋势线的突破;②移动平均线的突破;③某种价格形态的完成。

RSI 指标的操盘小技巧如下。

技巧一:RSI 曲线处于超买区,并形成一峰比另一峰低的两个峰,而此时,价格却再创新高,出现了"顶背离"现象,即表示价格这一涨是最后的衰竭动作,表明买意已弱,行情即将向下,往往是比较强烈的卖出信号。

技巧二:RSI 处于低位(往往在 20 以下),并形成两个依次上升的谷底,而此时价格却还在下降,出现了"底背离"现象,即表明这是最后一跌,是开始建仓做多的信号。

技巧三:当 RSI 处在极高和极低位时,可以不考虑别的因素而单方面采取行动。

世上并无完美的预测工具,RSI 也不例外,RSI 最主要的作用是能够显示目前市况处于强势市(60 以上)、牛皮市(40~60)还是弱势市(40 以下),并能预测价格的见顶回软或见底回升等,但 RSI 只能作为一个警告信号,并不意味着市势必然朝这个方向发展,这时需参考其他指标综合分析。

RSI 的缺憾如下。

缺憾一:RSI 计算周期的随意性。因为每一位投资者对周期的设定均带有一定程度的个人偏好,从理论上讲,周期可以选取 1 以上的任意天数。如果价格变动幅度较大且涨跌变动较频繁,则周期的取值应小一些,因为较短周期计算的指标比较敏感,容易引起上下快速振荡,但指标的可靠性较差。反之,较长周期计算的指标信号迟缓,经常错过买卖良机,指标的敏感性不够,反应又过于迟钝。另外,RSI 是通过收盘价计算的,而当一天行情的波幅很大,上下影线很长时,RSI 的涨跌就不足以反映该段行情的波动了。

缺憾二:超买、超卖的模糊性。因为在"牛市"和"熊市"之中,RSI 值升至 90 或降至 10 时也有发生,出现指标钝化现象,此时反而容易误导投资者。

缺憾三:"背离"走势的滞后性。"背离现象"的出现通常暗示着多空双方力量对比正发生变化,市场行情即将出现重大反转,但是"背离"信号有时事后才出现,事前较难确认。并且看是否需要删除,有时"背离"现象发生一两次后才真正反转,因此有许多随机因素难以确定。

缺憾四:RSI 的数值离 50% 越近,表明市场越是死气沉沉,此时该指标往往无用武之地。

经过实践统计,RSI 在大于 80 以上时指示有效性高于低于 20 时指示的有效性。

四、威廉指标

威廉(W%R)指标是由拉里·威廉姆斯(Larry Williams)于 1973 年首创的,该指标通过分析一段时间内股价高低价位和收盘价之间的关系,来度量股市的超买、超卖状态,以此作为短期投资信号的一种技术指标。目前,它已经成为中国股市中被广泛使用的指标之一。

(一)威廉指标的计算公式

$$W\%R(n) = \frac{H_n - C}{H_n - L_n} \times 100\%$$

在上式中,C 为当天的收盘价;H_n 为最近 n 日内(包括当天)出现的最高价;L_n 为最近 n 日内(包括当天)出现的最低价。

W%R 指标表示的含义是当天的收盘价在过去一段时间的全部价格范围内所处的相对

位置。

如果 W%R 的值比较小,则当天的价格处在相对较高的位置,要提防回落;如果 W%R 的值较大,则说明当天的价格处在相对较低的位置,要注意反弹;如果 W%R 的取值居中,在 50 左右,则价格上下的可能性都有。

(二) 威廉指标的应用法则

威廉指标的应用包括两个方面:一是威廉指标的数值;二是威廉指标曲线的形状。

1. 从威廉指标的取值考虑

威廉指标的值介于 0～100,以 50 为中轴将其分为上下两个区域,顶部数值为 0,底部数值为 100,与相对强弱指标(RSI)、随机指标(KDJ)的区域划分相反。

① 当威廉指标进入 80～100 区间(威廉指标的超卖区)时,表明市场处于超卖状态,股票价格已近底部,可考虑买入。W%R=80 这一横线一般视为买入线。

② 当威廉指标在 0～20 区间(威廉指标的超买区)时,表明市场处于超买状态,股票价格已进入顶部,可考虑卖出。W%R=20 这一横线一般视为卖出线。

这里的 80 和 20 只是一个经验数字,不是绝对的,投资者可以根据各自的风险偏好选择不同的数值。

2. 从威廉指标曲线的形状考虑

这里只介绍背离原则,以及触顶和触底次数的原则。

① 威廉指标进入高位后一般要回头,如果这时股价继续上升,这就是顶背离,是卖出的信号。

② 威廉指标进入低位后一般要反弹,如果这时股价继续下跌,这就是底背离,是买进的信号。

③ 威廉指标连续几次触顶(底),局部形成双重或多重顶(底),则是卖出(买进)的信号。

五、随机指标

随机(KDJ)指标是由乔治·蓝恩博士(George Lane)最早提出的,是一种重要的短期分析工具。该指标通过计算当日或最近数日的最高价、最低价及收盘价的变动情况,反映股价走势的强弱情况和超买、超卖情况。

(一) KDJ 指标的原理

随机指标一般根据统计学的原理,通过一个特定的周期(常为 9 日、9 周等)内出现过的最高价、最低价及最后一个计算周期的收盘价及这三者之间的比例关系,来计算最后一个计算周期的未成熟随机值(RSV),然后根据平滑移动平均线的方法来计算 K 值、D 值与 J 值,并绘成曲线图来研判股票走势。

随机指标以最高价、最低价及收盘价为基本数据进行计算,得出的 K 值、D 值和 J 值分别在指标的坐标上形成一个点,连接无数个这样的点位,就形成一个完整的、能反映价格波动趋势的 KDJ 指标。它主要是利用价格波动的真实波幅来反映价格走势的强弱和超买、超卖现象,在价格尚未上升或下降之前发出买卖信号的一种技术工具。它在设计过程中主要研究最高价、最低价和收盘价之间的关系,同时也融合了动量观念、强弱指标和移动平均线的一些优点,因此,通过它能够比较迅速、快捷、直观地研判行情。

随机指标最早是以 KD 指标的形式出现的,而 KD 指标是在威廉指标的基础上发展起来的。不过威廉指标只判断股票的超买、超卖现象,在 KDJ 指标中则融合了移动平均线速度上的观念,形成了比较准确的买卖信号依据。在实践中,K 线与 D 线配合 J 线组成 KDJ 指标来使用。由于 KDJ 线本质上是一个随机波动的观念,故其对于掌握中短期行情走势比较准确。

(二) KDJ 指标的计算方法

KDJ 指标的计算比较复杂,首先要计算周期(n 日、n 周等)的 RSV,即未成熟随机值,然后再计算 K 值、D 值、J 值等。以日 KDJ 数值的计算为例,其计算公式为

$$n 日 \text{RSV} = (C_n - L_n)/(H_n - L_n) \times 100$$

上式中,C_n 为第 n 日收盘价;L_n 为 n 日内的最低价;H_n 为 n 日内的最高价。RSV 始终在 1~100 间波动。

其次,计算 K 值与 D 值。

$$当日 K 值 = \frac{2}{3} \times 前一日 K 值 + \frac{1}{3} \times 当日 \text{RSV}$$

$$当日 D 值 = \frac{2}{3} \times 前一日 D 值 + \frac{1}{3} \times 当日 K 值$$

若无前一日 K 值与 D 值,则可分别用 50 来代替。

以 9 日为周期的 KD 线为例。首先须计算出最近 9 日的 RSV,计算公式为

$$9 日 \text{RSV} = (C - L_9)/(H_9 - L_9) \times 100$$

上式中,C 为第 9 日的收盘价;L_9 为 9 日内的最低价;H_9 为 9 日内的最高价。

$$K 值 = \frac{2}{3} \times 前一日 K 值 + \frac{1}{3} \times 当日 \text{RSV}$$

$$D 值 = \frac{2}{3} \times 前一日 K 值 + \frac{1}{3} \times 当日的 K 值$$

若无前一日 K 值与 D 值,则可以分别用 50 代替。

$$J 值 = 3 \times 当日 K 值 - 2 \times 当日 D 值$$

(三) 应用要则

KDJ 指标反应比较敏感快速,是一种进行短、中、长期趋势波段分析研判的较佳的技术指标。一般对做大资金大波段的人来说,当月 KDJ 值在低位时逐步进场吸纳;主力平时运作时偏重周 KDJ 所处的位置,对中线波段的循环高低点作出研判结果,所以往往出现单边式造成日 KDJ 的屡屡钝化现象;日 KDJ 对股价变化方向反应极为敏感,是日常买卖进出的重要方法。对于做小波段的短线客来说,30 min 和 60 min KDJ 又是重要的参考指标;对于已指定买卖计划即刻下单的投资者,5 min 和 15 min KDJ 可以提供最佳的进出时间。

KDJ 常用的默认参数是 9,短线可以将参数改为 5,不但反应更加敏捷、迅速、准确,而且可以降低钝化现象,一般常用的 KDJ 参数有 5、9、19、36、45、73 等。实战中还应将不同的周期综合来分析,短、中、长趋势便会一目了然,如出现不同周期的共振现象,说明趋势的可靠度加大。KDJ 指标实战研判的要则主要有以下 4 点。

① K 线是快速确认线——数值在 90 以上为超买,数值在 10 以下为超卖;D 线是慢速主干线——数值在 80 以上为超买,数值在 20 以下为超卖;J 线为方向敏感线,当 J 值大于 100,

特别是连续5天以上时,股价至少会形成短期头部,反之J值小于0,特别是连续数天以上时,股价至少会形成短期底部。

② 当K值由较小逐渐大于D值时,在图形上显示K线从下方上穿D线,表示目前趋势是向上的,所以在图形上K线向上突破D线时,即买进的信号。在实战中K、D线在20以下交叉向上,此时短期买入的信号较为准确;如果K值在50以下,由下往上接连两次上穿D值,形成右底比左底高的"W底"形态,后市股价可能会有相当的涨幅。

③ 当K值由较大逐渐小于D值时,在图形上显示K线从上方下穿D线,表示目前趋势是向下的,所以在图形上K线向下突破D线时,即卖出的信号。在实战中K、D线在80以上交叉向下,此时短期卖出的信号较为准确;如果K值在50以上,由上往下接连两次下穿D值,形成右头比左头低的"M头"形态,后市股价可能会有相当的跌幅。

④ 通过KDJ与股价背离的走势,判断股价顶底也是颇为实用的方法:
  a. 股价创新高,而KD值没有创新高,为顶背离,应卖出;
  b. 股价创新低,而KD值没有创新低,为底背离,应买入;
  c. 股价没有创新高,而KD值创新高,为顶背离,应卖出;
  d. 股价没有创新低,而KD值创新低,为底背离,应买入。

需要注意的是KDJ顶底背离判定的方法,只能和前一波高低点时KD值相比,不能跳过去相比较。

六、指标组合应用

将短线KDJ指标与中线MACD指标组合起来使用,既可以"过滤"KDJ过于频繁的超买、超卖信号,使发出的信号更具准确性,又可以捕捉到被MACD忽略的买卖信号,不放弃短线买卖机会。然后参考移动平均线,组合应用安全性更加可靠。该组信号的最大优点是可以取长补短,指点迷津。灵活运用该组指标可以达到意想不到的应用效果,真可谓股市"鸳鸯配"。

在操作方法上,根据KDJ发出的信号,然后参考MACD和MA是否支持这种信号。如果得到MACD和MA的支持,则准确性较高,投资者可以大胆地进行操作,直到MACD这种信号的完结,或MA形成有效交叉。如果KDJ发出的信号得不到MACD和MA的配合,则准确性较差,应谨慎操作。或者根据MACD的趋势方向和MA的排列情况,在KDJ中寻找最佳的短线买卖点。通常与MACD和MA同向的买卖信号准确性比较高,与MACD和MA反向的买卖信号准确性比较差。此组信号既可以判断底部,又可以预测顶部,效果均佳。

买入信号组合的图形特征如下。

① 在下跌途中,KDJ从高位下降到低位,几度跌至超卖区20以下。此时,如果按照KDJ指标"低于20买入"的原则进行操作,买进股票后股价仍有可能下跌一大截,造成莫大的操作失误。或者KDJ在超卖区出现钝化,指标丧失了基本功能,发出的信号准确性极差。

② 这时,如果MACD仍然保持原来的下行趋势不变,表明空方能量依然强大,多方的抵抗和反击没有取得决定性胜利,行情仍有下跌空间;如果MACD出现转势信号,在低位走平或DIF线金叉MACD线时,表明空方能量耗尽,多方能量开始聚集,下跌空间将被封闭,行情将扭转跌势。

③ 同期的移动平均线下行速度趋慢,在底部走平或向上拐头,5日均线反转向上金叉10日均线,随后10日均线上行,30日均线走平或上行,表明短期空方能量基本释放,多方乘机发起猛烈攻击,股价出现大幅上扬,或多方小股力量发动零星反攻,股价产生反弹行情。

第七节 技术分析主要理论

一、道氏理论

（一）道氏理论的形成过程

查尔斯·H.道（1851—1902年）出生于新英格兰，是纽约道·琼斯金融新闻服务的创始人、《华尔街日报》的创始人和首位编辑。查尔斯·H.道于1884年7月3日首创了股票市场平均价格指数。该指数诞生时只包含11种股票。直到1897年，原始的股票指数才衍生为二，一个是工业股票价格指数，由12种股票组成；另一个是铁路股票价格指数，包含20种股票。到1928年，工业股票指数的股票覆盖面扩大到30种，1929年又添加了公用事业股票价格指数。虽然新的指数日益增加，但道氏1884年首创的价格指数却是它们共同的鼻祖。

（二）道氏理论的主要内容

1. 股票的价格平均指数反映了市场的一切变化

道氏理论认为股票价格平均指数反映了所有影响股票供给和需求的各种因素，包括经济、政治、社会及投资者心理等众多因素，因此投资者无须考虑这些因素，而只需考虑股票价格平均指数就可以了，也就是说，股票价格的变动代表了市场所有投资者对股市的综合判断。

2. 股票市场具有3个变动趋势

道氏理论把股票市场的趋势分成以下3种类型。

主要趋势。主要趋势是一段时间内股票价格走势所呈现出来的总的方向。一般来说，主要趋势通常持续一年以上，有时甚至是好几年，是一种长期趋势。主要趋势又可以分为主要上升趋势（牛市）和主要下降趋势（熊市）。

次要趋势。相对于主要趋势而言，在股票市场主要趋势的演进过程中，会出现一些短期的、与主要趋势相反的逆向趋势，这是对主要趋势的短期修正。例如：在主要上升趋势中，出现短期的股票价格下跌。不过在下降趋势中，其谷底应该比最近的谷底高，否则就不构成主要上升趋势了。一般来说，这种下降的幅度为主要上升趋势的1/3到2/3之间。而次要趋势通常会持续3周到3个月的时间。

短暂趋势。短暂趋势是主要趋势和次要趋势的一部分，指股票价格的日常波动。短暂趋势一般可持续几个小时到几天，但一般不超过3周的时间。

3. 主要趋势分为3个阶段

道氏理论认为，股票市场的主要趋势一般经历3个阶段。下面以主要上升阶段趋势（牛市）为例进行说明。

第一阶段：积累阶段。当股价处于低位时，如果一些有远见的投资者和分析人员认为股市的坏消息都已经发生，并预测经济情况在近期内会有所改善，那么在这一阶段，这些人就会开始购买股票，促使价格上涨。

第二阶段：由于经济状况的改善和公司赢利的增加，大批投资者进场购买股票，股票价格迅速上涨,交易量也急剧放大。

第三阶段:由于前一阶段股市传出的都是利好消息,股票价格已经上升到一个很高的位置,似乎有点支撑不住,这时一些有远见的投资者就会开始出售股票,接着其他一些投资者也开始大量抛售股票,股票价格就会下跌,熊市来临。

当然,在这3个阶段的上升过程中,也会存在一些短期的股票价格下跌。

4. 各种平均价格必须相互验证

具体而言就是:除非两个平均指数都同样发出看涨或看跌的信号,否则就不可能发生大规模的上升或下跌。如果两个平均价格的表现相互背离,那么就认为原先的趋势依然有效。

在美国是以道·琼斯工业平均指数和道·琼斯运输业平均指数作为相互印证的。只有两者都呈现出牛市或熊市的特征,道氏理论才正式发出牛市或熊市的信号。

5. 交易量必须验证趋势

交易量是股票市场中的一个重要指标,在辨认主要趋势中的三阶段走势时,通常需要与交易量进行相互印证。在正常的情况下,股票价格会随着交易量的上升而上升。在主要上升趋势中,价格继续上升,交易量增加,说明购买股票的需求在增长,表明主要趋势还会继续上升而不会逆转;如果随后股票价格的上升并没有得到上升的交易量的支持(即交易量比前次股价上升的交易量低),那么这就是一个危险的信号,表明股价有逆转(即下降)的可能。在主要下降趋势中,情况则相反。股票价格下跌,并伴随着交易量的增加,说明主要趋势还会继续下跌。股票价格与交易量之间的关系是一个比较复杂的问题,如果大家感兴趣的话,可以查阅一些相关的书籍。当然,在道氏理论中,交易量是第二位的参照指标,道氏理论实际使用的买卖信号完全是以收市价格为依据的。

一旦股市的长期趋势(牛市或熊市)被确认,该趋势就会继续下去,直到另一长期反向趋势被确认时为止。

(三)道氏理论的缺陷

① 道氏理论仅对趋势进行定性的说明,却没有进行定量的说明。道氏理论只推断趋势,却不能推断趋势的升幅或者跌幅的程度。

② 道氏理论只对预测股票市场的长期趋势有较大的帮助,对时刻发生的小波动却无能为力。因此,对于采取短期投资策略的投资者来说,道氏理论并不能为其提供相应的指导和帮助。

③ 道氏理论对选股没有帮助。

二、波浪理论

波浪理论是技术分析系统最难以掌握、最有争议的一项技术分析工具。对波浪理论持否定意见的人认为,波浪理论太难懂,大浪套小浪,小浪中有细浪,大浪外有巨浪,没有开始,也没有结束,没有人数得清浪,对一轮行情可以有几种数浪方法,而通过几种数浪方法所得出的结果可能完全相反,使得广大投资者对此感到无所适从;而相信波浪理论的人认为,波浪理论是一门博大精深的学问,它不仅是股市分析工具,还可以在其他领域中应用,波浪理论包含了大自然的一些基本规律。

对于波浪理论,作者的观点是:学习基础知识,并在实践中学习应用,浪数不准没有关系,有些人全身心研究波浪理论几十年也不得其真谛,我们学了一些基础知识就在实践应用中不断学习提高,反正当今世界谁也不敢说,他真正完全掌握了波浪理论,沪深股市就像洪湖水浪打浪,连绵不断,但到底它是第几浪,就看各位读者学习后的领悟能力了。

波浪理论的创始人艾略特1871年出生在美国密苏里州。艾略特认为,股票市场中的任何涨跌,都属于长期波浪的片段。在宇宙中,任何自然现象都存在着一定的节奏,并且不断地重复出现。艾略特从不可抗拒的循环变化中,记录股价的变化,做长期的研究。艾略特发现,一个较长周期的波浪可以细分成小波浪,小波浪再分割成更小的细浪。波浪的模式会重复出现,一个完整的周期会包含8种不同的走势,其中有5波推动浪及3浪调整浪。推动浪包含3波上升浪及2波下跌浪;调整浪包含2波下跌浪及1波上升浪。当下跌浪的幅度较小时,上升浪的幅度会较大;当上升浪的幅度较小时,下跌浪的幅度会较大,这是艾略特对波浪理论的基本概述。

应用波浪理论分析股市最难的就是波浪的等级划分。波浪理论并不是一个绝对的理论,其中有很多的变化。波浪理论最有价值之处,就是它可以从股价的波动中,提供获利概率极高的可能性。初学波浪理论的人通常都会感到:学习波浪理论并不困难,当应用波浪理论在股市数浪时,才会发现其实际应用的困难。对于波浪理论有一句话非常贴切:"有一位天才,叫作艾略特,他发现了一套波浪理论,但是,这个理论需要天才才能了解。"

波浪理论是一个不断重复循环的过程,这个循环过程可以简单地叙述为"5个推动浪和3个调整浪",彼此不断地循环交替。

波浪必须划分级数,其级数共分成9级,每一级都有不同的代表符号,这些符号只表示波浪的一个代号,并无其他意义。

如图8-31所示,一轮完整的上升行情到调整行情的形态,包括5个上升浪1、2、3、4、5和3个下跌浪a、b、c,第1、3、5浪因其上升形态被称为推动浪,而第2、4浪的下跌形态被称为调整浪,而就其高一级的波浪而言,第1~5浪称为大推动浪,而a、b、c三浪称为调整浪。

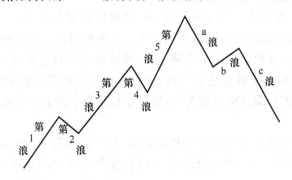

图8-31 波浪曲线一

每一浪都可以相互分割成次一级的波浪,也可以合并成高一级的波浪,如图8-32所示。

波浪的特点是把人类行为情绪化带入波浪理论。各波浪的特点是人类群体行为必不可少的反映。群体情绪从悲观到乐观或从乐观到悲观的循环,就在波浪结构中的相应位置产生。

大概有一半的第1浪是构筑底部形态的一部分,因此它们常常被第2浪大幅度调整。但是第1浪与熊市中的反弹相比,其上升特征更强。另外一半的第1浪在长期底部形态构筑完成后涨起,这样开始的第1浪非常有力,随后的第2浪调整也很小。

第2浪常常回调掉几乎整个第1浪的升幅,从第1浪获得的大部分涨幅会在第2浪结束时损失,投资者大多数相信熊市又回来了。第2浪常常以成交量的萎缩和价格波幅的减少而结束。这表明市场抛压已轻,从浪形上看,第2浪通常以简单形态出现,根据波浪理论的交替原则,第2浪与第4浪形态必定是简单与复杂交替出现。

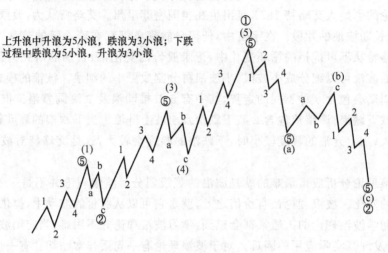

图 8-32　波浪曲线二

第3浪是最具爆发力的推动浪,走势强劲,通常是第1至第5浪中最长的浪(无论是运行时间还是上升幅度),至少不会是第1、3、5浪中最短的一浪。这是波浪理论的铁律之一。第3浪通常产生最大的成交量和价格波动,这个阶段将产生一系列突破、成交量大增、跳空缺口等剧烈的市场表现,第3浪的这种个性将为第3浪展开时提供最有价值的数浪线索。

第4浪常以较为复杂的形态出现,其调整深度和形态根据交替原则,与第2浪的不同,往往较易预测。第4浪经常为盘整形态运行,其下探的低点,也就是第4浪的浪底,绝对不能与第1浪的高点重叠,这也是波浪理论的铁律之一。

第5浪是最后一个推动浪,常常会创出新高,该浪的升幅通常小于第3浪,并且有出现失败形态的可能,即第5浪不能创出新高,高点低于第3浪的浪顶。通常股市中第5浪的上升力度比第3浪小,其价格变化的速度也小于第3浪,如果第5浪有延长浪的话,成交量可以和第3浪相当。一般第5浪的成交量总是小于第3浪,这也是判断第5浪的规则之一。在第5浪上升的过程中,投资者的乐观情绪异常高涨,但是市场表现出的上升力度和成交量等均出现不同程度的顶背离信号。

a浪是对前上升行情第1至5浪总调整的开始,但市场投资者并未认识到总调整的出现,只是认为这是一次短期调整。尽管技术形态上的调整已成事实,但投资大众仍然趁回调而蜂拥买入。

b浪可以被认为是虚假的多头行情,是多头逃命的机会,是标准的"多头陷阱"。投机者的投机机会往往在b浪中。有少数个股走出极强势,从而使投资大众在投机气氛中,放松警惕、丧失理智,重新冲动买进股票,从而在c浪中受到重大损失。

c浪是跌势最猛的一浪,摧毁性极强。跌幅大并且延续时间长,在这种跌势中,投资者在a浪、b浪中的幻想都在此浪中迅速破灭,市场再次落入恐慌之中,形成多杀多的恐慌性抛售,通常c浪的长度要超过a浪很多。

学会"数浪"是每一个学习波浪理论的投资者的追求目标,但是股票现在处在什么浪中的第几浪,可能是越数越糊涂。但是波浪理论中有一些基本规律,俗称"铁律",是不可违反的,只有符合"铁律"的数浪方法,才能在应用中作为候选的数浪方法。根据行情趋势的发展,在几种候选的数浪方法中不断修正,在最有可能的波浪形态中,从操作策略上着手寻找最佳的买卖机会。

波浪理论发明人艾略特所提出的波浪理论基本规律,被人们称为"波浪理论的铁律",在数浪中是不能违反的,违反"铁律"的数浪方法肯定不正确。"铁律"有如下所列的7条。

① 除非在倾斜三角形中,否则上升趋势中的第4浪回调低点,不能低于第1浪的高点或与其重叠;下跌趋势中的第4浪的反弹高点,不能高于第1浪的低点或与其重叠。

② 第3浪一般是5浪之中的最长者,如果不是最长者,也一定不是最短者,并且其成交量会大增。

③ 第4浪的回调低点或反弹高点,通常会回到第3浪的次一级第4浪的位置。

④ 在上升趋势调整浪中的c浪,经常会回调至第3浪的次一级第4浪的低点位置;反之,在下跌趋势调整浪中的c浪,经常会反弹至第3浪的次一级第4浪的高点位置。

⑤ 不管在上升趋势中,还是在下跌趋势中,第4浪大都以盘整的形态出现。

⑥ 不管在上升趋势中,还是在下跌趋势,第5浪的幅度通常比第3浪小,但是其涨跌速度是最快的。但是,当第5浪发展成延长浪时,涨跌幅应另当别论。

⑦ 在上升趋势中的调整浪的最后一浪c浪,其破坏力相当强,通常会造成恐慌性下跌。

波浪理论是最具有弹性的技术分析方法,无论何时,都可以有几种同时可能成立的数浪方法。假如某位分析师只列出一个数浪的可能性,那么其意义只有一个:这位分析师尚未把握波浪理论的真谛,或根本不懂波浪理论。

以波浪理论分析走势,重点在于列出根据"铁律"全部可以成立的不同数浪方法,然后利用不同的工具,将概率较低或不可能成立的数浪方式逐一排除,从中选出最有可能成为事实的数浪方法,而其他机会相对较小的数浪方法随时准备替代被事实证明不可能成立的首选数浪方法。以波浪理论分析走势,最重要的是客观而开放的思想。有一句关于技术分析的名言,特别适合使用波浪理论的人。那就是:"市场永远是对的,错的永远只能是我们自己。"假如遇到行情走势较为复杂的情况,可以静观其变,暂不作选择,等待市场作出较为明朗的局面。

正确的波浪理论分析,对于行情将来的发展情况,可以提供预测方向,在这种理想情况下,可以依照预测的方向入市买卖,但理想并不一定能实现。当行情与预测的方向背道而驰时,原先处于首选地位的数浪方式受到市场否决之后,波浪理论分析者必须第一时间以其他候选数浪方式作分析,顺势而为,此乃千古不变的真理。

其他技术分析方法,比较着重于突破后和顺势买入或卖出,而波浪理论可以在行情快到转折时就进行买卖。这在交易价位上应占优势,只有在证实第三浪开始运行时,波浪理论才会顺势买卖。

艾略特认为波浪的走势应该在两条平行线之内,通常绘制波浪理论价格轨道来分析预测股价走势,价格轨道的绘制方法如下。

① 必须在第1浪形成并走完之后,才能制图。首先以第1浪的起点为"0",以第1浪的终点为"1",然后将第1浪的涨幅的0.618倍假设成第2浪的终点"2",这样就可以画出一条下轨道为"0～2"的连线及延长线,上轨为通过"1"点与下轨平行的价格轨道。

② 根据第2浪走完后的实际情况及时修正价格轨道的上下轨。

③ 当第3浪开始运行后,若价格冲出上轨线,就必须在第3浪运行的过程中及完毕后再次修正轨道。

④ 当第4浪进行下跌调整时，如与原下轨仍有误差，同样也要修正，只有当经过第2浪实际浪底"2"、第4浪实际浪底"4"所连成的最后下轨线及经过第3浪实际浪高"3"与下轨平行而成上轨线后，真正的价格轨道才能确立。

在利用价格轨道预测股价走势时，如果第3浪表现强劲，最后画价格轨道，可能需要以第1浪的浪顶画一条与下轨平行的线来作为价格轨道的上轨。根据实际经验，这种画上轨的方法，准确性更高一些。

波浪理论价格轨道如图8-33所示。

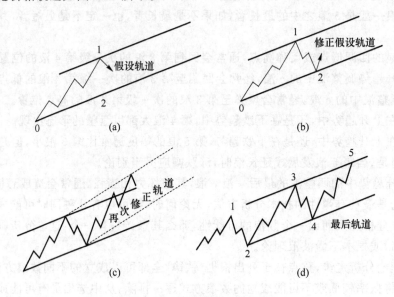

图8-33　波浪理论价格轨道

第三部分 衍生工具

第九章　证券投资基金

第一节　证券投资基金概述

一、证券投资基金的概念和特点

（一）证券投资基金的概念

① 证券投资基金是指通过公开发售基金份额，将众多投资者的资金集中起来，形成独立财产，由基金托管人托管，由基金管理人管理，以资产组合方式进行证券投资的一种利益共享、风险共担的集合投资方式。

② 证券投资基金与直接投资股票或债券的不同之处：证券投资基金是一种间接投资工具，一方面，证券投资基金以股票、债券等金融证券为投资对象；另一方面，基金投资者通过购买基金份额的方式间接进行证券投资。

③ 世界上不同国家和地区对证券投资基金的称谓有所不同。证券投资基金在美国被称为共同基金，在英国和中国香港特别行政区被称为单位信托基金，在欧洲一些国家被称为集合投资基金或集合投资计划，在日本和中国台湾地区则被称为证券投资信托基金。

（二）证券投资基金的特点

① 集合理财，专业管理。基金将众多投资者的资金集中起来，委托基金管理人进行共同投资，表现出一种集合理财的特点。基金由基金管理人进行投资管理和运作，使中小投资者也能享受到专业化的投资管理服务。

② 组合投资，分散风险。为降低投资风险，一些国家的法律法规通常规定必须以组合投资的方式进行基金的投资运作，中小投资者由于资金量小，一般无法通过购买数量众多的股票分散投资风险。基金通常会购买几十种甚至上百种股票，投资者购买基金就相当于用很少的资金购买了一篮子股票。

③ 利益共享，风险共担。基金投资者是基金的所有者。基金投资收益在扣除由基金承担的费用后的盈余全部归基金投资者所有，并依据各投资者所持有的基金份额比例进行分配。为基金提供服务的基金托管人、基金管理人只能按规定收取一定比例的托管费、管理费，并不参与基金收益的分配。

④ 严格监管,信息透明。为切实保护投资者的利益,基金监管机构都对基金业实行严格的监管,强制基金进行及时、准确、充分的信息披露。

⑤ 独立托管,保障安全。基金管理人负责基金的投资操作,其本身并不参与基金财产的保管,基金财产的保管由独立于基金管理人的基金托管人负责。这种相互制约、相互监督的制衡机制对投资者的利益提供了重要的保障。

二、证券投资基金的参与主体

基金市场的参与主体分为基金当事人、基金市场服务机构、基金监管机构和自律组织三大类。

(一) 基金当事人

1. 基金份额持有人

基金份额持有人即基金投资者,是基金的出资人、基金资产的所有者和基金投资回报的受益人。

2. 基金管理人

基金管理人是基金产品的募集者和管理者,其最主要的职责就是按照基金合同的约定,负责基金资产的投资运作,在有效控制风险的基础上为基金投资和争取最大的投资收益。在我国,基金管理人只能由依法设立的基金管理公司担任。

3. 基金托管人

为了保证基金资产的安全,《中华人民共和国证券投资基金法》规定,基金资产必须由独立于基金管理人的基金托管人保管,从而使基金托管人成为基金的当事人之一。基金托管人的职责主要体现在基金资产保管、基金资金清算、会计复核以及对基金投资运作的监督等方面。在我国,基金托管人只能由依法设立并取得基金托管资格的商业银行担任。

(二) 基金市场服务机构

基金管理人、基金托管人既是基金的当事人,又是基金的主要服务机构。其他基金市场服务机构如下。

① 基金销售机构:包括商业银行、证券公司、证券投资咨询机构、独立基金销售机构。

② 基金注册登记机构:办理基金份额的登记过户、存管和结算业务的机构。

③ 律师事务所和会计师事务所。

④ 基金投资咨询机构与基金评级机构。

(三) 基金监管机构和自律组织

① 基金监管机构:依法行使审批或核准权;依法办理基金备案,对基金管理人、基金托管人及其他从事基金活动的中介机构进行监管管理,对违法违规行为进行查处。

② 基金自律组织:由基金管理人、基金托管人或基金销售机构等组织成立的同业协会。证券交易所是基金的自律管理机构之一。

三、证券投资基金的法律形式和运作方式

(一)证券投资基金的法律形式

根据法律形式的不同,基金可分为契约型基金与公司型基金。我国的基金均为契约型基金,公司型基金则以美国的投资公司为代表。

契约型基金是依据基金合同设立的基金。基金合同是规定基金当事人之间权利义务的基本法律文件。在我国,契约型基金依据基金管理人、基金托管人之间所签署的基金合同设立;基金投资者自取得基金份额后即成为基金份额的持有人和基金合同的当事人,依法享受权利并承担义务。

公司型基金在法律上是具有独立法人地位的股份投资公司。公司型基金依据基金公司章程设立,基金投资者是基金公司的股东,享有股东权,按所持有的股份承担有限责任,分享投资收益。公司型基金公司设有董事会,代表投资者的利益行使职权。虽然公司型基金公司在形式上类似于一般股份公司,但不同于一般股份公司的是,他委托基金管理公司作为专业的财务顾问来经营与管理基金资产。

契约型基金与公司型基金的区别主要如下。首先,法律主体资格不同。契约型基金不具有法人资格;公司型基金具有法人资格。其次,投资者的地位不同。契约型基金依据基金合同成立。基金投资者尽管也可以通过持有人大会表达意见,但与公司型基金的股东大会相比,契约型基金持有人大会赋予基金持有者的权利相对较小。最后,基金营运依据不同。契约型基金依据基金合同营运基金;公司型基金依据基金公司章程营运基金。公司型基金的优点是法律关系明确清晰,监督约束机制较为完善;但契约型基金在设立上更为简单易行。两者之间的区别主要表现在法律形式的不同,两者并无优劣之分。

(二)证券投资基金的运作方式

按基金运作方式划分,基金分为封闭式基金和开放式基金。

1. 封闭式基金

封闭式基金是指基金份额总额在基金合同期限内固定不变,基金份额可以在依法设立的证券交易场所交易,但基金份额持有人不得申请赎回的基金。

2. 开放式基金

开放式基金是指基金份额不固定,基金份额可以在基金合同约定的时间和场所申购或者赎回的基金。

封闭式基金和开放式基金的区别如下。

(1)期限不同

封闭式基金一般有一个固定的存续期;而开放式基金一般是无期限的。《中华人民共和国证券投资基金法》规定,封闭式基金的存续期应在 5 年以上,封闭式基金期满后可以通过一定的法定程序延期。目前,我国封闭式基金的存续期大多在 15 年左右。

(2)份额限制不同

封闭式基金的基金份额是固定的,在封闭期限内未经法定程序认可不能增减;开放式基金规模不固定,投资者可随时提出申购或赎回申请,基金份额会随之增加或减少。

(3) 交易场所不同

封闭式基金份额固定，在完成募集后，基金份额在证券交易所上市交易。投资者买卖封闭式基金份额，只能委托证券公司在证券交易所按市价买卖，交易在投资者之间完成。开放式基金份额不固定，投资者可以按照基金管理人确定的时间和地点向基金管理人或其销售代理人提出申购、赎回申请，交易在投资者与基金管理人之间完成。

(4) 价格形成方式不同

封闭式基金的交易价格主要受二级市场供求关系的影响。当需求旺盛时，封闭式基金二级市场的交易价格会超过基金份额净值，出现溢价交易现象；反之，当需求低迷时，交易价格会低于基金份额净值，出现折价交易现象。开放式基金的买卖价格以基金份额净值为基础，不受市场供求关系的影响。

(5) 激励约束机制与投资策略不同

封闭式基金份额固定，即使基金表现好，其扩展能力也受到较大的限制。如果表现不尽如人意，由于投资者无法赎回投资，基金经理通常也不会在经营与流动性管理上面临直接的压力。与此不同，如果开放式基金的业绩表现好，通常会吸引新的投资，基金管理人的管理费收入也会随之增加；如果基金表现差，开放式基金则会面临来自投资者要求赎回投资的压力。因此，与封闭式基金相比，一般开放式基金向基金管理人提供了更好的激励约束机制。

四、证券投资基金的类别

(一) 证券投资基金的分类概述

基金的构成要素有多种，因此可以依据不同的标准对基金进行分类。

1. 根据运作方式的不同，可以将基金分为封闭式基金、开放式基金

封闭式基金是指基金份额在基金合同期限内固定不变，基金份额可以在依法设立的证券交易所交易，但基金份额持有人不得申请赎回的一种基金运作方式。

开放式基金是指基金份额不固定，基金份额可以在基金合同约定的时间和场所进行申购或者赎回的一种基金动作方式。

2. 根据法律形式的不同，可以将基金分为契约型基金、公司型基金等

不同的国家（地区）具有不同的法律环境，基金能够采用的法律形式也会有所不同。目前我国的基金全部是契约型基金，而美国的绝大多数基金则是公司型基金。组织形式的不同赋予了基金不同的法律地位，基金投资者所受到的法律保护也因此有所不同。

3. 根据投资对象的不同，可以将基金分为股票基金、债券基金、货币市场基金、混合基金等

股票基金是指以股票为主要投资对象的基金。股票基金在各类基金中历史最为悠久，也是各国（地区）广泛采用的一种基金类型。根据中国证监会对基金类别的分类标准，基金资产60％以上投资于股票的为股票基金。

债券基金主要以债券为投资对象。根据中国证监会对基金类别的分类标准，基金资产80％以上投资于债券的为债券基金。

货币市场基金以货币市场工具为投资对象。根据中国证监会对基金类别的分类标准，仅投资于货币市场工具的为货币市场基金。

混合基金同时以股票、债券等为投资对象，以期通过在不同资产类别上的投资实现收益与风险之间的平衡。根据中国证监会对基金类别的分类标准,投资于股票、债券和货币市场工具,但股票投资和债券投资的比例不符合股票基金、债券基金规定的为混合基金。

4. 根据投资目标的不同,可以将基金分为增长型基金、收入型基金和平衡型基金

增长型基金是指以追求资本增值为基本目标,较少考虑当期收入的基金,主要以具有良好增长潜力的股票为投资对象。

收入型基金是指以追求稳定的经常性收入为基本目标的基金,主要以大盘蓝筹股、公司债、政府债券等稳定收益证券为投资对象。

平衡型基金则是既注重资本增值又注重当期收入的一类基金。

5. 根据募集方式的不同,可以将基金分为公募基金和私募基金

公募基金是指可以面向社会公众公开发售的一类基金。公募基金主要具有的特征:可以面向社会公众公开发售基金份额和宣传推广,基金募集对象不固定;投资金额要求低,适宜中小投资者参与;必须遵守基金法律和法规的约束,并接受监管部门的严格监管。

私募基金则是只能采取非公开方式,面向特定投资者募集发售的基金。

(二) 股票基金

1. 股票基金的概念

股票基金即以股票为主要投资对象的基金。股票基金在各类基金中历史最悠久。根据中国证监会对基金类别的分类标准,基金资产60%以上投资于股票的基金为股票基金。股票基金以追求长期资本增值为目标,比较适合长期投资。

2. 股票基金与股票的差异

① 股票价格在每一交易日内始终处于变动之中;股票基金净值的计算每天只进行一次,因此每一交易日股票基金只有一个价格。

② 股票价格会受到投资者买卖股票数量的多少和强弱的对比的影响;股票基金份额净值不会受到买卖数量或申购、赎回数量的多少的影响。

③ 人们在投资股票时,会根据上市公司的基本情况对股票价格高低的合理性做出判断;但对基金份额净值高低进行合理与否的判断是没有意义的,因为基金份额净值是由其持有的证券价格复合而成的。

④ 单一股票的投资风险较为集中,投资风险较大;股票基金由于分散投资,投资风险低于单一股票的风险。但从风险来源看,股票基金增加了基金经理投资的委托代理风险。

3. 股票基金的投资风险

股票基金所面临的投资风险包括系统性风险、非系统性风险以及管理运作风险。

① 系统性风险是指由整体政治、经济、社会等环境因素对证券价格所造成的影响。这种风险不能通过分散投资加以消除,因此又称为不可分散风险。

② 非系统性风险是指个别证券特有的风险,包括企业的信用风险、经营风险、财务风险等。非系统性风险可以通过分散投资加以规避,因此又称为可分散风险。

③ 管理运作风险是指基于基金经理对基金的主动性操作行为而导致的风险,如基金经理不适当地对某一行业或个股进行集中投资给基金带来的风险。

股票基金可降低非系统性风险,却不能回避系统性风险,而管理运作风险则因基金而异。

4. 股票基金的分析

股票基金常用分析指标包括反映基金经营业绩的指标、反映基金风险大小的指标、反映基金组合特点的指标、反映基金运作成本的指标、反映基金操作策略的指标等。

(1) 反映基金经营业绩的指标

反映基金经营业绩的指标包括基金分红、已实现收益、净值增长率等。其中,净值增长率是最主要的分析指标。

净值增长率＝[(份额净值－期初份额净值＋基金分红)/期初份额净值]×100%

(2) 反映基金风险大小的指标

反映基金风险大小的指标包括标准差、贝塔值、持股集中度、行业投资集中度、持股数量等。净值增长率波动程度大,基金的风险就高。

净值受到证券市场系统风险的影响。通常用 β 的大小衡量一只股票基金面临的市场风险的大小。贝塔值反映基金净值变动对市场指数变动的敏感程度。

$$\beta＝基金净值增长率/股票指数增长率$$

如果基金的贝塔值为1,说明该基金净值的变化与指数的变化幅度相当。

如果基金的贝塔值大于1,说明该基金是一只活跃或激进型基金。

如果基金的贝塔值小于1,说明该基金是一只稳定或防御型基金。

$$持股集中度＝(前十大重仓股投资市值率/基金股票投资总市值)×100\%$$

持股集中度越高,说明基金在前十大重仓股的投资越多,基金的风险越高。

(三) 债券基金

1. 债券基金

债券基金即以债券为主要投资对象的基金。根据中国证监会对基金类别的分类标准,基金资产80%以上投资于债券的基金为债券基金。债券基金的波动性通常小于股票基金。

2. 债券基金与债券的区别

① 债券基金的收益不如债券的利息固定。

② 债券基金没有确定的到期日。

③ 债券基金的收益率比买入并持有到期的单个债券的收益率更难以预测。

④ 投资风险不同。单一债券随着到期日的临近,所承担的利率风险会下降,但单一债券的信用风险比较集中;债券基金没有固定到期日,利率风险通常保持在一定水平,并且可以通过分散投资有效地避免信用风险。

3. 债券基金的投资风险

债券基金所面临的投资风险包括利率风险、信用风险、提前赎回风险以及通货膨胀风险。

① 利率风险。债券的价格与市场利率呈反方向变动。债券基金的平均到期日越长,其利率风险越高。

② 信用风险。债券发行人违约或债券评级机构对债券的信用进行评级,均会引发信用风险。

③ 提前赎回风险。

④ 通货膨胀风险。

4. 债券基金的分析

分析股票基金的许多指标都可以用于对债券基金的分析,如净值增长率、标准差、费用率、周转率等。但由于债券基金的表现与风险主要受久期与债券信用等级的影响,因此对债券基金的分析应主要集中于对债券基金久期与基金所持债券信用等级的分析。

久期即一只债券贴现现金流的加权平均到期时间。它综合考虑了到期时间、债券现金流以及市场利率对债券价格的影响,可以反映利率的微小变动对债券价格的影响。

债券基金久期等于基金组合中各个债券的投资比例与对应债券久期的加权平均。

久期越长,债券基金净值的波动幅度越大,利率风险越高。

不同债券基金价格对市场利率变动的敏感性不一样。债券基金久期就是用来衡量这种敏感性的。如果某债券基金的久期是5年,那么当市场利率提高1%的时候,该债券的资金净值就会近似下跌5%。因此,一个厌恶风险的投资者应选择久期较短的债券基金,而一个愿意接受较高风险的投资者,则应选择久期较长的债券基金。

(四) 货币市场基金

① 货币市场基金是以货币市场工具为投资对象的基金。根据中国证监会对基金类别的分类标准,仅投资于货币市场工具的基金为货币市场基金。货币市场基金具有风险低、流动性好的特点,适用于短期投资。货币市场基金同样会面临利率风险、购买力风险、信用风险、流动性风险。与银行存款不同,货币市场基金并不保证收益水平。

② 按照《货币市场基金管理暂行规定》,我国货币市场基金能够进行投资的金融工具包括:现金;1年以内(含1年)的银行定期存款、大额存单;剩余期限在397天以内(含397天)的债券;期限在1年以内(含1年)的债券回购;期限在1年以内(含1年)的中央银行票据;剩余期限在397天以内(含397天)的资产支持证券。

③ 货币市场基金不得投资的金融工具:股票;可转换债券;剩余期限超过397天的债券;信用等级在AAA级以下的企业债券;国内信用评级机构评定的A-1级或相当于A-1级的短期信用级别及该标准以下的短期融资券;流动受限的证券。

(五) 混合基金

① 混合基金同时以股票、债券等为投资对象,以期通过在不同资产类别上的投资实现收益与风险之间的平衡。根据中国证监会对基金类别的分类标准,投资于股票、债券和货币市场工具,但股票投资和债券投资的比例不符合股票基金、债券基金规定的为混合基金。混合基金的风险低于股票基金,预期收益则要高于债券基金。

② 通常依据资产配置的不同将混合基金分为偏股型基金(股票配置比例为50%~70%,债券配置比例为20%~40%)、偏债型基金、股债平衡型基金、灵活配置型基金等。

③ 混合基金的投资风险主要取决于股票与债券配置的比例大小。偏股型基金、灵活配置型基金的风险较高,预期收益率也较高;偏债型基金的风险较低,预期收益率也较低;股债平衡型基金的风险与收益较为适中。

第二节 证券投资基金的基金管理人和托管人

一、基金管理人的职责

《中华人民共和国证券投资基金法》规定,基金管理人只能由依法设立的基金管理公司担任。基金管理人是基金的组织者和管理者,在整个基金的运作中起着核心作用。基金管理费是基金管理人的主要收入来源。

基金管理人的主要职责如下。

① 依法募集基金,办理或者委托经国务院证券监督管理机构认定的其他机构代为办理基金份额的发售、申购、赎回和登记事宜。

② 办理基金备案手续。

③ 对所管理的不同基金财产分别进行管理、记账,并进行证券投资。

④ 按照基金合同的约定确定基金收益分配方案,及时向基金份额持有人分配收益。

⑤ 进行基金会计核算并编制基金财务会计报告。

⑥ 编制中期和年度基金报告。

⑦ 计算并公告基金资产净值,确定基金份额申购、赎回价格。

⑧ 办理与基金财产管理业务活动有关的信息披露事项。

⑨ 召集基金份额持有人大会。

⑩ 保存基金财产管理业务活动的记录、账册、报表和其他相关资料。

⑪ 以基金管理名义,代表基金份额持有人利益行使诉讼权利或者实施其他法律行为。

⑫ 国务院证券监督管理机构规定的其他职责。

在整个基金的运作中,基金管理人处于中心地位。基金管理人必须以投资者的利益为最高利益,严防利益冲突与输送。

二、基金管理人的主要业务

(一) 证券投资基金业务

证券投资基金业务主要包括基金募集与销售、基金的投资管理和基金运营服务。

① 基金募集与销售。基金管理公司的法定权利之一,其他任何机构不得从事基金的募集活动。

② 基金的投资管理。最核心的一项业务。

③ 基金运营服务。基金运营服务包括基金注册登记、核算与估值、基金清算和信息披露等业务。

(二) 特定客户资产管理业务

基金管理公司向特定客户募集资金或者接受特定客户财产委托并担任资产管理人,由商业银行担任资产托管人,为资产委托人的利益,运用委托财产进行证券投资的活动。2012年9月公布的《基金管理公司特定客户资产管理业务试点办法》(以下简称《试点办法》)自2012年11月1日起施行,该《试点办法》对基金管理公司开展特定客户资产管理业务进行了重新规范。

① 将委托财产交由具备基金托管资格的商业银行托管。

② 从事特定客户资产托管业务,资产委托人、资产管理人、资产托管人应当订立书面的资产管理合同,明确约定各自的权利、义务和相关事宜,资产管理合同的内容与格式由中国证监会另行规定。

③ 委托财产应当用于的投资：股票、债券、证券投资基金、央行票据、短期融资券、资产、支持证券、金融衍生品、商品期货及中国证监会规定的其他投资品种。

④ 单个资产管理计划持有一家上市公司的股票，其市值不得超过该计划资产净值的20%；同一资产管理人管理的全部特定客户委托财产投资于一家公司发行的证券，不得超过该证券的10%。

⑤ 特定客户资产管理业务的管理费率、托管费率不得低于同类型或相似类型投资目标和投资策略的证券投资基金管理费率、托管费率的60%。

⑥ 资产管理人可以与资产委托人约定，根据委托财产的管理情况提取适当的业绩报酬。

⑦ 严格禁止同一资产组合在同一交易日内反向交易及其他可能导致不公平交易和利益输送的交易行为。

⑧ 基金管理公司从事特定客户资产管理业务，应当设立专门的业务部门，投资经理与证券投资基金的基金经理不得相互兼任。

⑨ 不得采用任何形式向资产委托人返还管理费；不得违规向客户承诺收益或承担损失；不得将其固有财产或者他人财产混同于委托财产并从事证券投资。

⑩ 不得通过报刊、电视、广播、互联网网站和其他公共媒体公开推介具体的特定客户资产管理业务方案和资产管理计划。

⑪ 资产管理合同存续期间，资产管理计划每季度至多开放一次计划份额的参与和退出，但中国证监会另有规定的除外。

⑫ 多个客户资产管理计划的资产管理人每月至少向资产委托人报告一次经资产托管人复核的计划份额净值。

（三）投资咨询服务

基金管理公司向特定对象提供投资咨询服务不得有下列行为。
① 侵害基金份额持有人和其他客户的合法权益。
② 承诺投资收益。
③ 与投资咨询客户约定分享投资收益或者分担投资损失。
④ 通过广告等公开方式招揽投资咨询客户。
⑤ 代理投资咨询客户从事证券投资。
⑥ 全国社会保障基金管理及企业年金管理业务。

根据《全国社会保障基金投资管理暂行办法》和《企业年金基金管理试行办法》的规定，基金管理公司可以作为投资管理人管理社会保障基金和企业年金基金。

三、基金托管人概述

（一）基金托管人及基金资产托管业务

基金托管人又被称为基金保管人，是根据法律法规的要求，在证券投资基金运作中承担资产保管、交易监督、信息披露、资金清算与会计核算等相应职责的当事人。基金资产托管业务或托管人的职责如下。

① 资产保管，即基金托管人按规定为基金资产设立独立的账户，保证基金全部财产的安

全完整。
② 资金清算。
③ 资产核算。
④ 投资运作监督。

（二）基金托管人的职责

① 安全保管基金财产。
② 按照规定开设基金财产的资金账户和证券账户。
③ 对所托管的不同基金财产分别设置账户，确保基金财产的完整与独立。
④ 保存基金托管业务活动的记录、账册、报表和其他相关资料。
⑤ 按照基金合同的约定，根据基金管理人的投资指令，及时办理清算、交割事宜。
⑥ 办理与基金托管业务活动有关的信息披露事项。
⑦ 对基金财务会计报告、中期和年度基金报告出具意见。
⑧ 复核、审查基金管理人计算的基金资产净值和基金份额申购、赎回价格。
⑨ 按照规定召集基金份额持有人大会。
⑩ 按照规定监督基金管理人的投资运作。
⑪ 国务院证券监督管理机构规定的其他职责。

（三）基金托管人的市场准入条件

申请取得基金托管人资格应当具备下列条件，并经中国证监会和中国银监会核准。
① 净资产和资本充足率符合有关规定。
② 设有专门的基金托管部门。
③ 取得基金从业资格的专职人员达到法定人数。
④ 有安全保管资金财产的条件。
⑤ 有安全高效的清算、交割系统。
⑥ 有符合要求的营业场所、安全防范设施和与基金托管业务有关的其他设施。
⑦ 有完善的内部稽核监控制度和风险控制制度。
⑧ 法律、行政法规规定的和经国务院批准的中国证监会、中国银监会规定的其他条件。

第三节 证券投资基金的投资方法

一、基金的投资方法

（一）了解自己

1. 了解自己的性格和风险偏好

投资基金并不只是算数那么简单，还要从多方面进行综合考量，是稳健型还是激进型，确定了自己的投资类型后，投资者还要判断一下自己的风险承受能力。如果投资者厌恶风险，就要考虑投资低风险的货币市场基金;如果投资者风险承受能力很强,则可以投资指数型基金、股票型基金。出手前的准备工作很重要。要坚持做到学习、分析、权衡,再做决定。切忌跟风购买,要知道很多基金的风格就是涨得快,跌得也快,不要为了眼前短暂的利润而冲动。

2. 了解自己对所持有资金的控制程度

考虑自己手中的资金能否进行长期投资,如果不能长期投资,就要选择变现能力好的货币市场基金。或者这笔钱以后会有急用,应该选择风险较小并能及时变现的基金品种。

总之,投资者要根据自己的实际情况,选择适合自己的基金品种。要仔细阅读基金契约、招募说明书或公开说明书等文件,并从报纸、销售网点公告或管理网站等正规途径,了解基金的相关信息,以便真实、全面地了解基金和基金管理公司的收益、风险、以往业绩等情况,再根据自己的实际情况购买。

(二)选择基金公司和购买渠道

基金是由基金公司管理的,基金公司的管理水平如何,将直接影响到基金的表现,一个值得信赖的基金公司则是接下来需优选考虑的标准。值得投资者信赖的基金公司一定会以客户的利益最大化为目标,其内部控制良好,管理体系比较完善等。有了公司作保障之后,就要细细研究一下这只基金的表现如何了。一个业绩稳定的基金公司知道怎么样更好地利用投资者的资金,选择一个好的基金公司非常重要,然后投资者可根据自己的风险承受能力选择合适的基金,最后再在同类型基金中选择长期业绩都不错的基金作为重点考虑对象。因此选择信誉卓著的基金管理公司管理的基金进行投资,也是投资过程的一个重要方面。建议投资者依照下列的步骤来考查基金管理公司。

① 基金管理公司的背景。投资人应选择信誉良好、无违法违规记录、内部管理及控制完善的基金管理公司。

② 管理的资产规模及业绩表现。投资人可以通过基金管理公司管理的基金的总体表现来评估其管理能力。投资人应选择管理资产规模较大,管理的基金在多数时间相对同业及大盘有较好表现的基金管理公司。

③ 投资程序及经验。投资人应选择投资经验丰富、投资程序科学先进的基金管理公司。

④ 研究团队的阵容。基金管理公司的研究人员应具有丰富的行业及公司研究经验、较好的证券分析素养和较高的职业操守。

⑤ 客户服务:投资人应选择能提供较完善客户服务的基金管理公司。

通过什么途径买基金也是一门学问。可以选择去银行、券商等代销渠道购买,也可以通过网上电子交易或直接到基金公司理财中心等直销渠道购买。还有就是投资方式,是选择一次性投资,还是定期定额等。如果投资者有长期的投资需要,有一定的理财目标,那么不妨考虑定期定额。它可以让投资者免去许多手续的麻烦,还能够通过复利优势,积少成多地创造财富。推荐最好还是选择基金公司网上销售的途径,这样可以省下一笔手续费,更重要的是,如果觉得买错了,还可以及时转换到同基金公司旗下其他表现好的基金,这样就省去了来回存钱的麻烦。

(三)购买过程中的注意事项

投资基金与投资股票有所不同,不能像炒股票那样天天关心基金的净值是多少,最忌讳以"追涨杀跌"的短线炒作方式频繁买进卖出,因此,在投资过程中有以下注意事项。

1. 投资基金不仅要有良好的资金准备,还要做好充分的心理准备

首先,做好承担风险的心理准备。其次,对收益率有一个合理的心理预期。最后,做好长期战斗的准备。

2. 对购买基金的方式也应该有所选择

开放式基金可以在发行期内认购,也可以在发行后申购,只是申购的费用略高于发行认购时的费用。申购形式有多种,除了一次性申购之外,还有另外3种形式供选择。一是可以采用"金字塔申购法"。投资者如果认为时机成熟,打算买某一基金,可以先用1/2的资金申购,如果买入后该基金不涨反跌,则不宜追加投资,而是等该基金净值出现上升时,再在某价位买进1/3的基金,如此在上涨中不断追加买入,直到某一价位"建仓"完毕。这就像一个"金字塔",低价时买得多,高价时买得少,综合购买成本较低,赢利能力自然也就较强。二是可采用"成本平均法",即每隔相同的一段时间,以固定的资金投资于某一相同的基金。这样可以积少成多,让小钱积累成一笔不小的财富。这种投资方式操作起来也不复杂,只需要与销售基金的银行签订一份《定时定额扣款委托书》,约定每月的申购金额,银行就会定期自动扣款买基金。三是可以采取"价值平均法",即在市价过低的时候,增加投资的数量;反之,在价格较高时,则减少投资,甚至可以出售一部分基金。

3. 摊薄成本很重要

相对来说基金的风险比股票小,收益比债券类高,所以值得有一定比例的购入,但是基金最怕的就是市场不好时就急着赎回,那样成本永远处在高位,无法降低成本。

4. 巧用基金之间的直接相互转换来避免风险

一般来说,同一基金公司旗下的不同基金之间可以相互转换。这样可以在市场环境好的时候去购买股票型基金,在市场环境差时转换成债券型基金。而且在转换时,可以避免赎回和申购的费用。

5. 基金公司一般有前端收费和后端收费两种收费方式

新人应该选择后端收费,这有利于减低成本,持有时间越长,支付的费用越少,以此达到减低风险的目的。

6. 买卖基金,切记跟风,要设定止损

一定要问清楚费率。费率的不同直接导致了收益的高低。会买的投资者会考虑费率以便获取最好的投资回报。

7. 尽量选择伞形基金

伞形基金也称系列基金,即一家基金管理公司旗下有若干个不同类型的子基金。对于投资者而言,投资伞形基金主要有以下优势:一是收取的管理费用较低;二是投资者可在伞形基金下各个子基金间方便地进行转换。

8. 多元化

在购买时建议手中持有3~5只基金为宜。如果投资者的资金足够多,可以考虑根据不同基金的投资特点,分散地投资于多个基金。这样,倘若某基金暂时表现欠佳,通过多元化的投资,不理想的表现便有机会被另一基金的出色表现所抵消。

9. 买完基金后还要关注各种基金信息的披露

首先要关注投资基金的表现,留意所持基金的信息披露。其次要分析基金的各种评价数据,关注开放式基金评价表、开放式基金业绩排行表、开放式基金仓位测算表等一些权威研究机构公开发布的研究数据。

10. 关注两个比较关键的业务

一是基金转换业务。基金转换业务适合于同一家基金旗下的产品,就是说出现风险的时候,投资者把手里风险较高的基金转换到风险比较低的同一公司旗下的其他产品。基金转换的手续费往往会比较优惠,投资者可以根据市场具体情况来实现资产的有效保值和增值。二是定期定额的投资业务。就是和银行约定一个时间、约定一定金额来购买一个基金公司旗下的产品,这个业务有点像银行的零存整取业务,它规避了股市多空的风险以及资金净值起伏的风险。

11. 定期检讨自己的需要和情况

尽管我们应该做长线投资,但也需要根据年龄增长、财务状况或投资目标的改变而更新自己的投资决定。大部分成功的投资人在储蓄和投资的初期都会追求较高的盈利,而随着时间的推移,会逐渐转向比较稳健的投资。

12. 不要进行过度频繁的操作

有别于投资股票和封闭式基金短线进出的操作方式,开放式基金基本上是一种中长期的投资工具。这是因为股票和封闭式基金的价格都受市场供求的影响,短期波动性较大,而开放式基金的交易价格直接取决于资产净值,基本不受市场炒作的影响。因此,太过短线的抢时机进出或追涨杀跌不仅不易赚钱,反而会增加手续费,增加成本。

二、指数基金的投资方法

(一)指数基金的优势

指数基金采取拟合目标指数的投资策略,分散投资于目标指数的成分股,力求基金组合的收益率与目标指数的跟踪误差最小。与主动型基金的投资策略不同,指数基金不进行选股,也不择时,仅仅被动持有标的指数的样本股,并跟随标的指数的调整而买卖股票。

指数基金业绩较好的一个重要原因是消极管理的低资产周转率。关于消极管理带来好业绩的原因有两种说法:一是低资产周转率使交易成本和管理成本降低,从而提高了收益率;二是低资产周转率避免了信息不对称造成的交易失误和不必要的交易费用,提高了收益率。因此,基本上可以说,低资产周转率或消极管理使指数基金有它固有的成本优势。

基金费用主要包括管理费用、交易成本和销售费用3个方面。管理费用是指基金管理人投资管理产生的成本;交易成本是指在买卖证券时发生的经纪佣金等交易费用;销售费用包括投资者申购、赎回基金时发生的费用等。通常而言,指数基金的费率具有几个特点。

一是管理费用低。

二是交易成本低。一个被积极管理的基金,每年的经纪佣金和其他交易成本可能达到资产的1%。而指数基金采取持有策略,不用经常换股,这些费用低于积极管理的基金。

三是销售费用低。开放式指数基金的认购费和赎回费比其他类型基金低。

(二)选择指数基金的注意事项

1. 选择跟踪指数特色鲜明、与自己投资风格匹配的基金

没有最好的指数,只有最适合的指数,不同的投资者适合不同的指数基金。标的指数的市场特征鲜明,有利于投资者掌握指数的运作规律,对于有固定投资偏好的投资者更加有利。

例如：中证500指数基金是代表性的小盘股指数，而上证50则是代表性的大盘蓝筹指数，上证综指则是整体市场代表指数，激进型的投资者选择中证500指数便可以实现自己的投资偏好，稳健型的投资者可选择上证综指基金作为基本配置，而保守型的投资者则可以选择上证50指数。

2. 选择跟踪误差小的基金

指数基金的评价标准是基金业绩与跟踪标的指数的误差。尽可能地摒弃人为干预，能较好地控制跟踪误差范围的指数基金才是优秀的指数基金。

从短线操作的角度分析，投资者投资指数基金时，都希望指数基金能完全复制跟踪指数的业绩表现，以期达到短期波段操作的效果。因此，判断一个指数基金是否操作良好，并不是看这只指数基金的业绩有多突出，而是看它跟踪指数的能力。

3. 选择主流的指数基金品种

主流指数的关注度较高，其风险收益特征为更多的人所熟识，因而较易辨别其特点。此外，主流指数投资的人较多，可能形成"溢出效应"，即其成分股因投资者较多而出现一定的溢价，为投资人带来间接的好处。

传统的主流指数包括单市场指数和跨市场指数。单市场指数包括上证50指数、上证180指数、深证100指数等，分别代表了沪市和深市。跨市场指数包括沪深300指数、中证500指数、中证100指数等。其中，沪深300指数最受关注，以沪深300指数作为标的的指数基金也最多。

4. 选择优秀基金公司的产品

由于跟踪相同的指数基金的业绩表现差异不大，对相同标的的指数基金应尽可能选择知名基金公司旗下的产品。优秀基金公司旗下指数基金的品种也较为齐全，便于投资者进行不同风格指数基金的转换和组合，能有效地实现资产组合目标。优秀公司旗下单只指数基金的规模较大，应对大额申购赎回的能力较强，对于减少指数基金跟踪误差有很大好处。

5. 选择费率低的品种

一般主动式管理基金的管理费率为1.5%，托管费率为0.25%，而国内指数基金的管理费率在0.5%~1.3%之间，托管费率则在0.1%~0.25%之间。相对于主动管理的基金，指数基金每年可以节省1%左右的管理成本。如果每年可以节省1%的投资费用，这代表额外赚取了1%的投资收益，在长期投资复利的作用下，投资结果会有很大的不同。另外，指数基金费率也有一定的差异，其原因多种多样，总体上看，ETF和LOF指数基金的费率水平较低。

6. 考虑交易成本和便利性

购买指数基金有两个渠道：一是通过开户银行或者基金公司、证券公司（非交易通道）购买，二是在二级市场购买。后者仅限于购买在交易所上市的指数基金，如LOF和ETF。指数基金的优势在于交易成本低，买卖不需要印花税，仅需要交易佣金，对喜欢炒作指数基金的投资者来说，成本节约更显著。

（三）投资指数基金的几个误区

由于指数基金所跟踪复制的指数具有不同的行业偏重和成分股，所以其风险特征表现差异较大，在选择指数基金时应当回避以下几个误区。

误区一：过度偏重指数基金的收益率

许多投资者在选择指数基金时喜欢追逐收益率高的基金。其实，每只指数基金的投资定位不同,有的追求稳健收益,有的追求积极成长,对于投资者来说,更重要的是了解自己,对自己的理财目标、资金规划、风险承受能力做出判断,同时结合基金的投资定位,寻找最适合自己的基金。譬如,保守投资人在资产配置中,投资大盘蓝筹的指数基金产品占比就应该更大一些。

误区二:用指数基金作频繁波段操作

低买高卖,知易行难。波段操作需要一连串的正确预测。波段操作需要频繁买卖,有可能错过市场中最好的上涨期。美国从1980年到1990年股市黄金十年间,标准普尔500指数中所有股票的年平均收益率均是17.6%。但在这十年里,如果投资者踏空最重要的10个交易日,十年年均收益率就下降为12.6%;如果踏空最重要的20个交易日,十年年均收益率就只有9.3%;如果踏空最重要的30个交易日,十年年均收益率则只有6.5%。

误区三:重复配置相同风格的指数基金

在投资中,通过资产配置组合投资可以规避风险,但由于对基金的风格不了解,导致资产组合中相同风格的基金重复配置,使组合投资起不到应有的分散风险的作用。例如:中证500指数与深证100指数都是小盘股指数,两者风格非常相似,如果同时配置的话,就会造成重复配置。相反,中证500指数与沪深300指数成分股毫无交集,可以形成小盘股与中大盘股的良好组合,并灵活地进行风格转换。

误区四:在股市顶点买入风格激进的指数基金

指数基金是一种被动型投资,一般而言适合长期持有。但在股市过度亢奋,市场估值严重高估的时候,仍然固守指数基金是不合适的。在遭遇单边下跌行情时,指数基金严格追踪指数不进行人为避险,因此投资收益将大打折扣,甚至出现较大幅度的亏损。

(四) 指数基金之间的组合

1. "主动型股票基金+指数基金"组合

主动型股票基金与指数基金在不同趋势市场里的表现差异较大。一般而言,在大幅上涨的牛市里,指数基金的上涨幅度通常会大于大多数主动型基金。与之相反,在大幅下跌的熊市里,指数基金的下跌幅度也会大于大多数主动型基金。

主动型股票基金与指数基金在股市不同阶段的收益与风险差异很大,投资者单独持有主动型基金面临着牛市里收益落后的风险,而单独持有指数基金又面临着熊市下跌过大的风险。因而,如果将两者进行组合,则可以将风险和收益进行平滑,更有利于投资者用平常心去长期持有。

2. "大盘蓝筹基金+小盘股基金"组合

"大+小"组合最典型的代表是"沪深300+中证500"组合。蓝筹股的业绩优良、认同度高,而小盘股的突出特点是成长性高,波动性较大。在中国这个风格转换特别迅速的市场里,蓝筹股和小盘股的表现有时会有明显的切换。

譬如:对于稳健型投资者,可以选择"70%沪深300指数+30%中证500指数"的组合,在稳固防守的同时用中证500指数基金博取超额收益。而对于进取型的投资者来讲,选择"40%沪深300+60%中证500"可以令投资组合更有活力,更加具有进取心。

(五) 指数基金定投与二级市场分批建仓

指数基金紧密跟踪指数的特性,所以对任何一笔一次性投入的资金来说,短期的风险都非常高,这也是指数基金在下跌时很难被普通投资人认同的根本原因。但通过基金定期定投,短期风险被长期平均成本淡化,只要基本面能够长期向好,指数几乎毫无争议地将得到上市公司业绩提升的支撑。持有人最终将非常可能通过定投分享指数的成长性,而且定投解决了普通投资人分期结余的投资需求。

定投是一种利用复利效应的长期投资方法。基金定投原理简单,自动扣款省时省力,风险分散而且规避了择时的难题。指数基金采用被动投资策略,力求拟合目标指数,更适合作为长期投资品种,更加适合震荡市场投资。

没有过多经验和精力的普通投资者,投资个股往往是输多赢少,这并不是个人的运气或者是自己对市场的技术分析能力问题。实际上,从长期看,股指总是向上的,在资产配置中适当增加指数基金的投入是最有效的投资配置方式之一,而最简单的办法就是定投指数基金。

ETF 基金做定投的好处主要是费用低、高仓位,可获得市场平均收益,但一级市场申购需要的金额较大,而且一般情况下 ETF 也不推出定投计划,如果按照 ETF 要求的最低申购额进行定投,也不是很现实。在二级市场上定投 ETF 理论上是可行的,但需要一些简单的计算和手动定投。因为 ETF 在二级市场上买卖均以手为单位(即 100 个基金单位),而不是以金额为申购单位,因此如果投资者要对 ETF 进行定投就需要计算每期固定投入金额,如 1 000 元可以在二级市场上买多少单位的 ETF,这样才能达到在市场上涨时少买一点,在市场下跌时多买一点,从而达到熨平成本的目的。另外,投资者还可以通过投资 ETF 联接基金达到定投的目的。这类基金把 90%的资产投资于所联接的 ETF 上,其余为现金和其他资产,并可通过银行柜台等渠道以现金申赎的规则操作,方便了投资者对 ETF 的投资。然而,这类基金在资金流动性方面失去了原有 ETF 在二级市场的方便,但在费用上较普通的指数基金还是略微便宜一些。

无论定投哪一类的基金,包括指数基金在内都需要坚持,许多投资者开始定投时,市场往上走就乐意去投,但在市场下跌时却临阵脱逃,停止定投,这样会造成成本随市场上行而上涨,但市场下跌时却由于放弃定投而没有把握降低成本的机会,到头来根本没有享受到定投带来的好处。定投贵在坚持,3～5 年的时间才能略显定投的优势。

另外,在交易所上市交易的指数基金,在市场进入底部区域时,采取分批建仓从二级市场买入的策略,这也是降低持仓成本、降低择时风险的做法之一,具体手法视投资者的经验不同而有所区别。

第十章 期 货

第一节 金融衍生工具的概述

一、金融衍生工具的定义

金融衍生工具又被称为金融衍生产品,是与基础金融产品相对应的一个概念,指建立在基础产品或基础变量之上,其价格取决于基础金融产品价格(或数值)变动的派生金融产品。这里所说的基础产品是一个相对的概念,不仅包括现货金融产品(如债券、股票、银行定期存款单等),也包括金融衍生工具。作为金融衍生工具基础的变量种类繁多,主要是各类资产价格、价格指数、利率、汇率、费率、通货膨胀率以及信用等级等,近些年来,某些自然现象(如气温、降雪量、霜冻、飓风),甚至人类行为(如选举、温室气体排放)也逐渐成为金融衍生工具的基础变量。

二、金融衍生工具的特征

(1) 跨期性

金融衍生工具是交易双方通过对利率、汇率、股价等因素变动趋势的预测,约定在未来某一时间按照一定条件进行交易或选择是否交易的合约。

(2) 杠杆性

金融衍生工具交易一般只需要支付少量的保证金或权利金就可签订远期大额合约或互换不同的金融工具。

(3) 联动性

联动性指金融衍生工具的价值与基础产品或基础变量紧密联系、规则变动。

(4) 不确定性或高风险性

金融衍生工具的交易后果取决于交易者对基础工具(变量)未来价格(数值)的预测和判断的准确程度。基础金融工具价格不确定性仅仅是金融衍生工具风险性的一个方面。

① 交易中对方违约,没有履行承诺造成损失的信用风险。

② 因资产或指数价格不利变动可能带来损失的市场风险。

③ 因市场缺乏交易对手而导致投资者不能平仓或变现所带来的流动性风险。

④ 因交易对手无法按时付款或交割可能带来的结算风险。

⑤ 因交易或管理人员的人为错误或系统故障、控制失灵而造成的操作风险。

⑥ 因合约不符合所在国法律,无法履行或合约条款遗漏及模糊导致的法律风险。

三、金融衍生工具的分类

(一) 按照产品形态分类

根据产品形态,金融衍生工具可分为独立衍生工具和嵌入式衍生工具。

(1) 独立衍生工具

独立衍生工具是指本身即独立存在的金融合约,例如期权合约、期货合约或者互换交易合约等。

(2) 嵌入式衍生工具(Embedded Derivatives)

嵌入式衍生工具是指嵌入非衍生合同(简称"主合同")中的衍生金融工具,该衍生工具使主合同的部分或全部现金流量将按照特定利率、金融工具价格、汇率、价格或利率指数、信用等级或信用指数,或类似变量的变动而发生调整,例如目前公司债券条款中包含的赎回条款、返售条款、转股条款、重设条款等。

(二) 按照交易场所分类

金融衍生工具按交易场所可以分为两类。

(1) 交易所交易的衍生工具

交易所交易的衍生工具是指在有组织的交易所上市交易的衍生工具,例如,在股票交易所交易的股票期权产品,在期货交易所和专门的期权交易所交易的各类期货合约、期权合约等。

(2) 场外交易市场(OTC)交易的衍生工具

场外交易市场交易的衍生工具是指通过各种通信方式,不通过集中的交易所,实行分散的、一对一交易的衍生工具,例如金融机构之间、金融机构与大规模交易者之间进行的各类互换交易和信用衍生品交易。

(三) 按照基础工具种类分类

金融衍生工具从基础工具分类角度,可以划分为股权类产品衍生工具、货币衍生工具、利率衍生工具、信用衍生工具以及其他衍生工具。

(1) 股权类产品衍生工具

股权类产品衍生工具是指以股票或股票指数为基础工具的金融衍生工具,主要包括股票期货、股票期权、股票指数期货、股票指数期权以及上述合约的混合交易合约。

(2) 货币衍生工具

货币衍生工具是指以各种货币作为基础工具的金融衍生工具,主要包括远期外汇合约、货币期货、货币期权、货币互换以及上述合约的混合交易合约。

(3) 利率衍生工具

利率衍生工具是指以利率或利率的载体为基础工具的金融衍生工具,主要包括远期利率协议、利率期货、利率期权、利率互换以及上述合约的混合交易合约。

(4) 信用衍生工具

信用衍生工具是指以基础产品所蕴含的信用风险或违约风险为基础变量的金融衍生工

具,用于转移或防范信用风险,是20世纪90年代以来发展最为迅速的一类衍生产品,主要包括信用互换、信用联结票据等。

(5) 其他衍生工具

除以上4类金融衍生工具之外,还有相当数量金融衍生工具是在非金融变量的基础上开发的,例如管理气温变化风险的天气期货、管理政治风险的政治期货、管理巨灾风险的巨灾衍生产品等。

(四) 按照金融衍生工具自身交易的方法及特点分类

金融衍生工具从其自身交易的方法和特点可以分为金融远期合约、金融期货、金融期权、金融互换和结构化金融衍生工具。

(1) 金融远期合约

金融远期合约是指交易双方在场外市场上通过协商,按约定价格(称为远期价格)在约定的未来日期(交割日)买卖某种标的金融资产(或金融变量)的合约。金融远期合约规定了将来交割的资产、交割的日期、交割的价格和数量,合约条款根据双方需求协商确定。金融远期合约主要包括远期利率协议、远期外汇合约和远期股票合约。

① 远期利率协议是指买卖双方同意在未来一定时间内,以商定的名义本金和期限为基础,由一方将协定利率与参照利率之间差额的贴现额度付给另一方的协议。

② 远期外汇合约是指约定未来按照预先约定的汇率进行外汇交割的合约。

③ 远期股票合约是指在将来某一特定日期按照特定价格交付一定数量单个股票或一篮子股票的协议。

(2) 金融期货

金融期货是指交易双方在集中的交易场所以公开竞价方式进行的标准化金融期货合约的交易。金融期货是以金融工具(或金融变量)为基础工具的期货交易,主要包括货币期货、利率期货、股票指数期货和股票期货4种。

(3) 金融期权

金融期权是指合约买方向卖方支付一定费用(称为"期权费"或"期权价格"),在约定日期内(或约定日期)享有按事先确定的价格向合约卖方买卖某种金融工具的权利的契约,包括现货期权和期货期权两大类。除交易所的标准化期权、权证之外,还存在大量场外交易的期权,这些新型期权通常被称为奇异型期权。

(4) 金融互换

金融互换是指两个或两个以上的当事人按共同商定的条件,在约定的时间内定期交换现金流的金融交易,可分为货币互换、利率互换、股权互换、信用违约互换等类别。

信用违约互换(Credit Default Swaps,CDS)规定信用风险保护的买方向信用风险保护的卖方定期支付固定的费用或一次性支付保险费,当信用事件发生时,卖方向买方赔偿因信用事件所导致的基础资产面值的损失部分。

(5) 结构化金融衍生工具

前述4种常见的金融衍生工具通常也被称为"建构模块工具",它们是最简单和最基础的金融衍生工具,而利用其结构化特性,通过相互结合或者与基础金融工具相结合,能够开发设计出更多具有复杂特性的金融衍生产品,后者通常被称为"结构化金融衍生工具",或简称为"结构化产品"。

第二节 期货概述

一、期货的定义

期货一般指期货合约。期货合约是指由期货交易所统一制订的、规定在将来某一特定的时间和地点交割一定数量和质量实物商品或金融商品的标准化合约。它是期货交易的对象,期货交易参与者正是通过在期货交易所买卖期货合约,转移价格风险,获取风险收益。

在期货市场交易的期货合约,其标的物的数量、质量等级和交割等级及替代品升贴水标准、交割地点、交割月份等条款都是标准化的,只有期货价格是唯一变量,在交易所以公开竞价的方式产生。期货合约的标准化和转让无须背书,便利了其连续买卖,具有很强的市场流动性,极大地简化了交易过程,降低了交易成本,提高了交易效率。

二、期货交易的品种

世界期货市场最早是从农产品交易开始起步的;后来,交易品种中又增加了金属及能源产品;再后来,金融产品也成为期货交易的交易对象;现在,又产生了许多新型品种。一部期货交易史就是期货交易品种不断创新、交易规模不断扩大的历史。

从目前世界各国的期货市场上市品种看,期货主要包括商品期货、金融期货两大类。

1. 商品期货

商品期货的种类较多,主要有:

① 农产品期货,如大豆、玉米、小麦等,几乎包括了所有主要的农业产品;
② 工业用品期货,如橡胶、棉纱等商品;
③ 贵金属期货,品种包括黄金、白银等贵重金属;
④ 有色金属期货,指普通金属期货,如铜、铅、锌等;
⑤ 能源期货,指原油、燃料油、天然气等。

2. 金融期货

金融期货是指以金融工具或金融产品作为标的物的期货交易,由于它是在原来的传统金融工具(如货币、股票、债券)的基础上衍生出来的,又是与这些金融工具的价格密切相关的新的投资工具,从而被理论界称作金融衍生工具。

金融期货由三大类期货组成,按其先后出现的次序,那就是外汇期货、利率期货及股指期货(包括股票期货)。

① 外汇期货是指以汇率为标的物的期货合约,用来规避汇率风险。
② 利率期货是指以债券类证券为标的物的期货合约,可以回避利率波动所引起的证券价格变动风险。
③ 股指期货的全称是股票价格指数期货,就是以股市指数为标的物的期货。股票期货是以股票为标的物的期货合约。股票期货合约的对象是指单一的股票,而股指期货合约的对象是代表一组股票价格的指数。因而市场上通常将股票期货称为个股期货。

三、期货交易的主要制度

期货交易有一定的交易规则,这些规则是期货交易正常进行的制度保证,也是期货市场运行机制的外在体现。

(1) 集中交易制度

金融期货在期货交易所或证券交易所进行集中交易。期货交易所是专门进行期货合约买卖的场所,是期货市场的核心,承担着组织、监督期货交易的重要职能。

(2) 标准化的期货合约和对冲机制

期货合约是由交易所设计、经主管机构批准后向市场公布的标准化合约。将期货合约设计成标准化的合约是为了便于交易双方在合约到期前分别做一笔相反的交易进行对冲,从而避免实物交收。实际上绝大多数的期货合约并不进行实物交割,通常在到期日之前即已对冲平仓。

(3) 保证金制度

为了控制期货交易的风险和提高效率,期货交易所的会员经纪公司必须向交易所或结算所缴纳结算保证金,而期货交易双方在成交后都要通过经纪人向交易所或结算所缴纳一定数量的保证金。由于期货交易的保证金比率很低,因此其有高度的杠杆作用,这一杠杆作用使套期保值者能用少量的资金为价值量很大的现货资产找到回避价格风险的手段,也为投机者提供了用少量资金获取赢利的机会。

(4) 结算所和无负债结算制度

结算所是期货交易的专门清算机构,通常附属于交易所,但又以独立的公司形式组建。结算所实行无负债的每日结算制度,又被称为"逐日盯市制度",就是以每种期货合约在交易日收盘前规定时间内的平均成交价作为当日结算价,与每笔交易成交时的价格作对照,计算每个结算所会员账户的浮动盈亏,进行随市清算。

(5) 限仓制度

限仓制度是交易所为了防止市场风险过度集中和防范操纵市场的行为,而对交易者持仓数量加以限制的制度。

(6) 大户报告制度

大户报告制度是交易所建立限仓制度后,当会员或客户的持仓量达到交易所规定的数量时,必须向交易所申报有关开户、交易、资金来源、交易动机等情况,以便交易所审查大户是否有过度投机和操纵市场行为,并判断大户交易风险状况的风险控制制度。

(7) 每日价格波动限制及断路器规则

为防止期货价格出现过大的非理性变动,交易所通常对每个交易时段允许的最大波动范围作出规定,一旦达到涨(跌)幅限制,则高于(低于)该价格的买入(卖出)委托无效。

(8) 强行平仓制度

强行平仓制度是与持仓限额制度和涨跌停板制度等相互配合的风险管理制度。当交易所会员或客户的交易保证金不足并未在规定时间内补足,或当会员或客户的持仓量超出规定的限额,或当会员或客户违规时,交易所为了防止风险进一步扩大,将对其持有的未平仓合约进行强制性平仓处理,这就是强行平仓制度。

（9）强制减仓制度

强制减仓是期货交易出现涨跌停板、单边无连续报价等特别重大的风险时，交易所为迅速、有效化解市场风险，防止会员大量违约而采取的措施。强制减仓是指交易所将当日以涨跌停板申报的未成交平仓报单，以当日涨跌停板价格与该合约净持仓赢利客户按照持仓比例自动撮合成交。由于强制减仓会导致投资者的持仓量以及盈亏发生变化，因此需要投资者引起特别注意。

四、期货合约的主要条款及设计依据

期货合约的各项条款设计对期货交易有关各方的利益以及期货交易能否活跃至关重要。

1. 合约名称

合约名称需注明该合约的品种名称及其上市交易所名称。以郑州商品交易所白糖合约为例，合约名称为"郑州商品交易所白糖期货合约"，合约名称应简洁明了，同时要避免混淆。原油期货于 2018 年 3 月 26 日在上海期货交易所子公司上海国际能源交易中心（简称"上期能源"）挂牌交易，是中国首个国际化期货品种。

2. 交易单位

交易单位是指在期货交易所交易的每手期货合约代表的标的商品的数量。在交易时，只能以交易单位的整数倍进行买卖。确定期货合约交易单位的大小，主要应当考虑合约标的的市场规模、交易者的资金规模、期货交易所会员结构以及该商品现货交易习惯等因素。例如，郑州商品交易所规定，一手白糖期货合约的交易单位为 10 t。一手原油期货的交易单位是 1 000 桶。1 000 桶/手与国际上主流的原油期货的合约大小保持一致，便于境内外投资者参与。

3. 报价单位

报价单位是指在公开竞价过程中对期货合约报价所使用的单位，即每计量单位的货币价格。国内铜、白糖、大豆等期货合约的报价单位以元（人民币）/吨表示。原油期货合约的报价单位以元（人民币）/桶表示。选用"桶"而不是"吨"，是为了遵循国际惯例，我国原油期货面向的是全球投资者，所以没有采用国内常用的"吨"为单位。

4. 最小变动价位

最小变动价位是指在期货交易所的公开竞价过程中，对合约标的每单位价格报价的最小变动数值。每次报价时价格的变动必须是这个最小变动价位的整数倍。最小变动价位乘以交易单位，就是该合约价格的最小变动值。例如，郑州商品交易所白糖期货合约的最小变动价位是 1 元/吨，即每手合约的最小变动值是 1 元/吨×10 吨＝10 元。原油期货的最小变动价位是 0.1 元/桶。

在期货交易中，期货合约最小变动价位的确定，通常取决于该合约标的商品的种类、性质、市场价格波动情况和商业规范等。

5. 合约交割月份

合约交割月份是指某种期货合约到期交割的月份。期货合约的到期实际交割比例很小。期货合约的交割月份由期货交易所规定，期货交易者可自由选择交易不同交割月份的期货合约。白糖期货合约交割月份是 1 月、3 月、5 月、7 月、9 月、11 月。原油期货的合约交割月份是 36 个月，最近 12 个月为连续合约，12 个月后是连续 8 个季月合约，即 3 月、6 月、9 月、12 月，跨度是 3 年。当前面合约到期后，后续会自动生成相应的新合约。

6. 交易时间

期货合约的交易时间是固定的。每个交易所对交易时间都有严格的规定。一般每周营业5天，周六、周日及国家法定节假日休息。上海期货交易所、大连商品交易所、郑州商品交易所日盘的交易时间为周一至周五 9：00—10：15、10：30—11：30、13：30—15：00。中国金融期货交易所日盘的交易时间为周一至周五，股指为 9：30—11：30、13：00—15：00，国债为 9：15—11：30、13：00—15：15。上海期货交易所夜盘交易时间：黄金、白银、原油为周一至周五 21：00—次日2：30；铜、铝、锌、铅、锡为周一至周五 21：00—次日 1：00；天然橡胶、热轧卷板、石油沥青、螺纹钢为周一至周五 21：00—23：00。大连商品交易所夜盘交易时间：棕榈油、焦炭、铁矿石、焦煤、豆粕、豆油、豆一、豆二、低密度聚乙烯、聚氯乙烯、聚丙烯、乙二醇、玉米、玉米淀粉为周一至周五 21：00—23：00。郑州商品交易所夜盘交易时间：动力煤、菜籽油、甲醇、白糖、棉花、玻璃、PTA为周一至周五 21：00—23：30。

7. 最后交易日

最后交易日是指某种期货合约在合约交割月份中进行交易的最后一个交易日，过了这个期限的未平仓期货合约，必须进行实物交割。根据不同期货合约标的商品的生产、消费和交易特点，期货交易所确定其不同的最后交易日。白糖期货合约的最后交易日是合约交割月份的第 10 个交易日。

8. 交割日期

交割日期是指合约标的物所有权进行转移，以实物交割方式了结未平仓合约的时间。白糖期货合约的交割日期是合约交割月份的第 12 个交易日。

9. 交割等级

交割等级是指由期货交易所统一规定的、准许在交易所上市交易的合约标的物的质量等级。在进行期货交易时，交易双方无须对标的物的质量等级进行协商，发生实物交割时按交易所期货合约规定的标准质量等级进行交割。白糖期货合约的交割等级是标准品：一级白糖（符合 GB317—2006）；替代品及升贴水见《郑州商品交易所期货交割细则》。

10. 交割地点

交割地点是指由期货交易所统一规定的、进行实物交割的指定交割仓库。

11. 交易手续费

交易手续费是期货交易所按成交合约金额的一定比例或按成交合约手数收取的费用。交易手续费的收取标准，不同的期货交易所均有不同的规定。

12. 交割方式

期货交易的交割方式分为实物交割和现金交割两种。商品期货通常采取实物交割方式，金融期货多采用现金交割方式。

13. 交易代码

为便于交易，每一期货品种都有交易代码，如白糖期货合约的交易代码为 SR，原油期货合约的交易代码为 SC。

14. 每日价格最大波动幅度限制条款

交易日期货合约的成交价格不能高于或低于该合约上一交易日结算价的一定幅度，达到该幅度则暂停该合约的交易。例如：白糖期货涨跌停板幅度不超过上一交易日结算价的 ±4％，原油期货涨跌停板幅度不超过上一交易日结算价的 ±7％。

五、期货市场的经济功能

（一）风险转移功能

风险转移是指期货交易者通过套期保值，把商品在现货交易中因价格波动带来的经济风险转移出去。套期保值就是套用期货合约为现货市场的商品交易进行保值。现货交易由于其商品价格受自然的、人为的因素影响较大，故其商品价格会产生波动。如果生产者和经营者仅仅根据现货市场的情况对下阶段的生产和经营进行决策，很可能与到期的实际供求相背离，这显然不利于生产者和经营者安排生产、投资经营。因此稳健的经营者都希望能有一种手段来转移价格风险，期货市场为他们提供了这一功能，商人们在期货市场以套期保值的方式进行自我保护。简单地说，所谓的套期保值是指在期货市场上采取与现货量相等而买卖相反的交易方式，通常也称为"对冲交易""对冲操作"。一般最常用的是"卖出对冲"和"买入对冲"。例如，某出口商接到一批确定价格的订单，要求半年以后交运 1 000 t 大豆，则该出口商可以立即购入 1 000 t 大豆并储存半年以备交运，但如此则需付半年的仓储费、保险费以及资金利息等，得不偿失。于是该出口商在期货市场上买入 1 000 t 大豆半年的期货，如果此后大豆价格上涨，半年后，出口商为了交运 1 000 t 大豆现货就要遭受损失。但半年前他以低价购入的期货合约，此时可以高价出售，从而弥补了现货的损失，这称之为"买入对冲"。"卖出对冲"则相反，即先卖出合约，然后再买入现货。

套期保值之所以能起到保值的作用，其原因是基于期货市场的两个规律。

① 期货价格和现货价格的走势基本上是一致的。因为对于某一特定商品而言，两种价格都受同样的经济因素和自然环境的影响，现货价格上涨，期货价格也随之上升，正是基于这点，对冲交易通过先买后卖或先卖后买，使赢利和亏损达到相互冲销的目的，从而避免了遭受较大损失的风险。

② 每份期货合约在到期交割时都可以用现货来执行，而到期的期货价格与现货价格是收敛的。期货价格一般高于现货价格，因为期货价格包含了商品实际交割日以前的有关费用，如仓储费、银行利息等。而到了实际交割日，这些费用就消失了，两价格合二为一。有时远期市场看淡，需求量不佳也会出现期货价格低于现货价格的情况。正因为如此，当期货价格高于现货价加上有关费用时，精明的商人就买进现货而卖出期货，反之则会卖出现货而买进期货，从而达到保值和赢利的目的。

上述原理就决定了套期保值的操作必须遵循以下规则："两面下注、反向操作、种类相同、数量相等、期限相近"。"两面下注"是指进行套期保值时，期货市场和现货市场这两方面都要参与。"反向操作"是指在套期保值时是反方向操作，就是在现货市场上买进商品的同时，就应该在期货市场卖出该商品的期货合约；而在现货市场上卖出商品的同时，就应该在期货市场上买进该商品的期货合约。"种类相同"是指在做套期保值交易时，所选择的期货商品必须同在现货市场上买卖的现货商品的种类相同。"数量相等"是指在做套期保值交易时，所选择的期货合约中所载明商品数量必须与交易者将要在现货市场买进（或卖出）的该商品的数量相等。"期限相近"是指在做套期保值交易时，所选用的期货合约交割月份最好和交易者将要在现货市场上买进（或卖出）现货商品的时间相同或相近。

当然，在现实经济生活中，大多数的风险回避者，或者说是套期保值者，并非是机械地、教条地进行套期保值操作。很显然,在市场价格看好的情况下,为回避产品销售价格下跌而进行卖出套期保值就没有必要,这时,应回避原料采购价格上涨的风险,进行买进套期保值就变得很有必要。相反,如果在市场价格走熊的情形下,就没有必要为回避原料采购价格风险而进行买进套期保值,但为回避产品销售的价格风险而进行卖出套期保值就很有必要。准确把握市场行情,科学地利用期货市场,实施相应的套期保值方案,才是最重要的。

(二) 价格发现功能

所谓价格发现,是指期货市场公开竞价交易形成的比较准确地反映当前和未来的供求,能够指导现实生产和经营的公开、公正、权威的价格,期货交易能够提供商品未来的价格信息。市场经济也是价格经济,市场上各种因素的变动,最终都要集中反映到价格的变动上,所以每个生产者和经营者无不对价格信息格外关注。期货交易者通过在交易所公开、平等竞价,就可形成真正反映供求双方需求的预期价格。价格发现功能在很大程度上弥补了现货价格的缺陷,有助于社会价格体系的完善。价格发现是期货市场的一种内生功能。

期货交易为什么能够形成预期价格呢?这是因为期货交易是以交易所为核心的,这里集中了众多的买者和卖者,共同议价、竞价,在期货交易中,所有的交易价格都是由买卖双方公平竞价来决定的,而且所有的交易者都有同等机会在其现有的供给和需求的情况下,用其认为最合适的价格成交。因此,期货交易价格反映了许多买卖双方对目前、一季、半年或一年,甚至一年以后的供求关系和价格趋势的综合看法。这种通过公开、公平、公正、平等竞争的方式形成的期货价格体现了所有期货参与者对未来价格的预测,能比较准确地反映出供求和价格变动的趋势,提供了超前的市场信息;同时期货交易为期货合约交易,买卖频繁,不断产生期货价格,能够连续不断地反映供求变动,使得期货价格具有了真实性、可预测性、连续性、公开性的特征。当然,由于投资者的主观心理等因素的作用,这些价格并不是时时能够准确地反映商品供求状况,但总体上反映了价格的大致趋势,这种价格变动信息为现货交易提供了重要的参考数据。

在期货发达国家,期货价格被视为权威性价格。当今世界的成熟交易所的期货价格已成为国际和国内市场的最为广泛的参考价格,著名期货交易所的交易活动成为本国乃至世界经济发展的"晴雨表"。如伦敦金属交易所公布的基本金属的官方牌价,被世界公认为金属贸易买卖双方的定价基础;芝加哥期货交易所形成的价格已成为预测国际市场农产品供求、指导各国农业生产和农产品贸易的基准价格。正是由于期货价格具有并发挥了基准价格的功能和作用,一些发达国家的期货市场已经成为全球定价中心。这种地位形成后,就会导致其他国家在进行贸易时常常受制于人,甚至连国内价格的制定也要参考他们的价格,这直接影响到了国家和企业的经济利益和经济安全。因此,积极建立发展本国的期货市场,发挥期货价格的定价功能,争夺国际定价权具有十分重要的意义。

(三) 风险投资功能

风险投资功能是与风险回避功能相对应的。风险回避功能主要是针对套期保值者,而风险投资功能则主要是针对投机者。期货市场之所以具有风险投资功能主要在于期货价格波动频繁、剧烈。而期货市场是高度组织化、规范化,近似完全竞争的市场,为投资者创造了高效平等的投资环境。期货交易中的保证金制度使有限的资金高速周转,提高了资金的使用效率。应当说,投机性是诸多市场普遍存在的功能,并非期货所特有,只不过是期货交易对象特征及交易制度设计使这种风险投机的功能发挥得比其他市场更加充分。

期货市场上的投机者明知价格波动、发生损失的风险存在而却进行投资、买卖期货合约,目的当然不是为了承担风险、承担损失。获取风险收益是投机者进行风险投资的目的。投机者的存在活跃了交易,扩大了交易规模,为回避和转移价格风险创造了条件,他们是期货市场上重要的交易主体之一。期货投机是一种风险投资,从经济学角度来分析投机者至少有两种成本,即直接成本和机会成本。直接成本是指为了完成投机行为而耗费的各种体力和脑力以及物质消耗。例如,投机者要思考,要测算价格走势,要交纳交易所手续费,这些都是投机者直接付出的。机会成本是指投机者由于把资金用于投机而放弃的进行其他投资获取的收益。投机者在比较收益与成本的情况下才能做出投资于风险的决策。如果亏损、风险存在的同时,没有收益的可能就不可能出现投资者了。

第三节 明星期货品种合约

一、沪深 300 指数

(一) 沪深 300 指数期货合约

沪深 300 指数期货合约如表 10-1 所示。

表 10-1 沪深 300 指数期货合约

合约标的	沪深 300 指数
合约乘数	每点 300 元
报价单位	指数点
最小变动价位	0.2 点
合约月份	当月、下月及随后两个季月
交易时间	上午:9:30—11:30 下午:13:00—15:00
每日价格最大波动限制	上一个交易日结算价的±10%
最低交易保证金	合约价值的 8%
最后交易日	合约到期月份的第三个周五,遇国家法定假日顺延
交割日期	同最后交易日
交割方式	现金交割
交易代码	IF
上市交易所	中国金融期货交易所

(二) 股指期货与股票的交易差别

所谓股指期货,就是以某种股票指数为基础资产的标准化的期货合约。买卖双方交易的是一定时期后的股票指数价格水平。在合约到期后,股指期货通过现金结算差价的方式进行交割。股指期货交易与股票交易有很多明显的区别。

① 股指期货合约有到期日,不能无限期持有。股票买入后正常情况下可以一直持有,但股指期货合约有确定的到期日。因此交易股指期货必须注意合约到期日,以决定是提前平仓了结持仓,还是等待合约到期进行现金交割。

② 股指期货交易采用保证金制度,即在进行股值期货交易时,投资者不需支付合约价值的全额资金,只需支付一定比例的资金作为履约保证;而目前我国的股票交易则需要支付股票价值的全部金额。由于股指期货是保证金交易,亏损额甚至可能超过投资本金,这一点和股票交易也不同。

③ 在交易方向上,股指期货交易可以卖空,既可以先买后卖,也可以先卖后买,因而股指期货交易是双向交易。而部分国家的股票市场没有卖空机制,股票只能先买后卖,不允许卖空,此时股票交易是单向交易。

④ 在结算方式上,股指期货交易采用当日无负债结算制度,交易所当日要对交易保证金进行结算,如果账户保证金不足,必须在规定的时间内补足,否则可能会被强行平仓;而股票交易采取全额交易,并不需要投资者追加资金,并且买入股票后在卖出以前,账面盈亏都是不结算的。

(三) 股指期货的主要功能

(1) 风险规避功能

股指期货的风险规避是通过套期保值来实现的,投资者可以通过在股票市场和股指期货市场反向操作达到规避风险的目的。股指期货具有做空机制,股指期货的引入为市场提供了对冲风险的工具,担心股票市场会下跌的投资者可通过卖出股指期货合约对冲股票市场整体下跌的系统性风险,这有利于减轻集体性抛售对股票市场造成的影响。

(2) 价格发现功能

股指期货具有发现价格的功能,通过在公开、高效的期货市场中众多投资者的竞价,有利于形成更能反映股票真实价值的股票价格。期货市场之所以具有发现价格的功能,一方面在于股指期货交易的参与者众多,价格形成当中包含了来自各方的对价格预期的信息;另一方面在于,股指期货具有交易成本低、杠杆倍数高、指令执行速度快等优点,投资者更倾向于在收到市场新信息后,优先在期市调整持仓,也使得股指期货价格对信息的反应更快。

(3) 资产配置功能

股指期货交易由于采用保证金制度,交易成本很低,因此被机构投资者广泛用来作为资产配置的手段。例如,一个以债券为主要投资对象的机构投资者,认为近期股市可能出现大幅上涨,打算抓住这次投资机会,但由于投资于债券以外的品种有严格的比例限制,不可能将大部分资金投资于股市,此时该机构投资者利用很少的资金买入股指期货,就可以获得股市上涨的平均收益,提高资金总体的配置效率。

(四) 影响股指价格的因素

股指期货的价格主要由股票指数决定。由于股票指数要受到很多因素的影响,因此,股指期货的价格走势同样也会受到这些因素的作用。这些因素至少包括:

① 宏观经济数据,例如 GDP、工业指数、通货膨胀率等;

② 宏观经济政策，例如加息、汇率改革等；

③ 与成分股企业相关的各种信息，例如权重较大的成分股上市、增发、派息分红等；

④ 国际金融市场走势，例如 NYSE 的道琼斯指数价格的变动、国际原油期货市场价格的变动等。

另外，和股票指数不同，股指期货有到期日，因此股指期货的价格还要受到到期时间长短的影响。

2018年3月26日，人民币国际原油期货在上海国际能源交易中心（INE）正式挂牌交易，原油期货正式开市（见表10-2）。

表10-2 上海国际能源交易中心原油期货标准合约

交易品种	中质含硫原油
交易单位	1 000桶/手
报价单位	元（人民币）/桶
最小变动价位	0.1元（人民币）/吨桶
涨跌停板幅度	不超过上一交易日结算价的±5%
合约交割月份	最近1～12个月为连续月份以及随后8个季月
交易时间	上午 9:00—10:05，10:30—11:30；下午 1:30—3:00 连续交易时间：周一至周五 21:00—次日 02:30 法定节假日前第一个工作日（不包含周六和周日）的连续交易时间段不进行交易
最后交易日	合约交割月份前第一月的最后一个交易日；上海国际能源交易中心有权根据国家法定节假日调整最后交易日
最后交割日	最后交易日后的第五个交易日
交割品级	中质含硫原油，基准品质为 API 度 32.0，硫含量为 1.5%，具体可交割油种和升贴水由上海国际能源交易中心另行规定
交割地点	上海国际能源交易中心指定交割仓库
最低交易保证金	合约价值的7%
交割方式	实物交割
交易代码	SC
上市交易所	上海国际能源交易中心

影响原油期货价格的因素如下。

(1) 基本供求关系

影响石油价格的供给因素主要包括世界石油储量、石油供给结构以及石油生产成本。

目前，世界石油市场的供给方主要包括石油输出国组织（OPEC）和非 OPEC 国家。OPEC 拥有世界上绝大部分探明石油储量，其产量和价格政策对世界石油供给和价格具有重大影响。而非 OPEC 国家主要是作为价格接受者存在，根据价格调整产量。

石油生产成本也将对石油供给产生影响，会影响生产者跨时期的产量配置决策，进而影响到市场供给量，间接地引起石油价格波动；世界石油价格的下限一般主要由高成本地区的石油生产决定，而低成本地区的石油决定了价格的波动幅度。

石油需求主要由世界经济发展水平及经济结构变化、替代能源的发展和节能技术的应用决定。全球石油消费与全球经济增长速度明显正相关。全球经济增长或超预期增长都会牵动国际原油市场价格出现上涨。

以中国、印度为代表的发展中国家经济的强劲增长也使得对原油的需求急剧增加,导致世界原油价格震荡走高。其中中国对石油的需求带动了全球石油消费增长的1/3。

而反过来,异常高的油价势必会阻碍世界经济的发展,全球经济增长速度放缓又会影响石油需求的增加。替代能源的成本将决定石油价格的上限,当石油价格高于替代能源成本时,消费者将倾向于使用替代能源;而节能将使世界石油市场的供需矛盾趋于缓和。

原油价格的短期影响因素通过对供求关系造成冲击或短期内改变人们对供求关系的预期而对石油价格发挥作用,主要是重大的地缘政治事件、OPEC和国际能源署(IEA)的市场干预以及异常气候变化等因素。

(2) 库存因素

库存是供给和需求之间的一个缓冲,对稳定油价有积极作用。OECD(经济合作与发展组织)国家的库存水平已经成为国际油价的指示器,并且商业库存对石油价格的影响要明显强于常规库存。

当期货价格远高于现货价格时,石油公司倾向于增加商业库存,刺激现货价格上涨,期货现货价差减小;当期货价格低于现货价格时,石油公司倾向于减少商业库存,现货价格下降,与期货价格形成合理价差。

(3) OPEC和IEA的市场干预

OPEC控制着全球剩余石油产能的绝大部分,IEA则拥有大量的石油储备,他们能在短时期内改变市场供求格局,从而改变人们对石油价格走势的预期。OPEC的主要政策是限产保价和降价保产。IEA的26个成员国共同控制着大量石油库存以应付紧急情况。

(4) 国际资本市场资金的短期流向

20世纪90年代以来,国际石油市场的特征是期货市场的影响显著增强,目前已经形成了由期货市场向现货市场传导的价格形成机制。尽管国际原油市场的投机活动不是油价上涨的诱发因素,但由于全球金融市场投资机会缺乏,大量资金进入国际商品市场,尤其是原油市场,不可避免地推高了国际油价,并使其严重偏离基本面。

(5) 汇率和利率变动

石油价格变动和美元与国际主要货币之间的汇率变动存在弱相关关系。由于美元持续贬值,以美元标价的石油产品的实际收入下降,导致石油输出国组织以维持原油高价作为应对措施。

在标准不可再生资源模型中,利率的上升会导致未来开采价值相对现在开采价值减少,因此会使得开采路径凸向现在而远离未来。高利率会减少资本投资,导致较小的初始开采规模;高利率也会提高替代技术的资本成本,导致开采速度下降。

(6) 异常气候

欧美许多国家用石油作为取暖的燃料,因此,当气候变化异常时,会引起燃料油需求的短期变动,从而带动原油和其他油品的价格变化。另外,异常的天气可能会对石油生产设施造成破坏,导致供给中断,从而影响油价。

(7) 地缘政治

产油国家与地区的战争因素或者对某些产油国采取的经济制裁等可能影响到对全球原油的供应,从而对价格产生很大影响。

二、豆粕

豆粕是大豆加工的副产品,主要用作牲畜、家禽及水产养殖饲料。山东、江苏、广东等沿海地区是主要的豆粕生产基地,珠江三角洲和长江流域是豆粕目前的主要消费地区(见表10-3)。

表10-3 大连商品交易所豆粕期货合约

交易品种	豆粕
交易单位	10 吨/手
报价单位	元(人民币)/吨
最小变动价位	1 元/吨
涨跌停板幅度	上一交易日结算价的 4%
合约月份	1,3,5,7,8,9,11,12 月
交易时间	每周一至周五上午 9:00—11:30,下午 13:30—15:00,晚上 21:00—23:00
最后交易日	合约月份第 10 个交易日
最后交割日	最后交易日后第 3 个交易日
最低交易保证金	合约价值的 5%
交割方式	实物交割
交易代码	M
上市交易所	大连商品交易所

豆粕的价格影响因素如下。

(一) 豆粕供应情况

① 大豆供应量。大豆供应量的多少直接决定着豆粕的供应量,在正常情况下,大豆供应量的增加必然导致豆粕供应量的增加。

② 大豆价格。大豆价格的高低直接影响豆粕生产的成本,近几年,我国许多大型压榨企业选择进口大豆作为加工原料,进口大豆价格对我国豆粕价格的影响更为明显。

③ 豆粕产量。豆粕当期产量受制于大豆供应量、大豆压榨收益、生产成本等因素。一般来讲,豆粕产量与豆粕价格之间存在反向关系,豆粕产量越大,价格相对越低;相反,豆粕产量减少,豆粕价格则上涨。

④ 豆粕库存。供应短缺则价格上涨,供应充裕则价格下降。由于豆粕具有不易保存的特点,一旦豆粕库存增加,豆粕的价格往往会调低。

(二) 豆粕消费情况

90%以上的豆粕消费是用于各类饲料,饲料行业景气度状况对豆粕需求的影响非常明显。在正常情况下,牲畜、家禽的价格与豆粕价格之间存在明显的正相关关系。

(三) 相关商品、替代商品价格的影响

豆粕与大豆、豆油的比价关系。一般来讲,大豆丰收则豆粕价跌,大豆欠收则豆粕就会涨

价。豆油价好,豆粕就会价跌;豆油滞销,豆粕产量就将减少,豆粕价格将上涨。大豆压榨效益是决定豆粕供应量的重要因素之一,如果油脂厂的压榨效益一直低迷,那么,一些厂家会停产,从而减少豆粕的市场供应量。

豆粕替代品价格的影响。棉籽粕、花生粕、菜粕等豆粕的替代品对豆粕价格也有一定影响,如果豆粕价格高起,饲料企业往往会考虑增加菜粕等替代品的使用。

(四) 相关的农业、贸易、食品政策

出于禽流感、疯牛病及口蹄疫的相继发生以及出于转基因食品对人体健康影响的考虑,越来越多的国家实施了新的食品政策。这些新食品政策的实施对养殖业及豆粕的需求影响都是非常直接的。

第四节 期货市场的组织结构

一、期货交易所

期货交易所是专门进行标准化期货合约买卖的场所,按照其章程的规定实行自律管理,以其全部财产承担民事责任。在现代市场经济条件下,期货交易所是一种具有高度系统性和严密性、高度组织化和规范化的交易服务组织,自身并不参与交易活动,不参与期货价格的形成,也不拥有合约标的的商品,只为期货交易提供设施和服务。目前,我国经国务院批准设立的期货交易所有4家,分别是大连商品交易所、上海期货交易所(上海国际能源交易中心是上海期货交易所子公司)、郑州商品交易所、中国金融期货交易所。

二、期货结算机构

期货结算机构是负责交易所期货交易的统一结算、保证金管理和结算风险控制的机构。我国4家期货交易所的结算机构均为期货交易所的内部机构,交易所既提供交易服务,也提供结算服务。期货结算机构的主要功能是结算每笔期货交易所内达成的期货合约,结算交易账户、核收履约保证金并使其维持在期货交易所需要的最低水平上,监管实物交割,报告交易数据等。对于所有期货合约的交易者来说,期货结算机构是第三方。他既是每一个买方结算会员的卖方,又是每一个卖方结算会员的买方。

三、期货公司

(一) 期货公司的性质与特征

① 期货公司属于非银行金融机构。
② 期货公司与其他金融机构相比的差异性如下。
第一,期货公司是提供风险管理服务的中介机构。

第二,期货公司具有独特的风险特征,客户的保证金风险往往成为期货公司的重要风险源。

第三,期货公司面临双重代理关系,即公司股东与经理层的委托代理问题以及客户与公司的委托代理问题。在客户利润最大化的前提下,期货公司争取为公司股东创造最大价值。

(二) 期货公司的界定

① 期货公司是指代理客户进行期货交易并收取交易佣金的中介组织。

② 期货公司职能:

a. 根据客户指令代理买卖期货合约;

b. 办理结算和交割手续;

c. 对客户账户进行管理,控制客户交易风险;

d. 为客户提供期货市场信息,进行期货交易咨询,充当客户的交易顾问等;

e. 为客户管理资产,实现财富管理等。

(三) 期货公司的业务管理

1. 许可证制度

许可证由期货监督管理机构按商品期货、金融期货业务种类颁发;期货公司可申请境内、境外经纪业务,期货投资咨询业务及其他业务。

2. 期货公司的业务类型

(1) 期货经纪业务

期货经纪业务可收取佣金。

(2) 期货投资咨询业务

期货投资咨询业务包括风险管理顾问、研究分析、交易咨询。

① 风险管理顾问包括协助客户建立风险管理制度、操作流程,提供风险管理咨询、专项培训等。

② 期货研究分析包括收集整理期货市场及各类经济信息,研究分析期货市场及相关现货市场的价格及其相关影响因素,制作提供研究分析报告或者资讯信息。

③ 期货交易咨询包括为客户设计套期保值、套利等投资方案,拟定期货交易操作策略等。

从事咨询业务不得有的行为:

a. 不得向客户做获利保证;

b. 不得以虚假信息、市场传言或者内幕信息为依据向客户提供期货投资咨询服务;

c. 不得对价格涨跌或者市场走势作出确定性的判断;

d. 不得通过向客户提供投资建议谋取不正当利益;

e. 不得利用期货投资咨询活动传播虚假、误导性信息;

f. 不得以个人名义收取服务报酬;

g. 不得从事法律、行政法规和中国证监会规定禁止的其他行为。

(3) 资产管理业务

① 可为单一客户办理资产管理业务,也可依法为特定多个客户办理资产管理业务。

② 投资范围:一是期货、期权及其他金融衍生品;二是股票、债券、证券投资基金、集合资产管理计划、央行票据、短期融资券、资产支持证券;三是证监会认可的其他投资品种。

③ 向期货协会登记备案,"一对多"满足投资者的适当性和托管要求。
④从业人员从事资产管理业务时,不得有的行为包括:
a. 不得以欺诈手段或者其他不当方式误导、诱导客户;
b. 不得向客户作出保证其资产本金不受损失或者取得最低收益的承诺;
c. 接受客户委托的初始资产不得低于中国证监会规定的最低限额;
d. 不得占用、挪用客户委托资产;
e. 不得以转移资产管理账户收益或者亏损为目的,在不同账户之间进行买卖,损害客户利益;
f. 不得以获取佣金或者其他利益为目的,使用客户资产进行不必要的交易;
g. 不得利用管理的客户资产为第三方谋取不正当利益,进行利益输送;
h. 不得从事法律、行政法规以及中国证监会规定禁止的其他行为。

(4) 成立风险管理公司,提供适当风险管理服务和产品

作为期现结合的一种模式,该业务实行备案制并自2012年开始试点。试点业务类型包括基差交易、仓单服务、合作套保、定价服务、做市业务、其他与风险管理服务相关的业务,并对不同类型的业务实施分类管理。

(四) 期货公司的功能与作用

第一,期货公司作为衔接场外期货交易者与期货交易所之间的桥梁和纽带,降低了期货市场的交易成本。

第二,期货公司可以降低期货交易中的信息不对称程度。

第三,期货公司可以高效率地实现转移风险的职能,并通过结算环节防范系统性风险的发生。

第四,期货公司可以通过专业服务实现资产管理的职能。

(五) 期货公司的风险管理制度与相关要求

1. 建立完善的期货公司治理结构

建立由期货公司股东会、董事会、监事会、经理层和公司员工组成的合理的公司治理结构。风险控制体系是公司法人治理结构的核心内容。
① 期货公司与控股股东、实际控制人之间保持经营独立、管理独立和服务独立。
② 设定股东及实际控制人与期货公司之间出现重大事项时的通知义务。
③ 设立董事会和监事会(或监事)。
④ 设立首席风险官。

2. 建立有效的期货公司风险管理制度

期货公司的风险管理制度既要满足期货市场风险管理体系的要求,又要符合《期货交易管理条例》的相关要求,切实有效地保护客户资产。
① 期货公司应建立与风险监管指标相适应的内控制度,建立以净资本为核心的动态风险监控和资本补足机制,确保净资本等风险监管指标持续符合标准。
② 期货公司应严格执行保证金制度。
③ 期货公司应当建立独立的风险管理系统,规范、完善的业务操作流程和风险管理制度。

3. 期货公司对分支机构的管理

一是期货公司应当对分支机构实行集中统一管理,不得与他人合资、合作经营管理分支机构,不得将分支机构承包、租赁或者委托给他人经营管理。

二是分支机构经营的业务不得超出期货公司的业务范围,并应当符合中国证监会对相关业务的规定。

三是期货公司对营业部实行"四统一":统一结算、统一风险管理、统一资金调拨、统一财务管理和会计核算。

第五节 期货市场投资者

根据进入期货市场的目的的不同,期货市场投资者分为套期保值者与投机者。根据自然人或法人划分,期货市场投资者可分为个人投资者与机构投资者。

一、个人投资者

① 个人投资者在申请开立金融期货交易编码前,需先由期货公司会员对投资者的基础知识、财务状况、期货投资经历和诚信状况等方面进行综合评估。

② 期货公司应严格执行股票期权投资者适当性管理制度,向客户全面介绍期权产品特征,充分揭示期权交易风险,对客户的适当性进行评估,并对客户实施交易权限分级管理。

③ 个人投资者参与期权交易,应满足资金、交易经历、风险承受能力、诚信状况等条件。

④ 风险管理子公司应选择高净值自然人客户(可投资资产高于100万元)。

二、机构投资者

(一)特殊单位客户和一般单位客户(金融期货市场)

特殊单位客户是指证券公司、基金管理公司、信托公司、银行和其他金融机构,以及社会保障类公司、合格境外机构投资者等法律、行政法规和规章规定的需要资产分户管理的单位客户,以及交易所认定的其他单位客户。

一般单位客户系指特殊单位客户以外的机构投资者。

(二)专业机构投资者和普通机构投资者(股票期权市场)

专业机构投资者参与期权交易,不对其进行适当性管理综合评估。

专业机构投资者包括:

一是商业银行、期权经营机构、保险机构、信托公司、基金管理公司、财务公司、合格境外机构投资者等专业机构及其分支机构;

二是证券投资基金、社保基金、养老基金、企业年金、信托计划、资产管理计划、银行及保险理财产品,以及由第一项所列专业机构担任管理人的其他基金或者委托投资资产;

三是监管机构及本所规定的其他专业机构投资者。

(三) 产业客户机构投资者和专业机构投资者

机构投资者可分为产业客户机构投资者和专业机构投资者。

(四) 对冲基金和商品投资基金

1. 对冲基金

对冲基金(hedge fund)又称避险基金,是指"风险对冲过的基金"。

对冲基金是私募基金,可以通过做多、做空以及杠杆交易(融资交易)等投资于公开市场上的各种证券、货币和衍生工具等任何资产品种。

对冲基金的组合基金是将募集的资金投资于多个对冲基金,通过对对冲基金的组合投资,以实现分散风险的目的,而不是投资于股票、债券。

2. 商品投资基金

商品投资基金(commodity pool)是指广大投资者将资金集中起来,委托给专业的投资机构,并通过商品交易顾问(CTA)进行期货和期权交易,投资者承担风险并享受投资收益的一种集合投资方式。

3. 商品投资基金和对冲基金的区别

第一,商品投资基金的投资领域比对冲基金小得多,它的投资对象主要是在交易所交易的期货和期权,因而其业绩表现与股票和债券市场的相关度较低。

第二,在组织形式上,商品投资基金的运作比对冲基金规范,透明度更高,风险相对较小。

商品投资基金和对冲基金通常被称为另类投资工具或其他投资工具。

期货市场建立了中国证券监督管理委员会(简称"中国证监会")、中国证监会地方派出机构、期货交易所、中国期货市场监控中心和中国期货业协会"五位一体"的期货监管协调工作机制。

第六节 期货交易流程

一、开户

(一) 账户的类型

投资者可以根据自己的实际情况选择交易账户的种类。常见的交易账户有以下几种。

1. 个人账户

个人账户是指以单个个人名义开立用于期货或期权交易的账户。这种账户纯属个人所有,在开立账户时由个人签名生效。

2. 公司账户

开立这类账户应提交公司许可证和公司的组织章程,其中要明确指出该公司有权从事期货投资,并经由董事会授予某人替该公司从事期货交易的权力。

3. 管理账户

管理账户又称为自由决定账户,其特点是:客户与经纪人签订委托协议书,授权经纪人在未经客户许可或指示的情况下有权自行决定客户账户中期货的一切买卖事宜,如决定买卖时机、种类、价格、数量等。在这种账户中,客户除了支付佣金外,还需支付一定数额的账户管理费。

4. 委托账户

客户为委托其经纪公司及经纪人全权代理自己进行期货交易而开立的账户。这种账户的突出特点是:户主把期货交易的决策全部委托给自己的经纪人,经纪人则根据委托人的指示全权代其从事期货交易。开设此类账户时,户主需签署授权书,在委托授权书上声明经纪人对可能遭受的损失不负任何经济责任。一般来说,委托账户是在客户充分了解其经纪公司和经纪人的基础上开立的。授权管理委托账户的经纪人必须得到所属公司和期货管理部门的书面确认。受托经纪人所做的每笔委托账户交易业务还必须经过所属经纪公司的审核并接受有关部门的监督。

(二) 开户流程

1. 客户详细阅读经纪公司提供的《期货交易风险说明书》

该说明书向客户说明了期货交易中的风险状况。客户在阅读和表示完全理解了说明内容后需在文件上签字。

2. 客户签署期货经纪合同

期货经纪合同是新客户同期货经纪公司签订的一种契约,在这种契约中对客户、会员经纪公司、经纪人的权利和义务均做出了明确规定,同时还给经纪人为防止交易者无法下达交易指令或保证金不足但交易风险已经很大时可以先行平仓的权力。

3. 申请交易编码并确认资金账号

监控中心应为每一个客户设立统一开户编码,并建立统一开户编码与客户在各期货交易所交易编码的对应关系。

监控中心对期货公司提交的客户资料进行复核,并将通过复核的客户资料转发给相关期货交易所。

期货交易所收到监控中心转发的客户交易编码申请资料后,根据期货交易所业务规则对客户交易编码进行分配、发放和管理,并将各类申请的处理结果通过监控中心反馈给期货公司。

当日分配的编码,下一个交易日允许客户使用。

交易编码由12位数字构成,前4位为会员号,后8位为客户号。

二、下单

客户在按规定缴纳保证金后,即可开始交易,进行委托下单。所谓下单,是指客户在每笔交易前向期货经纪公司业务人员下达交易指令,说明拟买卖合约的种类、数量、价格等的行为。通常客户应先熟悉和掌握有关的交易指令,然后选择不同的期货合约进行具体交易。

国际上常用的交易指令有市价指令、限价指令、止损指令和取消指令等。交易指令当日有效。在指令成交前,客户可提出变更或撤销。

1. 市价指令

市价指令（market order）是期货交易中常用的指令之一。它是指按当时市场价格即刻成交的指令。客户在下达这种指令时不须指明具体的价位，而是要求以当时市场上可执行的最好价格达成交易。

这种指令的特点是成交速度快，一旦指令下达，不可更改和撤销。这是由于下达指令的时间和执行指令的时间有差异，而在期货交易中，期货合约的价格又是不断变化的，并且速度很快。注意：采用市场指令，客户往往很难事先测定最终取得的成交价格。所以，此种指令用于两种情况：第一，客户认为市场上存在着价格一路上升或一路下跌的趋势，因此买入合约时即使价格高些，或卖出合约时即使价格低些也无妨，因为从长远看，客户仍有利可图；第二，市场情况出现根本性逆转，或其他不利情况，客户急于从期货市场抽身，立刻买入或卖出合约，而不计价格不利变动造成的影响。

2. 限价指令

限价指令（limit order）是指执行时必须按限定价格或更好的价格成交的指令。下达限价指令时，客户必须指明具体的价位。它的特点是可以按客户的预期价格成交，成交速度相对较慢，有时无法成交。

3. 止损指令

止损指令（stop order）是指市场价格达到客户预计的价格水平时即变为市价指令予以执行的一种指令。客户利用止损指令，既可以有效地锁定利润，又可以将可能的损失降低至最低限度，还可以相对较小的风险建立新的头寸。该指令的使用时机在已持有仓位，想降低损失的风险或保护未实现的利润时；或是在技术面显示突破支撑或压力可以进场交易时。

这种委托指令的目的在于防止损失的扩大，亦可用于保护未实现的获利。但因实际成交价格可能不等于触动价格，故成交后实现损益可能与预期损益有所出入。

4. 触及转市价指令

触及转市价（Market if Touched，MIT）指令又称强制指令。下达这种指令，客户要设定一个价格，只要市场上的成交价格触及设定价格，该指令即成为市价指令，立刻以市场上最好的价格成交。一份买入触及转市价指令在市场上期货合约按照设定价格或更低的价格出售时变成一份买入市价指令，一份卖出触及转市价指令在市场上合约按设定价格或更高的价格出售时变成一份卖出市价指令。

触及转市价指令在某些方面和限价指令相同，在另一些方面又和市价指令相似。该指令和限价指令的相同之处有二：首先，在市价达到或触及设定价格之前，触及转市价指令不能执行；其次，如果市场根本没有达到过设定价格，触及转市价指令只能无效（作废）。该指令和限价指令的区别是，一旦设定价格被触及该指令立即变成市价指令，必须以尽可能好的价格执行。

这并不等于说，触及转市价指令只能以比设定价格更好的价格执行，而是必须以当时在市场上能够得到的最好价格执行。该价格可能优于设定的价格，也可能相反；换句话说，该指令一旦转为市价指令，无论如何总会得到执行。就这一点说，它又和市价指令相同。通常交易者使用触及转市价指令时，如果打算买入期货合约，所设定的价格大都低于当时的市价，在卖出期货合约时，所设定的价格大都高于市价。

5. 取消指令

取消指令是指客户要求将某一指令取消的指令。客户通过执行该指令，将以前下达的指令完全取消,并且没有新的指令取代原指令。

期货经纪公司对其代理客户的所有指令,必须通过交易所集中撮合交易,不得私下对冲,不得向客户作获利保证或者与客户分享收益。

三、竞价

期货合约的竞价成交也就是合约的交易过程。一旦买卖双方在价格上达成一致,竞价结束,合约买卖的实质过程便完成。境外期货交易所的竞价成交方式一般有公开叫价和电子化交易,并且这两种交易方式一般都是分开交易的。国内期货合约价格的形成方式是计算机撮合成交。

计算机撮合成交一般是将买卖申报单以价格优先、时间优先的原则进行排序。当买入价大于、等于卖出价时,则自动撮合成交,撮合成交价等于买入价(bp)、卖出价(sp)和前一成交价(cp)三者中居中的一个价格。

当买入价大于、等于卖出价时,则自动撮合成交,撮合成交价等于买入价、卖出价和前一成交价三者中居中的一个价格:

① 当 $bp \geq sp \geq cp$ 时,则最新成交价 = sp;

② 当 $bp \geq cp \geq sp$ 时,则最新成交价 = cp;

③ 当 $cp \geq bp \geq sp$ 时,则最新成交价 = bp。

开盘价由集合竞价产生。开盘价集合竞价在某品种某月份合约每一交易日开市前 5 分钟内进行,其中前 4 分钟为期货合约买、卖价格指令申报时间,后 1 分钟为集合竞价撮合时间,开市时产生开盘价。

交易系统自动控制集合竞价申报的开始和结束并在计算机终端上显示。集合竞价采用最大成交量原则,即以此价格成交能够得到最大成交量。高于集合竞价产生的价格的买入申报全部成交;低于集合竞价产生的价格的卖出申报全部成交;等于集合竞价产生的价格的买入或卖出申报,根据买入申报量和卖出申报量的多少,按少的一方的申报量成交。

开盘集合竞价中的未成交申报单自动参与开市后竞价交易。

四、结算

(一) 结算的概念与结算程序

结算是指根据期货交易所公布的结算价格对交易双方的交易结果进行的资金清算和划转。全员结算就是全员都有与交易所结算的资格,会员分级结算就是交易所对结算会员结算,结算会员对非结算会员结算,非结算会员对受托客户结算。我国大连商品交易所、郑州商品交易所、上海期货交易所实行全员结算制度;中国金融期货交易所实行会员分级结算制度,只对结算会员结算。

结算准备金(可用资金)是交易所会员(客户)为了交易结算,在交易所(期货公司)专用结算账户预先准备的资金,是未被合约占用的保证金。

交易保证金(保证金占用)是会员(客户)在交易所(期货公司)专用结算账户中确保合约履行的资金,是已被合约占用的保证金。

1. 交易所对会员的结算

① 每一个交易日交易结束后,交易所对每一个会员的盈亏、交易手续费、交易保证金等款项进行结算。

② 会员每天应及时获取交易所提供的结算数据,做好核对工作,并将之妥善保存。

③ 会员如对结算结果有异议,应在下一交易日开市前 30 分钟内以书面形式通知交易所。遇特殊情况,会员可在下一交易日开市后两小时内以书面形式通知交易所。

④ 交易所在交易结算完成后,将会员资金的划转数据传递给有关结算银行。

⑤ 会员资金按当日盈亏进行划转,当日盈利划入会员结算准备金,当日亏损从会员结算准备金中扣划。手续费、税金等从会员的结算准备金中直接扣划。

⑥ 每日结算完毕后,会员的结算准备金低于交易所规定的结算准备金最低余额时,该结算结果即视为交易所向会员发出的追加保证金通知。下一交易日开市前补足。

2. 期货公司对客户的结算

① 期货公司每一交易日交易结束后,对每一客户的盈亏、交易手续费、交易保证金等款项进行结算。

② 期货公司将其客户的结算单及时传送给中国期货市场监控中心,期货投资者可以到中国期货市场监控中心查询有关的期货交易结算信息。

③ 当每日结算后客户保证金低于期货公司规定的交易保证金水平时,期货公司按照期货经纪合同约定的方式通知客户追加保证金。

(二) 结算公式与应用

1. 结算相关术语

(1) 结算价

结算价(settlement price)是当天交易结束后,对未平仓合约进行当日交易保证金及当日盈亏结算的基准价。我国郑州商品交易所、大连商品交易所、上海期货交易所规定,当日结算价取某一期货合约当日成交价格按照成交量的加权平均价;当日无成交价格的,以上一交易日的结算价作为当日结算价。中国金融期货交易所规定,当日结算价是指某一期货合约最后一小时成交价格按照成交量的加权平均价。

(2) 开仓、持仓、平仓

① 开仓:买入开仓、卖出开仓。

② 持仓(openinterest):买入(多头)持仓、卖出(空头)持仓。持仓合约也称为未平仓合约。

③ 平仓(offset,closeout):了结持仓,反向对冲买卖。

2. 交易所对会员的结算

结算公式如下。

① 结算准备金余额的计算公式

当日结算准备金余额＝上一交易日结算准备金余额＋上一交易日交易保证金－当日交易保证金＋当日盈亏＋入金－出金－手续费(等)

② 当日盈亏的计算公式

商品期货当日盈亏＝Σ[(卖出成交价－当日结算价)×卖出量]＋Σ[(当日结算价－买入成交价)×买入量]＋(上一交易日结算价－当日结算价)×(上一交易日卖出持仓量－上一交易日买入持仓量)

股票指数期货交易当日盈亏＝Σ[(卖出成交价－当日结算价)×卖出手数×合约乘数]＋Σ[(当日结算价－买入成交价)×买入手数×合约乘数]＋(上一交易日结算价－当日结算价)×(上一交易日卖出持仓手数－上一交易日买入持仓手数)×合约乘数

③ 当日交易保证金计算公式

商品期货交易当日交易保证金＝当日结算价×当日交易结束后的持仓总量×交易保证金比例

股票指数期货交易当日交易保证金＝当日结算价×合约乘数×当日交易结束后的持仓总量×交易保证金比例

五、交割

实物交割是指期货合约到期时，交易双方通过该期货合约所载商品所有权的转移，了结到期未平仓合约的过程。商品期货交易一般采用实物交割制度。虽然最终进行实物交割的期货合约的比例非常小，但正是这极少量的实物交割将期货市场与现货市场联系起来，为期货市场功能的发挥提供了重要的前提条件。

在期货市场上，实物交割是促使期货价格和现货价格趋向一致的制度保证。当由于过分投机，发生期货价格严重偏离现货价格时，交易者就会在期货、现货两个市场间进行套利交易。当期货价格过高而现货价格过低时，交易者在期货市场上卖出期货合约，在现货市场上买进商品。这样，现货需求增多，现货价格上升，期货合约供给增多，期货价格下降，期现价差缩小；当期货价格过低而现货价格过高时，交易者在期货市场上买进期货合约，在现货市场卖出商品。这样，期货需求增多，期货价格上升，现货供给增多，现货价格下降，使期现价差趋于正常。以上分析表明，通过实物交割，期货、现货两个市场得以实现相互联动，期货价格最终与现货价格趋于一致，使期货市场真正发挥价格晴雨表的作用。一些熟悉现货流通渠道的套期保值者在实际操作中，根据现货市场的有关信息，直接在期货市场上抛出或购进现货，获取差价。这种期现套做的方法在一定程度上消除了种种非价格因素所带来的风险，客观上起到了引导生产、保证利润的作用。

在国际主要的商品期货市场上，交割一般只是仓单的转手而已，而且很多不宜交割的期货品种多已采用现金交割的方式。

第七节 期货投机

期货投机不同于赌博，一些抱着赌博心态参与其中的疯狂投机者们，大多都未能幸免于难，最后以失败告终。在投机交易的过程中靠得不只是运气，更多的时候，成功的投机者都会有一套自己的交易哲学。当然,这些哲学通常因人而异,但从总结的绝大多数成功投机者的经验来看,他们在交易之前都会有较为详细的交易计划并养成了较好的交易习惯,对于任何种类的投机者来说,这都是很重要的。

一、交易计划

许多在期货交易中取得成功的人都有一套值得信赖的交易计划。与商业计划需要详细陈述商业活动的启动和发展一样,期货交易的交易计划需要详细制定交易的框架。它有两个要点:一是价格预测,理性的交易者都会经过自己一番分析预测后,才决定何时何价是否买入或卖出某一种特定期货合约;二是风险控制,要清楚自己应投入多少交易资金,以及在某个价位止损。

由于期货市场受到外界多种相关因素的影响,市场行情瞬息万变,交易计划在被执行的全过程中,应该根据需要不断地发展完善。严格遵守交易计划是众多成功期货交易者的共同特征。对于新手来说,应该考虑在实战之前,通过模拟交易来检验他们的交易计划。

1. 价格预测

期货交易的利润来自低买高卖,说起来似乎简单,首先这就要求交易者对未来价格走向作出判断,即需要一个价格预测的方法。大多数交易者依靠基本面的变化或技术分析来预测价格。也有人花费大量的时间和精力试图发现新的方法和指标以用来判断关键价位。有很多人宣称发现了预测价格的"真经",然后就向投机者推销信息,对这些信息不可轻信。

一般交易者在开始时倾向于使用他们感觉不错的价格预测技术和模式。实战中的成败能够检验这种方法的效用并有助于它的发展和完善。有一点很重要,在每次对预测方法进行调整之后交易者要考查该调整的效果。只有被证明能提高预测效果的调整才能被最终保留。经过这样的过程之后,交易者最终将发展出一套能给出可靠的买卖信号的交易模型。当然,也有可能交易者对这个模型不满意,转而去研究另一个。最后还应该指出,过去很好用的模型在将来未必仍有效。

2. 风险控制

风险控制意味着对每一个期货交易头寸都要建立止损和赢利目标。首先,在赢利和亏损的关系上,首先赢利目标要大于可能的损失,从而及时止损,只有这样的交易才是有利可图的。其次,赢利的次数和亏损的次数也很重要。举个例子,某交易者在使用某种交易模型时错误和正确的次数各占一半。然而,他把每次错误带来的损失限制在500元以内,而每次正确带给他的赢利达到1 000元。长此以往,这种交易必然是赢利的。这说明了一个简单的风险控制规律:及时止损,放胆去赢。换句话说,如果交易者总是结束开始亏钱的头寸而保留开始赚钱的头寸,他最终将赚钱。成功者的经验一再证明了这一点。他们当中很多人甚至承认自己在价格预测方面看错多于看对,但他们看对时所赚到的钱超过看错时亏损的总和。结果是:他们成功了。

一个交易头寸亏损到什么程度时应该止损?这取决于几个因素。首先,在任何头寸上投入的资金数额都取决于交易者账户上的保证金总额。一般的原则是:不要在一个头寸上投入超过保证金总额10%的资金。其次,这还取决于所交易品种的活跃程度:越活跃的品种,风险越大。因为交易者的头寸将会经历瞬息万变的价格波动,同时交易者不会轻易出场。另外,交易者的平均交易赢利水平也决定止损位。正如前文所说的那样,就长期而言,要将亏损限制在不超过赢利的范围内。

期货投资领域里没有保证获利的方法,但是遵守交易计划可以使交易者走上漫长的成功之路。

二、应该具备的交易习惯

除了对价格的准确预测和对风险的有效控制外,交易者养成良好的交易习惯也是交易成功的必备条件。

1. 对现有交易计划的更新

(1) 更新交易系统和图表

无论是技术分析还是基本分析,实时的图表和数据都有助于交易者做出交易的决策。

(2) 计划新的交易

通过对当天市场的回顾以及收市后了解到的新的相关新闻消息,决定第二天是否进行新的交易。

(3) 校正现存仓位的退出点

交易者回顾当天市场交易情况,由于当天的交易结果会影响到前面的交易计划,所以交易者常常会校正自己原有仓位的退出点,以便更好地控制自己的风险,从而获得更好的交易效果。

2. 保留交易记录并分析自己的交易

投资者不能只分析市场,还要学会分析自己过去的交易情况,以便认清自己过去交易采用的方法的优点和不足,吸取教训,总结优点,改变不足,使自己的交易更为合理化,从而在投机交易中获得更多的成功。

3. 坚持写交易者日记

交易者日记应该包括每一个交易的基本信息,具体如下。

(1) 交易理由

经过一段时间以后,这个信息可以帮助投机者判断自己的某个交易策略当时决策的理由是否正确,以使以后再遇到类似的情况时,作出更合适的交易决策。

(2) 交易是如何结束的

这个基本的背景信息对于评价任何交易都十分重要,例如,有些投机者选择的入场时机已经很好,但由于过于贪心,本来行情已经结束,但没有立刻离场,最后使已经获利的头寸又回到入场的价格,甚至亏损才决定离场。这显然是一个比较失败的结束交易的方式。总结这些经验,吸取教训,有利于投机者今后更好地进行投机交易。

(3) 总结教训

交易者应该逐项记录在交易过程中所做的错误或正确的决定。仅仅保留一个在案的记录就可以大大地帮助交易者避免重复过去的错误——如果在重复的错误上标明重点符号,这对以后交易决策的帮助会更大。经过对成功经验和失败教训的总结,交易者可以越来越成熟。

4. 分析自己的交易

投机者不能只分析市场,也要分析他自己过去的交易,以便分析自己所采用的交易策略的长处和缺点。除了交易日记外,另外两个进行分析的工具是:分类交易分析和资产净值图表。

(1) 分类交易分析

把交易分成不同种类的做法,是想通过简单的统计方法来帮助交易者识别任何远远高于或低于平均绩效的模式。例如,将所有交易分成买进类和卖出类,交易者可能会发现,他喜欢做空头一边,但他的多头交易平均获利更高。这种观察表明投资者可以通过这种分析达到更了解自己的目的。

再如,可以根据交易品种的不同来分析交易结果,可能出现某交易者在交易某品种期货合约的时候,百分之八十是赔钱的,而在另一些品种的交易中经常会赢利的情况,这种现象可以理解为如果交易者减少对经常赔钱合约的交易,他很有可能提高整体绩效。当然,这种方法不是绝对的,交易者还可以通过对经常赔钱的期货品种进行深入了解与调研和分析,达到对其基本特性熟悉的目的,这也可以达到提高整体绩效的目的。

以上只是分类交易分析的两种简单分类方法,常见的分类方法还有基本分析法和技术分析法,根据不同的特性,都可以进行相对的比较分析。在每一种分类交易分析的方法中,交易者都要寻找成功或失败的模式,以达到比较的目的。

(2) 资产净值图表

资产净值图表是一个只显示收盘类的图表,它表明的是每一天账户资产净值的数值,其中未平仓的资产净值也包括在内。这种图表的主要功能是当绩效出现急剧恶化时提醒交易者予以警惕。例如,如果经过了一个长时间的稳定爬升后,账户资产净值突然经历一个急剧的下跌,交易者可能被指示要减仓,同时需要重新判断自己的持仓方向是否正确。绩效出现这样一个急剧的变动可能反映的是市场条件的转化,或是投机者交易方法目前的缺点,或是最近的交易决定效果不太好等。判断哪一种是真正原因并不重要,因为任何这样的因素都可以被视为减轻风险的强烈警告信号。所以说,资产净值图表对减轻资产净值的变化风险来说是一个重要的工具。

三、止损

投机的含义并不是赌博。"投"的意思可以理解为抓住、把握、适当利用、寻找;"机"指机会、时机、事物的本质规律。一位扑克高手几乎以赌博为生,他成功生存的秘密只有两条:第一条,如果希望获胜,必须了解打牌的基本规则;第二条,当运气不好时,只要输到所带赌金的三分之一,立刻不玩了。他的操作原则同样适合期货市场:界定赌桌上输钱的最底线或期货市场中交易的止损位。

世界上最伟大的交易员有一个有用而简单的交易法则——鳄鱼原则。所有成功的交易员在进入市场之前,都要反复训练对这一原则的理解程度。

该法则源于鳄鱼的吞噬方式:猎物越试图挣扎,鳄鱼的收获越多。假定一只鳄鱼咬住你的脚,它咬着你的脚并等待你挣扎。如果你用手臂试图挣脱你的脚,则它的嘴巴便同时咬你的脚与手臂。你越挣扎,便陷得越深。所以,万一鳄鱼咬住你的脚,务必记住:你唯一的生存机会便是牺牲一只脚。若以市场的语言表达,这项原则就是:当你知道自己犯错误时,立即了结出场!不可再找借口、理由或有所期待,赶紧离场!

其实,不论是股市、汇市,还是期货交易,其交易技巧都是相似的。"止损"的重要意义只有少数人能"彻悟",所以也就少数人能在期货市场上赚钱。"止损"就像一把锋利的刀,它使交易者鲜血淋漓,但它也能使交易者不伤元气地活下去;它可以不扩大交易者的亏损,使交易者化被动为主动,不断寻找新热点。在期货市场上生存,有时需要耐心,有时需要信心,但耐心、信心不代表侥幸,不懂得止损的投资者,就输在侥幸上。侥幸是止损的天敌,止损是投机艺术的基本功。

我们必须深刻理解这项原则,否则会带来惨痛的教训。通过长时间的严格训练和实践才能在心理和技术上熟练地驾驭止损。

一般用来设置保护性止损位的技术参考点如下。

1. 趋势线

卖出止损点一般要设置在上升趋势线之下,买入止损点一般要设置在下降趋势线之上。这种方法的好处之一是,趋势线的突破往往是趋势反转的现行技术指标信号,这类止损点将很好地限制重大损失的出现,同时也可以保证未平仓利润的实现。但是,趋势线的突破很容易出现假信号,因此这种止损点的设置会受到价格的急剧变动影响。

2. 盘整区间

价格在盘整区间内运行时,多单的止损点一般设在盘整区间的下边界,相反,空单的止损点就要设置在盘整区间的上边界。盘整区间止损点的设置与趋势线止损点的设置有相同之处,同样面临着假突破的情况。价格运行在盘整区间的时候,一些交易者不愿参与这种价格的盘整,会选择一个相对合适的价格先离场观望,直到价格形成真正有效的突破时,那些交易者才进入市场,重新开仓。这种策略一般因人而异,有时可以避免损失,有时却会由于没有在更好的价位建仓,使交易者错过一些价格的优势。

3. 相对高点和相对低点

当蕴含风险不是很大时,通常可以将前期最近的相对高点或相对低点作为止损点。

有些时候,即使意义很重大的技术点其所蕴含的风险也可能很大。在这种情况下,只运用技术点设置止损是很危险的,所以交易者可以采用设置一个资金止损点来防止过度的风险。资金止损点在技术上不具有重大意义,但由于不同投资者所能承受的风险不同,因此止损点的设置也会因人而异。

止损点除了可以限制损失外,通常还可以作为止赢点,达到保护利润的目的。例如,某交易者持有多单,随着市场价格的不断上涨,他的收益也不断地增加,此时,止损点也应随之被提高。在空头获利时,交易者也应该逐步将止损点降低。

以上谈了关于止损的内容,这些内容全都是建立在投机操作基础上的,只是针对投机操作的阶段。之所以谈了这么多止损的问题,不是鼓励人们积极投机,而是针对期货市场的现实而言,让交易者更了解投机,从而在投机中获益。投资也有止损,但更多的时候叫止盈。投资的止损不同于投机的止损,投机的止损只是相对于价格的变化,投资的止损是相对于基本面的变化。投资家宣称真正的投资永远都不需要止损是不对的。因为像巴菲特这样的大投资家也止损,在哪里止损?在所投资公司失去成长性,基本面恶化时,止损!

四、实战技巧

1. 保持平静的情绪

心浮气躁、心存杂念或者一时冲动,都容易导致作出错误的决定。成功的投机者均有保持应市时心境平静的方法,并懂得于无法压抑波动的情绪时离场。成功的期货交易者需要全神贯注、集中精神地观察市况的每个变化,方能作出恰当的决定,在市场内获利。市场变化愈大,我们愈要保持冷静、专心面对。

2. 严守纪律

在期货市场内作战,就有如军队在战场上的情况一样,必须特别注重纪律。每个应市计划中的每一个步骤都是整体部署策略的一部分,不应临场随意更改。所有修订均须预早计划好,于有需要时才执行。在任何情况下,违反纪律而招致损失皆属咎由自取,只能视作一次深刻的教训。

3. 做好资金管理

可将资金分为多份,只于非常明显的单边市出现时,才动用大部分资金,即市超短线投入市场内,其余时间按形势决定动用资金比重入市。

4. 观察成交量与未平仓合约数量的变化

期货的成交量与持仓合约数量的变化配合价位的走势,能反映出多空双方的最新取向和后市的趋向。知道后市的主流方向后,便可有根有据地作好适当的部署,直至主流方向改变为止。需留意的是未平仓合约数量有总数和净数之分;前者反映出散户的取向,后者则显示大户的举动。

5. 选择适当的合约月份

一般日子里,期货交易应选择持仓较大月份的合约。但每当下月份合约的未平仓合约总数明显超越当前月份时,市场焦点将转移至下月份合约上,即主力合约的变化。这个转变多于结算日前一个或两个交易日开市前后出现,交易宗数和成交张数逐渐以下月份合约为焦点。

6. 在适当时候推高止损、止赢位

当价位到达先前预订的某个目标后,如欲继续看下级目标,应于价位成功升破前者后,将止赚位推高至前者,保障既得利润。此外,持仓后若发现市场方向与持仓方向相同,应不断地推高止损、止赢位,以便能提高持仓时的胜算,甚至将自己立于不败之地。划定止损、止赢位时,可利用移动平均线、趋向线等分析工具。

7. 了解大户的持仓情况

交易软件中的走势图根本没有可能让我们了解大户的持仓情况。然而,参考期交所每日公布的最新持仓和市场活动的有关数据,再按大户每天在市场内的活动情况作出分析和推测后,我们仍不难勾画出多空双方的阵营。值得留意的是,在主力很多时会超短线小注反向操作,令跟风者误以为他们开始调头。

8. 留意期货合约基差的变化

期货合约基差在期货较现货先行的惯例下,对后市有一定的指导性,能启示大市的主流方向。市场在转变的单边市况展开后的初段内的期货基差,具有很高的参考价值。在大户很多时会制造期货基差变化上的短暂假象(特别是在日交易当中的即市投机者)目的只在于误导散户投资者。

第十一章 期 权

第一节 期权概述

一、期权和期权交易

(一) 期权及其基本要素

1. 期权

期权(options)也称选择权,是指期权的买方有权在约定的期限内,按照事先确定的价格,买入或卖出一定数量某种特定商品或金融指标的权利。

2. 期权基本要素

(1) 期权的价格

期权价格又称为权利金(premium)、期权费、保险费,是期权买方为获得按约定价格购买或出售标的资产的权利而支付给卖方的费用。

(2) 标的资产

标的资产(underlying assets)又称为标的物,也是期权合约的标的,是期权合约中约定的、买方行使权利时所购买或出售的资产。(可以是现货、期货、实物、金融资产。)

(3) 行权方向

行权方向是指期权买方行权时的操作方向。买入——看涨期权;卖出——看跌期权。

(4) 行权方式

行权方式也称执行方式,是指期权合约规定的期权多头可以执行期权的时间。到期日执行——欧式期权;期权有效期内任何时间可执行——美式期权。

(5) 执行价格

执行价格(exercise price)又称为履约价格、行权价格,是期权合约中约定的、买方行使权利时购买或出售标的资产的价格。同一标的资产在交易所交易的期权数量可以多达几十个甚至几百个。上海证券交易所推出的上证50ETF期权的到期月份有4个:当月、下月及随后两个季月。上市首日,每个到期月份分别推出了5个不同执行价格的看涨和看跌期权。执行价格起始值和执行价格间距的给出方式会在交易所交易规则和期权合约中作出相关规定。执行价格间距是决定执行价格数量多少的重要指标,影响期权交易的活跃程度。

(6) 期权到期日和期权到期

期权到期日(expiration day)是指期权买方可以执行期权的最后日期。

例如:1月2日,交易者以1.60港元的价格购买了100张2020年3月30日到期的、执行价格为19.50港元的ZS银行H股的买权(每张合约的合约规模为500股)。当时ZS银行H股的价格为19.90港元。香港交易所股票期权为美式期权,期权到期日为合约月份的倒数第二个营业日。

该例中的期权要素:期权价格为1.60港元;标的资产为ZS银行H股;执行价格为19.50港元;权利类型为买权,即看涨期权;行权方式为美式;期权到期日为2020年3月30日。

交易者通过期权持有股票的成本为19.50+1.60=21.10港元,比当日标的股票每股高出21.10-19.90=1.20港元。这便是交易者看涨股票后市而持有期权所付出的代价,也是期权的时间成本。

交易者购买看涨期权并行权买入标的资产,比直接购买标的资产的成本高;购买看跌期权并行权卖出标的资产,比直接卖出标的资产所得的收入低。

(二) 期权交易和建仓及头寸了结

1. 期权交易

期权交易或买卖的对象是期权合约,买方支付期权费获得期权。买方有权执行期权,也可放弃行权,因此期权也称为选择权。

卖方获得期权费后便拥有了相应义务,当买方选择行权时,卖方必须履约。

对于交易所期权,在期权最后交易日收盘之前,买卖双方也可以将期权对冲平仓。

2. 建仓和头寸了结

(1) 建仓方向和头寸类型

① 开仓买入期权。开仓买入期权通常称为建立期权多头(options long)头寸,分为看涨期权多头头寸和看跌期权多头头寸。

② 开仓卖出期权。开仓卖出期权通常称为建立期权空头(options short)头寸,分为看涨期权空头头寸和看跌期权空头头寸。

(2) 了结期权头寸的方式

期权多头可以通过对冲平仓、行权等方式将期权头寸了结,也可以持有期权至合约到期。

当期权多头行权时,空头必须履约,即以履约的方式了结期权头寸;如果多头没有行权,则空头也可以通过对冲平仓了结头寸,或持有期权至合约到期。

ZS银行大跌,期权多头决定了结看涨期权头寸。该日ZS银行H股的收盘价为18.32港元,执行价格为19.50港元的2015年3月到期的ZS银行H股看涨期权的价格下跌至0.76港元。由于标的股票的收盘价低于执行价格,交易者只能将期权对冲平仓,以0.76港元将期权卖出。

$$平仓损益 = 0.76 - 1.60 = -0.84 \text{ 港元}$$

$$损失率 = \frac{0.84}{1.60} \times 100\% = 52.5\%$$

二、期权的主要特点

如果ZS银行H股的价格上涨至50港元,期权多头以19.50港元行权买进股票,再以50

港元将股票卖出。不考虑交易成本,有

$$期权买方行权损益=50-19.5-1.60=28.9\ 港元/股$$

$$该笔交易支出=1.6\times100\times500=80\ 000\ 港元$$

$$盈利=28.9\times100\times500=1\ 445\ 000\ 港元$$

$$收益率=\frac{28.9}{1.6}\times100\%=1\ 806.25\%$$

另一端:期权空头必须履约,以 50 港元的价格从市场上买进股票,再以 19.50 港元的价格履约将股票卖出,有

$$履约损益=19.5+1.6-50=-28.9\ 港元/股$$

$$该笔交易收入权利金=1.6\times100\times500=80\ 000\ 港元$$

$$亏损=-28.9\times100\times500=-1\ 445\ 000\ 港元$$

如果,2020 年 3 月到期的 ZS 银行 H 股看涨期权价格由 1.60 港元下跌至 0.76 港元,则看涨期权买方的亏损率达 52.5%。

因此,就买卖双方支付和收取的权利金而言,如果买方持有期权至到期并不行权,则损失全部权利金,损失率为 100%,这也是买方的最大损失,而收益可以远远高于 100%;但卖方则不然,如果卖方赚取到全部权利金,在不考虑交易成本和保证金资金占用成本的情况下,卖方的收益可以说是零成本收益,但亏损额度可能远远超过收益。

所以,在期权交易中,买方的最大损失为权利金,潜在收益巨大;卖方的最大收益为权利金,潜在损失巨大。期权买方与卖方的特点如表 11-1 所示。

表 11-1　期权买方与卖方的特点

特　点	期权买方	期权卖方
1. 买卖双方的权利义务不同	有权利,没义务	有义务,没权利
2. 收益和风险不对等	最大损失为权利金,潜在收益巨大	最大收益为权利金,潜在损失巨大
3. 保证金缴纳情况不同	无须缴纳保证金	必需缴纳保证金,作为履约担保。有担保的期权空头可能不缴或少缴保证金;裸期权空头必须缴纳保证金
4. 期权交易买方和卖方的经济功能不同	买进期权可以对冲标的资产的价格风险	卖出期权只能收取固定的费用,达不到对冲标的资产价格风险的目的
	与期货不同,既可避免损失,又可在相当程度上保住收益,所以期权费也称为保险费	
5. 独特的非线性损益结构	期权交易者的损益并不随标的资产价格的变化呈线性变化,其最大损益状态图是折线,而不是一条直线,即在执行价格的位置发生转折	

以看涨期权买方损益状态为例(不考虑交易费用),有

$$看涨期权价格\ C=1.60\ 港元$$

$$执行价格\ X=19.50\ 港元$$

$$损益平衡点=19.50+1.60=21.10\ 港元$$

期权损益平衡点如图 11-1 所示。

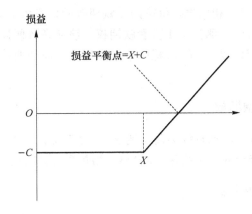

图 11-1 期权损益平衡点

三、期权的基本类型

(一) 按照对买方行权时间规定的不同,分为美式期权、欧式期权

1. 美式期权

美式期权(american options)是指期权买方在期权到期日前(含到期日)的任何交易日都可以行使权利的期权。

2. 欧式期权

欧式期权(european options)是指期权买方只能在期权到期日行使权利的期权(香港、内地)。

(二) 看涨期权和看跌期权

1. 看涨期权:买权、认购期权

看涨期权(call options)是指期权的买方向卖方支付一定数额的期权费后,便拥有了在合约有效期内或特定时间,按执行价格向期权卖方买入一定数量标的资产的权利。看涨期权买方预期标的资产价格上涨而买入买权。标的资产价格上涨越多,买方行权可能性越大,行权买入标的资产后获取收益的可能性越大,获利可能越多。

2015年1月26日,CME上市的Mar15原油期货合约的价格为45.15美元/桶,某交易者认为原油期货价格可能上涨,于是以2.53美元/桶的价格购买了1张Mar15执行价格为45美元/桶的该标的看涨期权(美式期权,1张=1 000桶原油)。1张期权合约的权利金= $2.53 \times 1\,000 = 2\,530$ 美元。

该交易者在2015年3月合约到期日及之前的任何交易日,以45美元/桶的价格购买1手原油期货合约的权利,但不负有必须卖出的义务。

2. 看跌期权:卖权,认沽期权

看跌期权(put options)是指期权的买方向卖方支付一定数额的期权费后,便拥有了在合约有效期内或特定时间,按执行价格向期权卖方出售一定数量标的资产的权利。看跌期权买方预期标的资产价格下跌而买入卖权。标的资产价格下跌越多,买方行权可能性越大,行权卖出标的资产后获取收益的可能性越大,获利可能越多。

相同标的、相同合约月份、相同执行价格的看跌期权的价格为 2.38 美元/桶。某交易者认为原油期货价格可能下跌,于是购买了 1 张看跌期权。该交易者便拥有了在 2015 年 3 月合约到期日及之前的任何交易日,以 45 美元/桶的价格卖出 1 手原油期货合约的权利,但不负有必须卖出的义务。

(三)商品期权和金融期权

① 标的资产为实物资产的期权称为商品期权,也称为实物期权。
② 标的资产为金融资产或金融指标(如股票价格指数)的期权称为金融期权。

(四)场内期权和场外期权

在交易所上市交易的期权称为场内期权,也称为交易所期权;在交易所以外交易的期权称为场外期权。交易所交易的可以是现货期权,也可以是期货期权。我国银行间市场交易的人民币外汇期权属于场外期权。

四、期权的内含价值和时间价值

(一)内含价值的定义、计算和取值

1. 内含价值

内含价值(intrinsic value)是指在不考虑交易费用和期权费的情况下,买方立即执行期权合约可获取的收益。内含价值由期权合约的执行价格与标的资产价格的关系决定。
① 看涨期权的内含价值=标的资产价格-执行价格。
② 看跌期权的内含价值=执行价格-标的资产价格。
③ 如果计算结果小于 0,则内含价值等于 0。所以,期权的内含价值总是大于等于 0。

2. 实值期权、虚值期权和平值期权

(1)实值期权

实值期权(in-the-money options)也称期权处于实值状态,是指在不考虑交易费用和期权权利金的情况下,买方立即执行期权合约所获得的行权收益大于 0,并且行权收益等于内在价值。

实值看涨期权的执行价格低于其标的资产价格,看跌期权的执行价格高于其标的资产价格。

当看涨期权的执行价格远远低于其标的资产价格,看跌期权的执行价格远远高于其标的资产价格时,该期权被称为深度实值期权。

(2)虚值期权

虚值期权(out-of-the-money options)也称期权处于虚值状态,是指在不考虑交易费用和期权权利金的情况下,买方立即执行期权合约将产生亏损的期权。虚值期权的内含价值等于 0。

对于虚值期权,看涨期权的执行价格高于其标的资产价格,看跌期权的执行价格低于其标的资产价格。

当看涨期权的执行价格远远高于其标的资产价格,看跌期权的执行价格远远低于其标的

资产价格时,该期权被称为深度虚值期权。

(3) 平值期权

平值期权(at-the-money options)也称期权处于平值状态,是指在不考虑交易费用和期权权利金的情况下,买方立即执行期权合约会导致盈亏相抵的期权,与虚值期权相同,平值期权的内含价值也等于0。对于平值期权,期权的执行价格等于其标的资产价格。

如果某个看涨期权处于实值状态,执行价格和标的资产价格相同的看跌期权一定处于虚值状态,反之亦然。

以原油期货期权为例,标的期货价格为45.15美元/桶,执行价格为45美元/桶。

看涨期权内含价值的计算值＝标的资产价格－执行价格＝45.15－45＝0.15美元/桶

看跌期权内含价值的计算值＝0

执行价格为450美分/蒲式耳的玉米看涨和看跌期权,当标的玉米期货价格为400美分/蒲式耳时,看涨期权和看跌期权的内含价值各为多少?

① 因为执行价格高于标的物市场价格,所以看涨期权为虚值期权,内含价值＝0。

② 看跌期权的内含价值＝450－400＝50美分/蒲式耳。

(二) 期权的时间价值

1. 时间价值及计算

(1) 时间价值

时间价值(time value)又称外涵价值,是指在权利金中扣除内含价值的剩余部分。它是期权有效期内标的资产价格波动为期权持有者带来收益的可能性所隐含的价值。

标的资产价格的波动率越高,期权的时间价值就越大。

(2) 时间价值＝权利金－内含价值

看涨期权和看跌期权的权利金分别为每桶2.53美元和2.38美元,内含价值分别为0.15美元和0美元,所以,看涨和看跌期权的时间价值分别如下。

① 看涨期权:时间价值＝权利金－内含价值＝2.53－0.15＝2.38美元。

② 看跌期权:时间价值＝权利金－内含价值＝2.38－0＝2.38美元。

CME交易的玉米期货看跌期权,执行价格为450美分/蒲式耳,权利金为22美分/蒲式耳,相应玉米期货看涨期权的权利金为42美分/蒲式耳,当标的物玉米期货合约的价格为478美分/蒲式耳时,以上看涨期权和看跌期权的时间价值分别为多少?

① 看跌期权:由于执行价格低于标的物市场价格,为虚值期权,内含价值＝0;时间价值＝权利金＝22美分/蒲式耳。

② 看涨期权,内含价值＝478－450＝28美分/蒲式耳;时间价值＝42－28＝14美分/蒲式耳。

2. 不同期权的时间价值

① 平值期权和虚值期权的时间价值总是大于等于0。

② 美式期权的时间价值总是大于等于0。在不考虑交易费用的情况下,权利金与内含价值的差总是大于0。由于存在佣金、行权费等交易成本,在期权的实际交易中,实值美式期权的时间价值也存在小于0的情形。

③ 实值欧式看跌期权的时间价值可能小于0。欧式期权只能在期权到期时行权,所以在有效期的正常交易时间内,当期权的权利金低于内含价值时,即处于实值状态的欧式期权具有

负的时间价值时,买方并不能够立即行权。因此,处于实值状态的欧式期权的时间价值可能小于0。只有实值欧式看跌期权和标的资产支付较高收益的实值欧式看涨期权的时间价值存在小于0的可能。标的资产不支付收益和支付较低收益的实值欧式看涨期权的时间价值不会小于0。

五、影响期权价格的基本因素

(一)标的资产价格与执行价格的关系对期权价格的影响

1. 标的资产价格与执行价格对内含价值的影响

① 就看涨期权而言,标的资产价格较执行价格高时,期权具有内含价值,高出越多,内含价值越大;当市场价格等于或低于执行价格时,内含价值为0。

② 就看跌期权而言,市场价格较执行价格低时,期权具有内含价值,低得越多,内含价值越大;当市场价格等于或高于执行价格时,内含价值为0。

③ 对于实值期权,内含价值越高,期权的价格越高。

④ 因为虚值和平值期权的内含价值总为0,所以标的资产价格的上涨或下跌及执行价格的高低不会使内含价值发生变化,但是会影响时间价值,并决定期权价格的高低。

2. 标的资产价格与执行价格对时间价值的影响

① 执行价格与标的资产价格的相对差额越大,则时间价值就越小;反之,相对差额越小,则时间价值越大。

② 当期权处于深度实值或深度虚值状态时,其时间价值将趋于0,特别是处于深度实值状态的欧式看涨和看跌期权,时间价值还可能小于0。

③ 在执行价格与市场价格相等或相近时,即期权处于或接近平值状态时,时间价值最大,标的资产价格的变化对时间价值的影响也最大。

看涨期权价格与标的资产价格同方向变动,看跌期权价格与标的资产价格反方向变动。

当期权处于深度实值或虚值状态时,时间价值最小,深度虚值期权的价格几乎不受标的资产价格变化的影响。

(二)标的资产价格波动率对期权价格的影响

① 在其他因素不变的条件下,标的资产价格波动率越高,标的资产价格上涨很高或下跌很深的机会将会随之增加,买方获取较高收益的可能性也会增加,而损失却不会随之增加,但期权卖方的市场风险却会随之大幅增加。

② 标的资产价格波动率越高,期权的价格也应该越高。

(三)期权合约的有效期对期权价格的影响

① 期权合约的有效期是指距期权合约到期日剩余的时间。

② 在其他因素不变的情况下,期权有效期越长,美式看涨期权和看跌期权的价值都会增加。在其他条件相同的情况下,距最后交易日长的美式期权价值不应该低于距最后交易日短的期权的价值。

③ 随着有效期的增加,欧式期权的价值并不必然增加。

期限长的欧式看跌期权的价格可能低于期权短的欧式看跌期权的价格。

剩余期权长的欧式看涨期权的价格高于剩余期权短的欧式看涨期权的价格。

标的资产不支付收益时,与美式期权相同,剩余期限越长,欧式看涨期权的价格也应该越高。

(四) 无风险利率对期权价格的影响

① 无风险利率水平会影响期权的时间价值,也会影响期权的内含价值。

② 当利率提高时,期权买方收到的未来现金流的现值将减少,从而使期权的时间价值降低;当利率下降时,期权的时间价值会增加。

③ 利率的提高或降低会影响标的资产价格,如果提高利率则会使标的资产价格降低。

(五) 标的资产支付收益对期权价格的影响

① 主要是股票股息对股票期权的影响。

② 根据对期权价格上下限的研究,标的资产支付收益对看涨期权价格的影响是负向的,对看跌期权价格的影响则是正向的。(股票分红后,不调整期权执行价格的情况。)

③ 如果在标的资产除权除息时交易所对期权的行权价格进行修正,则应按修正后的情形考虑标的资产分红对期权价格的影响。分红后调整行权价,即对公式中的行权价做相应调整,则结果需另行分析。

第二节 期权投资方法

期权规则比较烦琐,但熟练掌握后则其可以发挥巨大作用,下面讲解在各种情况下如何灵活投资期权。

一、认沽期权买方

假如在 10 倍 PE 以 2 元/份买入 1 万份 50ETF,目前价格涨至 6 元/份,估值变成 30 倍 PE。支付权利金 0.2 元/份买入 1 张行权价为 6 元的 50ETF 认沽期权。如果 50ETF 涨至 6 元以上就放弃行权,将 50ETF 按市场价卖出;如果跌至 6 元以下就要求行权,将 50ETF 以 6 元/份的价格卖出。

支付权利金购买认沽期权就像为高估的股票买份保险:股价继续上涨,最多损失"保费",但能完全享受泡沫;万一股价下跌,这份保险能确保以行权价抛售股票。在认沽期权的有效期内可以放心持有股票,不必担心下跌。"保护性买入认沽"也称为"保险策略",是风险有限、潜在收益无限的保守型策略,适合持有股票但风险承受能力较弱的投资者,既防范下跌风险,又保留上涨收益。

期限越长、行权价越高的期权,权利金价格就越高。投资者应当根据自身对股价的风险偏好,选择适当行权价和到期日的认沽期权,巧妙安全地从牛市顶部撤离。

二、认沽期权卖方

假如在 10 倍 PE 以 2 元/份买入 1 万份 50ETF,显然如此估值具备长期投资价值,但为了规避市场的不理性,应该预留资金准备 50ETF 在跌至 1.8 元、1.6 元时各买入 1 万份。此时则可以卖出 1 张行权价为 2 元的 50ETF 认沽期权,获得权利金 0.2 元/份。如果 50ETF 涨至 2 元以上,买方必然放弃行权,白拿权利金 0.2 元/份;如果跌至 2 元以下,买方要求行权,因为有 0.2 元/份的权利金收入,等于以 1.8 元/份以下的价格买入 50ETF。

但作为认沽期权的卖方,需要缴纳初始保证金及计算亏损后还要补充的保证金,不是风险无限大吗?这种策略的前提是准备资金要继续低吸,补充保证金额度再大,也不可能超过同等数量的 50ETF 价格。认沽期权卖方的策略就是在持有的标的证券低估时卖出认沽,结果为要么白拿权利金,要么继续低吸本来就要增仓的目标,该策略适合熊市末期的长线投资者操作。

三、认购期权买方

假如现在 50ETF 的价格为 3 元/份,对应 15 倍 PE,如此估值说高不高,说低不低,目前空仓买还是不买?支付 0.2 元/份的权利金买入行权价为 3 元的 50ETF 认购期权。如果 50ETF 涨至 3 元以上,比如 4 元时买方要求行权,每份获利 4-3-0.2=0.8 元;如果跌至 3 元以下,比如 2 元买方就放弃行权,以市场价买入再加上支付权利金,相当于成本为 2.2 元/份,对应 11 倍 PE。

该策略唯一的缺点就是到行权日,50ETF 价格一直波动在 3 元/份左右,有可能白白损失权利金,为了规避这种情况,可以分批开仓买入期权,50ETF 的价格波动越大,该策略就越有效。在待投资目标估值中等时,作为认购期权的买方,要么 50ETF 上涨获得同样涨幅,要么下跌能以较低估值买入 50ETF,代价是 1 份权利金。

四、认购期权卖方备兑开仓

作为认购期权的卖方,如果没持有相应数量的 50ETF,理论上风险无穷大。假如卖出行权价为 3 元/份的 50ETF 认购期权,获得权利金 0.2 元/份,抵押保证金,到行权日 50ETF 上涨至 6 元/份,倒贴 2.8 元/份,万一 50ETF 涨到 10 元、15 元那就亏大了,但谁能保证这种极端情况肯定不会出现呢?因此,作为认购期权的卖方只能备兑开仓。备兑开仓策略是指拥有 50ETF 的同时,卖出相应数量的认购期权,由于拥有 50ETF 基金作担保,用于被行权时履行交付义务,不需缴纳保证金,因而称为"备兑"。备兑开仓风险较小,是基本的期权投资入门策略。

假如持有的 50ETF 价格由 2 元/份涨至 3 元/份,对应 15 倍 PE,如此中等估值涨跌都有可能,目前满仓卖还是不卖?备兑开仓卖出行权价为 3 元的 50ETF 认购期权,获得权利金 0.2 元/份。如果 50ETF 涨至 3 元以上,比如 4 元买方要求行权,等于将 50ETF 卖了 3.2 元/份;如果跌至 3 元以下,比如 2 元买方放弃行权,卖方可以心满意足地将权利金收入囊中。

以上两种结果中,对于卖方不劳而获权利金暂且不表,如果 50ETF 大幅上涨,卖方虽说有些权利金作为补偿但总归不爽。备兑开仓策略中卖出认购期权数量不能绝对满仓,只能卖出部分仓位,反复操作,通过向下个期限转仓来延长行权日,同时还能得到转仓的权利金差价。比如50ETF涨至4元/份,则这份认购期权的价格也上涨至1.2元/份,只能先买回平仓,再备兑开仓卖出下一个期限的认购期权,获得权利金1.4元/份,赚取差价0.2元/份。

备兑开仓需要注意:①选取的股票或ETF必须本来就打算长期持有,否则仅赚取了少量权利金,持有的标的证券却亏损累累,得不偿失;②深度实值的期权到期被行权的可能性较大,备兑交易收益率不高,深度虚值期权的权利金价格低,最好选平值或轻度虚值的合约;③做好被行权准备,计算好能够接受的备兑开仓策略的行权收益率;④及时补券,当50ETF出现除权除息情况时,交易所会对相应期权合约进行调整,要留意50ETF的持仓数量是否足够,以免影响投资策略的实施。

五、期权投资注意规避误区

期权优势吸引了许多衍生品交易者入驻,既有投机者,也有套保者。对于许多新手来说,存在一些误区需注意。

误区一:喜欢以小搏大,押注深度虚值期权。"买入期权最大损失仅为权利金"的说法深入人心,同时深度虚值期权在出现"黑天鹅"事件时往往有巨大涨幅,因此,有些新手投资者便专挑最便宜的、深度虚值的期权购买。事实上"便宜有便宜的道理",深度虚值期权只有在其虚值状态改变时,其对标的价格的变化才逐渐敏感起来。又因深度虚值期权十分便宜,所以才可能在标的物大涨大跌中实现翻倍涨幅。在实际操作中,这种交易方式胜率较低,若投资者偏好深度虚值期权,需要做好仓位管理,以少量资金介入才是明智之举。

误区二:不可卖出期权。通常认为"期权买方,收益无限,风险有限;而期权卖方则是风险无限,收益有限"。但这只是理论上的说法,期权买方如果仓位控制不好,同样可能遭受巨额损失;在行情合适时卖出期权的胜率会高于买入,例如在窄幅横盘市中。

误区三:买期权如同买股票,长期持有方向对了就能获利。一些投资者将50ETF期权单纯地理解为方向性产品,认为买入后一直持有到期,只要方向对了便能获利。事实上,50ETF期权包括内在价值和时间价值,即使投资者对未来标的资产的方向判断正确,也可能因对波动率的预判错误最终产生亏损。例如,买入只有时间价值、没有内在价值的深度虚值认购期权,若是盘中出现大幅上涨,投资者却不舍得获利了结,随着时间价值衰退,深度虚值合约未能实现向实值状态转化,那该合约到期后仍可能变成废纸一张。

第四部分 实盘操作

第十二章　证券组合理论

第一节　证券组合管理概述

一、证券组合的含义和类型

"组合"一词通常是指个人或机构投资者所拥有的各种资产的总称。证券组合按不同的投资目标可以分为避税型、收入型、增长型、收入和增长混合型、货币市场型、国际型及指数化型等。避税型证券组合通常投资于免税债券。收入型证券组合追求基本收益(即利息、股息收益)的最大化。能够带来基本收益的证券有附息债券、优先股及一些避税债券。

增长型组合以资本升值(即未来价格上升带来的价差收益)为目标。收入和增长混合型证券组合试图在基本收入与资本增长之间达到某种均衡,因此也称为均衡证券组合。货币市场型证券组合是由各种货币市场工具构成的。国际型证券组合投资于海外不同的国家,是组合管理的时代潮流。指数化型证券组合模拟某种市场指数。

二、证券组合管理的意义和特点

证券组合管理的意义在于:采用适当的方法选择多种证券作为投资对象,以达到在保证预定收益的前提下使投资风险最小或在控制风险的前提下使投资收益最大化的目标,避免投资过程的随意性。

证券组合管理的特点主要表现在两个方面。

① 投资的分散性。证券组合理论认为,证券组合的风险随着组合所包含证券数量的增加而降低,尤其是证券间关联性极低的多元化证券组合可以有效地降低非系统风险,使证券组合的投资风险趋向于市场平均风险水平。因此,证券组合管理强调构成组合的证券应多元化。

② 风险与收益的匹配性。高风险,高收益。

三、证券组合管理的方法和步骤

(一) 证券组合管理的方法

根据组合管理者对市场效率的不同看法,其采用的管理方法可大致分为被动管理和主动管理两种类型。被动管理指长期稳定持有模拟市场指数的证券组合以获得市场平均收益的管理方法。主动管理指经常预测市场行情或寻找定价错误证券,并借此频繁调整证券组合以获得尽可能高的收益的管理方法。证券组合的被动管理方法与主动管理方法的出发点是不同的,被动管理方法的使用者认为证券市场是有效率的市场。

(二) 证券组合管理的基本步骤

① 确定证券投资政策。证券投资政策是投资者为实现投资目标应遵循的基本方针和基本准则,包括确定投资目标、投资规模和投资对象三方面的内容以及应采取的投资策略和措施等。

② 进行证券投资分析。证券投资分析的目的一个是明确这些证券的价格形成机制和影响证券价格波动的诸因素及其作用机制;另一个是发现那些价格偏离价值的证券。

③ 构建证券投资组合。确定证券投资品种和投资比例。

④ 投资组合的修正。投资者应该对证券组合在某种范围内进行个别调整,使得在剔除交易成本后,在总体上能够最大限度地改善现有证券组合的风险回报特性。

⑤ 投资组合的业绩评估。可以将投资组合的业绩评估看成证券组合管理过程上的一种反馈与控制机制。

第二节 证券组合分析

投资是一项收益与风险并存的经济行为,投资者在获取较高收益率的同时也承受一定的风险。高收益必然伴随着高风险,为了降低投资风险,人们不是选择一种证券,而是选择一组(n 种)证券进行组合投资,通过组合证券投资来规避和降低投资风险。

一、单个证券的收益和风险

收益是投资者放弃当前消费和承担风险的补偿,投资者在处理收益率与风险的关系时,总是希望在风险既定的情况下,获得最大的收益率;或在收益率既定的条件下,使风险最小。任何一项投资的结果都可用收益率来衡量,通常收益率的计算公式为

$$收益率=(收入-支出)/支出\times 100\%$$

在股票投资中,投资收益等于期内股票红利收益和价差收益之和,其收益率的计算公式为

$$r=(红利+期末市价总值-期初市价总值)/期初市价总值\times 100\%$$

在通常情况下,收益率受许多不确定因素的影响,因而是一个随机变量。我们可假定收益率服从某种概率分布,即已知每一收益率出现的概率,如表 12-1 所示。

表 12-1 收益率出现的概率

收益率 r_i	r_1	r_2	r_3	r_4	…	r_n
概率 p_i	p_1	p_2	p_3	p_4	…	p_n

数学中求期望收益率或收益率平均数的公式如下:

$$E(r) = \sum_{i=1}^{n} r_i p_i$$

风险的大小由未来可能收益率与期望收益率的偏离程度来反映。在数学上,这种偏离程度由收益率的方差来度量。如果偏离程度用$[r_i - E(r)]^2$来度量,则平均偏离程度被称为方差,记为δ^2。其平方根称为标准差,记为δ。

$$\delta^2(r) = \sum_{i=1}^{n} [r_i - E(r)]^2 p_i$$

我们可以从收益率的历史数据得到两者的估计——样本均值和样本方差。

假设证券的月或年实际收益率为$r_t (t=1,2,\cdots,n)$,通常称之为收益率时间序列的一段样本,则样本均值为

$$\bar{r} = \frac{1}{n} \sum_{t=1}^{n} r_t$$

样本方差为

$$S^2 = \frac{1}{n-1} \sum_{t=1}^{n} (r_i - \bar{r})^2$$

二、证券组合的收益和风险

设有N种证券,则证券组合P的收益率为

$$r_P = x_1 r_1 + x_2 r_2 + \cdots + x_N r_N = \sum_{i=1}^{N} x_i r_i$$

推导可得证券组合P的期望收益率和方差为

$$E(r_P) = \sum_{i=1}^{N} x_i E(r_i)$$

$$\delta_P^2 = \sum_{i=1}^{N} x_i^2 \delta_i^2 + 2 \sum_{1 \leq i < j \leq N} x_i x_j \text{cov}(r_i, r_j)$$

$$= \sum_{i=1}^{N} x_i^2 \delta_i^2 + 2 \sum_{1 \leq i < j \leq N} x_i x_j \delta_i \delta_j \rho_{ij}$$

三、最优证券组合

(一) 投资者的个人偏好与无差异曲线

一个特定的投资者,任意给定一个证券组合,根据他对风险的态度,可以得到一系列满意程度相同(无差异)的证券组合,这些组合恰好形成一条曲线,这条曲线就是无差异曲线,如图12-1所示。

无差异曲线具有如下6个特点。

① 无差异曲线是由左至右向上弯曲的曲线。
② 每个投资者的无差异曲线形成密布整个平面又互不相交的曲线簇。
③ 同一条无差异曲线上的组合给投资者带来的满意程度相同。
④ 不同无差异曲线上的组合给投资者带来的满意程度不同。

⑤ 无差异曲线的位置越高,其上的投资组合带来的满意程度就越高。
⑥ 无差异曲线向上弯曲的程度大小反映投资者承受风险的能力强弱。

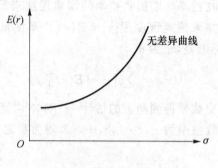

图 12-1 无差异曲线

(二) 最优证券组合的选择

最优证券组合是使投资者最满意的有效组合,它恰恰是无差异曲线簇与有效边界的切点所表示的组合。最优资产组合的确定如图 12-2 所示。

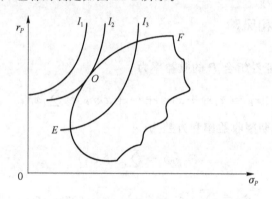

图 12-2 最优资产组合的确定

第三节 资本资产定价模型

一、资本资产定价理论

(一) 马科维茨的现代资产组合理论

马科维茨理论方法是在给定投资者的风险收益偏好和各种证券组合的预期收益与风险之后,确定最优的投资组合。

在这一理论中,对于一个资产组合,应主要关注其期望收益率与资产组合的价格波动率,即方差或标准差。

投资者偏好具有高的期望收益率与低的价格波动率的资产组合。在相等收益率的情况下优先选择低波动率组合,在相等波动率情况下优先选择高收益率组合。资产组合的风险由构成组合的资产自身的波动率、方差与资产之间的联动关系和协方差决定。假设条件如下。

假设一：投资者都依据期望收益率评价证券组合的收益水平，依据方差（或标准差）评价证券组合的风险水平。

假设二：投资者对证券的收益、风险及证券间的关联性具有完全相同的预期。

假设三：资本市场没有摩擦。所谓"摩擦"是指市场对资本和信息自由流动的阻碍。

在上述假设中，第一项和第二项假设是对投资者的规范，第三项假设是对现实市场的简化。

（二）夏普比率

夏普比率（sharp ratio）是基金经理衡量基金业绩最重要的指标之一。

$$SR = \frac{E(r_P) - r_f}{\delta}$$

其中，$E(r_P)$为资产组合的预期收益率；r_f为无风险收益率；δ为资产组合的标准差。

夏普比率越高，意味着所选资产组合表现越好。

（三）资本资产定价模型（CAPM）的基本假设

① 投资者根据在单一投资期内的预期收益率和标准差来评价其投资组合。
② 投资者追求效用最大化。
③ 投资者是厌恶风险的。
④ 存在一种无风险利率，可以借入或借出任意数额的无风险资产。
⑤ 税收和交易费用都忽略不计。

二、资本市场线——有效投资组合收益与风险的均衡关系

资本市场线（CML）表明有效组合的期望收益率和标准差（风险）之间的一种简单的线性关系，是一条射线。根据

投资组合的预期收益率＝无风险收益率＋风险溢价

$$E(r_P) = r_f + \frac{E(r_m) - r_f}{\sigma_M} \sigma_P$$

可推导出

风险溢价＝投资组合的预期收益率－无风险收益率

$$E(r_P) - r_f = \frac{E(r_m) - r_f}{\sigma_M} \sigma_P$$

$\frac{E(r_m) - r_f}{\sigma_M} \sigma_P$是对单位风险的补偿，即单位风险的报酬，或称之为风险的价格。

通过资本市场线公式可得：预期收益与风险正相关，即要谋求高收益，只能通过承担更大风险来实现。

假定市场组合的预期收益率为9%，市场组合的标准差是20%，投资组合的标准差是22%，无风险收益率为3%，则市场组合的风险报酬是6%，投资市场组合的预期收益率是9.6%，投资组合的风险溢价是6.6%。

$$E(r_P) = r_f + \frac{E(r_m) - r_f}{\sigma_M} \sigma_P$$
$$= 3\% + \frac{9\% - 3\%}{20\%} \times 22\%$$
$$= 9.6\%$$

三、证券市场线——单个风险资产收益与风险的均衡关系

① 证券市场线(SML)揭示了单个证券与市场组合的协方差(风险)和其预期收益率之间的关系。

② 在均衡状态下,有

单个证券的预期收益率＝无风险收益率＋风险溢价
$$E(r_i) = r_f + [E(r_m) - r_f]\beta_i$$
风险溢价＝(投资组合收益率－无风险收益率)×β系数

β系数是一种评估证券系统性风险的工具,是单项资产或资产组合对于整个市场组合方差的贡献程度。它告诉我们相对于市场组合而言特定资产的系统风险是多少。

投资组合的市场风险(即组合的β系数)是个别股票的β系数的加权平均数,其权数等于各种证券在投资组合中的比例,即组合β系数＝各种股票β系数与权重的乘积之和。

某公司β系数为1.5,市场组合的收益率为8%,当前国债的利率(无风险利率)为3%,则该公司股票的预期收益率为

$$E(r_i) = r_f + [E(r_m) - r_f]\beta_i$$
$$= 3\% + (8\% - 3\%) \times 1.5$$
$$= 10.5\%$$

某公司拟计划股票投资,购买A、B、C 3种股票。A、B、C 3种股票的β系数分别为1、1.5、2。在投资组合中,A、B、C 3种股票的投资比重分别为15%、25%和60%,投资组合β系数＝各种股票β系数与权重的乘积之和＝1×15%+1.5×25%+2×60%=1.725。

β系数还可以衡量证券实际收益率对市场投资组合的实际收益率的敏感程度。如果β>1,说明其收益率变动大于市场组合收益率变动,属"激进型"证券;如果β<1,说明其收益率变动小于市场组合收益率变动,属"防卫型"证券;如果β=1,说明其收益率变动等于市场组合收益率变动,属"平均型"证券;如果β=0,说明证券的价格波动与市场价格波动无关,证券并不一定无风险(无风险证券β=0)。

第十三章 证券投资风险

第一节 风 险

一、证券投资风险的类型

（一）系统性风险

1. 市场风险

市场风险是由空头和多头等市场条件所引起的投资总收益变动中的相应部分。当股票指数从某个较低点（低谷）持续稳定上升时，这种上升趋势称为多头市场，即牛市、多头市场在市场指数达到较高点（波峰）并开始下降时结束。而空头市场（即熊市）则是市场指数从转变点一直呈下降趋势至某个较低点。从这个点开始，股票市场又进入多头市场。多头市场和空头市场的这种交替，导致了市场收益发生变化，从而引起市场风险。

必须指出，多头市场的涨势和空头市场的跌势是就市场总体趋势而言的。而实际上，在多头市场上，股票也可能出现跌势，在空头市场上，也有些股票呈现涨态。

引起空头和多头市场交替的重要的决定性因素是经济周期，它是整个周期经济活动的一种波动。经济周期包括4个阶段，即高涨、衰退、萧条和复苏。这几个阶段依次循环，但不是定期循环。多头市场从萧条开始，经复苏到高涨；而空头市场则从高涨开始，经衰退到萧条。因此，一个较好的投资时期的选择应当是这样的，恰好在股票市场价格于多头市场上升前买进，恰好在股票市场价格于空头市场降低前卖出，即买低卖高。

2. 利率风险

利率风险也称货币风险或信用风险，指因银行利率变动而影响货币市场利率变动，从而引起证券市场价格变动，导致证券投资收益损失的可能性。利率决定于货币市场的供求情况，而市场供求情况由于种种原因经常变动，市场上的利率也因之时有高低。证券的价格与市场利率的关系非常密切。一般来说，利率与证券价格成反方向变化，当市场利率上涨时、证券价格必然下跌；当市场利率下跌时，证券价格必然回升。受市场利率影响最大的是债券，在市场利率上涨、证券价格下跌时，投资者出售已购债券，会带来价格上的损失，不出售则又会带来利息上的损失。例如，某投资者在市场利率为5％时购入一张面值为1 000元、年利率为5％的债券，几个月后，市场利率上涨到10％，这时如果投资者出售债券，只能以500元的价格出手（1 000×5％/10％），损失500元，如果投资者为了避免价格损失而不出售，他又将在债券利息上蒙受损失。这就是利率风险造成的损失。目前,国外有的企业为吸引投资者,发行浮动的利率债券,这可在一定程度上避免利率风险。

3. 购买力风险

购买力风险又叫通货膨胀风险,是指由于通货膨胀造成的货币贬值,货币购买力下降,从而使投资者遭受损失的可能性。证券投资利益率可分为名义收益率和实际收益率。名义收益率是指证券投资的货币收益率,是未经通货膨胀率调整过的投资收益率;实际收益率则是经通货膨胀调整过的投资收益率。只有当实际收益率是正值,即名义收益率大于通货膨胀率时,才说明有增长的购买力。反之,当名义收益率低于通货膨胀率时,由于实际收益率为负值,所以投资者不仅不会赢利,反而会亏损,出现购买力减少的情况。

购买力风险最容易损害固定报酬率的投资,如债券、优先股等。一般来讲,证券到期日越长,遭受购买力风险的可能性越大。

通货膨胀是一种常见的经济现象,它存在于任何国家,只是不同国家通货膨胀率的高低不同而已。通货膨胀的存在使得投资者必然面临着购买力风险,而且这种风险不会因为退出证券市场就可以避免。因此,进行证券投资只能通过选择那些具有较高实际收益的投资对象来减少这种风险。

4. 流动性风险

流动性风险也称变现力风险,是指投资者将证券变现而发生损失的可能性,任何证券在持有者手中都不能视同现金,在证券资产变卖成现金时,并非随心所欲,而是要付出一定的变易成本的,如支付佣金、咨询费、个人所得税等。另外,有的证券变现容易,有的则较困难,而且证券变现还受到经济周期和证券市场供求状况的制约。所有这些都影响到证券的变现能力。变现越迅速,成本支出越少,则流动性越强,而流动性越强,通常风险越小。为此,发行公司业务越好,市场交易越活跃,流通性能越强的证券,其风险就越小,越受投资者青睐。

5. 期限风险

期限风险是指证券期限的长短可能给持有者带来的损失。一般来讲,期限本身对风险是不起作用的,但由于期限较长,此间就可能发生各种因素的变化,如市场利率变化、购买力变化、企业经营变化等,从而增加证券损失的可能性,如果证券期限较短,上述因素往往还来不及发生变化,损失的风险性相对较小,故此,短期债券风险小于长期债券,债券风险又小于永久性投资的股票。

6. 政策风险

政策风险主要是指政府宏观经济政策及其证券市场的管理措施对证券投资带来损失的可能性。政府采取什么样的经济政策和证券市场管理措施往往取决于其不同时期的政策意图,对投资者来说就存在很大的预测、判断和选择难度。一般来说,当政府采取金融紧缩政策时,往往引起市场利率水平上升,证券价格下跌,会给投资者带来损失;或者政府运用公开市场手段,大量抛售证券,干预证券市场,回笼货币,也将引起证券价格下跌,导致投资者受损。

(二) 非系统性风险

非系统性风险主要来源于企业风险,是指来源于企业经营、财务、违约、道德等方面的风险。

1. 经营风险

经营风险是指由于企业经营的主客观方面的因素而给投资者造成损失的可能性。经营风险随着企业经营状况的变化而变化,经营状况不佳,竞争能力不强,经营风险就较大。因此,在一定程度上可以将经营风险看作企业经营状况的函数。

经营风险可以分为外部风险和内部风险两方面。

① 外部风险是指企业经营的经济环境和条件所引起的风险。每一个企业都存在着一系列的外部风险。比如,同行业间的竞争使不同企业处于不同的地位,故不同企业的风险就不同;又如,政府的行业管理措施使企业在经营范围、增长速度、价格等方面都会受到影响;再如,随着人类日益珍惜生存环境,防止环境污染、保持生态平衡的要求不断增强,对于企业经营活动的生态影响的要求也日益严格,这对企业的生产成本,甚至利润收益都会产生一定的影响。

② 内部风险主要是指由于企业经营管理不善而给投资者带来的风险。在市场竞争中,即使外部条件相同,企业经营状况也会存在很大差异,这种差异是由于企业经营者管理水平、经营战略思想、对市场反应能力等的不同而引起的。在竞争中,这种差异在经营业绩上便表现为有的企业能够获得高于平均利润率水平以上的利润;有的企业能获得与平均利润率水平大体相当的利润;而有些企业则只能获得平均利润率水平以下的微利,甚至亏损。当企业经营失误时,如信息来源失真,产品开发不适销对路,销售渠道选择不当等,都会造成企业赢利下降,引起证券价格下跌,使投资者遭受损失。

2. 财务风险

财务风险有时也叫拖欠风险,是指企业因采取不同的融资方式而带来的风险。财务风险可以通过对企业的资本结构进行分析而确定。企业经营业务所需的资金主要采用两种方式筹措:一种是发行股票,所得款项即企业的资本;另一种为发行债券或向银行借款,这是企业的一种债务,必须按时还本付息。股票需要分配一部分净利润给股东作为股息,但不固定,可以时多时少,也可暂时不付,完全根据当时的情况而定;而债券和借款则不同,不管企业当年有无赢利或赢利多少,都必须按时付息,这成为企业中的固定开支。企业某年如有盈余,必须先付清债息,才能分配股息。由此可见,如果企业资本结构中债务集资方式的比重较大,则其财务风险也较大。这可以从两个方面来分析。一方面,如果债务集资的数额增加,而赢利由于种种原因没有相应增加或反而减少,则有可能连固定的债息和利息都无法支付;另一方面,即使企业获得了一定的利润,但因需要支付的固定债息和利息的数额增加了,留给分配股息的数额就减少了。这两种情况都会导致证券投资者收益受损,风险加大。

财务风险本质上是公司所拥有的资金数量对他所需支付的资金数量的一种对比关系。公司所需支付资金的比例越小,则公司财务状况越好,财务实力越强,财务风险越小;反之,则相反。财务状况的好坏可以通过一些财务比率而得知。

3. 违约风险

违约风险是指证券发行人不能对某一证券按期支付利息或股息以及到期偿还本金而给证券投资者带来的风险。违约风险的程度同企业经营状况及其信誉密切相关,违约是企业失去信誉的表现,它会导致证券在市场上被抛售和该证券价格的下跌。如果是临时违约,当投资者了解到这一状况并恢复信心后,会终止抛售。否则,一旦投资者丧失信心,集体抛售,结果将导致该证券价格猛跌,尤其是在严重经济危机时。但是违约带来的风险程度还要视企业长期信用和财务恶化状况而定。如果企业信誉良好,以前曾有很好的业绩,则企业经理与债权人和股东达成近期偿还等谅解,会减缓证券价格的下跌。

必须指出,违约与破产不同,违约通常导致债券价格下跌,而破产时债券价格几乎近于零。发生违约时,债权人与债务人可以和解,达成协议,使债权延期,债务人也可以继续经营,债券投资收益在未来协议期获得。而破产是在特殊的法律程序下,对公司进行清算,使债权人与债务人的关系解除。

发行企业不履行债务的风险主要受企业经营能力、规模大小和事业稳定性的影响。在证券市场发达的国家,发行企业在证券特别是债务发行前,一般都要经过信誉评级机构的信用等级评定。对证券发行者来说,只有经过评级的证券才易被投资者接受,才能进入交易市场。对证券投资者来说,企业的信誉级别是其投资决策的重要依据。

4. 道德风险

道德风险是指有些企业在所公布的报表或资料中弄虚作假,隐瞒或欺骗证券投资者而带来的风险。

二、风险案例

(一)银广夏

1994年6月17日,广夏(银川)实业股份有限责任公司(以下简称"银广夏")以"银广夏A"的名字在深圳交易所上市。银广夏A被称作第一家来自宁夏的上市公司,但实际上,这家公司最早起源于深圳。

陈川是银广夏的创始人,在2000年2月去世前担任银广夏董事局主席兼总裁。他1939年出生,早年为银川话剧团编剧,1984年7月南下深圳创业,先后创建深圳广夏文化公司和深圳广夏录像器材公司等。陈川文人出身,见过他的人都说他"极富领袖魅力"。1993—1994年间,他长袖善舞,将广夏文化公司旗下几家软磁盘生产企业合并改组,并成功上市。

银广夏1994年上市之时,国内软磁盘行业竞争已如火如荼,转眼间,每生产一张软磁盘就要亏损2美分。对以软磁盘为主业的银广夏来说,转型迫在眉睫。银广夏的项目换了一个又一个,从软磁盘生产以后,银广夏进入了全面多元化投资的阶段。

1996年公司年报称银广夏已经"成功地由创立之初的3家软磁盘生产企业的单一产业公司发展为拥有27家全资、控股子公司和分公司的跨行业实业公司",到2000年发展成有40余家参股、控股公司的庞大规模。从牙膏、水泥、海洋物产、白酒、牛黄、活性炭、文化产业、房地产,到葡萄酒和麻黄草,大部分项目都是打一枪换一个地方,赢利水平始终没有太大变化,每次都仅维持在10%净资产收益率的配股生命线上方而已。

2000年2月14日,陈川在北京突然遇疾去世,终年61岁。根据银广夏的公告披露,死因是"突发性心肌梗死"。创始人陈川的去世并未使银广夏2000年梦幻之旅受到丝毫影响。在2000年2月17日进行的董事会改选中,张吉生继任董事会主席,时任天津广夏董事长兼总经理的李有强升任公司总裁。随后银广夏公布了1999年的年报,每股赢利0.51元,并实行公司历史上首次10转赠10的分红方案。

从1999年12月30日至2000年4月19日不到半年间,银广夏股价从13.97元涨至35.83元,于2000年12月29日完全填权并创下37.99元的新高,折合为除权前的价格,为75.98元,较一年前启动时的价位上涨440%。2001年3月,银广夏公布了2000年年报,在股本扩大一倍的情况下,每股收益增长超过60%,达到每股0.827元,赢利能力之强令人咋舌。

利润绝大部分来自天津广夏:银广夏全年主营业务收入9.1亿元,净利润为4.18亿元。银广夏2000年1月19日公告称,当年天津广夏向德国诚信公司"出口"1.1亿马克的姜精油、桂皮油、卵磷脂等"萃取产品"。

2001年8月,一篇名为《银广夏陷阱》的文章将沪深"第一蓝筹股"打落神坛。文章指出银广夏以"不可能的产量、不可能的价格、不可能的产品"编造出对德出口的神话。从原料购进、生产到出口报关单等一整套文件,通通都是假的。

东窗事发后,银广夏连续跌停15个交易日,股价从30.79元一路狂泻到6.35元。

负责银广夏审计的中天勤事务所则直接解体,这也在当时被称为中国的"安然事件"。

(二) 蓝田股份

蓝田股份有限公司(以下简称"蓝田股份")成立于1992年。在成立的最初几年里,公司的主业并不突出。直到1993年,蓝田股份下属的洪湖蓝田水产品开发有限公司成立,其产业结构转变为经营农副水产品种养、加工和销售。1994年8月,蓝田股份的1828万国家股划归农业部持有,农业部成为蓝田股份的第二大股东。

凭借农业部背景这个行政杠杆,蓝田股份最终撬开了资本市场的大门。1996年6月18日,蓝田股份的股票在上海交易所挂牌交易,号称"中国农业第一股"。

蓝田股份的上市成本不高,没有为上市而剥离大量债务和冗员,而且蓝田股份有优惠政策扶持,其农业产业基地在物产丰富的洪湖边上,人力成本也相对低廉,加之其上市融资了2.4亿元,蓝田股份可谓占尽天时地利人和,极有可能成为一家具有持续竞争力的上市公司。

蓝田股份上市后,每年都要上新项目,大量投入基础设施建设。大规模的扩张需要大量的资金,蓝田当然寄希望于通过配股进行直接融资。但按照规定,每次配股与上次配股至少间隔1个财年。当配股融资无法支撑扩张时,瞿兆玉(蓝田股份创始人)启动了另一个融资杠杆——向银行贷款。据中国农业银行总行信贷部负责人介绍,仅中国农业银行就给蓝田股份贷款9亿元。向蓝田股份提供贷款的银行还包括中国工商银行、中国民生银行等。

鉴于农业投资回报周期较长,高额负债增大财务成本,蓝田股份对配股融资的渴求越来越强烈,而且想来一次大配股。据规定,公司配股总数不得超过其股本总数的30%。要想多配股只有将总股本做大。1997年和1998年,蓝田股份连续两年以1:1的比例实施送股。截止到1999年,蓝田的总股本由上市时的9 696万股猛增到4.46亿股。

股本是上市公司最珍惜的资源,但蓝田股份已经不顾一切。为了多配股来减轻债务压力,蓝田股份以送股的方式猛增股本,但业绩被摊薄有可能使配股受阻。但令人惊奇的是,1997年蓝田股份以1:1的比例送股后,每股收益为0.64元,比1996年高出0.03元,这就意味着1997年蓝田股份的收益比上年增长1倍多。1998年蓝田股份再次以1:1的比例送股后,每股收益竟高达0.81元,又比上年增长1倍多。水产品要实现规模效益就不是一朝一夕所能实现的,当蓝田股份无法满足报表上的业绩增长时,除了母公司为子公司输血外,剩下的手段就只有造假。

最先挑破这个破绽的是一个叫刘姝威的女人,她为此获得了由中央电视台评选的"2002 CCTV中国经济十大年度人物",并被称为"中国股市的良心"。2001年10月,她以一篇600字的短文对蓝田股份神话直接提出了质疑,这篇600字的短文是刘姝威写给《金融内参》的,它的标题是《应立即停止对蓝田股份发放贷款》。文章在对蓝田的资产结构、现金流向情况和偿债能力作了详尽分析后,得出的结论是蓝田业绩有虚假成分,而业绩神话完全依靠银行贷款,20亿元的贷款蓝田股份根本无力偿还。

蓝田股份2010年年报显示,公司的蓝田野藕汁、野莲汁饮料销售收入达5亿元,然而市面上根本没有看到所谓的野藕汁、野莲汁。蓝田股份有约 20 万亩(1 亩≈666.67 m²)的大湖围养湖面及部分精养鱼池,仅水产品每年都能卖几亿元,而且全都是现金交易,然而事实上有没有鱼无人知晓。真正揭开蓝田股份业绩之谜的是蓝田股份的 2001 年年报,财务指标来了一个"大变脸":主营业务收入,1999 年调整前是 1 800 005 000 多万元,调整后是 2 400 多万元;2000 年调整前是 1 800 004 000 多万元,调整后不到 4 000 万元;2001 年是 5 500 多万元。也就是说有十几亿元都是造假。2002 年 3 月,公司被处理,股票简称变更为"ST 生态",2002 年 5 月 13 日,因最近三年连续亏损"ST 生态"自当日起暂停上市。

2008 年 10 月,北京市第二中级人民法院一审以单位行贿罪,判处蓝田股份董事长瞿兆玉有期徒刑 3 年,缓刑 4 年。造假者最终制造的是牢狱之灾,蓝田股份的谎言被彻底戳破。这些谎言所付出的代价是惨重的,这里损失的不仅仅是金钱,还有相关部门的信誉和国人的信心以及无辜的股民。

(三) 金亚科技

金亚科技是一家 2009 年上市的民营企业,是首批创业板上市的 28 星宿之一。主营业务原来是生产机顶盒,2015 年通过并购重组进入电视游戏行业。

金亚科技股价在上市 1 个多月的时间里就迅速翻了一番,此后就开始振荡下滑,到 2013 年股价止跌企稳。2015 年牛市期间,公司股价从 2 月一路上涨,3 个月的时间涨了 3 倍多。但 2015 年股灾之后,股价就一路下跌,从最高点的 52 元下降到 2018 年 8 月 7 日的最低价 0.68 元,收盘价为 0.77 元,十分惨烈。深圳证券交易所决定自 2019 年 5 月 13 日起暂停金亚科技公司股票上市。金亚科技跌幅巨大,原因如下。

第一,违规溢价收购,利益输送。2015 年,金亚科技以近 20 倍的溢价收购一家刚成立一年的公司——天象互动,而天象互动的股东之一正是金亚科技的实际控制人、董事长周旭辉,当时不少媒体指责这起收购为"左手倒右手"。没过多久,证监会就以公司涉嫌证券违法违规为由介入了调查。结果不仅查出了收购的利益输送问题,还查出了公司涉嫌重大财务造假、欺诈发行股票、挪用资金等多个违法行为。最终,金亚科技收购天象互动失败。

第二,全面财务造假。从上市前到上市后,金亚科技一直都在造假,手段非常"全面"。上市之前,金亚科技通过虚构客户、业务等方式虚增利润,以达到发行条件,2008 年、2009 年上半年虚增利润金额分别占当期公开披露利润的 86%、109%。上市之后公司出现大幅亏损,为了扭亏,周旭辉又亲自指挥财务进行系统性造假。

第三,原行业衰落,后来追热点转型。这是一个典型的没有"看家本领"的公司。原主营业务是机顶盒制造,后来市场大幅萎缩,行业技术壁垒低,上市前靠造假,所以只能转型,但转型又想抄近道。2015 年牛市期间,金亚科技收购世界电子竞技大赛主办方公司 60% 的股权,标榜自己是"电视游戏第一股",炒作电竞概念,将股价炒到了 52 元。但游戏行业本来就非常不稳定,即使是龙头公司,也不能保证年年有爆款产品,何况是这样一个半路出家的公司,股价很快就回归现实,从最高点跌了 99%。

第四,董事长属于"出头鸟"。高调的董事长更容易被监管层注意,周旭辉就属于此类,他和女明星的婚姻极其高调,其他绯闻也不少。

深圳证券交易所决定自 2019 年 5 月 13 日起暂停金亚科技公司股票上市。

(四)华锐风电

华锐风电是一家生产风电机组的企业,2011年在主板上市。上市之前,华锐风电是行业巨头公司,截止到2011年,累计风电装机容量排名中国第一,世界第二。但后来它的行业地位急转直下,目前在风电龙头中已经看不到它的踪影了。

华锐风电是含着金汤匙出生的明星股,上市发行价曾创下上海交易所纪录,市值逼近千亿元。但公司上市当天即破发,当天盘中最高价格88.8元也成了公司历史最高价。后来公司就在戴帽、摘帽和保壳的循环中不断挣扎,尽最大的努力不被退市。其股价大幅下跌的原因有5点。

第一,风电行业盛极而衰。华锐风电可谓生不逢时,基本是在行业顶点上市。一方面2011年风电行业发生大事故,国家能源局加强了对风电设备并网的监管,并收紧了对风力发电项目的审批。另一方面风电行业趋于饱和,风电新增装机从2011年的15GW到2017年的17GW,仅增加了10%,行业利润回落,进入淘汰过剩产能的阶段,风电机组制造厂商从2010年的60家下降到2017年的20家左右。

第二,市场过度追捧,起点太高。其大股东尉文渊是上海证券交易所的首任总经理,阚治东当时担任申银证券的总经理,有了这两位业界大佬的站台,再加上风电行业当时很火,导致其股票一开始就创下天价,有点像当年的中石油。

第三,逆势扩张,未及时转型。2011年之前,华锐风电之所以能成为行业龙头,很大程度上得益于老板的政商关系,并非技术有多大优势。在2011年行业进入寒冬以后,华锐风电判断失误,认为行业只是短暂低迷,继续扩张,导致存货囤积,公司现金流紧张。在这个过程中,重要项目又出现了质量问题,声誉严重受损。

第四,财务造假。上市之后,华锐风电业绩一年比一年差,2012—2013年连续两年亏损,股票被 * ST。2014年摘帽,但 2015—2016年又连续两年巨额亏损。2017年为了避免退市,公司通过处置资产实现了1亿元的净利润,星(*)被摘掉了。2015年证监会查明公司财报存在会计差错,通过提前确认收入的方式虚增的利润总额占2011年利润总额的38%。

第五,身陷跨国官司。华锐风电与美国超导公司发生了6起纠纷,最终以华锐风电赔付3.8亿元达成和解。

(五)龙力生物

2011年,龙力生物顶着"生物燃料第一股"的光环在中小板上市,主营业务就是将玉米"一芯三吃",生产淀粉糖、功能糖和燃料乙醇。2016年通过资产重组进入数字营销和数据发行行业,确立了"大健康+互联网"的发展方向。公司的大股东是董事长程少博,第二大股东是山东省高新技术投资有限公司,有一定的国企色彩。

从上市到2017年,龙力生物的股价波动和大盘相比并不算剧烈。股价的大幅下跌主要是在2018年重大重组事件复牌之后,连续22个跌停板。这段时间股价大幅下跌的原因有4点。

第一,财务造假,隐藏债务,资金去向不明。2018年1月,龙力生物因涉嫌信披违规被证监会立案调查,主要是涉嫌隐藏债务,粉饰利润后违规举债,资金去向不明,利益输送。龙力生物2017年报披露34亿元巨亏,其中有27亿元是"财务自查调整损失"。经过证监会调查,龙力生物在2017年年报中隐藏了16.8亿元的借款,这部分借款会使财务费用增加十倍;另外龙力生物还在年报中隐藏了10亿元的其他应收款,这笔应收款在2015年和2016年的年报上都没有显示。此外,龙力生物还涉嫌挪用券商募资专户中的 2.85 亿元资金,去向不明。

第二,资不抵债,并且有巨额商誉。公司已经资不抵债,由于 2017 年年报净资产为负值,龙力生物被实施退市风险警示。而且 2016 年龙力生物跨界溢价收购了互联网企业快云科技和兆荣联合,产生了 8 亿元的商誉,虽然两者都完成了 2015 年至 2017 年的业绩承诺,但在承诺期过后,仍有业绩下滑、商誉减值的风险。

第三,主营业务开始靠补贴,后来补贴减少,连续亏损。龙力生物"生物燃料第一股"的名号来自通过玉米废渣提炼乙醇。2005 年国家开始补贴燃料乙醇,每吨补贴 1 883 元;2011 年上市的时候,降到每吨补贴 1 276 元;2012 年大幅降至每吨补贴 500 元,到 2016 年不再补贴。再加上 2014 年油价大幅下跌,拖累乙醇燃料售价下滑。内部的政策因素和外部的市场因素导致乙醇业务连续亏损。

第四,第一大股东的股权全部质押,各大股东减持套现。第一大股东程少博,持股比例为 17.41%,全部股权都已质押。2017 年 3 季度以来,前十大股东共减持龙力生物 2 600 多万股,前十大股东持股比例下降 6%。

深圳证券交易所决定自 2019 年 5 月 15 日起暂停龙力生物股票上市。

(六) 乐视网

2003 年,山西创业者贾跃亭在北京紫竹桥一个民居里创立了北京西伯尔通信科技有限公司(以下简称"西伯尔通信"),公司业务为做室内外网络覆盖。当时国内电信势头正猛,移动通信、互联网处于上升期,贾跃亭抓住机会开始发展手机流媒体业务。没多久,这家名不见经传的公司就在贾跃亭的运作下成功在新加坡上市。但上市之后没多久,贾跃亭就把西伯尔通信最好的资产端——流媒体部——剥离分拆出来,而被分拆出来的这个流媒体部就是以后大名鼎鼎的乐视网。流媒体被分拆出去后,西伯尔通信就彻底成了一个空壳公司,到最后股价跌得一地鸡毛,直到退市。

2010 年 8 月 12 日,贾跃亭通过一系列的资本操作,终于把他的乐视网带入中国互联网最核心的领域——中国 A 股资本市场。乐视网在深圳创业板上市,股票代码为 300104。

乐视经营这么多年,最让众人为之倾倒的是打造所谓的"乐视生态系统",进行"生态化反"。按照乐视方面的归类整理,乐视生态系统包括七大生态子系统:"内容生态""体育生态""大屏生态""手机生态""汽车生态""互联网及云生态"和"互联网金融生态"。其核心是"互联网及云生态"。这里需要说明一下,所谓"大屏生态",其实指的就是乐视超级电视机,也就是俗称的彩电。经过这么一包装,"乐视生态系统"确实显得非常时髦而且高大上。如果剥掉这些时髦的包装标签,把所谓"乐视生态系统"用企业战略的专业术语进行归类整理,可以发现所谓"乐视生态系统",无非就是垂直整合战略和多元化战略的混合体而已。从内容层到硬件层再到服务层,这是垂直整合战略。而从同一层面看,内容层的"内容生态"到"体育生态",硬件层的"手机生态"到"大屏生态",服务层的"互联网及云生态"到"互联网金融生态",这属于相关多元化战略。

"汽车生态"跟哪个生态都没有直接关联,属于彻底的多元化战略。

整个"乐视生态系统"如果真的做成,那就是前无古人后无来者的超级商业帝国。无论是国外的苹果、微软和特斯拉,还是国内的 BAT、京东、海尔和联想,所涉足的领域都只是整个"乐视生态系统"商业帝国版图的一部分。如果用数学公式来表达,则为

"乐视生态系统"=华纳时代+苹果+微软+腾讯+阿里+京东+海尔+联想+特斯拉+……

纵观古今中外,企业成功的路径都是先做强再做大。绝大多数成功的企业都是在自己最熟悉的专业领域深耕习作,打造自身的竞争优势,才能脱颖而出。能够在两三个相关领域进行多元化发展而获得成功的企业,比如海尔、联想,已经属于寥寥。要想同时在7个领域进行垂直整合加多元化发展而获得成功,无异于天方夜谭,这根本就是一个不可能完成的战略目标。至于把这么多不同的业务放在一起就可以"生态化反",那更是一厢情愿地痴人说梦。事实上,在"乐视生态系统"中发生的唯一化学反应是烧钱。

战略决策失误并不意味着就一定失败。在战术执行过程中,对战略决策根据实际情况进行修正而扭转局面,这样的例子也不少见。比如阿里巴巴,一开始的战略定位是B2B,2003年开始进入C2C,打造淘宝平台,从而一举扭转局面,走上快速发展的康庄大道。

不幸的是,乐视在战术执行层面犯了致命的错误。而这个错误最终决定了乐视彻底失败的命运。乐视在2011年提出了打造"平台＋内容＋硬件＋服务"全产业链模式,致力成为全球最大的网络视频服务商,于2012年重磅推出乐视超级电视机。就在乐视大力推广乐视超级电视的这几年,随着智能手机的普及,电视机已经基本退出了年轻人的生活,沦为老年人的娱乐工具,这一趋势在电视机的整体销售量上表现得特别明显。从2011年到2014年,国内电视机的整体销售量一直徘徊在4 000多万台,2014年甚至跌入低谷。直到2015年,随着国内房地产市场的回暖,电视机销售量才突破5 000万台大关。在这个已经饱和的市场里,有着已经精耕细作多年的夏普、TCL、长虹、康佳、海信、海尔等多条大鳄,在这一片大鳄云集泛着血腥的红海里,乐视作为一个后来者,靠什么抢占市场份额呢?

只能是价格。乐视靠着同样机型一半的定价,生生地从夏普、TCL、康佳、长虹、海尔、海信等电视机巨头虎口夺食,抢到了年销售量150万台的份额。2012年,乐视营业收入接近翻倍,达到11.67亿元,净利润近2亿元;2013年,乐视的营业收入又翻倍,达到23.61亿元,净利润为2.47亿元,活脱脱一个超级绩优成长股。乐视真的靠乐视超级电视赚到钱了吗?

答案是没有。不但没赚钱,还烧掉不少钱。2014年年报显示,乐视营业收入达到68.19亿元,净利润为3.55亿元。不过仔细分析这份年报,可以发现,尽管营业收入增长接近2倍,但营业利润却下滑接近80%。更致命的问题在于,乐视错过了智能手机这片蓝海,一个千载难逢巨大的创业风口。

自2011年开始,智能手机国内年销售量从不到一亿部,两年时间就爆炸式地增长到2013年的3.43亿部,此后每年仍以4 000万～5 000万部的速度增长,直到2016年达到4.67亿部的顶峰。

随着智能手机销售量的爆炸式增长,平地诞生了小米、OPPO、VIVO等诸多大获成功的国内品牌,也让华为这一老牌电信设备企业登上新的台阶,仅华为一家手机国内销售量就超过一亿部,年营业收入达到数千亿元,相当于国内电视机行业整体销售额的几倍。难怪小米的创始人雷军意得志满地说:"只要站在风口,猪也能飞上天。"在智能手机这个风口,飞上天的不只是小米,还有从步步高出来的OPPO和VIVO。

直到2014年,乐视才推出乐视手机,而此时智能手机已经接近饱和。靠着乐视超级电视的补贴烧钱手法,乐视手机的年销售量达到1 900万部,但是乐视手机销售量越大,钱就烧得越快。错过智能手机蓝海的乐视,其实已经堕入万劫不复的深渊。

烧钱的结果就是,乐视网在2017年巨亏139亿元,2018年又巨亏41亿元,而乐视网上市的头七年利润加一块也不过22亿元。2019年4月26日,乐视网被停牌,曾经市值高达1 700多亿元的乐视网,4月26日收盘后,市值仅剩下67亿元,连最高峰值时期的一个零头都不到。

25万乐视股民和过去的众多供货商，一同梦断乐视。

深圳证券交易所决定自2019年5月13日起暂停乐视网公司股票上市。

（七）康得新

康得新主要从事高分子材料的研发、生产和销售，包括新材料、智能显示、碳材料这3个主要业务。2010年上市以来康得新的主营业务基本没有变化，发展非常专一。公司对自己的定位也很高，要致力"打造基于先进高分子材料的世界级平台"，号称国内的3M，合作客户多为TCL、三星、宝马、江淮汽车等知名企业。

2010年，康得集团子公司康得新登陆A股时，名头就已经不小了——号称"全球最大的预涂膜生产企业"。此后，在光学膜、碳纤维等诸多板块取得跨越式进展，康得新成了世界高分子材料领域的"中国代表"。建设中的中安信碳纤维生产基地和康得复材碳纤维复合材料生产基地更是号称将成为世界级的碳纤维及其复合材料研发及产业平台。

康得新的财报也确实很优秀。从2010年上市以来，康得新的营收和净利润都是连年增长的，其中2017年的营收是2010年的22.5倍，净利润是2010年的35.3倍。

从公司现金流和资产负债表上也实在看不出公司竟然会缺钱。从2010年上市九年来，康得新有八年现金流净额为正，而且2017年和2018年还出现大幅增长。公司货币资金在2017年超过185亿元，到2018年三季度末达到150亿元。公司流动比率连续三年超过200%，这意味着公司偿债能力极高。

截止到2018年三季度，康得新资产负债率为45.46%，货币资金为150亿元。除了账面现金，康得新账面上还有42亿多元的可出售金融资产。2019年1月15日，18康得新SCP001不能足额偿付本息10.41亿元，构成实质性违约。1月21日，18康得新SCP002不能足额偿付本息5.22亿元，构成实质性违约。2010年康得新于深圳证券交易所上市，2012年发行第一只债券，到目前为止共发行债券17只。除去SCP001、SCP002违约的两只债券外，尚有两只存量的中期票据于2022年到期，其余13只债券均已完成兑付，未出现过违约情况。

存贷双高指公司账面显示的货币资金与有息负债同时处于较高水平。"货币资金"科目中的非受限部分一般是公司可以自由动用的资金，除此之外，许多公司购买的理财产品计入"其他流动资产"科目，"应收票据"一般包括商业承兑汇票和银行承兑汇票，变现能力也较强。因此我们定义这里的"存"为广义货币资金，数额等于货币资金、应收票据和其他流动资产3个科目的总和。2015年之后康得新货币资金占总资产比重连续处于40%以上。坐拥高额货币资金，却依然违约，以及货币资金与有息负债双高的局面，是康得新备受市场质疑之处。具体来看，2015年、2016年康得新货币资金大幅增长，从2014年的41.93亿元增长至2016年的153.89亿元，2018年一季度达到峰值197.28亿元，之后有所回落，三季度最新数据为150.14亿元。货币资金占总资产的比重在2015年之后一直处于40%以上水平。

在有息负债方面，2017年有息负债大幅增加，主要由短期借款和应付债券构成，2018年三季度有息负债总额为110.06亿元，其中短期借款为61.81亿元，应付债券为40.47亿元。存贷双高的悖论在于不合理的利息收入与费用对比。2018年前三季度，康得新利息费用为5.58亿元，利息收入仅为1.98亿元。既然有大额的账面货币资金，又何必每年付出高额的成本获取外部融资，这从成本收益角度考虑不合常理。同时，以利息收入和平均货币资金余额简单计算每年的平均货币资金收益率，康得新的货币资金收益率常年处于0.4%~0.7%的水平，2017年上升至0.99%，2018年前三季度高一些，为1.58%。我国的活期存款基准利率为

0.35%,如果康得新一直以来的货币资金都是放在银行收利息的,那么资金的利用效率未免太低,同时还要支付负债融资大额的利息费用,这不是正常企业会采取的融资策略。那么如果不这样,不禁引人怀疑,账面货币资金是否真实存在?

2019年1月23日,康得新公告称,因主要银行账号被冻结,公司股票触发其他风险警示情形。自2019年1月23日开市起,公司股票交易实施其他风险警示,简称由"康得新"变更为"ST康得"。2019年5月12日,康得集团董事长、康得新复合材料集团股份有限公司大股东及实际控制人钟玉,因涉嫌犯罪被警方采取刑事强制措施。

早在2017年11月,*ST康得股价一度高达26.71元(前复权),市值高达946亿元,是一个近千亿的大白马股。2019年6月3日星期一收盘股价仅有2.74元,市值仅剩下97亿元。

(八)康美药业

康美药业董事长马兴田原本只是一个普通农村小伙子,遇到出身广东普宁中药世家的许冬瑾后,命运发生了转折。1997年,夫妻二人在本地流沙镇创立康美药业,并通过囤积三七发家。之后,他们从药房扩展到药厂,短短四年康美药业就成功上市。上市之后,康美药业以中药材为核心在各地频频大手笔投资发展,快速成为备受市场追捧的"白马股",市值一度超过千亿元。

在这一过程中,外界一直不乏对康美药业的质疑。最引人瞩目的事件为,2012年、2013年,《证券市场周刊》接连发布《康美谎言》《康美谎言第二季》等重磅文章,披露康美药业将荒山包装成药业项目用地,有虚增投资、虚增巨额利润等多项操作,质疑康美药业的高成长背后是财务造假,并呼吁证监会介入调查康美药业。但这些报道并未影响康美药业继续高歌猛进,甚至《康美谎言》的发布者还被不少券商分析师认为动机不纯,涉嫌做空康美药业获利。

然而,纸终究包不住火。新一轮对康美药业财报的质疑中,曾经高度看好康美药业的券商分析师们也不约而同地集体沉默。证监会介入后,2019年4月30日,康美药业自查后对2017年财报进行了重述,并自爆惊天大雷:货币资金多计299.44亿元,营业收入多计88.98亿元,营业成本多计76.62亿元。

第二节 风险管理

事实上决定股价波动的每一种基本因素及股价水平本身都会导致一种特殊风险的形成。风险补偿又可称作风险报酬或风险价值,是投资人因承担投资风险而要求的超过货币时间价值的那部分额外报酬。这是风险管理的主要目标之一。然而股票市场是高风险市场,投资人追求的也是水平较高的风险报酬。投资所冒风险越大,要求获得的(预期的)利润率就越高,这是风险补偿的基本原则。但是,在实际中投资的风险补偿率(预期利润率与无风险利润率的差值)与风险的增减率并不会遵循投资人心目中的风险与利润的交换比例(通常风险补偿的增加比率要大于风险的增加比率),这就要求投资人慎重评价他的投资计划,如果要冒较大的风险,那么是否有足以补偿较大风险的预期报酬?只有当风险与报酬的交换是对应的时候,计划才是可取的。用较低的风险去获取较高的收益,这才是投资大师长久的生存之道。巴菲特做投资,不是看能打出几个全垒打,而是看有没有落到其"击球区"的来球。他知道只有在自己"击球区"的来球,投资的成功率才会比较高。也就是相对低风险,但是能获取相对高的收益率。

控制风险不等同于低风险投资,而是要知道,我们在承担什么样的风险,承担这个风险给予的回报是不是合适的,不要仅仅去看潜在收益率有多少。如果要收益率,不就变成了10倍杠杆、100倍杠杆去买期货或者外汇吗?那么迅速爆仓的概率也很高。有胆大的投资者,有老的投资者,但是没有胆子又大又老的投资者。做投资的人,时间越长,胆子越小。胆子小不是收益率低,而是他们看到错误承担风险的人,最终都会失败。

投资这个游戏,如果我们能无限玩下去,那么一定能获得很高的收益。当我们知道影响结果最重要的因素是什么以后,我们就应该把长期放在第一位,一切从长期出发。长期包括很多因素:可持续的投资方法、不断进化的体系、风险的控制、资产端和负债端的长期。投资是一场长跑,短期的速度并不重要,关键是我们要一直在奔跑的队伍中,不要出局。投资的目标应该不是一年十倍这样以收益率为导向,而是想着如何做三十年、四十年、五十年的投资。时间越长,投资者的杠杆就越大。大到伟大的投资者,小到普通个人,能够在投资中取得成功的人,他们必须有一个共同特点:还健在。永远不要出局!

但是股票市场机制却促使相当多的证券投资人遵循相反的原则:股市高涨则积极投入,充满信心,而这个时候可要求的报酬已不能或远远无法抵消巨大的风险;相反,在指数低迷、预期报酬较低但是足以抵消较小的风险时,却缩手缩脚,看不到投资的价值了。

股票的风险可通过 β 系数和标准差等方法测定,风险补偿也可以通过调整折现率进行计算。但是股市不确定的因素太多,精确的计算未必比经验评估更准确。对于大多数投资人来说,重要的是要保持高度的风险补偿意识,并依据经验和简单的数据来执行风险补偿的增长率大于风险的增长率的原则。风险补偿原则是风险管理的积极原则。

风险防范是证券投资风险管理的另一主要目标,并构成其主体内容。风险防范的任务在于规避投资风险对资本及赢利的侵蚀,最大限度地实现资本的保值与增值。风险防范主要有3个方面的内容:风险预防、资金管理和止损计划。其中止损计划尤为重要。

一、风险预防

对于证券投资人来说,勇于承担风险是其行为的基础,投资人的风险意识特征不在于回避风险,而在于规避风险,即在承担风险中设法防范风险。规避风险首先应当做到预防风险,即最大限度地排除或减轻一切可以事先排除或减轻的风险。这主要有如下几种方法。

① 高度重视风险水平,终生从事股票投机而成效卓著的美国人赫希洪的两条座右铭之一就是:"别告诉我可以赚多少钱,但要让我知道我可能赔多少钱。"

② 努力把握行情的胜算概率和风险与利润的交换比例,概率过低或比例太差必须谨慎行事。

③ 从财务上评价自己的风险承受能力(包括投资占家庭财产的比重、投资在市场中可停留的时间、投资收入对家庭收入的重要性和是否有其他投资来源等),根据风险承受能力来决定风险倾向选择。

④ 充分利用交易系统的保险技术,消除危险隐患,例如适时更换委托买卖密码等。

⑤ 强化法规意识,在操作中做到知法、守法、用法(法律、规章、制度等)。

⑥ 掌握证券投资的知识与技能,减少认知性的操作失误。

⑦ 提高投资心理素质,避免心态失衡造成的损失。

总之,风险预防就是要把高度的风险警惕性固化为投资人的行为基础并使其成为构建自己的交易环境的决定因素。

二、资金管理

资金管理是规避风险的另一个重要方面,其内容主要有如下几个方面。

(1) 投入资金与可用资金的比例分配

投入资金与可用资金的比例分配即投资者并不将自己的投资资金一次全部买入证券,而是用一定比例的资金买入证券,其后根据行情的变化,顺势加码、逆势平仓,一般来说,预测风险越大,投入资金与可用资金的比例就越小,直至空仓。

(2) 组合投资

组合投资包括大类证券之间的组合买卖和同种证券的品种组合,根据美国纽约证交所的数据统计,当股票组合品种达 10 个时,非系统性风险将急剧下降到一个很低的水平,当股票组合品种达 32 个时,非系统性风险将基本上被排除。

(3) 分段买卖法

投资人在选定了出入市时刻后,可采取分阶段数批买入或卖出的操作方法,即摊平法。分段买卖法可补偿时机判断的误差,是投资人最大限度地保护自身利益的一种简便而有效的操盘策略。

三、止损计划

证券投资与赌博的一个重要区别就在于前者可通过止损计划把损失限制在一个较小的范围内,同时又能够最大限度地获取成功的报酬,换言之,止损计划使以较小代价博取较大利益成为一般证券交易市场都具备的内在机制。止损计划包括以下内容。

(1) 止损理念

投资人必须高度重视止损的决定性意义,把它视为在高风险市场中立于不败之地的法宝。在高风险市场中,如何保全实力、存活下来始终是首位的任务,而以较小的损失换取主体的安全是实现这一任务的不二法门。在这个意义上,止损计划的制订和有效实施是证券投资最大的技巧,没有掌握这一技巧,就没法进入证券投资学的大门。

(2) 止损位的设置

止损作为一种计划表明止损位总是在操作开始前就已设置,入市后发现方向做错了,当价格达到止损价位时即了结出局,即使入市对错的概率各占 50%,也必然会盈大于亏。止损有双重性质:其一是止亏,即做错方向,停止资本亏损;其二是投资已有盈利,在行情回折时,停止利润的丢失。因此,在方向做对的情况下,止损位是一个逐级增加的可变数。在股票市场,止损位的计量标准有个股价格和股价指数两种。脱离大市的个股行情应以个股价格来制定止损位,一般情况下止损位的计算可考虑以个股价格为主,以股价指数为辅。止损位的设定以股票的买入价为起点,在行情上涨后,可以前一日的收盘价或当日最高价为起点,取向下变动的某一百分数或某一绝对数为止损幅度。止损幅度的确定首先应排除日常价格波动的影响,可考虑取略大于近期价格波动中的 3 个最低价的平均振幅之幅度作为基础止损幅度。显然,短线投资的止损幅度要小于长线投资。还应当依据对市场风险状态的评估来调整基础止损幅度,较高风险状态下的止损幅度要小于较低风险状态。此外在多头市场,止损位也可直接由 10 日移动平均线决定。

四、止损操作

止损操作不只是止损计划的实施,而且还是其延伸与完善。止损操作在止损计划中具有十分重要的意义。

首先,止损计划的实现要有严明的操作纪律做保障。停止损失是对既得利益丢失的认可,是对行情判断失误的认可,因而是物质和自尊的双重"认输"或"认赔"。此外,投资人有各种理由生成各种期待心理:行情跌了数天,想等反弹再卖;真反弹了,又以为会有一段延续行情;行情再度猛跌,又会认为跌得可以了,再跌也跌不到哪里去了,等等。因此止损计划最难执行、最易忘记,需要有高度的纪律性来保证实施。

止损操作的第二个要点就是下单的时效。行情变化的幅度大、速度快,止损操作应打提前量,可使用埋单方法;行情变化的幅度小、速度慢,则以即时下单为宜,下单时间宜放松,可捕获当日的较高位出货。止损操作可以实行少数例外原则。这主要是针对多头市场中主力尾市打压等做市行为、连拉阳线后的阶段性调整及空头市场中的"最后一跌"等空头陷阱而制订的补偿方案。补偿方案必须经过严密分析,必须确有依据并明确列入止损计划内。

止损计划的目的是防范风险,止损计划也是整个证券投资的关键性措施,但它只是一种平仓技术,不能用来替代行情分析和其他竞价方略。止损计划需要与高质量的选时、选股和多种竞价能力相结合,有赖于这一基础,止损计划可成为投资人的护身符。

操盘纪律风险防范是证券投资竞价的重心,操盘纪律是风险防范的压轴根基,也是全部证券投资行为的必备前提,风险投资犹如战争,严守纪律与否,直接决定胜败存亡。证券投资人面对的是一个不确定的客观世界,但却能够制定一种确定的行为方式——通过严格的操盘纪律实施确定的投资计划。

操盘纪律不是一个理论问题,而是一个意志问题,是一种严格的行为自律。投资人遵守操盘纪律的程度反映其心理素质的水平。因而投资人的纪律性有赖于自觉的严格训练,培养高度的纪律性,是竞价技巧训练的要点之一。严守操盘纪律并非要求投资人全盘机械化地操作。纪律性只是用以约束实施基本的投资原则、事先制订的投资计划、行之有效的竞价策略或针对个人心理缺陷所规定的行为方式等,这并不抹杀原则、计划和策略本身可能包含的灵活性。因此,操盘纪律是一种针对性行为,它以某种规则为前提。没有规则,就没有纪律。遵守操盘纪律实质上就是遵守投资竞价的规则。证券投资行为的基本特色:遵守操盘纪律,如同一买一卖之操作本身一样,在极其简单的行为里,充满着学识与技巧、果断与毅力!风险管理是重心所在,把握住它,投资者就不会倒下,不倒下就有很多机会向前迈进。

第十四章 证券投资心理

第一节 心理学与股票投资

人们总是花费大量的时间来研究市场,而对如何克服自己的心理弱点却考虑得太少。

经常有一个提法是,让投资人先进行所谓的"模拟练习",这样做当然也没有什么不好,问题在于这种"纸上谈兵"的游戏,不能真正训练投资人对市场的实际感觉,更不能积累有关市场的经验,尤其是一些失败的经验。这种"模拟练习"与实际投资之间的基本差别就在于金钱的委托。在实际投资行为产生时,因为涉及切身的利益,所以人们的客观性往往会被搁置一旁,而代之以感性和情绪,因而,导致损失经常是不可避免的。

成功意味着谦虚谨慎,市场总有自身的方法寻找到人性的弱点。我们要不断地检查自己所取得的进步和存在的缺点。

投资或投机其实就是一种零和游戏。对于每一项买入,相应地就有一项卖出。市场的参与者总是怀着美好的获利期望而来,却不知道他们必须面对同样怀着获利目的的、可能更有经验的投资人。因此,常常是在严重的损失发生之后,人们才会明白期望在市场中获利并非那么容易。其实,在证券市场进行投资或投机,对大多数人来说,绝不是一条能够让人快速致富的捷径,也许我们可以把它看作一项事业,但它却有着与其他事业决然不同的特点。

人们往往根据一时的兴致,或者是来自一位朋友、同事的一句话,就会做出成千上万元的投资决定,而在选择其他一些东西如买一件家具时,尽管花费的钱更少,却更为慎重,常常需要认真仔细地考虑、斟酌之后才会做出决定。这个事实也表明,证券市场的价格常常更多地决定于情绪与情感,而不是理性的思考与判断。因此,如果投资人能够认识到这一点,面对市场的波动,能够有意识地抑制自己的情绪本能,并仔细地设计投资计划,那么,他就一定能够超越大众,更有可能在市场中获得成功。

市场的价格往往反映了市场参与者的态度和期望,而这种态度和期望又是人们基于现实的经济、金融状况做出反应的结果。当人们认为价格将上扬时,他们普遍会变得贪婪,而不论他们所购买的是黄金、棉花、股票,还是债券。相反,当人们认为价格将下跌时,情绪上就会变得害怕或恐惧。就此而言,在所有的市场中,人的本性是一致的。这也是我们讨论证券投资心理的一个基本前提。

投资与投机是一枚硬币的两面,很多时候难以截然分开。在进行投机活动时需要对未来有一种理性思索和系统分析的能力。华尔街历史上著名的投机家伯纳德·巴鲁克曾经说过:"投机商是一个要对未来发生的事件进行思考和策划的人,也是在事件发生之前就采取行动的人,因而,投机商经常是正确的。"在这个意义上,投机实际上包含了投资、交易以及期货市场上的套头交易等三层含义。投机需要一种超前思维,必须就买什么或卖什么,何时买或卖以及是否要买或卖做出自觉的决定。这就意味着投机者对未来事态的发展情况要有几种设想,并决定在每种情况下应采取何种行动。

尽管各种类型的市场参与者所承受的风险程度以及时间界限是不同的,但从本质上讲,由于人性所具有的共同点,因而市场心理的表现会有许多相同之处。当投资大众推动市场达到某个极端之时,所有的市场参与者都必须随时准备采取相反的立场。同样,每个参与者也必须努力保持冷静和客观的头脑,并尽可能把出自情绪和情感的本能反应限制在极小的范围之内。

股票投资与心理学的关系是十分密切的。股票投资的主体是人,而人的任何行为都会受其心理活动的影响,因此,任何一项投资行为无疑都受到投资者心理的影响。这种影响通常包括两个方面:在有意识的层面上,个人能够认识到心理作用;但在无意识的层面上,个人却觉察不到这一点。初入市投资者的心理过程如下。

第一个阶段是"懊悔"。投资者看中了一种股票,当天市价为6元,而等他第二天一大早打算入市买进时,却发现价格涨到了8元,这时,他就懊悔未能早些买入,却又想等价格回落到6元再买进,不料打错了算盘,股价不跌反涨,达到了10元,于是他愈发懊悔,心里的酸劲就甭提了。

第二个阶段是"失望"。当该股票从10元继续上涨到12元时,投资者就开始感到失望,意识到市价并未按自己的美好愿望发展,继而埋怨自己为什么没有在8元价位时入市。

第三个阶段是"生气"。股价涨势不衰,又从12元跃升到14元,投资者的心理由失望转为生气,莫名其妙地怨恨这家公司的股票为什么只涨不跌。

第四个阶段是"气疯"。当股价升到16元时,不用猜也知道,投资者已经被"气疯"了,情绪剧烈波动,心神不定,对旁人的规劝无动于衷。

第五个阶段是"盲目跟风"。股价再次上涨,达到18元,本应是投资者做出决断的时候,而他却来了个一百八十度的大转弯,不再生气,反面觉得这种股票就值这个价,并且还有再涨的可能,暗暗责怪自己以前何苦跟自己过不去呢?于是,他改变了主意,决定在18元时入市。其结果往往是在高价位被套牢,痛苦万分,甚至买进之后,股价一泻千里,弄得血本无归。

在这个过程中,从第一个阶段的"懊悔"到最后一个阶段的"盲目跟风",都表现了投资人的心理作用。当然,投资者的心理表现是多方面的,如恐惧与贪婪心理、赌博心理、固执己见等。这些都对投资人的市场行为产生影响。

此外,投资者也并非孤立地存在,在社会经济活动中,人们的思想感情以及行为,往往受社会上他人的思想感情与行为的影响。这种影响是通过所谓的"投资心理效应"表现出来的,譬如,当股市中大多数人都对后市表现出浓厚的乐观情绪时,很少有人能够抵御这种影响。股票投资者的心理效应存在一种倾向,即行情上涨时投资者心情会更加乐观,对任何股票都看好,个个勇往直前,唯恐坐失获利良机,从而使本来已上涨的股市加速上涨。行情下跌时投资者将更加悲观,从而使股价加速跌落。所以,投资大众的心理效应对股票市场行情具有"乘数"功能,它对股价的涨跌起催化和加速作用。

投资者心理效应的另一种形式是"投资气氛效应",即市场的交易气氛影响投资者的行为,投资者的行为又影响股价的效果。有些人往往会做出违反其原来意愿的买卖行为,就是受到"投资气氛效应"影响的结果。

第二节 常见投资者心理

把金钱变成金融资产,在心理上就会变得非常感性。在金钱面前,任何偏见都可能表现出来。一些成功的投资人总是告诫我们:必须通过自我控制努力保持心理平衡,必须尽可能地保持客观冷静的态度。需要牢记:金融市场的价格决定于投资人对表现出来的经济和金融环境的态度,而不是环境本身。这意味着价格的波动将决定于投资大众对未来事件的预期,如他们的希望、他们的恐惧,甚至是他们的偏见。

一、恐惧心理

恐惧是一种复杂的情绪,有多种表现形式,如担忧、害怕、惊慌、恐慌等。当一个人处于恐惧之中时,常常混合着其他一些否定性的情绪,诸如愤恨、敌意、愤怒、报复心等,因而会形成一种极大的破坏力。一般来说,投资出现的恐惧分为两种形式:害怕招致金钱损失和害怕失掉赚钱机会(即害怕"踏空")。有位伟大的道氏理论家描述了恐惧的几个方面以及恐惧对投资人心理的不同作用。

1. 国家安全危机

任何一种战争的威胁,如宣布进入战争状态或散布有关战争的谣言都会使股价大幅下跌,然而,一旦战争真的爆发,股价反而会止跌回稳,这时通常是大量买进的好时机。有一句股谚为:"在枪炮声中买进,在凯旋声中卖出。"这是源于如下的事实:战争的爆发通常是可以预料的,由于对战争的预期,导致股票价格不断下跌,而风险也随之大为释放,当战争真的开始时反而会止跌回稳。随着胜利愈益明显和确定,股价节节攀升,但在胜利最终实现时股价却会下跌。因此,胜利的号角声是卖出的信号。

在1990年1月15日夜,以美国为首的盟国部队开始对伊拉克和科威特的军事目标实施攻击,执行所谓的"沙漠风暴行动"。第二天,华尔街一开盘交易,就涌现出大量的买单,道·琼斯指数上跳了75点。

2. 所有的人都害怕遭受损失

害怕遭受损失的恐惧对富人和穷人、大户和散户都同样有影响,一个人拥有得越多,他就越害怕失去。因此,这种恐惧感对任何确定的个人而言都是潜在的。

3. 对消息的担忧

任何一个可能对我们的经济利益构成危险的消息都会引起恐惧感。通常,当一个可能的消息传播开来,又无从得到证实时,会使投资人终日处于惶惶不安的心理状态之中。情形变得越严重,则恐慌性的抛售越明显。

4. 恐惧的大众心理——相互传染恐惧将会引起更多的恐惧

当我们周围的人们纷纷对某个利空消息做出卖出反应时,很多投资人可能会相信消息的可靠性。结果我们将难于摆脱大众的恐慌情绪和看法,也会不自觉地加入抛售的行列之中。相反,如果同样的突发消息并没有引起人们显著的反应,那么,我们也许就不会陷入这种大众心理陷阱之中,也不大可能做出错误的决策。

5. 熊市中的恐惧永远不会结束

在一个大规模的下跌趋势运行过程中,投资人的恐惧永远不会结束,恐惧感将会在投资人的心中留下深深的烙印。在股市,差不多所有的牛市都领先于利率水平下调和低息贷款政策而出现,因而这是一个播种以待下一次的收获之际。这种趋势对于任何一个理性的投资人来说的确是十分明显的。然而,看到股价的猛烈下跌,面对这样一个有所变化的背景,有些投资人会恐惧地认为:这一次不一样!或者认为下跌还将继续。以致错失投资良机。

6. 对过去恐惧的记忆

当投资人经历过一连串的挫折后,由此而引致的痛苦会给他留下深刻的记忆。他会有意无意地担心出现类似的情形。一个投资人做出一次投资结果却招致巨大的损失,这样在下一次冒险入市时他会更多地感到神经紧张,判断力也会受此影响。有时候,哪怕是一点轻微的暗示,甚至完全是凭空想象的困难,也会勾起投资人痛苦的记忆而影响投资决策。有时候,痛苦的记忆又会促使投资人做出不明智的抛售行为,因为他试图避免再次损失所带来的心理痛苦。

7. 害怕"踏空"

这种现象常常发生在股票价格大幅上扬之后,证券经理们经常根据市场本身或者其他同事的意见来做出评量。如果伴随着大规模的剧烈波动而没有采取投资行为的话,那么就会有错失机会的感觉,以致这种"踏空"的恐惧非常强烈,常常使他们不顾一切地投入。

这种恐惧感对于个人投资人也有同样的影响。或许投资人相当准确地判断出一轮主要的牛市将要展开,然而,在一个大的波动发生之前,他可能会由于某种原因没有介入,这可能是因为他期待更低的价格,或者他已经介入却因为一个不利消息的影响又早早地出来了。不管怎么样,这种"牛市中的卖出行为"使投资人有一种被"摔出去"的感觉,这种感觉常常会使投资人产生一种既后悔又愤恨不已的心理,这迫使他们重新投入市场。具有讽刺意味的是,再次投入常常可能已经接近市场的头部,大牛市的信念却由于受到价格暴涨的影响而得以强化,而且"踏空"的感觉也更为强烈。

这种"害怕踏空"的恐惧感通常会伴以愤怒的心理,造成"踏空"的原因可能是一些不幸的操作失误,如一张不良的买卖委托单、一个招致损失的指令等。极富戏剧性的是,这种突发性的感情常常还与一个主要的市场转折点联系在一起。这种市场心理带给我们的提示在于:首先,在这种不顾一切试图参与市场的情绪冲动之下,显然,我们已经失去了客观性,这时所做出的决策极有可能是错误的;其次,这种情形的实质在于,股价上升一段时期之后,所有的挫折感得到了聚集,有理由相信其他人也会受到类似挫折感的影响,因此,在这种情形之下,最好的策略就是避开它。要知道,证券市场中的投资或投机机会经常涌现,这就好像我们在城市里"打的",错过一辆,还有下一辆,这时我们需要的只是耐心和遵守纪律。

实际上,这种恐惧感会使我们的头脑处于"真空"状态,以致让我们忘掉市场中还有其他的机会存在,还有其他的方法可供选择。

"踏空"的恐惧还有其他一些表现形式。例如,偶然地我们也会在心理上拒绝承认一些使市场恶化的事实,从而只集中于所谓的利好消息,因为我们希望市场能回稳;此外,对利空消息却加以漠视,尽管后者可能更有意义。这种拒绝的结果可能导致灾难性的损失。

二、贪婪心理

贪婪可以说是我们人类的一种本性,也是影响我们心理平衡的一个重要因素。它是由过分自信和试图在短时期内获取大利的欲望构成的混合物。在证券市场，由于价格的波动非常迅速，所以证券对于那些试图快速致富的人的确极具诱惑力。问题在于，一旦人们受这种快速致富的欲念所支配，就会招致更多的紧张感，从而容易失掉客观性。

贪婪常常会使一项本来成功的投资失败。因为成功如不加以适当的控制，也能播下失败的种子。在经历了成功的交易之后，人们会体验着一种心理愉悦感和不可战胜之感，在这种心理支配之下，人们常常会采取更多的冒险行动，做出粗心的决策，而市场总会不断地寻找我们所拥有的那些弱点，这些草率的行动必然为播种灾难性的种子准备适宜的土壤。对此，记住这一句话是重要的：没有人即使是天才能够无往而不胜。人总会不断地经历着成功与失败，一个成功的投资人能够充分地意识到这种不可战胜之感，并且经常在经历了一次成功的投资之后，努力与市场保持一定的距离，距离感将为他们提供"充电"的机会，从而他们能够以更加客观的心理状态重新投入市场。

投资人无论是在短期交易中，还是在长期投资中获得成功，都会有放松和降低警觉性的倾向，因为他们刚刚通过了市场的检验。无须付出多少努力就获得的赢利自然不会像经历痛苦的教训之后获得的赢利那么让人珍惜。这个现象部分是因为成功的经历强化了我们认为自己是正确的信心，结果我们就不会对自己的投资或交易情况产生疑问，甚至在新的相反的证据出现在我们面前时也是一样。看来我们需要对"信心随价格相应波动"做一个重新认识。随着信心的增强，应采取一些相反的措施，保持我们的步骤有根有据，从而维持平衡的感觉。在投资交易的开始阶段，尚无须太多的要求，担忧和谨慎阻止了我们做出草率的决定。随着价格朝我们所希望的方向运动，谨慎之锚逐渐松动，这意味着与我们的立场相反的市场运动会冲击着我们，也许更好的做法是继续保持一种战战兢兢的态度去审视相反的趋势是否正在形成，这样我们就不太会遭受出乎意料的打击，因为我们将学会预测它们。而一旦事件能被预测，对前景的展望也就变得更加容易，否则，其真实意义就会被夸大。这个思想就在于努力保持一种心理平衡，以至于当事情发生时，我们能轻易地转变心理的纷乱。

恐惧和贪婪可以说是潜伏在每一个投资人内心深处的两个心理陷阱，在进行证券投资时，投资人一不小心就有可能坠入其中。而一旦投资人受到恐惧与贪婪的影响，客观性就无从谈起，他们也更容易遭受出乎意料的行情的冲击，并对此做出情绪化的反应。从上述对这两种心理的讨论中我们不难看出，采取尽可能客观的步骤，努力保持心理的平衡，正是克服这两种心理所带来的消极影响的方法。

在恐惧与贪婪这两种破坏性的极端情绪之外还有其他一些形式的心理陷阱，这些心理陷阱对于我们保持客观立场也有潜在的危险。下面我们将讨论其中一种心理陷阱。

三、希望

在经过价格的大幅上扬之后，证券接下来会经受一个疯狂的抛售之风。这些行为常常使粗心的投资人招致大量的损失。投资人自然希望价格会回升到先前的水平，然而他很快会发现，市场的机会正不断地从他身边溜走。因此，这种希望补偿的心理是投资人保持思维清晰和客观性的最大障碍。

在决定未来投资立场的时候，希望只能使健全的判断受到歪曲的影响，无疑这会招致更大的损失。在某种意义上，希望的牺牲者在心理上总是力求让市场符合其欲望，而不是根据对市场的正确评价来制订客观的计划。

希望可以被定义为"对某种欲望的期待"。一个稳健的投资人不会根据欲望来做评估,而会根据影响价格的未来因素做理性的评估。无论投资人所持立场如何,都应该问问自己,原先的投资是否有充足的理由?这些理由是否依然有效?假如现在拥有现金,这项投资是否仍有意义?如果回答是肯定的,那么就坚持原来的立场。否则投资人的判断就可能只是根据希望做出的。

当投资人把希望作为坚持一种立场的判断依据时,必须立刻停止。在实际操作中,我们常常发现一些投资人在一轮跌势已经开始时,还紧紧捂着手中的股票不放,他们希望在下一波反弹时再卖出。然而,市场的判决是无情的。市场不会关心投资人买该股票的价格,因此,一旦发觉危险降临,而且认识到应该卖出股票,那么就立即卖掉它吧!在华尔街有一种说法:"当一艘轮船即将下沉时,你所要做的不是祷告,而是立即逃命!"这也许是对这种情况的最好处置。这样做至少可以达到两点。第一,使投资人免遭潜在的严重损失。一旦投资人表露出仅仅是根据希望做出判断的,甚至加以合理化,那么,投资人就会忽视任何潜在的危险,而这会促使价格进一步下跌。第二,这对于投资人重新获得客观性也是至关重要的,及早地脱身也可以使投资人尽可能避免许许多多的偏见,为了做到这一点,投资人只需审查自己的观点、立场,并尽可能地对自己的情形做出公平的评价。

第三节　影响投资者心理的因素

在投资或投机活动中,要保持一份良好的心态,避免外部的影响。在实际的市场交易活动中,当我们面临买卖抉择的时候,恐惧和贪婪往往会不招而至,无形之中就会干扰投资人心理的平衡。自身的经验以及外部的影响都会使我们的判断失真,因此,为了确保客观性,我们必须对来自内部、外部的两种力量做出正确的评估。

外部的因素会对投资人的情绪产生不良影响,简单的解决方法是移到一个与世隔绝的地方,避免与媒体接触。

来自外部的影响使投资人的心理噪音超过了允许的范围,以致干扰了投资人正常的思维与判断,因此,要达到客观性的目标就要求投资人有意识地过滤掉尽可能多的不良影响。成功的投资人对此有深刻的体会。据说,美国华尔街历史上著名的投机家利弗莫尔为了避免受到外部影响,通常都是自己一个人在办公室里,过着一种离群索居的生活。他认为,一旦与人接触,话题就不免会涉及股票市场,就会让他听到各种各样的市场传闻、小道消息等。而独处可以使他的心理活动免受这些外部因素的干扰,以保持独立思考的功能。利弗莫尔是这样一个投资理念的信奉者,即真正的消息总是隐藏在报刊标题的背后。他认为,要在证券市场中获得成功,唯一的方法就是仔细地研究分析特定公司的情况,而不是根据个人一时的情绪来做决定,譬如,在好消息公布时买进,在坏消息出现时卖出。

一、大众媒体

每当市场风云变幻、涨跌难以预期之际,投资人对传媒的依赖性和敏感性都会大大提高。有所谓寻求支援和认同排斥的说法,这反映了大众对传媒的基本态度。当我们倾向于某种态度时,就会试图在传媒提供的信息中寻求支援,对那些与自己的立场相同或相似的观点,我们会更乐于接受；对那些与自己的立场对立的观点，我们会试图加以排斥，甚至予以有意无意的忽视。在人际关系心理学中有一个说法："我们总是倾心于那些同意我们观点的人"。说的是类似的道理。

传媒对投资人的投资心理和行为的影响，可以更加具体地从以下几方面进行分析。

1. 趋同心理

投资人往往在相同的时刻收听同样的广播，收看同样的电视，接受同一个股评家的评论，在这样一种认知趋同的作用下，投资人的买卖行为出现一致性自然是不足为奇的。

2. 定势心理

在心理学上，定势心理是指人们由于过去的经验作用，而在心理和行为上出现固定化的倾向。在投资心理上，定势心理常常表现为投资人对某一类股票格外钟情，对某种操作手法十分偏好，即使情形发生了变化，他们仍然会利用原先的一套做法。

二、市场传闻与小道消息

传闻（rumour）是指未得到证实的报道或消息，是一种似是而非的组织信息，具有失真大、传播快、误信度高、反馈迅速、选择性和目的性强等特点。股票市场的传闻包括了股票市场坊间流传的消息和分析师的主观推荐以及新闻媒体的报道。当前我国的资本市场制度正处于不断完善的过程中，投资者专业素质不高，很大一部分投资者利用各种市场传闻与小道消息作为其投资指南，这就给股价操纵者利用传闻消息来操纵股价提供了机会。传闻被媒体报道的前几日以及媒体刊登的当日，股价一般会出现显著异动，在传闻被报道的当天异动尤为明显。在公司发布澄清报告对传闻进行澄清后，股价会再次出现显著异动。具体来讲，当上市公司在澄清公告中对传闻的内容予以肯定后，分两种情况，股价与传闻性质有关，如果对利好类传闻进行肯定，那么股价一般会持续上涨；如果对利空类传闻进行肯定，股价可能下降，也可能上涨（利空类传闻使股价大幅下跌，利空出尽是利好）。当上市公司对传闻进行否定时，也分为两种情况，当否定利好类传闻时，股价一般会下跌；当上市公司否定利空类传闻时，股价一般会上涨。

三、专家的意见

根据心理学家弗洛伊德的观点，人的天性是趋乐避苦的。反映在市场中，对于成功的经验人们会津津乐道，而失败的教训却常常被遗忘。对于专家来说也是如此，关于成功的神话会常被提起，而挫折则留给他们自己。

四、绿色草坪效应

当我们遥看远处的草地时，常常会有一种错觉产生，好像那里的草地比起身边的这一块来显得格外的绿意葱葱，可是，当我们真的跑向前去时，绿意却大为逊色，就像一句著名的唐诗所说：草色遥看近却无。这一现象称之为"绿色草坪效应"。投资人购买了一只股票，自然是非常看好它的涨势，可是市场仿佛有意与他作对似的，自从他买了这只股票之后，偏偏就不再上涨了，甚至这只股票开始下挫。于是投资人的心态容易变得浮躁起来，从而失去客观性。

五、人性

证券市场中的一些暴涨暴跌的行为,在牛市和熊市末期最为常见,在一些短期重大利好利空消息刺激时也常能见到,暴涨暴跌之时,投资人的情绪正是处于极度贪婪或极度恐惧之时,这时没有什么理性可言,只有情绪处于平和之时,投资人才能理性思考。通过深刻洞察人性,能帮助我们更好地做投资。

① 市场就像一个钟摆,总是从一个极端走到另一个极端,周而复始,涨会涨过头,跌会跌过头。

② 出各种好消息,无比乐观,就是涨不动,出各种坏消息,无比悲观,就是跌不了,可能就是顶或底。我们通过研究 PE 线的顶和底以试图判断它的买点和卖点,但这只是历史的经验,仅仅只能当作一个参考,而"涨不动"或"跌不了"才是最权威的信号。或者说,顶和底不是我们用严谨的逻辑,包括分析基本面和估值能够准确预测的,而是由于人性的疯狂,向上"撞"出来和向下"砸"出来的。

③ 一个坏消息只对公司有短期影响,但市场误解为有长期的影响,因而出现暴跌时,是非常好的买点,最典型的是巴菲特在美国运通出现色拉油丑闻时用四成仓位买入,几年后获得暴利;几年前在茅台曝出塑化剂丑闻时买入的投资者,今天当可笑傲江湖。

投资的本质是低买高卖,价值投资者强调的和伟大公司共同成长的方法,只是低买高卖的其中一个策略,这个策略成功的概率比较大,但是我们不要把自己的思维局限于此,这个世界早就出现了非常多的采用别的策略取得重大成功的案例,我们要打破框框,追求更多的可能。

巴菲特在 2003 年投资韩国股票的案例值得我们深思,巴菲特之前从来没有去过韩国,他也不了解韩国公司,他怎么会做这个投资呢?他说:"通过花旗寄来的韩国股票手册,花了五六个小时,找到了 20 多家基本面稳健、市盈率只有两三倍的公司。我做了个组合分散投资,因为我不太熟悉韩国股市。"巴菲特后来回顾这次投资说:"我们一直在寻找特别异常的机会。有时候在证券市场中能出现异常的机会。我喜欢开枪打桶里的鱼,而且最好是桶里没水了再开枪。"其实,股价足够便宜本身就是投资最重要的理由。

很多投资者习惯先研究公司,然后再分析市场以决定投资,但是也有高手出于对人性、对市场的深刻洞察反其道而行之,有些基金经理主要的策略是研究那些跌得惨不忍睹的公司,看看有没有跌过头的,如果这些跌过头的公司中有些是潜质非常好的公司,就会重仓持有并较长时间持股,收益非常惊人。

格雷厄姆说:"市场短期是投票机,长期是称重机,意思是说长期看随着业绩的成长,股票就会上涨。"听起来似乎关心公司基本面就可以了。这句话非常有道理,但是却有一个预设的前提,就是公司的估值要保持稳定,至少不要大跌,否则,即使业绩持续上涨了,股价也未必能上涨。这种例子很多,中国平安 2007 年见顶,当时估值(PEV)高达 7 倍,虽然以后每年都有很好的成长,但到 2016 年年底时,由于市场估值跌到不足一倍,当年高位买的人亏了很多,这教训不可谓不沉重。其实,无论是短期还是长期,本质而言,一个公司的股价都是由市场投票决定的,市场短期是投票机,长期也是投票机,只有符合一定的条件,我们才能说它也是称重机,深刻理解这一点,会让我们少走一些弯路。

第四节 投资者修炼心态的方法

心态直接影响了投资者的信念和执行力,心态不好时投资者会在该出手时不敢出手,出手后失败又不停追悔,从而影响下一次的判断。还有一些心态比较脆弱的交易者,一亏钱就难受,吃不下饭,睡不着觉,一赚钱就笑哈哈,恨不得全世界都知道他赚钱了。这样的交易心态如果不赶快调整,那么这些心态脆弱的投资者将很快被市场扫地出门。

一般来说,进入证券市场的交易者都会经历亏损的情况,都知道在这个市场中,亏损是常事,虽然投资者不是那么在意小幅的亏损,但他们仍然会被心态所影响。例如,一笔单子该止损了,但是投资者仍抱着侥幸的心理希冀行情反弹,最后导致越亏越多。例如,投资者被自己的欲望操纵,做出一些不理智的判断。其实,大多数投资者在证券市场上失败的原因是对自己人性的盲点毫无察觉,多次掉进同一个陷阱中。

那么,有哪些人性的盲点是不易被察觉的,或者投资者察觉了还是会多次犯错?

第一,思想受欲望操纵。大部分人在涉入情感和愿望的情况下,思想就容易被自己的欲望操纵,做出一些不理智的判断。

第二,犹豫、舍不得、放不下。一笔单子该入场了,该出手时不敢出手,结果后来发现自己的判断是正确的,于是追悔自己为什么没有出手。还有一些投资者,拒绝在明显看错市场的情况下止损离场,舍不得割肉,最后导致越亏越多。

第三,图谋在一笔交易中暴富。把单次交易的结果看得过重,希望在一次交易中暴富,最后因为一点亏损大受打击。

第四,数钱的心理。一笔单子进场后,就时时惦记账面资金的起伏变化,并被这种变化左右了情绪,忽略真实的行情本身,这对正常的思维判断造成非常大的干扰,影响交易结果。

第五,抗争心理。我们从小所受的教育都是建立在抗争和竞争的基础上的,如征服自然,战胜各种艰难,与困难搏斗。所以,大部分投资者进入证券市场后,便想着征服市场,赚大钱,结果当然大部分都是损失惨重。但是抗争和不服输的心理让一些投资者不相信自己会失败,也非常不愿意接受自己的失败,不懂得屈服和退让,最后只有被摧毁。因此,在这个市场摸索多年的投资者,送给新人的第一句话就是要学会敬畏市场。

一、投资者修炼心态的常见方法

该如何减少人性对交易的影响?如何调整心态使自己保持着最好的状态?

① 找到确定性。所谓的确定性就是,基于对供需关系基本面的研究所得出的结果去指导投资者的交易,这样的方式叫做找到确定性。就像做菜一样,为什么菜会咸,盐放多了,可见抓住问题的本质是多么的重要。搞清楚菜为什么咸了就如同搞清楚商品为什么会上涨或下跌,抓住问题的核心本质,就是抓住了确定性,找到了确定性,投资者的心态就会好,单子就会拿得住。

② 休息和总结。人性总是有弱点的,做证券投资的初期常会犯大错。出现极端困难时,休息和总结是最好的选择,不要在不理智的时候做投资决策,更不要孤注一掷。心态要阳光,心理要自信,方法要总结,学习不停止。头脑的价值决定投资者财富的高度,因此,困难时要使

自己的头脑更富有,心理更健康自信。好心态不一定能赢利,但坏心态一定会赔钱。心态好坏取决于结果与预期之差。每个策略事先要想着最多会亏多少钱,只要逻辑过得去,结果交给市场审判,其实往往有惊喜。

③ 在每一次交易之前要事先做好准备。

a. 资金仓位的大小要控制合适,假如仓位太小,做的时候是无所谓,但不利于交易。假如放的资金太多、仓位太重,那么交易会给投资者带来沉重的思想负担,对于投资者来说,大赚大亏都不是什么好事情。

b. 做交易的时候不能掺杂个人主观想象,要清空思想。

④ 克服对资产权益的过度关注,适当地控制贪婪和恐惧的心理。交易的时候千万不要盯着自己的权益,一会儿涨了多少,一会儿跌了多少,而要把心思和注意力放在分时图的走势上、对趋势的判断上和对成交量的关注上。贪婪和恐惧心理是人与生俱来的,所以有的人讲要控制,但没必要彻底地扫除贪婪和恐惧的心理,只要适当地控制就可以。因为有的时候贪婪和恐惧也是有好处的,但是过分就不好了。投资者因为贪婪所以有上进心,因为恐惧所以能及时止损。

⑤ 养成良好的生活习惯。不要经常参与容易引起心情过分波动的事情,真正培养一个好的适合交易的生活习惯。

⑥ 追求常赚而非大赚,树立稳定薄利思想。

⑦ 要在无欲状态下交易,只做该做的而非想做的。硬找机会交易,那是有欲望的交易,有欲望的交易多数是失败的。

⑧ 一笔交易的正确与否下单时就定性了。以后不要再纠结,如需止损就结出来,无须止损就拿着。

⑨ 任何一笔短线交易的盈亏都不能决定命运。一笔交易结束以后肯定有亏有赚,不要过分纠结,因为一笔交易的盈亏它不能决定我们的命运,它只是一笔交易而已。

⑩ 要有足够的耐心等待高概率机会。

二、培养自控能力

在我们的交易生涯中,能够左右交易成功的情绪大致有两类,一类是积极的情绪,如热忱、希望、信心、乐观、坚忍等;另一类是消极的情绪,如恐惧、仇恨、愤怒、贪婪、嫉妒、悲观、绝望等。

拥有积极情绪的交易者会在学习和交易中克服一个又一个困难,把失败看作暂时的、意料之外的结果,把它当作自身发展过程中所面临的挑战,能够从失败中学习。例如,蒙受损失后,可以抖擞精神不甘失败地再次返回交易阵地,可以制订交易计划,始终如一地坚持自己的交易系统,不间断地完善交易系统。

而拥有消极情绪的交易者则容易缺乏理智、拒绝接受现实、事事怨天尤人等,如因恐惧无法很实际地评估眼前的事实,把注意力完全集中在了危险的那一面,以致造成以下陷阱:在价格跌了很久后卖掉;错过最佳买点;卖得太早等。同时消极的情绪者也把失败当作了消极、重大、最终的结果,把失败归结为自己能力不足、自身弱点或者疏忽所导致的失利。

自控能力是人们在日常生活和工作中,善于控制自己情绪和约束自己言行的一种能力。它在教育学和心理学上属于非智力因素或非智力心理品质的一个重要方面,是人的一种自觉的能动力量,主要指在改造客观世界的过程中控制主体自身的一种特殊的能动性。自控能力不能理解为消极的自我约束,它是一种内在的心理功能,使人自觉地进行自我调控,积极地支配自身,排除干扰,使主观恰当地协调于客观,并使人采取合理的行为方式去追求良好的行为效果。

在交易中,我们可以看到这样两种情况:一是任性而行,不懂得也不努力控制自己的行为,其主要存在交易学习的初中级阶段;二是虽然主观上想控制自己的行为,甚至下过多次决心,但在行动上仍不能控制自己的行为,其主要存在交易学习的中高级阶段。出现这样的结果,皆是因为我们的情感、欲望和兴趣等因素是自发的,它们如果不经过自控机制的加工处理,就会使人任性而动、任情而为,从而使人出现一种非理性行为,最终偏离正确决策的轨道,无法实现预期效果。因此只有自控能力才能保证我们的交易活动经常处于良性运行的轨道上,从而我们可以积极、持久、稳定、有序地实现一个又一个交易目标。

第一,明确自己的人生目标和交易目标。对该做的和不该做的有清晰的认识,使自己的行为服务于目标。例如,证券的哪方面引起了你特别的注意?你对交易到底有多大兴趣?交易是一种休闲嗜好,还是必须爬到顶端?对这个领域你了解了多少?什么样的资源或信息可以帮助你?想花多少时间投入在交易学习和操作里面?有足够的时间和精力保证吗?能忍受长久的亏损吗?

第二,练就高超的交易技巧。有句俗话说得好:熟能生巧。如果我们在交易中能够自如地发挥自身技术,那么心态的控制自然容易很多。

第三,要养成"说一不二"的习惯。当然这不是指固执、刻板,而是指自控能力的培养需要有坚定的意志,如按照交易计划进行交易,今日工作今日完。要经常克服懒惰、消极、逃避、贪婪等缺点,凡事从长远考虑,不为眼前的一时一事而放弃未来。

第四,胸怀强烈的责任感。虽然说交易是个人行为,但投资者的情绪和交易结果不仅仅涉及自身。一方面投资者的焦虑和烦恼会影响到身边的人,另一方面投资者的冲动交易可能会给亲朋好友带来巨大的伤害。想想我们的交易目的哪个不是为了让自己和家人生活得更好,所以无论遇到什么样的困难和打击,我们都不能忘记肩负的责任,以便在压力面前保持坚强和清醒。

第五,向各行各业的先行者和成功者学习。利用图书、网络等资源,来寻找和你同方向并位于你前面的人,然后学习他们的成功经历。

第六,养成每日反省的习惯。因为反思可以帮助我们平复情绪,增强注意力,从而让我们更好地了解自己、约束自己、提高自己,所以要养成每日反省的习惯。

总之,自控能力是可以通过后天来培养的,但要注意的是它的培养方法并不是一学就会、一会就用、一用就灵、立竿见影的,这个培养过程将是长期的、系统的。对此我们要有足够的心理准备才行。

第十五章　证券投资策略与方法

第一节　证券投资原则

一、存有疑问，不要行动

在市场中投资或投机，就像乘坐出租汽车，错过一辆，很快会来下一辆。市场永远有机会等待着投资人。永远不要根据希望进行交易或投资。要根据自己的判断，而不是别人的意见采取行动。

二、弱势中买进，强势中卖出

通常随着价格的上扬，人的信心也随之增加，消息面也会趋于乐观，于是，人们会感到更加放心，然而，市场的风险却在提高。此外，当价格不断下跌时，人的恐惧感会愈益增大，投资人反而会更加担忧，其实，这时市场风险已大为释放。

这是人与市场之间的一个悖论，掌握其中的奥妙是投资人获得成功的关键。但是，在市场看起来牛气十足之际，敢于抛售股票；在市场熊气漫漫之时，勇于承接股票，的确需要非凡的勇气和信心。

三、不要过度交易

人的情绪很容易受到市场的影响而变得冲动，人们往往看到一个可能的机会就急不可待地试图介入其中。如果我们试图猜测每一次价格波动的转机，那么不仅会导致挫折，而且会让我们丧失对市场的洞察力。当风险和收益难以确定时，永远不要投入任何一项交易。投资人可以参考的风险与收益的相对比率，可以大致确定为3∶1。在成功交易之后，最好给自己放个假。定期检查自己的交易情况，不断分析自己犯的错误。当获得成功时，总是倾向于把这个过程归之于工作的努力或者自己的良好判断力，很少把成功归之于适时适地的机会或运气。而当事情与我们的预期相反时，常常又会把自己的挫折归之于运气或其他方面的"替罪羊"。

四、损失要立刻中止,获利则让其继续

当市场价格跌至停损点位时,这无疑是犯下错误的一个警告。此外,当市场正沿着投资人所预期的方向运动时,那正是对投资人的信心投了一票,因此,投资人应该坚持原先的立场,让利润延续。有一个著名的说法:"趋势是投资人的朋友。"正是如此。市场的运行趋势一旦形成,就会有一种惯性。尽管人们可以通过一些媒体,认识到市场的趋势将如何,但是没有人能够准确地预测一个趋势的规模和持续的时间。只要投资人的分析或方法表明,市场趋势继续朝着所希望的方向运动,那么,投资人就没有理由卖出一只股票。除非为了锁定部分赢利才可以这样做。通常,在一个趋势形成之前,市场总是要花费许多时间来来回回盘整,这似乎也是对投资人耐心的一种磨砺,因为这时候进行交易往往是无利可图的,这样一来,也会使一些没有耐心的人被淘汰出局。

许多人在有所收益时总是想落袋为安,其理由正是基于这样一句古训"双鸟在林,总不如一鸟在手"。如果投资人在获得一笔利润之后,就再也不进行交易了,那么,落袋为安的策略无疑是正确的。如果投资人仍要投身于市场,那么,遭受损失就是不可避免的事情。

对大多数人来说这是一个悖论:在能够获利之际不乐意承受一点风险,而在损失来临之时却要企求风险。看来,人们宁愿接受少一些但确定的利润,也不愿意为更大的利润下一个聪明的赌注。人们更情愿为更大而不确定的损失冒风险,而不情愿为肯定的比较小的损失冒一点点风险。事实上,在已能获利的情况下,投资人已无风险可言。如果说有风险也只是获利多少的问题。但在遭受损失的情况下,投资人已面临着风险。人们不愿意为前一种情况再冒一点点风险,反在落袋为安心理的驱使下早早地了结了利润。而在后一种情况下,却死死抱着价格也许会回升的幻想,甘愿冒更大的风险。这也许就是一些投资人敢于赔大钱,却只能赚小钱的一个原因。

第二节 证券投资基本策略

消极的管理策略基于这样一个信条:市场是有效的,证券价格总会接近一个均衡价格。因此,投资者只要承受一定风险就会得到补偿,那么选择一个风险承受能力适合的投资组合就够了。消极型投资策略可以用在资产分配过程中和证券选择过程中。所以,消极投资者的策略一般是持有一个指数化的投资组合,该投资组合复制了整个市场的收益率,而不是把赌注压在某个证券或某一部分证券上。

积极的投资策略是指投资者假定他具有一种超出市场上其他投资者的能力,他相信市场都是有效的,市场上的某些证券定价不合理,其价值被高估或低估,这样他通过卖出价值高估和买进价值低估的证券,来获得超过市场平均收益的超额收益。积极的投资策略包括两层含义:证券分析和证券选择。

我们是投机者,不是赌徒,不能为了冲动、刺激而交易,必须想出一套兼顾赚钱和亏钱的交易策略。若要获得成功,既要有技术,也要讲究策略。就技术层面而言,唯一能够区别赢家和输家的是,是否能够持之以恒地严格遵循一流的策略和有效的战术。

只有在市场出现强烈的趋势特性,或者投资者的分析显示市场正在酝酿形成趋势时,才能

进场。如果投资者正要顺势交易,有如下几个建仓点:一是趋势的新突破点,二是横盘整理显著趋向某个方向的突破点,三是上涨主趋势的回调点或下跌主趋势的反弹点。顺势而为的仓位可以给投资者带来丰厚的利润,因此千万不要提前下车。保持仓位不动,直到客观分析后发现趋势已经反转或者就要反转,这时就要平仓,而且行动要快。如果市场趋势很不利,没有与投资者站在同一边,要快跑。

很多交易者都觉得,只要有良好的技术交易系统,或良好的分析方法,就能打败市场。事实上,良好的技术交易系统甚至精确的趋势预测,只是成功所需条件的一半而已。好的交易系统必须使用得当,再加上优秀的交易策略和资金管理,才有可能让交易者长期赚钱。有些人即便花钱买到了好的交易系统,但由于克服不了自己原本的坏习惯,没有纪律性,在系统发出的信号与自己的主观相反时,总是忽视系统的信号而遵循自己的主观想法,从而遭受损失。我们是在复杂多变、以小博大的环境中打拼的交易者,只有那些严守纪律、务实和客观的人才能成功。宁可因为错误的理由而做对,也不愿因为正确的理由而做错。对交易者来说,把事情简单化尤为重要,因为交易者在市场中看到或听到的每一件事情都非常复杂。在面临反对意见、矛盾观点和不同意见时,应该回到证券走势图上。成功的投机者既严守纪律,又用很务实的方法分析趋势,并采用可行的顺势交易策略。他们对杂音根本充耳不闻,只是一心一意地钻研技术。预测证券价格趋势十分困难,所以专家们也常常是错的。交易证券获取最大利润的方法,是掌握好的时机,运用技术方法,同时必须有优秀的资金管理方法,并把注意力重点放在趋势的跟踪上,而不是放在趋势的预测上。那些把亏损原因怪到他人身上的输家,要想解决问题只能自己分析市场,部署好策略和战术,不要让别人知道。不要请教别人的意见——所谓别人的意见,包括经纪人的忠告、市场建议,甚至是好心的小道消息。同时,不要把你的意见告诉任何人。

在任何领域如果真想有所成就,就一定要做到周到和有条不紊的准备。在拿真金白银进入证券市场之前,最有效的准备就是仔细研读有关证券投资技巧和方法的书籍。我们必须当心那些爱传小道消息的人,以及一些出于好意的小道消息和免费的建议。当基本面与技术分析的结论与市场的预测趋势相反时,漠视技术性的结论,或者死守逆势仓位且不设止损点,很容易让交易者面临险境。

一、关注长期趋势

长线交易所提供的机会最多,不但能持续获利,而且风险很小。把注意力放在比较长的趋势上,就可以避免被市场上每天发出的噪音骚扰。顺势做长线投资,应该使用长线工具——周线图、月线图、季节性资料,还要有一个侧重于长期的良好技术系统。

另一个相关的因素就是耐心。投机交易必须要有耐心,严守纪律,并把眼光放长远。阻碍长线交易成功的最主要原因是交易者觉得单调乏味和失去纪律。只要交易者学会很有耐心地持有盈利、顺势的仓位,他就有赚大钱的潜力。很遗憾,一般投机者只在持有逆势仓位时,才最有可能展现耐心和坐而不动的功夫。

不管实际我们所认为的基本面如何,证券价格通常都会往阻力最小的一个方向移动,换句话就是,证券价格往往会朝支配性力量所引导的方向前进。真正想通过证券交易赚大钱的人必须彻底了解这个简单的观念。

二、严守纪律,限制损失

交易系统是个工具,像大部分工具一样,有好的,也有普通的。选对了交易系统,对于整个交易会有很大的帮助。但是,它的收益是与交易者使用它时表现出来的耐心和纪律性成正比的。

良好的技术方法或交易系统只是成功所需条件的一半而已。另一半是应用这些技术方法或交易系统的一套可行的策略,同样也很重要。可有一套平凡无奇的系统,但一定要有一套优秀的策略,而不是出色的交易系统搭配平庸的策略。

无论交易者选择交易什么,或者选择用什么方法交易,都一定要有一套计划。这套计划必须有一个紧急止损点,使交易者的损失能在控制之中。而且非常重要的一点是,交易者必须严守纪律,遵守计划。交易者成功的关键之一在于,有能力控制亏损,把它们限制在可以接受的范围内。什么叫做可以接受的范围?把所有的账面亏损限制在交易者晚上能安然入睡的范围。

市场无好坏之分,有好坏与对错之分的是投机者本身。交易者在亏钱时,只有承认自己对市场趋势看走了眼,采取务实的态度才能找出出错的原因,避免下次再犯。交易不顺时感到沮丧是人之常情,即使交易者极力保持客观态度和严守纪律,也有可能做错交易。应付这种问题的最好方式,就是远离市场,待在场外,直到自己头脑清醒,态度变得积极为止。

知者不言,言者不知。不理会那些泛滥的谣言、场内的闲聊和市场中到处流传的消息,只把注意力集中在每个市场中真实的技术因素,而且严守纪律,遵守一套对自己最有用处的策略就可以了。

三、持有利润最多的仓位,平掉亏损最多的仓位

当账户风险过高,需要平掉部分仓位时,大部分投机者会选择平掉赢利的仓位,而继续持有亏损的仓位。这是失败交易者的典型做法。

成功交易者的特点是有能力,也愿意遵守纪律,会把亏损的仓位平掉,同时持有赚钱的仓位。因为赢利的仓位显然处在有趋势、市场正确的一边,与亏钱的逆市仓位比起来,前者获利的概率自然更高一些。

另一个很好的策略是,买强卖弱,做多溢价证券并做空折价证券。

四、资产组合策略

投资者所要做的最重要的决策是将多大比例的资金投到风险大的资产中去,多大比例的资金投到无风险的资产上去。这是投资者控制风险的最基本的方式。资产分配决策投资者进行的第一个决策就是投资分配决策。资产分配指资产组合在主要的资产种类之间进行分配。

第三节　证券投资技巧

一、证券投资常见技巧

（一）顺势投资法

对于小额股票投资者来说，由于投资能力有限，无法控制股市行情，所以只能跟随股价走势采取顺势投资法。当整个股市大势向上时，宜做多头交易或买进股票持有；而当股市不振或股市大势向下时，则宜卖出手中持有的股票，以持现待机而动。

（二）摊平投资法

摊平投资法就是指在投资者买进股票后，由于股价下跌，手中持股形成亏损状态，当股价再跌一段以后，投资者再低价加码买进一些以冲低成本的投资方法。

1. 逐次等数买进摊平法

当第一次买进股票后便被分档套牢，等股价下跌至一定程度后，分次买进与第一次数额相等的股票。使用这种方法，在第一次投资时，必须严格控制，只能投入全部资金的一部分，以便留存剩余资金作以后的等数摊平之用。如果投资者准备分3次来购买摊平，则第一次买入1/3，第二次和第三次再各买进1/3。采用这种方法可能遇到的股市行情变化及获利的机会有几种情况。

① 第一次买进后行情下跌，第二次买进同等数量的股票后，行情仍下跌，就再第三次买进同等数量的股票。其后，如果行情回到第一次买进的价位，即可获利。

② 第一次、第二次、第三次买进之后，行情继续下跌，不过行情不可能永远只跌不涨，只要行情有机会回到第二次买入的价位，就可保本，略超过第二次买进价位便可获利。

2. 倍数买进摊平法

这一方式是在第一次买进后，如果行情下跌，则第二次再买进第一次倍数的股票，以便摊平。倍数买进摊平可以做两次或三次，分别称为两次加倍买进摊平和三次加倍买进摊平。两次加倍买进摊平即投资者把资金作好安排，在第一次买进后，如遇股价下跌，则用第一次倍数的资金作第二次买进，即第一次买进1/3，第二次买进2/3。三次加倍买进摊平的操作方法是指在第一次买进后，遇股价下跌，第二次买进第一次倍数的股票，第三次再买进第二次倍数的股票，即3次买入股票金额的分布为：第一次1/7，第二次2/7，第三次4/7。

（三）"拔档子"投资法

所谓"拔档子"就是投资者卖出自己持有的股票，等股票价位下降后再补回来。投资者"拔档子"并非对股市看跌，也不是真正有意获利了结，只是希望在价位趋高时，先行卖出，以便先赚回一部分差价。通常"拔档子"卖出与买回之间不会相隔太久，最短时只有一两天，最长也不过一两个月。股票投资大户也常运用"拔档子"方式对股价的涨跌作技术性调节。但这种投资方式是以正确预测为前提条件的。如预测错误，卖出后，股价不降，反而一路挺升，则投资者将增加投资成本而减少获利,甚至亏损。

"拔档子"投资有两种方法。

① 行情上涨一段后卖出,回降后补进,称为"挺升行进间拔档"。这是多头在推动股价行情上升时,见价位已上涨不少,或者股价上涨遇到了沉重的阻力区,就自行卖出,多翻空,使股价回跌,以便化解上升阻力,推动股价行情再度上升,以获取价差收益。

② 行情下跌,在价位仍较高时卖出,等下跌后再买回,称为"滑降间拔档子"。这是投资者预期股价行情下跌,局势无法挽回,于是趁价位高时卖出,多翻空,等股价继续跌落后再买回反攻空头。例如,某投资者以每股60元买进某股,当市价跌至58元时,他预测市价还会下跌,即以每股58元赔钱了结,而当股价跌至每股54元时,又予以补进,并待今后股价上升过程中予以沽出。这样不仅能减少和避免套牢损失,有时还能反亏为盈、反败为胜。

前者是多头推动行情上升之际,见价位已上升不少,或者遇到沉重的压力区,干脆自行卖出,希望股价回落,以化解涨升阻力,待方便行情时再度冲刺;后者则为套牢多头,或多头自知实力弱于卖方,于是在股价尚未跌低之前,先行卖出,等价位跌落后,再买回。

(四)分段交易法

1. 分段买进法

许多投资者采取谨慎小心的策略,他们不是将手中拥有的资金一次性投入购买某种股票组合,而是将所有资金分成若干部分,多次分段买进股票,这就是所谓的分段买进法。当股价在某一价格水平时买进一批,然后等股价上涨一小段后再买进第二批,以后依次再陆续买进若干批次,这种分段买进法叫做买平均高。与前一种情况相反,在某一股价水平上买进一批,待股价下降一小段后再买进一批,以后再陆续买进若干批次,这种分段买进法叫做买平均低。

2. 分段获利法

所谓分段获利法就是当所购买的股票创下新的高价行情时,便将部分股票卖掉,及时赚取相应的价差,再将剩下的股票保留下来,一旦买价呈现疲软时,即使股价下跌,也可以安心持有,因为已有赚得的部分差价,不至于赔得太多。

(五)保本投资法

在经济景气不明显,股价走势脱节,行情变化难以捉摸时,投资者可采用保本投资法来避免自己的本金遭受损失。采用保本投资法时,投资者应先估计自己的"本",即投资者心目中主观认为在最坏情况下不愿损失的那部分金额,也即处于停止损失点的资金额,而不是购买股票时所支付的投资金额。

保本投资法的关键在于作出卖出的决策。投资者首先要定出心目中的"本",要做好充分的亏损打算,而不愿亏损的那部分即"本";其次要确定卖出点,即所谓的停止损失点。

确定获利卖出点是针对行情上涨所采取的保本投资策略。获利卖出点是指股票投资者在获得一定数额的投资利润时,决定卖出的那一点。这里的卖出不一定是将所有持股全部抛出,而是卖出投资者欲保的"本"的那一部分。在第一次保本以后,投资者还可以再确定要保的第二次"本",其比例可以按第一次保本的比例来定,也可以按另一个比例来定,一般来说第二次保本的比例可定得低一些,等到价格上升到获利卖出点时,再卖出一部分,行情如果持续上升,可持续地卖出获利,以此类推,可以做多次获利卖出。

停止损失点是当行情下跌到投资者心中的"本"时,立即卖出,以保住投资者最起码的"本"

的那一点。简而言之,就是投资者在行情下跌到一定比例的时候,卖出所有持股,以免蒙受过多损失的做法。

停止损失点是指股价下降到持股总值仅等于投资总额减去要保的"本"的那一点。

(六) 投资三分法

稳健的投资者在对其资金进行投资安排时,最常用的方法是"投资三分法"。这种方法将投资者的资金分为3个部分:第一部分资金存于银行,等待更好的投资机会出现或者用来弥补投资的损失;第二部分资金用于购买股票、债券等有价证券,做长期投资,其中1/3用来购买安全性较高的债券或优先股,1/3用来购买有发展前景的成长性股票,1/3用来购买普通股;第三部分资金购置房屋、土地等不动产。投资三分法是投资组合原理的具体运用。

二、生存第一,赚大赔小

理解了"生存第一,赚大赔小"这8个字也就理解了交易的本质。首先分析生存第一。我们进到市场是来进行一场旷日持久的战役的,而不是打一次战斗,战役就不能着眼于一时一地的得失,只需要最后能够取得胜利即可。

怎样做到赚大赔小?

首先在不加减仓的情况下,根据自己系统的胜率来决定。比如,投资者系统的统计胜率为30%,那么要想赚钱投资者的赔率就要达到1赔3,具体说就是如果入场平均赔1块钱,那么平均要赚3块钱才行。但是如果投资者水平很高,系统胜率在70%,那么一赔一也可以。

其次如果投资者根据日线级别来操作,也就是说操作中长线,那么就涉及一个在趋势继续的情况下加仓的问题,这时候的实质是:赔就赔小仓位的小止损,一旦方向对了,就赚大仓位的大利润。我们可以想一想,赚的时候的仓位大于赔的时候,若再加上赚的时候的幅度大于赔的时候的幅度,赢利岂不是必然吗?

当然加仓的技巧属于法和术的层面了。首先要理解赚大赔小是必须要做到的。

做到上面这些的好处是:第一,会做到快速止损,因为投资者不能心存侥幸,让账户遭受大的损失,同时如果投资者不止损,那么就很可能亏大赚小;第二,解决了亏损加仓的问题,看看投机史上的那些巨亏,都是因为小亏不走,反而逆势加仓,摊平亏损导致的。

交易是一个环状结构,做什么市场,做什么品种,做多少,在哪里做,在哪里止损,在哪里加仓,在哪里出场,任何一个环节出错都会导致整个交易的失败。止损只是一个方面,市场中有多少做得不错的止损,最后也黯然离场。止损只是限制损失!

参 考 文 献

[1] 曹凤岐,刘力,姚长辉.证券投资学[M].3版.北京:北京大学出版社,2013.
[2] 岑仲迪,顾锋娟.证券投资学[M].北京:清华大学出版社,2011.
[3] 陈文汉.证券投资学[M].2版.北京:人民邮电出版社,2019.
[4] 陈志军.证券投资学[M].3版.北京:经济科学出版社,2017.
[5] 戴锦.新编证券投资学[M].2版.北京:北京交通大学出版社,2018.
[6] 方先明.证券投资学[M].南京:南京大学出版社,2009.
[7] 葛正良.证券投资学[M].2版.上海:立信会计出版社,2008.
[8] 桂荷发,吕江林.证券投资理论与实务[M].2版.北京:高等教育出版社,2016.
[9] 韩复龄.证券投资学[M].4版.北京:首都经济贸易大学出版社,2018.
[10] 贺强,李俊峰.证券投资学[M].北京:中国财政经济出版社,2010.
[11] 贺学会.证券投资学[M].2版.大连:东北财经大学出版社,2015.
[12] 胡昌生,熊和平,蔡基栋.证券投资学[M].武汉:武汉大学出版社,2012.
[13] 胡金焱.证券投资学[M].北京:高等教育出版社,2017.
[14] 黄达,张杰.金融学:货币银行学[M].6版.北京:中国人民大学出版社,2017.
[15] 黄贞贞,臧真博.证券投资学[M].重庆:重庆大学出版社,2017.
[16] 霍文文.证券投资学[M].5版.北京:高等教育出版社,2017.
[17] 焦广才.证券投资学[M].北京:经济科学出版社,2017.
[18] 金丹.证券投资学[M].北京:中国金融出版社,2016.
[19] 金利娟.证券投资学[M].合肥:中国科学技术大学出版社,2013.
[20] 赖家元,周文.证券投资学[M].武汉:华中科技大学出版社,2007.
[21] 李朝贤.证券投资学[M].上海:上海财经大学出版社,2014.
[22] 李存金,刘建昌.证券投资学教程[M].北京:北京理工大学出版社,2016.
[23] 李国义.现代证券投资学[M].北京:中国金融出版社,2009.
[24] 李建华,郭晓玲.证券投资学[M].2版.北京:经济管理出版社,2014.
[25] 柯原.证券投资学[M].厦门:厦门大学出版社,2015.
[26] 李英.证券投资学[M].北京:中国人民大学出版社,2012.
[27] 廖宜静.证券投资学[M].北京:中国农业大学出版社,2007.
[28] 刘春雨,鲁俊海.证券投资学[M].厦门:厦门大学出版社,2017.
[29] 刘德红.证券投资学[M].2版.北京:清华大学出版社,2013.
[30] 刘继兵.证券投资学[M].武汉:武汉大学出版社,2017.
[31] 刘彦文,王敬.证券投资学[M].北京:清华大学出版社,2016.
[32] 刘用明,战松,肖慈方.证券投资学[M].北京:科学出版社,2016.

[33] 刘钟海.证券投资学——股市投资者入门必备[M].北京:经济管理出版社,2016.
[34] 马小南,刘娜.证券投资学[M].北京:清华大学出版社,2013.
[35] 牛宝俊.证券投资学[M].北京:中国农业出版社,2003.
[36] 朴明根,邹立明,王春红.证券投资学[M].北京:清华大学出版社,2009.
[37] 秦桂兰.证券投资学学习指导书[M].北京:中国财政经济出版社,2017.
[38] 沈悦.证券投资学[M].北京:中国人民大学出版社,2015.
[39] 盛洪昌,于丽红.证券投资学[M].南京:东南大学出版社,2014.
[40] 石磊.证券投资学[M].北京:对外经济贸易大学出版社,2014.
[41] 斯马特,吉特曼,乔恩科.证券投资学[M].12版.北京:中国人民大学出版社,2018.
[42] 孙秀钧.证券投资学[M].大连:东北财经大学出版社,2015.
[43] 谭中明,黄正清,董连胜,等.证券投资学[M].合肥:中国科学技术大学出版社,2014.
[44] 唐凌,肖华.证券投资学[M].南京:南京大学出版社,2016.
[45] 田海霞,张忠慧.证券投资学[M].哈尔滨:哈尔滨工业大学出版社,2015.
[46] 屠年松,刘立刚.证券投资学[M].成都:西南交通大学出版社,2009.
[47] 王朝晖.证券投资学[M].北京:人民邮电出版社,2016.
[48] 王玉宝.证券投资学[M].北京:中国金融出版社,2018.
[49] 邢天才,王玉霞.证券投资学[M].4版.大连:东北财经大学出版社,2017.
[50] 吴朝霞.证券投资学[M].湘潭:湘潭大学出版社,2014.
[51] 吴晓求.证券投资学[M].4版.北京:中国人民大学出版社,2013.
[52] 杨朝军.证券投资分析[M].4版.上海:上海人民出版社,2018.
[53] 杨德勇,葛红玲.证券投资学[M].北京:中国金融出版社,2016.
[54] 杨兆廷,刘颖.证券投资学[M].2版.北京:人民邮电出版社,2014.
[55] 于丽红.证券投资学[M].北京:中国林业出版社,2017.
[56] 余学斌,翟中伟.证券投资学[M].2版.北京:科学出版社,2018.
[57] 喻晓平,耿选珍,查道中.证券投资学[M].北京:清华大学出版社,2018.
[58] 张娥.证券投资学[M].上海:上海财经大学出版社,2018.
[59] 张建民.证券投资学基础与实训[M].北京:高等教育出版社,2016.
[60] 张力,李晓冬,张伟伟.证券投资学[M].北京:中国商业出版社,2015.
[61] 张庆君.证券投资学[M].北京:北京大学出版社,2018.
[62] 张维.证券投资学[M].北京:高等教育出版社,2015.
[63] 张亦春,郑振龙,林海.金融市场学[M].5版.北京:高等教育出版社,2017.
[64] 张玉明.证券投资学[M].2版.上海:上海财经大学出版社,2017.
[65] 臧蔚.超越专业投资:一位业余投资者的股市获利之道[M].北京:中国经济出版社,2016.
[66] 赵锡军,李向科.证券投资学[M].北京:中国人民大学出版社,2018.
[67] 中国证券业协会.金融市场基础知识[M].北京:中国财政经济出版社,2019.
[68] 朱晋.证券投资学[M].北京:机械工业出版社,2015.